BETTINA MARX

Gaza

BETTINA MARX

Gaza

BERICHTE AUS
EINEM LAND OHNE HOFFNUNG

Zweitausendeins

Originalausgabe.
2. Auflage, November 2009.

Bildnachweise: Sämtliche Fotografien im Buch © by George Azar;
Nachdruck der Karten mit freundlicher Genehmigung des Büros für die Koordinierung humanitärer Angelegenheiten der Vereinten Nationen (S. 10) und der Palestinian Academic Society for the Study of International Affairs (S. 11)

Lektorat: Waltraud Götting (Büro Z, Wiesbaden).
Korrektorat: Ursula Maria Ott, Frankfurt am Main.
Umschlaggestaltung: Herburg Weiland, München, unter Verwendung einer UTM-Projektion der Zone 36, WGS84.
Satz und Herstellung: Dieter Kohler GmbH, Wallerstein.
Druck und Einband: CPI – Clausen & Bosse, Leck.
Printed in Germany.

Dieses Buch gibt es nur bei Zweitausendeins im Versand, Postfach, D-60381, Frankfurt am Main, Telefon 069-4208000, Fax 069-415003.
Internet www.Zweitausendeins.de, E-Mail Service@Zweitausendeins.de.
Oder in den Zweitausendeins-Läden 2x in Berlin, Düsseldorf, Frankfurt am Main, Freiburg, 2x in Hamburg, Hannover, Köln, Leipzig, Mannheim, München, Nürnberg und Stuttgart.
Oder in den Zweitausendeins-Shops in Aachen, Augsburg, Bamberg, Bochum, Bonn, Braunschweig, Bremen, Darmstadt, Dortmund, Dresden, Duisburg, Erfurt, Essen, Gelsenkirchen, Göttingen, Gütersloh, Herford, Karlsruhe, Kiel, Koblenz, Konstanz, Ludwigsburg, Marburg, Mönchengladbach, Münster, Neustadt an der Weinstraße, Oldenburg, Osnabrück, Speyer, Trier, Tübingen, Ulm, Wuppertal und Würzburg.

In der Schweiz über buch 2000, Postfach 89, CH-8910 Affoltern a. A.

ISBN 978-3-86150-761-1

Dem Andenken an Birgit Przygodda gewidmet,
einer leidenschaftlichen Journalistin
und wunderbaren Freundin

Inhalt

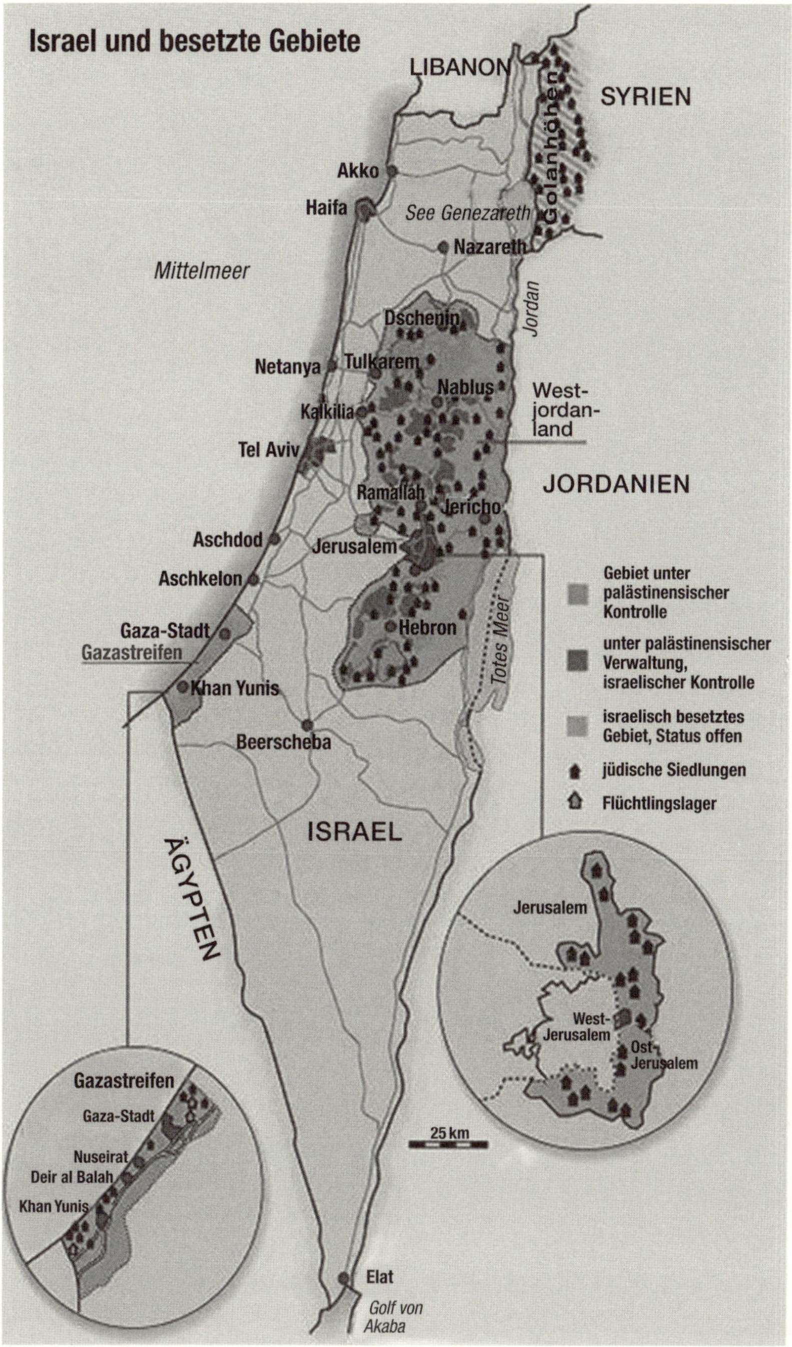
Israel und besetzte Gebiete
LIBANON
SYRIEN
Golanhöhen
Akko
Haifa
See Genezareth
Nazareth
Mittelmeer
Jordan
Dschenin
Netanya
Tulkarem
Nablus
West-
jordan-
land
Kalkilia
Tel Aviv
JORDANIEN
Ramallah
Jericho
Aschdod
Jerusalem
Aschkelon
Totes Meer
Gaza-Stadt
Gazastreifen
Hebron
Khan Yunis
Beerscheba
ISRAEL
ÄGYPTEN
Gebiet unter palästinensischer Kontrolle
unter palästinensischer Verwaltung, israelischer Kontrolle
israelisch besetztes Gebiet, Status offen
jüdische Siedlungen
Flüchtlingslager
Jerusalem
West-
Jerusalem
Ost-
Jerusalem
Gazastreifen
Gaza-Stadt
Nuseirat
Deir al Balah
Khan Yunis
25 km
Elat
Golf von
Akaba

Israelische Siedlungen im Gazastreifen vor der Räumung 2005
Alei Sinai
Dugit
Nisanit
Industrie-gebiet Eres
Grenzüber-gang Eres
Netzarim
Gaza
Mittelmeer
Deir Al Balah
ISRAEL
Siedlungsblock Gush Kalif
Kfar Darom
Khan Yunis
Morag
Rafah
Grenzübergang Rafah
Grenzübergang Sufa
GAZA
West-jordan-land
JORDANIEN
ISRAEL
ÄGYPTEN

Der Gazastreifen 2007

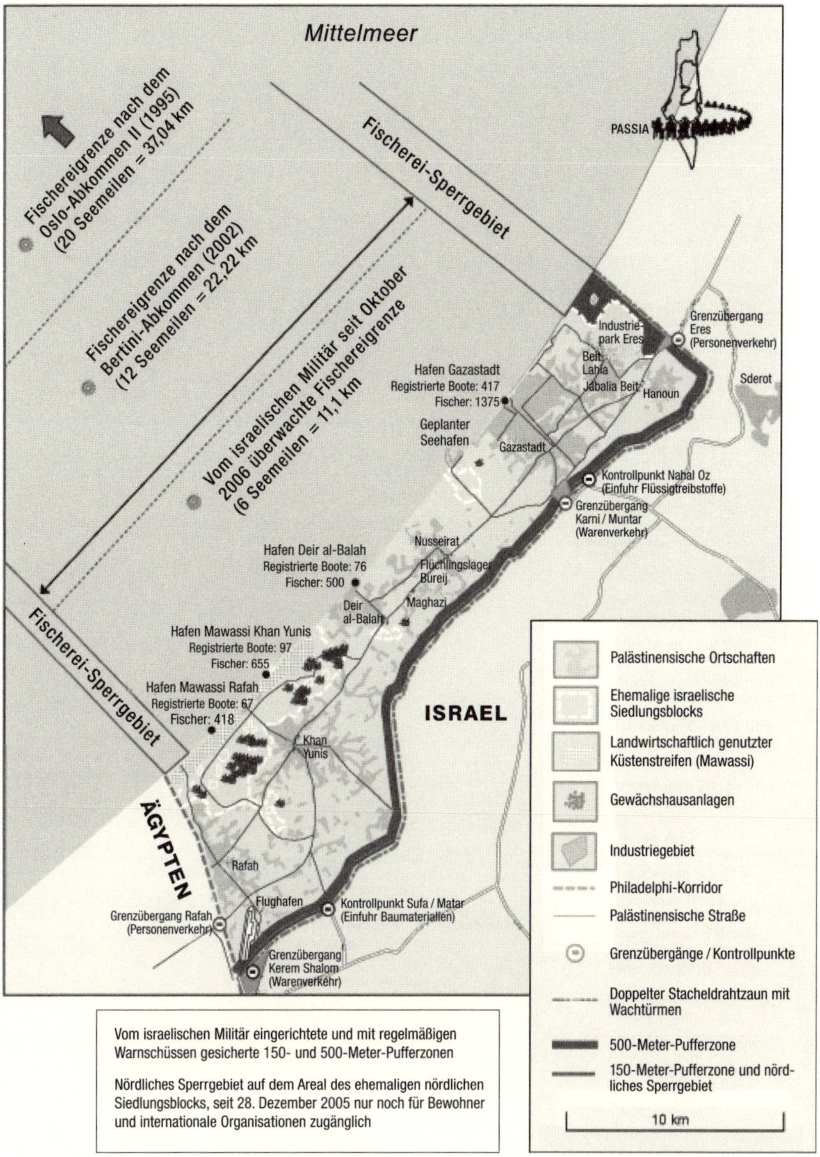

Vorwort

Ich erinnere mich noch gut an meinen ersten Besuch als Journalistin im Gazastreifen. Es war im Jahr 1999, etwa ein Jahr vor Ausbruch der Zweiten Intifada. Damals hielt ich mich drei Wochen in Ramallah im Westjordanland auf und arbeitete zusammen mit Sahar Tartier, einer palästinensischen Kollegin, an einer Koproduktion zwischen der Deutschen Welle und dem palästinensischen staatlichen Radio. In dieser Zeit erstellten wir gemeinsam ein Feature, das in beiden Sendern ausgestrahlt wurde.

Für Sahar war es das erste Mal in ihrem Leben, dass sie Gaza besuchte, und auch ich war zuvor nur wenige Male dort gewesen. Doch nur ich konnte die Grenze ohne Probleme passieren, damals noch als privilegierte Ausländerin ohne Sicherheitskontrolle und über den VIP-Eingang, der sonst Politikern und Diplomaten vorbehalten war. Meine palästinensische Kollegin musste sich mithilfe einer skandinavischen NGO eine Genehmigung von den israelischen Behörden besorgen. Als Palästinenserin aus Nablus hatte sie nicht das Recht, den Gazastreifen ohne Sondergenehmigung zu bereisen.

Auf der anderen Seite der Grenze trafen wir uns wieder und fuhren mit einem Taxi nach Khan Yunis. Es war eine fast unbeschwerte Fahrt durch Gaza, noch ohne die Checkpoints und Sperren, die das Gebiet nur wenige Jahre später durchschneiden sollten. Durch das offene Fenster wehte eine frische salzige Brise vom Meer herein, aus dem Autoradio drang fröhliche Musik. Der Taxifahrer stellte uns unentwegt und neugierig interessierte Fragen, er sprach englisch und hebräisch. Wir beide trugen kein Kopftuch, so wie viele Frauen in Gaza in dieser Zeit, und wohin wir auch kamen, wurden wir freundlich aufgenommen. Am Abend eines ereignisreichen Tages saßen wir in Khan Yunis mit jungen Palästinensern, die wir in einem Gemeindezentrum kennen gelernt hatten, auf einer Dachterrasse und genossen einen unvergesslich schönen Sonnenuntergang.

Auch damals war Gaza schon eingezäunt, isoliert und abgeschnitten sowohl von Israel als auch vom Rest der besetzten palästinensischen Gebiete. Die Menschen waren auch damals schon arm, und die Unzufriedenheit über den gescheiterten Oslo-Prozess, der ihnen weder wirtschaftliche noch politische Fortschritte gebracht hatte, war überall zu spüren. Trotzdem war die Gewalt, die nur ein Jahr später ausbrechen sollte, noch unvorstellbar. Niemand ahnte, dass schon bald israelische Kampfflugzeuge und Hubschrauber Raketen auf Autos und Häuser abfeuern würden. Und sicher rechneten nur wenige Beobachter und Akteure damit, dass die Hamas schon in absehbarer Zeit die Macht im Gazastreifen übernehmen würde.

Jetzt, zehn Jahre später, ist von der Gelassenheit und Fröhlichkeit, die ich damals empfand, nichts mehr zu spüren. Gaza ist zu einem Ort der Verzweiflung geworden, zu einem großen Gefängnis, aus dem es kein Entrinnen gibt.

Der 27. Dezember 2008 war für die meisten Menschen in Deutschland ein ruhiger Samstag zwischen den Jahren. Und so erfuhren sie erst am Abend in den Nachrichten, dass dieser Tag für die Bewohner des Gazastreifens Tod und Verderben gebracht hatte. Unter der Bezeichnung »Gegossenes Blei« hatte Israel eine neue, für die Palästinenser und die Weltöffentlichkeit überraschende Offensive gestartet, die tödlicher und unheilbringender war als jede vorherige Militäroperation der Armee seit dem Sechstagekrieg. In den ersten 24 Stunden kamen fast 200 Menschen ums Leben, darunter 50 Polizisten, die an diesem Tag ihre Ausbildung mit einer feierlichen Zeremonie abschließen sollten. Nach Auskunft von Verteidigungsminister Ehud Barak hatten sich die Streitkräfte monatelang auf die Offensive vorbereitet.

Drei Wochen tobte der Krieg, der eigentlich keiner war. Denn im Gazastreifen standen sich nicht zwei Armeen gegenüber, sondern eine hochgerüstete und gut ausgebildete Streitmacht kämpfte gegen eine schlecht ausgestattete Miliz, die den Angreifern wenig Widerstand entgegensetzte. »Die Hamas-Kämpfer sind weggelaufen wie die Mäuse«, berichtete ein israelischer Soldat später im staatlichen Fernsehen, und der Militärexperte Reuven Pedatzur stellte in der israelischen Zeitung *Haaretz* wegwerfend fest, es habe nicht einen einzigen wirklichen Kampf gegeben. Die israelische Armee sei eigentlich nur gegen Zivilisten vorgegangen.

Anders als in bewaffneten Konflikten sonst auf der Welt konnten diese Zivilisten noch nicht einmal fliehen. Die Grenzen des Gazastreifens blieben nach Israel und Ägypten hin geschlossen. Die palästinensische Zivilbevölkerung saß in der Falle.

Die dreiwöchige israelische Militäroffensive war der vorläufig letzte Höhepunkt einer für die Palästinenser von Gaza tragischen Geschichte, die mit der Staatsgründung Israels im Jahr 1948 und den ersten Flüchtlingsströmen begonnen hatte und mit der Besetzung der palästinensischen Gebiete 1967 und dem Beginn des so genannten Friedensprozesses im Jahr 1993 ihre Fortsetzung gefunden hatte.

Drei Wochen lang nahm die Weltöffentlichkeit Notiz von dem, was im Nahen Osten geschah. Dann beendete ein Waffenstillstand die Gewalt, und die Aufmerksamkeit wandte sich wieder anderen Themen und anderen Konfliktgebieten zu. Die Menschen im Gazastreifen verschwanden wieder aus den Schlagzeilen. Das Leben aber ist für sie seither eine einzige Hölle. Bis zu 100000 Gazaner haben durch den Krieg ihre Häuser verloren. Sie harren auf den Trümmern ihrer Häuser aus und warten auf Hilfe von außen. Diese Hilfe wurde ihnen auch zugesagt. Fünf Milliarden Euro versprach die internationale Staatengemeinschaft bei der Geberkonferenz im ägyptischen Sharm el Sheikh im März 2009. Es sind weitere Milliarden, die als Politikersatz herhalten müssen und die doch keines der strukturellen und politischen Probleme wirklich lösen können.

Es sind Milliarden Steuergelder, die letztlich nur die Besatzung finanzieren, statt eine politische Lösung des Nahostkonflikts zu untermauern. »Die Geber-Konferenz von Sharm el Sheikh war eine Israel-Geber-Konferenz«, schrieb die israelische Journalistin Amira Hass. Hunderte Millionen würden in den Gazastreifen gepumpt, als sei der Landstrich von einer Naturkatastrophe heimgesucht worden. Dabei, so argumentierte Hass weiter, sei eigentlich die Besatzungsmacht Israel für das Wohlergehen der palästinensischen Zivilbevölkerung verantwortlich. Jeder Cent, der entweder der Regierung in Ramallah oder der humanitären Hilfe für die Kinder in Gaza zugute komme, bedeute für die israelische Regierung daher, dass sie ihre Bemühungen fortsetzen dürfe, die palästinensische Elite zur Kapitulation zu zwingen.

Der Begriff der Besatzung aber ist offenbar aus dem Wörterbuch der US-amerikanischen Administration und der europäischen Regierungen gestrichen worden. Israel hat sich mit seiner Lesart durchgesetzt, nach der Evakuierung der Siedler und dem Rückzug der Streitkräfte an die Grenzen des Gazastreifens könne es nicht mehr als Besatzungsmacht gelten. Völkerrechtsexperten auf der ganzen Welt bestreiten diese Interpretation allerdings und weisen darauf hin, dass Israel so lange Besatzer ist, wie es sämtliche Grenzen des Gazastreifens, den Luftraum und den Zugang vom Meer her kontrolliert und jederzeit mit seinen Truppen die Grenzen überschreitet.

Wenn Israel tatsächlich nicht mehr Besatzer wäre, dann müssten die Grenzübergänge zum Gazastreifen in der Regie der Palästinenser sein. Dann müssten sie selbst entscheiden dürfen, wer das Gebiet betreten darf und wer nicht. Die Realität aber sieht ganz anders aus: Der Gazastreifen ist nach allen Seiten hin abgeschnitten, seine Bewohner sind isoliert wie in einem Hochsicherheitsgefängnis ohne jede Aussicht auf Begnadigung. Das Bild eines Gefängnisses aber hat nur beschränkte Gültigkeit, denn – zumindest in demokratischen Staaten – werden die Insassen von Haftanstalten angemessen versorgt und gekleidet, sie haben einen Anspruch auf Bildung und auf regelmäßige Besuche von Angehörigen. Von all dem aber können die Insassen des Gefängnisses Gaza nur träumen.

Sie sind vollkommen rechtlos und nach Jahren der verpassten Chancen, der zerstörten Möglichkeiten und der Gewalt ohne jede Hoffnung.

Aber sie sind noch da und sie werden auch nirgendwo hingehen.

»Wir leben noch«, sagte mir ein palästinensischer Freund, als ich nach der Offensive »Gegossenes Blei« zum ersten Mal wieder nach Gaza kam. »Wir leben noch, wir sind noch immer da und wir werden auch bleiben.«

Ja, sie werden bleiben, die Palästinenser von Gaza, sie können nirgendwo hin, und sie werden auch in Zukunft die Nachbarn Israels sein.

Frieden mit ihnen wird aber nur dann möglich sein, wenn sie ihre Rechte bekommen, Freiheit und Selbstbestimmung und die Chance, ihre Familien zu ernähren und ihren Kindern eine Zukunft zu bieten.

Im Januar 2009 war ich zum letzten Mal im Gazastreifen. Wie immer bin ich schweren Herzens abgereist, denn ich weiß nicht, wann ich wieder die Gelegenheit und die Genehmigung bekommen werde, diesen armseligen Landstrich mit seinen wunderbaren Menschen zu besuchen.

Bettina Marx
Berlin im März 2009

Der Weg nach Gaza

60 Kilometer – zwei Kontinente

Es sind nur knapp 60 Kilometer von Tel Aviv nach Gaza. Aber es könnte genauso gut ein Ozean zwischen den beiden Orten liegen. Denn es trennt sie mehr als nur diese kurze Entfernung. Die Fahrt von Tel Aviv nach Gaza ist wie eine Reise zwischen zwei Kontinenten, zwischen Erster und Dritter Welt, zwischen unbändigem Optimismus und Lebensfreude auf der einen Seite und tiefer Bitterkeit und Verzweiflung auf der anderen, zwischen Zukunftszuversicht und Hoffnungslosigkeit, zwischen Stolz und Demütigung.

Tel Aviv ist die sprudelnde israelische Metropole, eine »Stadt ohne Pause«, wie die Stadtväter sie stolz nennen, eine einzige lange Partymeile am Mittelmeerstrand, Brennpunkt der lebhaften israelischen Kultur und der farbenfrohen Subkultur. Tel Aviv mit seinen nördlichen und östlichen Nachbargemeinden ist aber auch wirtschaftliches Zentrum des Landes, hier sind Börse und Diamantenbörse angesiedelt, hier haben die großen Banken ihre Zentralen. Zehn Kilometer weiter nördlich, in Herzliya, der Stadt, die nach Theodor Herzl benannt ist, hat sich das israelische Silicon Valley etabliert. Kleine und große Hightech-Firmen versorgen von hier aus die IT-Welt mit kleinen und großen Entwicklungen. Ein geschäftiges Business-Center im noblen Herzliya-Pituach, dort, wo Botschafter ihre Residenzen und israelische Millionäre ihre überdimensionierten Villen haben, verwandelt sich abends in eine muntere Ausgehmeile. Hunderte Restaurants, die tagsüber die Angestellten mit einem billigen Imbiss versorgen, werden abends zu kulinarischen Tempeln, in denen man ohne Reservierung keinen Platz bekommt, zu Cocktailbars und Clubs, wo sich die Jungen und Schönen treffen. Von hier zieht sich die Partymeile über den alten Norden Tel Avivs, den Hafen mit seinen Clubs und Diskotheken bis in den Süden der Stadt. Dort, wo tagsüber die Handwerker ihrer

Arbeit nachgehen, die Sattler, Polsterer und Fliesenverkäufer ihre Kunden empfangen und Anwaltskanzleien in futuristisch aufragenden neuen Hochhäusern ihre aufstrebende Klientel vertreten, öffnen nach Einbruch der Dunkelheit experimentelle Theater ihre Türen, laden Galerien zu Ausstellungen ein und bieten immer neue Restaurants immer ausgefallenere Speisen an.

Tel Aviv, die »erste israelische Stadt«, gegründet im Jahr 1909 nördlich der alten arabischen Hafenstadt Jaffa, ist eine attraktive Stadt. Im so genannten »alten Zentrum« am sandigen Mittelmeerstrand erinnern die vier- und fünfstöckigen weißen Häuser mit den flachen Dächern an ihre Ursprünge, an die Wohnhäuser im Bauhaus-Stil, die möglichst vielen Einwanderern eine preisgünstige und bequeme Unterkunft bieten sollten, an die Traumhäuser, die sich reiche Juden an den breiten Boulevards mit den schattenspendenden Ficus-Bäumen errichten ließen, an die Cafés und Theater der ersten Jahre, an die Kioske, die vor allem Treffpunkt und Gerüchtebörse waren und an deren Tradition das moderne Tel Aviv wieder anknüpft. An den Rändern der Stadt wachsen heute moderne Hochhäuser aus Beton und Glas aus dem Boden, Türme, die von weither sichtbar aus dem Dunst der Metropole ragen, Bürogebäude und Luxus-Wohnhäuser mit unbezahlbaren Penthouse-Wohnungen.

Doch Tel Aviv ist auch eine Luftblase, in der man die bittere Wirklichkeit des Nahen Ostens vergessen kann. Wo man Gaza vergessen kann, das nur 60 Kilometer weiter südlich liegt, am gleichen langgestreckten sandigen Mittelmeerstrand. Gaza mit seinen holprigen Straßen, in denen sich hupende alte Autos und Eselskarren einen Weg durch das Chaos suchen, in denen Abfallberge am Straßenrand vor sich hinmodern, wo barfüßige Kinder in Lumpen »Besatzer und Widerstandskämpfer« spielen, wo Männer im besten Alter müßig vor den Türen ihrer ärmlichen Häuser sitzen und Frauen in langen Kleidern und Kopftüchern mit sorgenvollem Gesicht zum Markt gehen. Nur wenige alte Steinhäuser in ehemals prächtigen Gärten zeugen von der ruhigen, behaglichen Vergangenheit dieser Stadt, die mit der Gründung des Staates Israel unsanft aus ihrem Dornröschenschlaf gerissen wurde. Vernachlässigt und von der einheimischen Bevölkerung unbemerkt, erinnern ein paar kleine Ausgrabungsstätten an die antike Hafenstadt, die für die Händler des Orients das Tor zur Welt war. Moderne Hochhäuser legen Zeugnis ab von den kurzen Jahren der Hoffnung nach dem Beginn des Oslo-Prozesses, als reiche Emiratis im Gazastreifen investierten, als Hilfsgelder in Millionenhöhe aus dem Westen flossen und ein regelrechter Bauboom die Aufbruchstimmung in Beton goss.

Dazwischen liegen die engen und überbevölkerten Flüchtlingslager, die das Markenzeichen von Gaza sind. Am Strand träumt der kleine Hafen mit seinen Fischerbooten von Geschäftigkeit und Freiheit. Betonpfeiler liegen wie Panzersperren im Sand. Sie sollten zum Ausbau eines Handelshafens dienen, eines der vielen Projekte, die im Zuge der Oslo-Euphorie entwickelt, aber nie in die Tat umgesetzt wurden, weil Israel seine Zustimmung verweigerte.

Reise in die Vergangenheit

Ich verlasse Tel Aviv auf der Autobahn Richtung Süden. Es herrscht dichter Verkehr hier am frühen Morgen im Zentrum Israels. Angestellte, die von der Peripherie zu ihren Arbeitsstellen im Raum Tel Aviv fahren, Militärfahrzeuge auf dem Weg in die Armeecamps rund um den Gazastreifen, Lastwagen mit Waren, die in den Kibbuzim am Rand des Gazastreifens produziert werden, Sattelschlepper, die Container zum Industriehafen nach Ashdod bringen.

Vorbei geht es an den südlichen Vorstädten Tel Avivs, Holon, Batyam und Yavneh. Vorbei auch an der Hafenstadt Ashdod, die mit der Ankunft von Hunderttausenden Einwanderern aus Russland in den letzten Jahren zu einer russischen Metropole wurde mit russischen Supermärkten und Buchhandlungen, mit russischem Theater und Restaurants, in denen das gesamte alte Sowjetreich kulinarisch wieder aufersteht. Eine moderne Stadt ist Ashdod heute mit gesichtslosen Neubauvierteln, Dutzenden Verkehrkreiseln und einem unspektakulären Stadtzentrum, eine Stadt, die dem Meer den Rücken zukehrt und in der nichts mehr an ihre glanzvolle Geschichte erinnert.

Dabei kann Ashdod auf eine lange und bedeutende Vergangenheit zurückblicken. Schon in der Antike existierte hier eine Stadt, die auf der wichtigen Handelsroute nach Ägypten lag. 23 archäologische Zivilisationsschichten legen Zeugnis ab von der reichen

Geschichte dieser Stadt, die den alten Israeliten als Ashdod Yam, den Griechen als Azotos Paralios und den Kreuzfahrern als Castellum Beroart bekannt war. Nach dem Mittelalter wurde Ashdod, oder Isdud, wie der arabische Name lautet, eine wichtige Station für Handelsreisende auf dem Weg nach Gaza. Erst mit dem Niedergang der wichtigen Handelsrouten am südlichen Mittelmeer verlor die Stadt ihre Bedeutung. Im Jahr 1948 war Isdud eine palästinensische Kleinstadt mit 5000 Einwohnern, die in Lehmhäusern lebten und sich von der Landwirtschaft ernährten. Nach der israelischen Staatsgründung flüchtete die palästinensische Bevölkerung fast vollzählig in den Gazastreifen. Die meisten der Flüchtlinge und ihre Nachkommen leben noch immer in Nordgaza in den Flüchtlingslagern Shati und Jebalya.

Südlich von Isdud lag bis zum Jahr 1948, bis zur israelischen Staatsgründung also, die palästinensische Stadt Majdal, auch bekannt unter dem Namen al-Majdal Jad. Ihre rund 12000 Einwohner lebten vor allem vom Textilhandwerk. Nach dem UNO-Teilungsplan sollte Majdal den Palästinensern zufallen. Als der Krieg ausbrach, besetzten ägyptische Truppen die Stadt, doch schon im November 1948 zogen sie sich zurück, und die israelische Armee nahm die nun schutzlose Stadt ein. Die meisten Einwohner verließen daraufhin Majdal und zogen, wie die anderen Bewohner der Küste, in den nahen Gazastreifen, wo sie sich in Flüchtlingslagern niederließen. Fast 3000 Palästinenser jedoch blieben in der Stadt. Es waren Einwohner von Majdal und Flüchtlinge aus den umliegenden Dörfern. Sie wurden in ein von Stacheldraht umschlossenes und von der Armee bewachtes Wohngebiet eingesperrt. Bis zum Sommer 1950 lebten sie in diesem Ghetto, durch Zäune von den israelischen Neuankömmlingen getrennt, die hier angesiedelt wurden. Dann wurden sie vertrieben, vorwiegend in den Gazastreifen. Im November 1950 zerstörte die israelische Armee auch die aus dem 11. Jahrhundert stammende islamische Pilgerstätte Mashhad Nabi Hussein. Hier sollte nach der Überlieferung der Kopf des Imam Hussein Bin Ali bestattet sein, des Enkels des Propheten Mohammed. Das Heiligengrab wurde von Schiiten und Sunniten gleichermaßen verehrt.

Von dem Grabmal ist heute nichts mehr zu sehen. An der Stelle des palästinensischen Majdal entstand Israels südlichste Mittelmeerstadt Ashkelon, die den arabischen Teil ihrer Geschichte gern überspringt, dafür aber an ihr antikes Erbe erinnert und stolz ihre Ausgrabungsstätten präsentiert. Schon 2000 vor Christus soll es hier einen wichtigen Handelshafen gegeben haben. Hier soll auch der biblische Held Samson gewirkt haben, dem Delilah die Haare schnitt, um ihm seine Kraft zu nehmen, und der dann doch, geblendet und gefesselt mit seiner übermenschlichen Kraft, den Palast der Philister zum Einsturz brachte und so zusammen mit den Philistern in Gaza unterging.

Seit 1985 wird in Ashkelon systematisch ausgegraben. Die Archäologen haben eine Fülle von Material gefunden und ausgewertet, das auf die große Bedeutung der Stadt in der Antike schließen lässt. Die israelische Organisation Zochrot, die sich der Erinnerung an die palästinensischen Bewohner des heutigen Israels verschrieben hat, versucht dagegen immer wieder, die jüngste Vergangenheit ins Gedächtnis zu rufen. Ihre Mitglieder bringen zum Beispiel Erinnerungstafeln an Straßenecken und Häusern an, die an vertriebene Palästinenser erinnern sollen. Meistens werden diese Tafeln von den Bewohnern der Stadt jedoch sehr schnell wieder entfernt.

Heute erinnert nichts mehr an die palästinensischen Bewohner des Küstenstreifens zwischen Gaza und Jaffa. Nur kundige Beobachter erkennen in den hier und da zu entdeckenden verfallenen Gemäuern am Straßenrand und den widerspenstigen Kaktushecken die Relikte alter Dörfer, die im israelischen Unabhängigkeitskrieg zerstört wurden. Und so ist die Fahrt von Tel Aviv nach Gaza auch eine Fahrt in die Vergangenheit der heutigen Bewohner des Gazastreifens.

Machsom Eres

Schon vor Ashkelon ist der Verkehr spärlicher geworden. Nach der Abzweigung in die Stadt und zu dem großen Kraftwerk südlich von Ashkelon, das bis weit nach Gaza sichtbar ist, sind fast keine Autos mehr auf der Straße. Wer fährt schon nach Gaza? Nur Journalisten, Diplomaten, Mitarbeiter von Hilfsorganisationen und arabische Taxifahrer, die hier auf die wenigen Palästinenser warten, die eine Genehmigung bekommen haben, den Gazastreifen zu verlassen, um etwa israelische Geschäftspartner zu treffen oder um ein Krankenhaus in Israel aufzusuchen.

Früher passierten hauptsächlich palästinensische Arbeiter den Grenzübergang Eres, der auf hebräisch Machsom Eres heißt, wörtlich: Sperre Eres. Inzwischen ist der Grenzübergang tatsächlich zu einer Sperre geworden. Hier kommt keiner mehr rein und keiner mehr raus, hier ist für die Palästinenser von Gaza das Ende ihrer Welt. Seit dem Wahlsieg der Hamas im Jahr 2006 erteilt Israel keine Arbeitsgenehmigungen mehr für Palästinenser aus Gaza und praktisch keine Ausreisegenehmigungen. Der kleine Gazastreifen ist seither abgeriegelt wie ein großes Gefangenenlager. Für die wenigen Besucher, die noch eine Ausnahmegenehmigung bekommen, nach Gaza zu reisen, ist der Grenzübergang Eres wie die Schleuse in ein Hochsicherheitsgefängnis. Ein Gefängnis, in dem die Insassen sich selbst überlassen sind, in dem die Gefängniswärter nicht eingreifen, in dem die stärkeren Häftlinge die schwächeren terrorisieren. Die einzige Steuerung von außen geschieht über regelmäßige Militärinvasionen, gezielte Tötungen und die Drosselung oder Freigabe lebenswichtiger Güter.

Kurz vor der Grenze macht die Straße einen scharfen Bogen nach links. Ein holpriger Weg führt zum Parkplatz vor dem Grenzterminal, ein futuristisch anmutendes Gebäude aus Stahl, Glas und Beton. Die niederländische Firma Interwand hat an diesem, wie sie es nennt, »benutzerfreundlichen« Grenzübergang mitgearbeitet. Auf ihrer Internetseite präsentiert sie stolz das Ergebnis.* Die Gesamtkonstruktion weise sehr viel Glas und dadurch eine transparente Bauweise auf. »Alle Wände für dieses einzigartige Projekt werden von Interwand aus Eibergen geliefert – in den Niederlanden produziert, im Gazastreifen eingesetzt!«, verkündet die Homepage stolz. Und weiter heißt es: »Als zentraler Kontrollpunkt für Personen und Güter zwischen Palästina und dem israelischen Staatsgebiet ist der Eres Terminal für die Bevölkerung im Gazastreifen ein wichtiger Wirtschaftsfaktor. Viele Menschen müssen den Terminal täglich passieren, wobei der Schutz vor terroristischen Bedrohungen eine zentrale Rolle spielt. Der Einsatz schwerer Absperrungen und strenger Kontrollen passt jedoch nicht zur neuen Politik. Daher wird auf

* www.interwand.nl/lang/DE/news/bericht1.htm

Technologie gesetzt, um potenzielle Bedrohungen schnell und präzise zu erkennen. Für die zahlreichen Grenzgänger bedeutet dies eine Verbesserung ihrer täglichen Lebensqualität.«

Diese völlig abwegige Beschreibung des Terminals kommt einer Verhöhnung der in Gaza eingesperrten Menschen gleich. Von den holländischen Ingenieuren hat offensichtlich noch niemand dieses Monstrum passiert, denn nichts könnte der Realität ferner sein als diese begeisterte Schilderung niederländischer Innovation. Der gigantische Bau an einer toten Grenze, die von keinem normalen Palästinenser überschritten werden darf, ist so abweisend wie der Eingang zu einem Gefangenenlager.

Von den Schaltern in der hohen kühlen Halle sind gewöhnlich höchstens zwei geöffnet, in denen gelangweilte Grenzschützerinnen und Beamte der Flughafenpolizei ihren Dienst tun. Umständlich und schweigend prüfen sie die Papiere. Praktisch nie richten sie das Wort an den Reisenden. Stattdessen führen sie lange Telefonate, starren auf ihre Computerbildschirme und durchblättern immer wieder den Pass. Wenn schließlich alle Fragen zu ihrer Zufriedenheit geklärt sind, drücken die Grenzbeamten einen Ausreisestempel in den Pass. Denn Israel betrachtet den Gazastreifen seit dem Rückzug der Siedler und der Armee als fremdes Land, das nicht länger unter dem Besatzungsregime steht. Jede Ausreise bedeutet einen Stempel und jede Einreise auch. Trotzdem nimmt Israel das Recht für sich in Anspruch, zu bestimmen, wer einreisen darf und wer nicht. Ohne Sondergenehmigung, die Wochen vorher beantragt werden muss, kommen Zivilisten, die keiner Hilfsorganisation angehören und nicht im diplomatischen Dienst stehen, gar nicht in den Gazastreifen. Auch ausländische Journalisten müssen beim Regierungspresseamt akkreditiert und im Besitz aller notwendigen Papiere sein, um Gaza besuchen zu dürfen. Manchmal müssen Journalisten beim Grenzübertritt auch unterschreiben, dass sie die israelischen Sicherheitskräfte nicht belangen, wenn sie bei kriegerischen Auseinandersetzungen geschädigt werden.

Nach der Passkontrolle geht es durch lange und enge Gänge. Von jetzt an begegnet man keinem Menschen mehr. Alles wird über Kameras und Mikrofone abgewickelt, eine Kommunikation mit den Grenzbehörden findet in der Regel nicht mehr statt. Am schwierigsten gestaltet sich die Passage durch die Drehtüren, die so eng sind, dass man kaum mit normalem Handgepäck durchkommt, geschweige denn mit Koffern oder der Kamera-Ausrüstung und den schweren Splitterschutzwesten, die man als Journalist meist mit nach Gaza nehmen muss.

Während ich zwischen den Zäunen und elektronischen Türen der Sperranlage stehe, kommt mir mein erster – ganz unfreiwilliger – Besuch im Gazastreifen in den Sinn. Es war Ende der 1980er Jahre, und ich war unterwegs nach Jerusalem. Von Eilat aus war ich die ägyptische Grenze entlanggefahren, eine spektakuläre Reise durch die Wüste. Während der gesamten Fahrt begegnete ich nur einem einzigen entgegenkommenden Auto. Glücklicherweise war es genau in dem Moment, als ich mit einer Panne liegen geblieben war. Der fremde Autofahrer half mir, mein Auto wieder in Gang zu setzen, und empfahl mir, den Motor nicht mehr abzustellen, bis ich mein Ziel erreicht hätte, denn der Anlasser sei kaputt.

Ich fuhr also weiter und orientierte mich, da ich vergessen hatte, eine Straßenkarte mitzunehmen, an meinen ungefähren geografischen Kenntnissen. Die führten mich auf direktem Weg in den Gazastreifen, in die Randgebiete der palästinensischen Stadt Khan Yunis. Mich beschlich ein ungutes Gefühl, denn damals, zu Zeiten der ersten Intifada, galt es als gefährlich, sich mit einem gelben israelischen Autokennzeichen auf palästinensisches Gebiet zu wagen. Zudem spukten mir die Warnungen meiner israelischen Freunde im Kopf herum, Gaza sei ein gefährliches Höllenloch, eine Brutstätte des anti-israelischen Terrors. Von all dem bekam ich an jenem Tag nichts zu spüren. Ich hielt an einer Bushaltestelle an und fragte die dort wartenden Menschen, wie ich am schnellsten nach Jerusalem käme. Sie wiesen mir gleichgültig den Weg, und ich verließ den Gazastreifen, ohne überhaupt zu bemerken, wann ich die unsichtbare grüne Linie überquerte. Keine Markierung bezeichnete die Grenze zwischen Israel und dem Gazastreifen. Nur am ärmlichen Zustand der Ortschaften, an den schlechten Straßen und den anders gekleideten Menschen war zu erkennen, dass man sich nicht mehr in Israel befand.

Im Westjordanland und im Gazastreifen herrschte damals noch Freizügigkeit. Sie war kurz nach dem Sechstagekrieg von 1967 von Moshe Dayan durchgesetzt worden. Für die Palästinenser der besetzten Gebiete bedeutete dies, dass sie zum ersten Mal seit 20 Jahren wieder ihre verlorene Heimat – das jetzige Israel – besuchen konnten. Sie konnten die Überreste ihrer Dörfer aufsuchen, wo es noch Ruinen zu besichtigen gab. Und sie konnten in dem neuen Staat, der in ihrer alten Heimat entstanden war, Arbeit suchen und sich so ein Einkommen sichern. Zehntausende palästinensische Männer fanden denn auch Arbeit auf israelischen Baustellen. Selbst in den jüdischen Siedlungen, die schon bald in den besetzten Gebieten entstanden, verdingten sie sich als Arbeiter. Sie galten als fleißig, zuverlässig und geschickt. Außerdem waren sie natürlich billig, denn andere Einkommensquellen gab es für sie kaum. »Eigentlich haben wir den jüdischen Staat gebaut«, sagten mir viele Palästinenser mit einer Mischung aus Stolz und Scham im Rückblick auf diese zwanzig Jahre zwischen der israelischen Besetzung ihrer Heimat und der Ersten Intifada.

Doch die grenzenlosen Zustände sollten schon bald zu Ende gehen – jedenfalls für die Palästinenser. Schon zu Beginn der 1990er Jahre, unter dem Eindruck des Ersten Golfkriegs, als sich die Palästinenser auf die Seite Saddam Husseins gestellt hatten, begann Israel, den Gazastreifen zunehmend zu isolieren. Checkpoints wurden eingerichtet und Ausgangssperren verhängt, und die Zahl der in Israel arbeitenden Palästinenser wurde drastisch reduziert. Seit Beginn der 1970er Jahre hatte die Militärverwaltung den Palästinensern Dokumente ausgehändigt, mit deren Hilfe sie sich frei bewegen konnten, die so genannten Exit Permits.* Im Jahr 1991 wurden diese Genehmigungen jedoch pauschal aufgehoben. Um in Israel arbeiten zu können, benötigten Palästinenser jetzt eine Sondergenehmigung, die nicht mehr so leicht zu bekommen war. Gleichzeitig wurde die Einreise nach Israel erschwert. Bei Eres, einem Kibbuz an der nördlichen Grenze zwischen Israel und Gaza, wurde ein Kontrollpunkt eingerichtet, der im Lauf der Jahre immer mehr ausgebaut wurde. Dort mussten die Palästinenser, die nach Israel einreisen wollten, ihre Genehmigungen vorzeigen. Schon im Jahr 1989 waren die Magnetkarten eingeführt worden, das begehrteste Dokument für arbeitsfähige Männer in Gaza. Um eine solche Karte zu erhalten, die allein zur Einreise und zum Arbeiten in Israel berechtigte, mussten hohe Anforderungen erfüllt werden. Der Antragsteller durfte weder

* Amira Hass, »Impossible travel«, *Haaretz*, 24. Januar 2007

vorbestraft sein noch Schulden haben. Vor allem aber durfte er nicht als politischer Aktivist aufgefallen sein.

Durch die Einführung der Magnetkarte wurde die Zahl der Arbeiter, die von Gaza nach Israel einreisen durften, von mehr als 80000 vor der Ersten Intifada auf 40000 bis 50000 Ende der 1980er Jahre reduziert.*

Doch es sollte noch schlimmer kommen, denn die Ausgangssperren, die – als Folge von Terroranschlägen – regelmäßig über den Gazastreifen verhängt wurden, dauerten immer länger.

Am 30. März 1993 wurde eine Ausgangssperre über Gaza verhängt, die bis Mitte September andauern sollte. Der Entscheidung war eine Welle von Messerangriffen in Jerusalem vorangegangen, deren Anstifter man in Gaza vermutete.

Nach der Unterzeichnung des ersten Abkommens zwischen Israel und der PLO im Herbst 1993 begann der Strom der Arbeiter, die den Grenzübergang Eres passierten, langsam zu versiegen. Nur noch wenige Ausnahmegenehmigungen wurden erteilt, in erster Linie für in der Landwirtschaft beschäftigte Arbeiter. Auch der Abgeordnete Ariel Sharon bekam für seine Farm im Negev eine Ausnahmegenehmigung.*

Für die Mehrzahl der palästinensischen Arbeiter aber gab es kein Durchkommen mehr. Stattdessen begann Israel, Arbeiter aus Osteuropa und Asien anzuwerben. Für die palästinensische Wirtschaft markierte diese Entscheidung den Beginn des Niedergangs.

Im Oktober 2000 verließen noch 24182 palästinensische Arbeiter den Gazastreifen. Danach wurde die Grenze für zwei Jahre komplett geschlossen, mit verheerenden Folgen für die Wirtschaft in Gaza, die eine ihrer wichtigsten Einnahmequellen verloren hatte. Die Menschen begannen zu hungern, und die Unruhe wuchs. Im Sommer 2002 begann selbst die israelische Armee sich Sorgen zu machen und bedrängte die Regierung, die hermetische Sperre zu lockern. Und so erteilte die Regierung 5000 Arbeitern aus Gaza die Genehmigung, wieder in Israel zu arbeiten. Doch inzwischen hatten sich die israelischen Arbeitgeber neue Arbeiter gesucht. Die wenigen Glücklichen, die den Gazastreifen verlassen durften, muss-

* Sara Roy, *Gaza*, S. 297

** Shlomi Eldar, *Aza kemavet*, S. 125

ten sich als Tagelöhner verdingen, die keinerlei soziale Absicherung hatten und oft genug auch noch um ihren ohnehin kargen Lohn betrogen wurden. Mit dem wenigen Geld, das sie am Abend nach Hause brachten, mussten sie aber wegen der rasant wachsenden Arbeitslosigkeit immer mehr Menschen ernähren. Doch die Tore in Eres wurden auch für diese wenigen Privilegierten immer seltener geöffnet.

»Manchmal, wenn die Sperre aufgehoben wurde, sahen sie aus wie Häftlinge, die aus dem Gefängnis entlassen wurden und im Laufschritt der Freiheit entgegeneilten. Und das ist keine Übertreibung. Im Lauf der Jahre stellte ich fest, dass sie bereit waren, für diesen Weg zur Arbeit nach Israel jeden Preis zu bezahlen.« So beschreibt der israelische Fernsehjournalist Shlomi Eldar die Szenen, die er immer wieder am Grenzübergang Eres filmte, wenn wieder einmal nach langer Sperre einige tausend Arbeiter nach Israel gelassen wurden. Er berichtete damals für das staatliche israelische Fernsehen. In seinem Buch *Aza kemavet* beschreibt er, was sich am »Machsom«, am Checkpoint, Nacht für Nacht abspielte.

> Schon am Abend kamen die Arbeiter zur Grenze, um sich einen möglichst aussichtsreichen Platz zu sichern. Denn nur wer am Morgen bei Grenzöffnungen ganz vorne in der Schlange stand, direkt vor den Drehtüren, hatte eine Chance, durchzukommen. Und so ließen sich die Arbeiter schon am Abend unter freiem Himmel in einem fast einen Kilometer langen Gang nieder, der von hohen Betonmauern gesäumt war. Die meisten hatten ein Stück Pappe dabei, auf das sie sich setzten, um die Nacht zu verbringen. Wenn es regnete, diente die Pappe als Regenschutz. Sobald sich die Tore öffneten, begannen alle nach vorn zu drängen, zum Ende des Korridors, wo ein Gitter mit zwei Drehtüren den Weg in die Freiheit versperrte. Weitere Arbeiter drängten von hinten nach, und es entstand eine so große Enge, dass es manchmal Verletzte, in einem Fall sogar einen Toten gab. Sein Leichnam wurde über die Köpfe der anderen nach hinten durchgereicht. Die Drehtüren wurden automatisch gesteuert, von Soldaten, die über Kameras beobachten konnten, was sich auf der anderen Seite abspielte.

Shlomi Eldar beschreibt die Szene, die er an einem Morgen am Checkpoint Eres filmte, wobei er selbst fast dem Gedränge zum Opfer gefallen wäre. Nur indem er am Gitter neben der Drehtür hochkletterte, konnte er sich retten und von oben filmen, was sich unter ihm abspielte. Sein Kameramann, der so eingekeilt war, dass er sich nicht mehr bewegen konnte, hatte ihm im letzten Moment die Kamera hochgereicht.

> Und plötzlich war ein Klicken zu hören: Tak. Die Roulette-Drehtür bewegte sich für einen Augenblick und sie warfen sich dagegen. Die verschleierten Frauen begannen zu den Kontrollposten zu laufen. Und dann hörte man wieder ein Klicken: Pak. Die Tür schloss sich. Zwei Arbeiter blieben in der Drehtür stecken, eine Körperhälfte schon auf der israelischen Seite, die andere noch auf der palästinensischen. Sie konnten sich nicht mehr bewegen, waren gefangen in dem Zwischenraum zwischen den Gitterstäben der Drehtür. Sie pressten ihre Körper in den kleinen Käfig, der so entstand. Sie standen still, warteten, eine Minute, zwei Minuten, höchstens fünf Minuten würde es dauern, und sie würden drin sein, im Land der unbegrenzten Möglichkeiten.

Die Drehtür, die für die Arbeiter so unerbittlich den Takt vorgab, wurde ferngesteuert geöffnet und geschlossen – in einem automatisierten Rhythmus. In den wenigen Stunden, in denen die Grenze offen war, konnten so nur wenige hundert Arbeiter die Grenze passieren. Alle anderen mussten unverrichteter Dinge nach Hause zurückkehren und auf mehr Glück am nächsten Tag hoffen. Wenn die israelische Regierung sich also brüstete, zehntausend Arbeitern die Ausreise aus Gaza erlaubt zu haben, war das nur ein Teil der Wahrheit, denn von den zehntausend, die eine Genehmigung hatten, kamen tatsächlich nur wenige hundert durch. Diese Situation führte dazu, dass der Druck am Grenzübergang immer schlimmer und das Gedränge immer unwürdiger wurde. Als Shlomi Eldar seinen Bericht im israelischen Fernsehen zeigte, war dies das Ende seiner Laufbahn beim staatlichen Sender. Beim halb-kommerziellen Kanal Channel Ten konnte er seine Berichterstattung später fortsetzen, bis Israel 2006 die Grenze für israelische Journalisten dicht machte. Danach berichteten nur noch ausländische Journalisten aus dem Gazastreifen.

Im Jahr 2005 wurde der Grenzübergang renoviert. Der lange Korridor zwischen den Betonwänden, der den palästinensischen Posten vom israelischen trennte, wurde mit einem Sonnendach versehen. Vor dem Tor nach Israel wurden neue Durchleuchtungsgeräte eingesetzt, so genannte Nacktscanner, die den Passanten elektronisch völlig ausziehen. Mit erhobenen Armen muss er sich auf vorgezeichnete Fußabdrücke stellen und reglos stehen bleiben, bis der Scanner einmal um den Körper herumgefahren ist. Doch selbst dies scheint nicht auszureichen. Einmal wurde ich Zeugin, wie ein junger Palästinenser sich zusätzlich fast vollständig entkleiden musste, bevor er die Drehtür passieren durfte. Er war deutlich als Krebskranker zu erkennen, wahrscheinlich auf dem Weg zur Behandlung in einem israelischen Krankenhaus. Das Haar war ihm fast gänzlich ausgefallen, auf seinem kahlen Kopf wuchsen nur noch vereinzelte Büschel. Er war blass und mager und trug einen Krankenhaus-Pyjama. Seine Füße steckten in Plastiksandalen. In der Hand hielt er seine Papiere und ein paar Geldscheine für das Taxi nach Tel Aviv. Mehr hatte er nicht dabei. Über Lautsprecher wurde er aufgefordert, sein Hemd hochzuheben, und dann, sich auszuziehen. Da er kein Hebräisch verstand, wurde ich – ebenfalls per Lautsprecher – angewiesen, zu übersetzen. Doch mein Arabisch ist sehr rudimentär, und so konnte ich nicht viel mehr tun, als ihm mit Gesten zu zeigen, was von ihm verlangt wurde, und ihm zu helfen, das Hemd auszuziehen. Glücklicherweise durfte er seine Unterhose anbehalten und musste sich nicht noch mehr vor mir, einer fremden Frau, die unfreiwillig Zeugin dieser entwürdigenden Behandlung wurde, demütigen.

Ein anderes Mal erlebte ich, wie ein alter und offensichtlich kranker Mann, der im Rollstuhl saß, aufgefordert wurde, aufzustehen und zu Fuß durch die Grenzanlagen zu gehen. Noch schlimmer war es, als ich einmal an einem drückend heißen Sommertag den Grenzübergang nach Gaza passierte und auf der palästinensischen Seite auf einen Schwerkranken traf, der völlig zusammengesunken und offenbar am Ende seiner Kräfte in einem Rollstuhl saß. Die Frau, die ihn begleitete, fächelte ihm Luft zu. Von Zeit zu Zeit musste sie ihr eigenes schweißnasses Gesicht trocknen. Sie weinte, und als sie mich sah, bat sie mich, zu helfen.

Ich rief den israelischen Kontaktmann für die Presse an, der ausländischen Journalisten hilft, wenn sie am Grenzübergang Eres festsitzen. Ich hatte ihn wiederholt angerufen, wenn ich auf der anderen Seite vor der Gittertür ohne ersichtlichen Grund hatte warten müssen, um nach Gaza ausreisen zu dürfen. »Auf der palästinensischen Seite wartet ein Kranker darauf, dass ihr in reinlasst«, sagte ich ihm. »Bitte macht ihm das Tor auf. Er stirbt sonst.«

Ich hatte Glück. Der Kontaktmann war verständnisvoll und bemüht zu helfen. Am Ende des langen Gangs traf ich auf die Sanitäter, die den Kranken zur Grenze begleitet hatten. Ich berichtete ihnen, dass ihr Patient noch immer auf der palästinensischen Seite wartete. Ein weiterer Anruf, und wir erhielten die erlösende Auskunft, dass der alte Mann die Grenze passiert habe. Auf israelischer Seite werde er von einem Krankenwagen abgeholt und in ein Krankenhaus gebracht.

Die Politiker, Diplomaten und UN-Beamten, die bis zur Machtübernahme durch die Hamas den Grenzübergang Eres passierten, bekamen solche Geschichten in der Regel nicht mit, denn sie wurden meist in ihren Fahrzeugen abgefertigt und fuhren um den Betontunnel herum auf die andere Seite der Grenze. Und auch die Journalisten mussten bei der Wiedereinreise nach Israel nicht wie die palästinensischen Arbeiter durch enge vergitterte Gänge gehen, in denen Menschen wie Vieh zu den Kontrollposten geschleust werden. Aber auch sie mussten vor der ersten Automatiktür warten, bis sie über einen Lautsprecher aufgefordert wurden, durch das erste Gittertor und die anschließenden Drehtüren zu gehen. Es folgten ein Metalldetektor und ein Röntgengerät für das Gepäck und eine weitere Drehtür, die in eine Sicherheitsschleuse mündete. Dort konnte man Glück haben und schnell rausgelassen werden. Oder aber man musste warten. Das konnte sich schon mal Stunden hinziehen und war nicht ungefährlich. Denn der Grenzübergang Eres war ein beständiges Ziel palästinensischer Extremisten. Immer wieder wurde er mit Granaten und Gewehren beschossen. Am 14. Januar 2004 sprengte sich eine Selbstmordattentäterin im Sicherheitsbereich in die Luft. Vier israelische Grenzbeamte starben. Eine zweite Attentäterin wurde ein Jahr später gefasst, als sie versuchte, die Grenze mit einem Sprengstoffgürtel unter dem Kleid zu passieren.

Aus diesem Grund wurden die Sicherheitsmaßnahmen in Eres ständig weiter verschärft. Der neue Grenzterminal soll den Kontakt zwischen Palästinensern und israelischen Grenzposten möglichst vollkommen ausschließen, um die Gefährdung der Grenzbeamten, der Soldaten und der zivilen Beschäftigten zu reduzieren. Gleichwohl bleibt Eres gefährlich, genau wie die wenigen anderen hin und wieder noch funktionierenden Grenzübergänge, über die Waren nach Gaza geliefert werden. Denn sie sind in der Regel die einzigen Kontaktstellen zwischen Besatzern und Okkupierten. Deswegen versuchen militante Palästinenser immer wieder, sie anzugreifen, mit Raketen und Granaten oder mit Autobomben. Auch an den Warenumschlagplätzen hat Israel daher in den letzten Jahren versucht, den Kontakt zwischen den Eingeschlossenen und der Außenwelt auf ein Minimum zu reduzieren. In Karni, dem Grenzübergang für Waren in den und aus dem Gazastreifen, wurden Brennstoffe und Getreide für Gaza über Förderbänder und Röhren transportiert. Die Waren wurden auf der israelischen Seite eingefüllt und auf der anderen Seite der Mauer auf palästinensischen Lastwagen und Tankfahrzeugen aufgefangen. Anlieferer und Abnehmer bekamen sich dabei nie zu sehen. Seit der Machtübernahme der Hamas im Jahr 2007 wird der Warenverkehr nicht mehr über Karni, sondern hauptsächlich über Kerem Shalom abgewickelt, ein Grenzübergang, der weder technisch noch personell ausgestattet ist, um für die Versorgung von 1,5 Millionen Palästinenser ausreichende Lieferungen abzufertigen.

Es war wiederum der Journalist Shlomi Eldar, der im israelischen Fernsehen aufdeckte, wie die Belieferung des Gazastreifens über Kerem Shalom funktionierte: Israelische Lastwagen brachten die Waren in den Kibbuz Kerem Shalom an der östlichen Grenze des Gazastreifens, der dafür saftige Gebühren kassierte. Dort mussten israelische Palästinenser das Steuer übernehmen, denn jüdische Fahrer durften nicht bis an die Grenze fahren. Die arabischen Fahrer brachten die Wagen an den Grenzstreifen, wo in einiger Entfernung schon die palästinensischen Geschäftsleute auf ihre Ware warteten. Per Megaphon und Handy verständigte man sich. Die Ware wurde abgeladen, meistens einfach nur auf den Boden gekippt, und die Lastwagen fuhren weg. Wenn die Armee das Zeichen dazu gab, rannten die palästinensischen Empfänger los und versuchten, sich zu sichern, was sie konnten und was beim unsanften Abladen nicht zerstört worden war.

Nach dem Rückzug der Israelis aus dem Gazastreifen schließlich wurde Eres von Israel zu einer internationalen Grenze umdeklariert. Der große hypermoderne Terminal mit seiner vollautomatischen Abfertigung wurde fertig gestellt.

Auch auf der palästinensischen Seite versuchte man, den Übergang gefälliger zu gestalten. In einem Renovierungsprojekt, als Arbeitsbeschaffungsmaßnahme vom Ausland finanziert, wurden die Betonwände gestrichen und die Toiletten, die bis dahin reine Kloaken waren, gereinigt. Es war schon ziemlich absurd: Das Leben im Gazastreifen wurde immer schlimmer, in den Straßen stapelte sich der Müll, weil die Müllabfuhr nicht mehr bezahlt werden konnte, und am Grenzübergang strichen Arbeiter die Gefängnismauern…

Industriepark Eres

Neben dem Grenzübergang erstreckte sich früher das Industriegebiet Eres, von den Israelis mitunter etwas großspurig »Industriepark« genannt. Es war schon Anfang der 1970er Jahre entstanden, nachdem Israel den Gazastreifen im Sechstagekrieg erobert und besetzt hatte. Schon unmittelbar nach dem Krieg, der die Palästinenser von Gaza so plötzlich von Ägypten abgeschnitten und ihre wirtschaftlichen Beziehungen in die arabische Welt mit einem Mal gekappt hatte, hatten sich erste israelische Firmen im nördlichen Gazastreifen angesiedelt. Zwischen 1968 und 1973 entstanden hier zwölf israelische Betriebe, die in diesen ersten Jahren aber nur wenige palästinensische Arbeiter aus Gaza beschäftigten.

Später zog der Industriepark Eres neben israelischen auch einige palästinensische Investoren an. Fast 200 Firmen siedelten sich hier im Lauf der Zeit an, etwa die Hälfte davon war palästinensisch. Sie produzierten Möbel, Textilien, Tonwaren und ähnliches, also durchweg Produkte, deren Herstellung keine spezifizierte Ausbildung voraussetzte und den palästinensischen Arbeitern keine Aufstiegschancen bot. Bis zu 6000 palästinensische Arbeiter fanden hier ein bescheidenes Einkommen. Obwohl der Industriepark auf palästinensischem Gebiet lag, war er vom Rest des Gazastreifens völlig abgeschnitten und von israelischen Sicherheitskräften bewacht. Die palästinensischen Arbeiter, die hier beschäftigt waren, benötigten spezielle Genehmigungen und mussten sich tagtäglich langwierigen und demütigenden Sicherheitskontrollen unterziehen. Dennoch gab es keinen Mangel an willigen Arbeitskräften. Nach der Abriegelung Gazas mit dem Beginn des »Friedensprozesses«

und der fortschreitenden Entflechtung der israelischen und palästinensischen Wirtschaft war die Arbeitslosigkeit stark angestiegen, und die meisten Palästinenser hatten keine Wahl. Israel seinerseits pries das Industriegebiet als Beschäftigungsgaranten und als Modell für eine künftige Zusammenarbeit zwischen Israelis und Palästinensern.

Militanten Palästinensern war es genau deswegen ein Dorn im Auge. Sie griffen den Industriepark immer wieder mit Mörsergranaten und kleinen selbst gefertigten Raketen an. Der spektakulärste Anschlag geschah am 26. Februar 2004, als vier palästinensische Angreifer durch einen Tunnel in das Industriegebiet eindrangen und einen Soldaten erschossen. Ein Jahr zuvor waren vier Soldaten getötet und vier weitere verletzt worden, als drei bewaffnete Palästinenser die Sperren überwunden und einen Armeeposten im Industriegebiet angegriffen hatten. Bis zum Jahr 2001 waren im Industriepark Eres elf Israelis bei palästinensischen Angriffen getötet worden. Infolgedessen begannen sich israelische Investoren nach neuen Standorten umzusehen und nahmen zunehmend staatliche Unterstützung in Anspruch, um sich andernorts anzusiedeln. Während im Westjordanland, entlang der von Israel geschaffenen Grenze zwischen dem besetzten Gebiet und dem, was Israel für sich beansprucht, neue Industrieparks entstanden, in denen die Zwangslage der Palästinenser ausgenutzt und Arbeiter zu niedrigsten Löhnen und ohne jede soziale Absicherung beschäftigt werden, ging Eres langsam zugrunde.

Am 9. Juni 2004 verkündete der damalige Minister für Industrie und Handel, Ehud Olmert, die Schließung des Industriegebietes. Die Regierung bot den israelischen Unternehmern Entschädigung und Hilfe beim Aufbau ihrer Firmen an anderer Stelle an. Und so wurde Eres Ende August 2004, ein Jahr vor dem israelischen Rückzug aus dem Gazastreifen, endgültig geschlossen. Eines der Lieblingsprojekte des späteren israelischen Präsidenten Shimon Peres war damit untergegangen. Nur noch wenige palästinensische Firmen hielten die Produktion aufrecht. Aber auch sie mussten wegen der schwierigen Sicherheitslage in dem Grenzgebiet bald ihre Tore schließen.

Heute ist das Industriegebiet zerstört. Die Gebäude wurden von der israelischen Luftwaffe bombardiert, damit sich dort nicht

Angreifer einnisten und auf israelische Militärposten schießen können. Die Überreste bieten einen Anblick, der an das kriegszerstörte Kabul erinnert oder an den Balkan zu Zeiten des Bürgerkriegs. Zerbröckelnde Betonwände, aus denen Eisenträger herausragen, die Fenster zerschlagen, die Rahmen herausgerissen. Kleine Jungen und junge Männer huschen über die eingefallenen Dächer dieser gespenstischen Ruinenanlage auf der Suche nach verwertbaren Überresten. Viel gibt es nicht mehr zu holen. Gleich nach der Schließung des Industriegebiets war alles, was die israelischen und palästinensischen Investoren zurückgelassen hatten, weggeschafft worden. Aber es gibt noch Eisen und andere Metalle. Eisen ist ein weltweit und in Gaza besonders begehrter Rohstoff. Was sie finden, laden die Jungen auf Eselskarren und bringen es zu den Schrotthändlern. Wenn man den Machsom Eres passiert hat und auf der palästinensischen Seite herauskommt, hört man das Klopfen der Hämmer, mit denen die Jugendlichen versuchen, Metall von Beton zu lösen.

Links der Straße, die in Eres beginnt und den ganzen Gazastreifen von Nord nach Süd durchschneidet, erstreckt sich eine öde Mondlandschaft. Hier standen früher duftende Orangenhaine. Aber sie wurden von der israelischen Armee gerodet, weil sie Angreifern als Unterschlupf dienten oder weil die Armee dies befürchtete. Nun ist der Blick frei auf die Grenzbefestigung, eine graue Betonmauer, die sich nur öffnet, wenn die israelische Armee mit gepanzerten Verbänden in den Gazastreifen eindringt oder wenn sie im Rahmen einer militärischen Operation palästinensische Gefangene auf Lastwagen hinausbringt, um sie in Israel zu verhören oder zu inhaftieren.

Raed

Taxifahrer und Kontaktmann

Auf der palästinensischen Seite der Grenze wartet Raed. Er nähert sich langsam und vorsichtig mit seinem langen gelben Taxi. Nur nicht schnell fahren, keine plötzlichen Bewegungen machen, die bei den Israelis, die alles, was sich an der Grenze tut, genau überwachen, den Verdacht auslösen könnten, es handele sich hier nicht um einen friedfertigen Zivilisten, einen Taxifahrer, der nur seine Kunden abholen will. Wie ein Schlachtschiff holpert der alte Mercedes über die Buckelpiste, die nur noch entfernt an die Straße erinnert, die einmal zum Grenzübergang Eres führte. Heute ist sie von Panzerketten aufgerissen, Bomben, abgeworfen aus israelischen Kampfflugzeugen, haben riesige Krater hinterlassen.

Früher gab es hier, auf der palästinensischen Seite der Grenze, eine kleine Grenzstation. Palästinensische Sicherheitskräfte kontrollierten die Ausweise der wenigen Besucher, die den Gazastreifen betraten. Sorgfältig schrieben sie Namen und Passnummern in ein Heft. Frauen wurden von weiblichen Angestellten kontrolliert. »Wo kommen Sie her«, fragten sie die Besucherin, »aus al-Kuds (Jerusalem) oder aus Tel Abib (Tel Aviv)?« Und als ob Eres das Tor zur Welt wäre, fragten sie weiter: »Wo wollen Sie hin?«

Ein paar flache Häuser und ein paar Container dienten den Grenzposten und den Sicherheitskräften als Unterkunft und boten den auf die Ausreise Wartenden spärlichen Schutz vor Sonne und Unwetter. Daneben waren nicht benutzbare Toiletten und eine immer unbesetzte Außenstelle des palästinensischen Informationsministeriums, wo Journalisten sich akkreditieren sollten.

Während des kurzen palästinensischen Bürgerkriegs, während der blutigen Auseinandersetzungen zwischen Hamas und Fatah im Jahr 2007, griffen Hamas-Kämpfer diese Stellung der Sicherheitskräfte an und töteten fast alle dort beschäftigten Männer. Wer nicht getötet wurde, dem schossen die wütenden Hamas-Anhänger in die Beine, oft mehrfach, so dass, wenn die Verletzten es bis in ein israelisches Krankenhaus schafften, nur noch die Amputation blieb.

Nichts erinnert heute mehr an die Zeiten vor diesem Machtkampf, der den Gazastreifen noch tiefer ins Unglück stürzte und den Menschen zusätzlich zur israelischen Besatzung und der internationalen Blockade auch noch eine unduldsame islamistische Regierung brachte. In der Rückschau wirkt die Zeit davor fast schon wie die sprichwörtliche »gute alte Zeit«, in der es noch Grund zur Hoffnung gab.

Doch in Wirklichkeit war auch schon vor der endgültigen Machtübernahme durch die Hamas, unter der Herrschaft der Fatah, nichts wirklich gut im Gazastreifen. Die Autonomiebehörde verwaltete das Gebiet eher schlecht als recht, korrupte Beamte bedienten sich schamlos an den Hilfsgeldern, die der Westen zur Verfügung stellte, Sicherheitskräfte und »Muchabarat«, Geheimdienstleute der Fatah, wirtschafteten in die eigene Tasche und verfolgten die Islamisten mit Brutalität. Muhammad Dahlan, der frühere Chef der so genannten präventiven Sicherheitskräfte – ein Euphemismus für Inlandsgeheimdienst –, gnadenloser Verfolger der Hamas-Anhänger und Liebling der Israelis, bezog in Gaza-Stadt die feudale Villa der Shawa-Familie, das größte Wohnhaus der Stadt, das er nach eigenen Angaben für 38000 Dinar gekauft hatte.

Eine kleine Schicht von privilegierten Politikern und Geschäftsleuten genoss Freiheiten, von denen die meisten Gazaner nur träumen konnten: Sie durften den Gazastreifen verlassen, nach Israel oder ins Ausland reisen. Sie fuhren große, oftmals gepanzerte Autos, während immer mehr Einwohner des Küstenstreifens auf Eselskarren umstiegen, weil sie sich weder ein Auto noch Sprit leisten konnten. Sie bewohnten klimatisierte Häuser und gingen in die feinen Restaurants am Strand, wo sogar Alkohol ausgeschenkt wurde, während die einfachen Palästinenser immer seltener satt wurden und sich oft nicht einmal sauberes Trinkwasser leisten konnten.

An der Grenze zu Israel aber hielt die Autonomiebehörde wenigstens die Fiktion von Souveränität aufrecht. Sie betrieb ein Koordinierungsbüro, das mit den israelischen Behörden auf der anderen Seite kommunizierte und die Aus- und Einreise der wenigen

Glücklichen organisierte, die eine Genehmigung bekommen hatten, den Gazastreifen zu verlassen oder zu besuchen.

Nach der blutigen Machtübernahme der Hamas und der Vertreibung der meisten Fatah-Funktionäre brach Israel jeglichen Kontakt mit dem Gazastreifen ab. Die israelische Armee machte auch deutlich, dass sie die Anwesenheit bewaffneter Hamas-Kämpfer unmittelbar an der Grenze nicht dulden werde. Mehrere Männer wurden von israelischen Grenzsoldaten erschossen, weil sie der Grenze zu nahe gekommen waren. Die neuen Herren von Gaza bauten ihren Kontrollposten daher in einiger Entfernung von der Grenze auf.

Direkt am Grenzübergang sind jetzt nur noch Gepäckträger anzutreffen, junge Männer, die den Reisenden helfen, ihr Gepäck durch das unwegsame Gelände zu den in sicherer Entfernung stehenden Taxis zu schleppen. Sie alle stammen aus Beit Hanoun, der nördlichsten Ortschaft des Gazastreifens, die unmittelbar vor der Grenze liegt. Und sie alle kennen Raed, den wohl berühmtesten Taxifahrer von Gaza, der aus ihrer Stadt stammt und der nun breit lächelnd auf mich zukommt. Wir wagen nur eine kurze halb verstohlene Umarmung, denn in Gaza gehört es sich nicht, dass sich Männer und Frauen, die nicht miteinander verwandt sind, berühren. Aber uns beide verbindet nach jahrelanger Zusammenarbeit inzwischen eine so tiefe Freundschaft, dass wir uns dieses Recht herausnehmen. Immerhin vertraue ich Raed mein Leben an, wenn ich in sein Taxi steige. Denn er ist für mich nicht nur der Chauffeur, der mich sicher durch das Straßengewirr von Gaza bringt, sondern auch Helfer, der mir Kontakte vermittelt und mich mit den einfachen Leuten von Gaza zusammenbringt, und vor allem Leibwächter, der genau weiß, wo man hinfahren kann und wo es zu gefährlich ist. »Raed hat einen sechsten Sinn für Gefahr«, sagte einmal George Azar, ein amerikanischer Kollege, der für Al Dschasira einen Dokumentarfilm über Raed drehte.

Raed arbeitet als Fahrer und so genannter Fixer für ausländische Journalisten. Das heißt, er organisiert Interviews und recherchiert Drehorte, er besorgt Informationen über politische Demonstrationen, Pressekonferenzen und Beerdigungszüge. Er weiß auch, wo man eine defekte Kamera reparieren lassen und wo man selbst nach einem halben Jahr israelischer Wirtschaftsblockade noch ein Handy auftreiben kann.

Raed ist von sportlicher Statur, mit leicht asiatischen Gesichtszügen und dem unvermeidlichen Schnauzbart, den fast alle palästinensischen Männer tragen. Er hat einen ausgeprägten Sinn für Humor und trotz seines holprigen Englischs eine starke Ausdrucksfähigkeit, die dazu führt, dass er gern von ausländischen Journalisten zitiert wird und schon mehrfach selbst in Dokumentationen und Berichten ausländischer Medien als Augenzeuge befragt wurde.

Er hat eine große Familie, die er mit seinem Einkommen über Wasser hält, neben seiner Frau und den inzwischen sieben Kindern ernährt er seine Brüder und deren Familien und hilft auch in der weiteren Verwandtschaft, wo er kann. Bis zu 42 Familienmitglieder hängen direkt von seinen Einkünften ab. Alles, was er verdient, gibt er seinem Vater, der es als Familienoberhaupt verteilt. Für sich selbst behält Raed nichts. Selbst die Zigaretten, die ihm seine Fahrgäste aus Israel mitbringen, teilt er mit seinem Vater. Sein größter Wunsch wäre es, Kameramann zu werden. Dann könnte er für ausländische Fernsehsender arbeiten und mehr Geld verdienen, als er als Fahrer einnimmt.

Als Fahrer und Kontaktmann ist Raed jedoch für viele ausländi sche Journalisten unentbehrlich. Denn er kennt praktisch jeden im Gazastreifen – vom einfachen Bauern bis zu Ärzten, Funktionären, Beamten und Politikern. Er kennt sie alle und hat die Telefonnummern von vielen in seinem Handy gespeichert. Die BBC, Al Dschasira, das französische Fernsehen und natürlich das deutsche Radio, sie alle arbeiten mit ihm. Früher begleitete er auch israelische Journalisten, als diese noch in den Gazastreifen fahren durften. Er schätzt diejenigen unter ihnen, die im Verlauf von vielen Jahren immer wieder kamen, um den israelischen Zuschauern, Lesern und Radiohörern die Geschichte von Gaza zu erzählen.

Doch dann wurde Raed eines Tages selbst zum Mittelpunkt einer solchen Geschichte. Zur Hauptperson in einem schrecklichen Drama, das einen Großteil seiner Familie auslöschte. Ein Drama, wie es fast alltäglich ist im Gazastreifen.

Die Geschichte begann in den ersten Tagen des November 2006. Doch die Ereignisse, die zu dem Tag hinführten, an dem Raed fast 20 Familienmitglieder verlor, begannen schon früher, im Frühsommer des gleichen Jahres. Sie begannen mit einem Überfall palästinensischer Freischärler auf eine israelische Militärpatrouille.

Sommerregen

Es war ein Sonntag, der 25. Juni 2006. Im Morgengrauen stiegen acht bewaffnete Palästinenser in einen tiefen Tunnel, den sie in der Nähe des Grenzübergangs Kerem Shalom ausgehoben hatten. Auf palästinensischer Seite stiegen sie hinab in die sandige Unterwelt, mehr als siebenhundert Meter weiter östlich kamen sie auf der israelischen Seite wieder heraus. Im Schutz des Morgennebels, den es hier auch im Sommer oft gibt, pirschten sie sich an einen israelischen Grenzposten heran und eröffneten dann von drei Seiten das Feuer auf einen Aussichtsturm, einen Panzer und einen gepanzerten Truppentransporter. Sie schossen eine Rakete auf die rückwärtige Tür des Panzers und warfen Granaten hinterher. Zwei Soldaten wurden getötet, ein dritter schwer verletzt. Den vierten, einen jungen Stabsgefreiten namens Gilad Shalit, zerrten sie aus dem Panzer und nahmen ihn mit in den Gazastreifen. Bei dem Überfall kamen auch zwei oder drei der Angreifer ums Leben. Aber es war das erste Mal seit langer Zeit, dass israelische Soldaten umgekommen waren. Und es war das erste Mal seit 1994, dass es palästinensischen Guerillas gelang, einen israelischen Soldaten zu entführen.

Drei Organisationen übernahmen die Verantwortung für den Überfall, darunter der militärische Arm der Hamas. Die israelische Armee war sofort zur Stelle. Sie drang in den Gazastreifen ein und zerstörte den Eingang des Tunnels, durch den die Angreifer gekommen waren. Stundenlang waren in der Umgebung des Grenzübergangs Explosionen und Schusswechsel zu hören. Aber dem verschleppten Soldaten war damit nicht geholfen. Er verschwand zusammen mit seinen Entführern irgendwo in einem Keller oder Tunnel des Gazastreifens. Man vermutete ihn, zumindest in diesen ersten Tagen seiner langen Gefangenschaft, in einem Verlies im Flüchtlingslager Khan Yunis. Aus palästinensischen Quellen verlautete kurz nach seiner Gefangennahme, er sei verletzt und erhalte medizinische Betreuung.

In Israel herrschte blankes Entsetzen. Zwar war der Tod der zwei Soldaten der Militärpatrouille bald kein Thema mehr, doch das Schicksal des entführten jungen Mannes hielt die Nation wochenlang in Atem. Die Zeitungen druckten immer wieder die wenigen Fotos, die es von ihm gab. Sie zeigen einen schüchternen jungen

Mann mit runder Harry-Potter-Brille, in Uniform auf dem offiziellen Foto der Armee, in Jeans und T-Shirt mit einem feinen Lächeln in dem jungenhaften Gesicht auf den Familienbildern. In den nächsten Tagen wurden seine Kameraden aus der Armee, seine Schulfreunde und Nachbarn und immer wieder auch sein Vater Noam interviewt. Er, der zurückhaltende Mann, der in den folgenden Jahren zur Symbolfigur für den langen und nervenaufreibenden Kampf der Familie gegen das Vergessen werden sollte, war bald in ganz Israel bekannt. Jeder kannte seine schlanke, fast hagere Gestalt, die schütteren Haare, die schmalen Lippen, die Sonnenbrille, hinter der er seine Augen verbarg. In jeder Nachrichtensendung war er zu sehen, in jedem Radioprogramm zu hören. Mit zögernder Stimme und dürren Worten kämpfte er um das Leben seines Sohnes. Nicht ein einziges Mal in all den Tagen und Nächten, aus denen Wochen und Monate und Jahre werden sollten, verlor er die Fassung. »Panik würde Gilad nichts nützen«, sagte er in einem Interview in den ersten Tagen nach der Verschleppung seines Sohnes. »Ich muss einen kühlen Kopf und einen klaren Verstand bewahren, um als Vater Gilads kämpfen zu können. Ich kann mir den Luxus nicht leisten, durchzudrehen.«

Von Anfang an appellierte er an die militärische Führung Israels, Gilad nicht seinem Schicksal zu überlassen. Die Armee trage die Verantwortung für das Leben und die Unversehrtheit seines Sohnes. Sie müsse dafür sorgen, dass er zu seiner Familie zurückkehren könne. Um das zu erreichen, dürfe sie nichts unversucht lassen. Auch Verhandlungen mit den Entführern dürfen kein Tabu sein.

Doch die politische Führung Israels zeigte sich unnachgiebig und wiederholte immer wieder ihren Grundsatz: Wir lassen uns nicht erpressen, und mit Terroristen verhandeln wir nicht. Als Justizminister Meir Shitrit im Fernsehen in einer populären vorabendlichen Nachrichtensendung forderte, den Fall des verschleppten Soldaten zu nutzen, um Israels Abschreckungsmacht wiederherzustellen, griff Vater Noam Shalit zum Telefon. Aufgebracht rief er im Fernsehstudio an, wo er live in die Sendung geschaltet wurde. Mit vor Emotionen zitternder Stimme sagte er zu dem blass werdenden Minister: »Der Staat Israel kann nicht seine ganze Abschreckungsmacht auf dem Rücken des Bürgers und Soldaten Gilad Shalit aufbauen, denn sein Rücken ist nicht so breit.«

Stattdessen hätte Israel schon vor dem Vorfall an der Grenze seine Wachsamkeit verbessern und seine Abschreckungsmacht demonstrieren müssen, sagte der besorgte Vater dem peinlich berührten Minister. Er bekräftigte damit, was auch viele Militärexperten sagten, die sich in diesen Tagen in den israelischen Medien zu Wort meldeten. Sie waren sich darüber einig, dass es zu der Entführung nicht hätte kommen dürfen. In geradezu sträflicher Weise habe das Militär die Hinweise der Geheimdienste ignoriert, dass militante Palästinenser versuchen könnten, einen Anschlag auf eine Grenzpatrouille zu verüben und Soldaten als Geiseln in die Hand zu bekommen. Wie konnte es sein, dass ein unerfahrener junger Soldat wie Gilad Shalit in so eine Situation gebracht wurde, fragte man sich.

Doch für die Vorsorge war es nun zu spät. Jetzt ging es um die angemessene Reaktion auf den demütigenden Vorfall. Wie sollte man den jungen Soldaten befreien, der irgendwo in dem winzigen aber doch undurchdringlichen Gazastreifen verschwunden war?

Ratschläge und Antworten gab es von allen Seiten. Vor allem im rechten politischen Lager rief man nach militärischer Vergeltung. Der Abgeordnete Effi Eitam von der ultranationalistischen und extremistischen Nationalreligiösen Partei (NRP) forderte die israelische Regierung in einem Radiointerview auf, in den Gazastreifen einzumarschieren. »Wir müssen jetzt eine Militäroffensive beginnen, die drei Ziele haben muss. Erstens die Hamas-Regierung zu stürzen: Sie und alle, die nach ihr dort herrschen werden, müssen wissen, dass ein solches Abenteuer, eine solche Kriegserklärung an Israel sie die Herrschaft kosten wird; wir müssen sie fangen und als Kriegsverbrecher vor Gericht stellen. Zweitens müssen wir so viele töten wie möglich, Dutzende und sogar Hunderte Terroristen meine ich. Und drittens müssen wir den entführten Soldaten zurückholen, tot oder lebendig.«

Eitams Worte stießen auf offene Ohren. Israel reagierte so, wie es in solchen Situationen immer reagiert, mit militärischem Druck. Nur drei Tage nach dem Überfall an der Grenze begann die israelische Offensive im Gazastreifen.

Die Armee gab ihr den Codenamen »Sommerregen«. Für die palästinensischen Zivilisten im Gazastreifen war es eher ein Stahlgewitter, das da über sie hereinbrach.

In der Nacht zum 28. Juni, drei Tage nach dem Angriff, bombardierte die Luftwaffe drei Brücken im Gazastreifen mit dem Ziel, die wichtigsten Verbindungsstraßen unpassierbar zu machen. Damit wollte man offenbar verhindern, dass der Gefangene von einem Versteck ins andere gebracht wurde.

Mehrere Raketen trafen das Elektrizitätswerk in Gaza-Stadt. Dadurch wurde die Stromversorgung für weite Teile des Gazastreifens unterbrochen. Überschallflugzeuge erzeugten laute explosionsartige Geräusche, um die Einwohner des dicht besiedelten Gazastreifens aus dem Schlaf zu reißen und in Panik zu versetzen. Das war eine brutale Kollektivstrafe, denn niemand konnte dem ohrenbetäubenden Knall entgehen, der sich plötzlich und ohne jede Vorwarnung entlud.

Im Süden des Gazastreifens überschritten in der gleichen Nacht israelische Bodentruppen die Grenze. Mit Panzern und gepanzerten Fahrzeugen drangen sie auf palästinensisches Gebiet vor. Tausende Zivilisten flüchteten in Panik. Sie versuchten, vor dem Artilleriefeuer nach Norden und Westen zu entkommen. In den Tagen zuvor hatten sich die Bewohner des Gazastreifens so gut wie möglich auf die zu erwartende Offensive vorbereitet. Wer konnte, hatte sich mit Lebensmitteln und Wasser eingedeckt. Die Wohlhabenderen hatten die Tanks für die Generatoren mit Treibstoff gefüllt, um sich bei Stromausfall selbst versorgen zu können.

Ein israelischer Militärsprecher erklärte, die Offensive sei der erste Schritt einer umfassenden Militäroperation. In den nächsten Tagen eskalierte die Gewalt. Die Luftwaffe nahm auch Regierungsgebäude unter Beschuss. Israels Ministerpräsident Ehud Olmert hatte in der Kabinettssitzung zuvor erklärt, er mache die palästinensische Führung, den Präsidenten Mahmoud Abbas und den Ministerpräsidenten Ismail Haniyeh für den Überfall verantwortlich, »mit allem, was das bedeutet«, sagte er wörtlich.

Am 2. Juli wurde Haniyehs Amtssitz von zwei von einem Flugzeug abgefeuerten Raketen getroffen und weitgehend zerstört. Haniyeh selbst war jedoch nicht anwesend und wurde nicht verletzt. Dafür gab es zahlreiche Opfer unter der Zivilbevölkerung. Es waren finstere Nächte, die über den Gazastreifen hereingebrochen waren. In der Nacht zum 12. Juli, die Offensive wollte kein Ende nehmen, starben bei den Angriffen der Armee zwei Dutzend Menschen, darunter mindestens neun Kinder. Viele von ihnen kamen ums Leben, als die Luftwaffe eine Bombe auf ein Haus abwarf, in dem sie den Hamas-Führer Mohammed Deif vermutete. Eine neunköpfige Familie kam ums Leben, Deif selbst entging dem Angriff, wie schon viele Male zuvor, als Israel versucht hatte, ihn zu liquidieren.

Die israelische Offensive gegen die Hamas schien sich in dieser blutigen Nacht einer neuen Eskalation zu nähern. Doch am nächsten Morgen spielte sich weit weg vom Gazastreifen, an der Nordgrenze Israels ein Drama ab, das die Aufmerksamkeit von dem blutigen Dauerkonflikt mit den Palästinensern ablenken und auch die israelische Offensive für einige Wochen unterbrechen sollte.

Dort, im unübersichtlichen Grenzgebiet zwischen Israel und dem Libanon, hatten Kämpfer der schiitischen Hisbollah-Miliz an diesem Morgen eine israelische Grenzpatrouille überfallen. Dabei waren acht Soldaten getötet und zwei weitere, offenbar schwer verletzt, in den Libanon verschleppt worden.

Zum zweiten Mal innerhalb weniger Tage waren israelische Soldaten entführt worden, hatte die Armee die Warnungen der Geheimdienste und Experten ignoriert und schlecht vorbereitete Patrouillen ohne Luftaufklärung losgeschickt. Eine Verbindung zwischen den blutigen Geschehnissen im Gazastreifen und dem Überfall an der Nordgrenze wurde in Israel nicht gesehen. Für die Palästinenser aber war klar, dass die beiden Vorfälle miteinander in Zusammenhang standen.

In Israel setzte der Überfall einen Automatismus in Gang. Wenige Stunden danach überschritten Truppen die Grenze zum Libanon, wurden Reservisten mobilisiert und begann die Luftwaffe, Ziele im Libanon zu bombardieren.

Fast unbemerkt hatte ein neuer Krieg im Nahen Osten begonnen, ein nicht erklärter Krieg, ein Krieg ohne Namen, der später als »Zweiter Libanonkrieg« in die Geschichtsbücher eingehen sollte. Während sich die Aufmerksamkeit der Welt auf diesen neuen gefährlichen Konflikt richtete, geriet der kleine Gazastreifen aus dem Blickfeld der Öffentlichkeit. Auch die israelische Militärführung konzentrierte sich auf die neue Bedrohung, die Operation Sommerregen verdampfte in der Hitze der kriegerischen Julitage an der Nordgrenze. Dieser Krieg dauerte 34 Tage. Dann beendete eine Waffenruhe die Feindseligkeiten.

Für die israelische Armee war dieser Krieg eine Schmach. Die Medien sprachen offen von einer Niederlage, denn keines der erklärten Kriegsziele war erreicht worden. Die beiden verschleppten Soldaten waren nicht gefunden und befreit worden. Die Hisbollah hatte zwar einen empfindlichen Schlag einstecken müssen, aber sie war weit davon entfernt, ihre dominante Stellung in der libanesischen Politik zu verlieren. Und schon bald nach Einstellung der Feindseligkeiten kehrten ihre Funktionäre und Kämpfer in den Südlibanon zurück. Was aber für den Staat Israel noch viel schwerer wog: Die Abschreckungskraft seiner Armee war verloren gegangen. Die Hisbollah hatte der ganzen Welt gezeigt, dass Israel sich zu einem Krieg provozieren ließ, den es nicht gewinnen konnte. In Israel entzündete sich eine lebhafte Debatte über Sinn und Unsinn des Krieges und über die Frage, wer für die Niederlage verantwortlich zu machen sei.

In Gaza befürchtete man unterdessen, dass die Israelis ihren Zorn über den unbefriedigenden Ausgang des Krieges und ihre Frustration über das eigene Unvermögen nun an den Palästinensern auslassen würden. Im Schatten des großen Konflikts im Norden hatte die israelische Armee bereits ihre Politik der gezielten Luftangriffe in Gaza verschärft. Nun wurden auch Wohnhäuser bombardiert, in denen Munition oder Waffen vermutet wurden oder in denen Militante leben sollten.

In Raeds Stadt Beit Hanoun gab es kaum ein Viertel, das nicht davon betroffen war. Überall zeugten Betonruinen von den nächtlichen Angriffen. Doch es sollte noch schlimmer kommen.

Herbstwolken

Am 1. November rückten israelische Truppen in den nördlichen Gazastreifen ein. Zwei Tage zuvor hatte Ministerpräsident Ehud Olmert bereits in der Knesset angekündigt, die Offensive im Gazastreifen wieder ausweiten zu wollen.

»Operation Herbstwolken« nannte die Armee die neue Militäroffensive.* Ziel der Operation war es, den Beschuss grenznaher

* Die israelische Armee benutzt gern poetische Namen für ihre Militäroffensiven.

israelischer Ortschaften mit selbst gefertigten Raketen aus dem nördlichen Gazastreifen zu unterbinden. Die mobilen kleinen Raketenkommandos feuerten so genannte Kassam-Raketen und Mörsergranaten in der Regel aus Beit Hanoun und dem weiter westlich gelegenen Beit Lahya ab. Meist schlugen die Geschosse in Israel ein, ohne größeren Schaden anzurichten. In Sderot, einer kleinen israelischen Stadt in unmittelbarer Nachbarschaft zum Gazastreifen, bezeichneten die Bewohner die Raketen lange Zeit ironisch als »Aschenbecher«, weil sie aus den Geschosshülsen mit Vorliebe Aschenbecher und Blumenvasen fertigten. Doch im Lauf der Zeit wurden die Raketen zielgenauer und wirksamer. Völlig unwirksam dagegen waren die Versuche der israelischen Armee, den Raketenbeschuss militärisch zu stoppen. Immer wieder drang die Armee in den Gazastreifen ein, um die Raketenstellungen auszuheben und die Drahtzieher der militanten Gruppen zu verhaften, die für den Beschuss verantwortlich waren. Doch die Raketenkommandos waren beweglich, sie transportierten ihre Raketen in Autos und schossen sie von mobilen Rampen ab wie Feuerwerkskörper zu Neujahr.

Leidtragende dieser Vorstöße waren die Zivilisten, die sich gegen die Militanten nicht wehren konnten und den israelischen Angriffen schutzlos ausgeliefert waren. Sechs Tage lang wüteten die Truppen in der kleinen Stadt Beit Hanoun. Alle Männer und männlichen Jugendlichen wurden verhaftet. Nach Angaben der Nachrichtenagentur Reuters wurden 4000 Männer festgenommen. Auf Lastwagen wurden sie weggebracht und in eigens eingerichteten Gefangenenlagern verhört. Manche wurden auch über die Grenze in israelische Gefängnisse gebracht, ein Vorgehen, das die Genfer Konventionen verbieten.

Diejenigen, welche nach den Verhören freigelassen wurden, trauten sich nicht mehr zurück in ihre Stadt, aus Angst, wieder festgenommen zu werden oder, schlimmer noch, beim Näherkommen erschossen zu werden, wie es einem der Rückkehrer passiert war. In Krankenhäusern und Moscheen suchten sie daher Unterschlupf und Verpflegung und warteten darauf, dass die Panzer wieder abzogen.

Als die Soldaten nach Beit Hanoun kamen, war Raed nicht zu Hause bei seiner schwangeren Frau und den sechs Kindern. Er war mit seinem Taxi in Gaza unterwegs. Einige westliche Journalisten hatten ihn für ihre Recherchen angefordert. Um der Festnahme zu entgehen, kehrte er am Abend nicht nach Hause zurück, sondern übernachtete bei Verwandten. Doch die Ungewissheit zerrte an seinen Nerven. Die Telefonverbindung nach Beit Hanoun war gekappt, und Raed wusste nicht, was mit seiner Familie los war. Als er mich vom Grenzübergang Eres abholte, zeigte er mir die Panzer, die an der Straße nach Beit Hanoun standen. Sie waren von der Hauptstraße aus kaum zu erkennen, so perfekt passten sie sich den Erdfarben der Umgebung an.

»Ich habe gehört, dass 80 Häuser zerstört wurden und dass es 200 Verwundete gab und 57 Märtyrer«, berichtete Raed aufgeregt. Außerdem sei ein Großteil der asphaltierten Straßen von Beit Hanoun zerstört worden. »Es gibt keine Straßen mehr«, wiederholte Raed immer wieder kopfschüttelnd und fassungslos. Tagelang hatte er versucht, an Informationen heranzukommen. Er hatte die Krankenhäuser abgeklappert, mit Verwundeten und entlassenen Gefangenen gesprochen. Und immer wieder war er in großer Entfernung an seiner Stadt vorbeigefahren und hatte versucht, sich selbst ein Bild davon zu machen, was sich dort abspielte.

Seine Stimme zitterte vor Erregung, als er mir erzählte, was er in Erfahrung gebracht hatte. »Sie sind mit 260 Panzern* und 60 Bulldozern gekommen. 6000 israelische Soldaten!«

Raed war empört über die Unverhältnismäßigkeit der Mittel, die von der israelischen Armee eingesetzt wurden. »Ich verstehe das nicht«, rief er aus. »Beit Hanoun ist doch nur ein ganz armer Ort. Warum brauchen sie so viele Panzer, um unsere Stadt anzugreifen? Ein Panzer wiegt sechzig Tonnen. Wenn der gegen ein Haus fährt, ist von dem Haus nichts mehr übrig.«

In der Tat wurden in diesen Tagen viele Häuser zerstört und zahllose Familien wurden obdachlos. Als sich einige Bewaffnete und Zivilisten in die Moschee von Beit Hanoun flüchteten, drohte die Armee damit, das Gebäude über ihnen zum Einsturz zu bringen. Das war keine leere Drohung. Schon öfter hatte die Armee bewusst Häuser zum Einsturz gebracht, in denen sich Bewaffnete ver-

* Für Palästinenser sind alle gepanzerten Fahrzeuge Panzer. Wenn sie von 260 Panzern sprechen, dann meinen sie damit alle gepanzerten Fahrzeuge, auch die defensiven Truppentransporter.

schanzt hatten, die sich weigerten, ihre Waffen niederzulegen oder sich den Besatzungstruppen zu ergeben. In Beit Hanoun mussten die Männer in der Moschee und ihre Angehörigen draußen also damit rechnen, dass die Armee das Gebäude zerstören würde, während sie sich darin aufhielten. Die anrückenden Bulldozer begannen schon, eine Wand einzureißen, als etwas Unvorhergesehenes geschah: Ein Protestzug von Frauen setzte sich in Bewegung. Die israelischen Soldaten waren überrascht und hilflos angesichts der schreienden Frauen, die unbewaffnet, aber mit dem Mut der Verzweiflung auf die umzingelte Moschee zumarschierten. Und so schossen sie in die Menge. Dabei wurden zwei Frauen getötet und mehrere verletzt. In dem Durcheinander, das danach entstand, gelang es den meisten in der Moschee verschanzten Männern, zu fliehen. Viele von ihnen zogen sich die langen schwarzen Gewänder religiöser Frauen an und verhüllten die bärtigen Gesichter mit dichten schwarzen Schleiern.

In Gaza wurde die Demonstration der Frauen mit Stolz und Begeisterung gefeiert. Zum ersten Mal habe man den Besatzungstruppen unbewaffneten Widerstand entgegengesetzt. Die tödlichen Schüsse auf die Frauen hätten der ganzen Welt gezeigt, dass Israel nicht davor zurückschrecke, auch Zivilisten zu töten. In Israel dagegen wurde die Frauendemonstration scharf kritisiert. Wieder einmal habe sich die Hamas hinter Zivilisten verschanzt, sagte ein Regierungssprecher in die Mikrofone der Weltpresse. Die Hamas habe ihre menschenverachtende Einstellung dokumentiert, indem sie unbewaffnete Frauen vorgeschickt habe, um Terroristen zu schützen.

Raed konnte mit diesen Argumenten nichts anfangen. »Glaubst du denn, die Frauen sehen tatenlos zu, wie ihre Männer, Brüder und Söhne lebendig begraben werden?«, ereiferte er sich. Ja, die Hamas habe im Radio dazu aufgerufen, eine Frauendemonstration zu organisieren. Aber eines solchen Aufrufs habe es gar nicht bedurft. Die Frauen wären auch ohne die Aufforderung gekommen, um ihre Männer zu retten, obwohl sie wussten, dass sie sich selbst damit in Gefahr bringen würden. In Gaza wisse jedes Kind, dass Israel nicht nur Bewaffnete, sondern auch Zivilisten angreife. Das ganze Volk von Gaza fühle sich von der Militäroffensive gegen Beit Hanoun bedroht. Und wieso müssten sich eigentlich die Opfer der

Besatzung dauernd rechtfertigen und nicht diejenigen, die den Gazastreifen widerrechtlich besetzt hielten und den Widerstand der Bevölkerung mit Gewalt brächen.

Raed war der Verzweiflung nahe. »Halas«, sagte er immer wieder. »Es reicht! Es ist genug! Ich halte das nicht mehr aus!«

In einer Geste ohnmächtigen Zorns schlug er auf das Lenkrad seines Autos, während er uns in halsbrecherischem Tempo nach Gaza-Stadt fuhr. Auf dem kurzen Weg berichtete er mir, wie diese letzten Tage ihn verändert hatten.

»Ich sage dir, das, was ich gesehen habe, hat mich wirklich verändert. Vorher war ich dagegen, dass Zivilisten getötet werden. Egal, ob Juden oder Muslime, ich war dagegen. Inzwischen aber sehe ich das anders. Wenn ich sehe, dass ein vierjähriges Kind getötet wird, dass Frauen getötet werden, dann hasse ich sie und dann wünsche ich mir, dass auch ihre Zivilisten leiden müssen.«

Raed war verbittert und wütend. »Mein zehnjähriger Sohn will ein Shahid werden, ein Märtyrer«, erzählte er voller Entsetzen. Er mache sich große Sorgen um seine zwei kleinen Söhne. Die Jungen akzeptierten seine Autorität nicht mehr, für sie gelte nur noch Gewalt. Sie wollten auch keine harmlosen Spiele mehr. Nein, in ihren Spielen ahmten sie Selbstmordattentäter nach und den Kampf bewaffneter Palästinenser gegen die verhassten Besatzer. Und sie seien ständig aggressiv. Er wisse schon nicht mehr, wie er sie noch in den Griff bekommen solle.

»Ich habe immer gehofft, dass meine Kinder einmal ein friedliches Leben führen könnten. Ich wollte, dass mein Sohn Arzt wird oder Schauspieler oder Ingenieur oder so was. Aber dieses Leben, das sie führen müssen, lässt es nicht zu, dass sie normal aufwachsen und einen normalen Beruf ergreifen.«

Raed ist an diesem Tag nur schwer zu beruhigen. Die Sorge um seine schwangere Frau und seine Kinder lässt ihn keine Ruhe finden. Er hat nun seit Tagen nichts mehr von ihnen gehört. »Mein Leben ist zu Ende. Ich kann nicht mehr. Ich will nur noch kämpfen«, sagt er verzweifelt, und es ist fast so, als habe er eine Vorahnung, als spüre er schon das Unglück, das zwei Tage später über ihn hereinbrechen wird.

An diesem regnerischen Novembertag fahren wir zusammen durch Gaza und suchen nach Flüchtlingen aus Beit Hanoun. »Lass uns zum Krankenhaus von Jebalya fahren. Dann zeige ich dir die Toten«, schlägt Raed vor. Nur mit Mühe kann ich ihn davon abhalten, mich in die Leichenhalle zu schleppen, wo die Getöteten aufgebahrt sind. Doch vor dem Krankenhaus treffen wir auf Männer aus Beit Hanoun und fragen sie, wie es ihnen ergangen sei und ob sie Neuigkeiten haben.

Abu Salem, ein junger bärtiger Mann, Vater von sieben Kindern, steigt zu uns ins Taxi und zündet sich eine Zigarette an, bevor er anfängt zu sprechen. Er war unter den ersten, die von den einrückenden Truppen festgenommen wurden, berichtet er. Über Lautsprecher wurden die Männer von Beit Hanoun aufgefordert, zur Nasr-Moschee im Zentrum der Stadt zu kommen.

»Zuerst wollte ich nicht rausgehen. Denn ich wusste, dass ich dann nicht nur verhört werde, sondern auch gedemütigt«, sagt Abu Salem. Aber dann habe er zum Fenster hinaus geschaut und gesehen, dass so viele seiner Nachbarn dem Befehl Folge geleistet hätten. »Ich dachte, wenn ich nicht rausgehe, dann kommen sie in mein Haus«, fährt er fort. »Also bin ich doch hinausgegangen.«

Wie die anderen Männer wurde auch er von den Soldaten mitgenommen, in die Landwirtschaftsschule von Beit Hanoun, wo die israelischen Truppen ein Gefangenenlager eingerichtet hatten. Einen Tag lang wurde er dort festgehalten. Die ganze Zeit über war er an Händen und Füßen gefesselt, und seine Augen waren verbunden.

»Beim Verhör hatte ich die Augen verbunden, aber ich konnte ein bisschen was sehen. Und da fragte ich den Offizier, ob er mir nicht einen Stuhl bringen kann, weil ich gesehen habe, dass er auf einem Stuhl sitzt. Da stand er auf und schlug mich zweimal in den Bauch, und dann zog er die Augenbinde ganz fest an, damit ich nicht mehr sehen konnte.«

Auch Abu Usama, ein anderer Mann, den wir vor dem Krankenhaus treffen, war unter den Gefangenen, die in der Landwirtschaftsschule in Beit Hanoun festgehalten wurden. Zwei Tage musste er dort verbringen, musste stundenlang in Unterhosen auf dem schlammigen Boden sitzen und endlose Verhöre über sich ergehen lassen.

»Wir waren ungefähr 2000 Menschen, die dort festgehalten wurden«, erzählt er. Um drei Uhr nachmittags seien sie festgenommen worden, und zwölf Stunden später habe man ihnen immer noch weder Nahrung noch Decken gegeben, um sich gegen die feuchte Nachtkälte zu schützen. »Wir haben nichts bekommen, keine Matratzen, nichts zu essen, keine Decken, nichts. Dann, um drei Uhr morgens, haben sie für die 2000 Leute ungefähr 100 Decken verteilt.«

Stundenlang wurde Abu Usama von Geheimdienstoffizieren verhört. Er sollte ihnen sagen, wer seit Monaten die selbst gefertigten Kassam-Raketen auf Israel abfeuerte. »Sie haben gefragt, wer die Kassam-Raketen schießt, wer in einer politischen Organisation ist und wer nicht. Sie haben jeden einzeln verhört.«

Die Geheimdienstler hätten sie auch aufgefordert, als Agenten und Spitzel für Israel zu arbeiten. »Sie haben gesagt, denkt darüber nach, mit uns zu arbeiten. Eure Situation ist sehr schlecht in Gaza, aber wir können euch Geld anbieten.«

Nach seiner Entlassung traute sich auch Abu Usama nicht nach Hause. Er hatte Angst, erschossen zu werden. Und so suchte er, wie Raed und wie viele andere Männer aus Beit Hanoun, Unterschlupf in Gaza-Stadt.

Ich hatte genug gehört und gesehen. Wir fuhren nach Hause, zu Freunden in Gaza-Stadt. Als wir dort eintrafen, wurden wir aufgeregt begrüßt. In den Nachrichten werde gemeldet, dass die ersten israelischen Panzer gerade abrückten. War die Offensive nun zu Ende? Konnte Raed am Abend nach Hause?

Wenige Stunden später bestätigten sich die Nachrichten. Die israelischen Truppen waren tatsächlich abgezogen. Die geflüchteten Männer kehrten in ihre Stadt zurück, voller Sorge um ihre Angehörigen und Freunde, um ihre Häuser und ihre Felder. Die abziehenden Truppen hatten eine zerstörte Stadt mit traumatisierten Menschen zurückgelassen. Es gab keine Straßen mehr in Beit Hanoun. Die schweren Panzer hatten alles aufgerissen. Dort, wo bis vor einer Woche die holprigen Asphaltstraßen verliefen, schlängelten sich jetzt schlammige Wege durch die verwüstete Stadt. Es sah so aus, als sei ein Orkan durch die Stadt gebraust. Viele Häuser waren zerstört oder beschädigt, es gab kein fließendes Wasser und keinen Strom, und die Telefonverbindungen waren unterbrochen. Im Zentrum der Stadt, wo die Moschee aus dem 17. Jahrhundert gestanden hatte, zeugten nur noch Trümmer von dem Drama, das sich hier abgespielt hatte. Mit vom Schrecken gezeichneten Gesichtern gingen die Menschen durch ihre Stadt. Sie betrachteten die Schäden, die die Armee angerichtet hatte, sie erkundigten sich nach den Nachbarn, nach Freunden und Familienangehörigen. Wer war getötet worden, wer verwundet und wer verhaftet?

Tragödie in Beit Hanoun

Als Raed zu seiner Familie zurückkehrte, fand er sie völlig verängstigt, aber wohlbehalten vor. Doch wie einer Eingabe folgend, brachte er seine Frau und seine Kinder noch am selben Abend zu seiner Schwester nach Jebalya, wo sie sich von den Schrecken der letzten Tage erholen sollten. Er selbst blieb in Beit Hanoun und übernachtete zum ersten Mal seit einer Woche wieder im Haus seiner Familie, das am Rand der Stadt lag, nicht weit von der Grenze zu Israel entfernt.

Am nächsten Morgen brach er in aller Frühe auf nach Gaza-Stadt, um seinen Freund, den amerikanischen Fotografen und Dokumentarfilmer George Azar, abzuholen, der in Beit Hanoun Aufnahmen machen wollte. Doch er traf nie in der Stadt ein. Denn irgendwann auf der Hinfahrt klingelte sein Mobiltelefon. Sein Bruder war vollkommen aufgelöst. »Komm zurück!«, schrie er. »Hol Hilfe! Sie haben uns bombardiert. Es sind alle tot.«

Raed fuhr zurück, so schnell er konnte. Zu Hause fand er ein Bild der Verwüstung vor. Riesige Blutlachen auf dem Boden, verstreute Kleidungsstücke und Schuhe.

Zwölf Granaten waren im Haus eingeschlagen, abgefeuert von einer israelischen Artilleriestellung. Erst nach und nach erfuhr Raed von seinen Angehörigen, was sich an diesem frühen Morgen abgespielt hatte, als er auf dem Weg in die Stadt war, um den Lebensunterhalt für die Großfamilie zu verdienen.

Raeds Bruder Iyad war früh aufgestanden, um das Morgengebet zu verrichten. Da es im Haus nach der verheerenden israelischen Offensive kein Wasser gab, ging er vor das Haus, um sich an einer Regentonne zu waschen. In diesem Moment schlug die erste Granate im Dach des vierstöckigen Hauses ein.

Iyad wollte hinauflaufen, um seine Frau und seine Kinder zu retten, als eine zweite Granate einschlug. Sie traf den rückwärtigen

Teil des Hauses, wo Iyads Schwester nun um Hilfe rief. Iyad rannte hin und zerrte sie unter den Trümmern hervor. Ihre Beine waren abgerissen. Er trug sie vor das Haus und ließ sie dort bei seiner Mutter und seinem Cousin. Dann rannte er zurück ins Haus, um seine schwangere Frau und seine beiden Söhne in Sicherheit zu bringen. Er brachte seine verängstigten Angehörigen auf die Straße, wo sie hofften, Schutz und Hilfe zu finden. Iyad wollte inzwischen seiner schwer verletzten Schwester helfen. Doch in diesem Moment schlugen die nächsten Geschosse ein, eine Granate nach der anderen. Zwölf Einschläge zählten diejenigen, die das Blutbad überlebten. Die Geschosse töteten seine Mutter, seine Schwester, seinen Cousin und einen Nachbarn. Iyad selbst, einer seiner Söhne und seine Frau wurden schwer verletzt. Seine Frau verlor einen Fuß, sein Sohn wurde von einem Granatsplitter am Kopf getroffen.

Am Ende waren 19 Menschen tot, darunter 18 Mitglieder von Raeds Großfamilie. 42 weitere Menschen wurden verletzt, viele von ihnen schwer. Siebzehn Verletzte mussten in die kleine Intensivstation des Shifa-Krankenhauses gebracht werden, die nicht dafür ausgestattet war, so viele Patienten zu versorgen. Drei der Opfer erlagen ihren schweren Verletzungen. Unter den Toten waren ein Säugling und mehrere Kleinkinder.

Raed war entsetzt. Verstört lief er auf der Straße hin und her, hockte sich weinend neben eine Blutlache auf dem Boden und drückte den kleinen Plastikschuh seiner Nichte an sich. »Warum? Warum mussten sie sterben? Was haben sie getan? Das waren Kinder und Frauen«, sagte er immer wieder. Und auf die Frage eines Journalisten, wie er seine Zukunft sehe, rief er aus: »Welche Zukunft? Es gibt keine Zukunft für uns.«

Am nächsten Tag wurden die Opfer des Angriffs beerdigt. Eine lange Prozession wand sich durch die zerstörten Straßen von Beit Hanoun. Die Leichen wurden auf Bahren hoch über den Köpfen der Menschen getragen, die Kinder zuerst. Die kleine Mariam sah aus, als schliefe sie. Die Augen halb geöffnet, das Gesichtchen völlig unversehrt. Sie war nur acht Monate alt geworden. Mit heulenden Sirenen führten Krankenwagen den Beerdigungszug an. Und die ganze Stadt war auf den Beinen, um den Opfern der Familie Athamna das letzte Geleit zu geben.

Nach der israelischen Militäroffensive der zurückliegenden Tage war der alte Friedhof voll mit frischen Gräbern. Und so musste ein neuer Friedhof angelegt werden für die achtzehn Toten, die an diesem Tag bestattet wurden.

Eine Schneise der Verwüstung: Von Beit Hanoun nach Rafah

Angriffe und Gegenangriffe

Raed und seine Familie kehrten nicht in das Haus zurück, in dem so viele nahe Verwandte den Tod gefunden hatten. Aber sie blieben zunächst in Beit Hanoun, der nördlichsten Stadt des Gazastreifens. Die Bewohner dieses Ortes werden die Hanounis genannt. Sie haben den Ruf, besonders stur, aber eben auch furchtlos und geradlinig zu sein. Beit Hanoun liegt an der Grenze zu Israel. Von hier aus kann man die israelische Kleinstadt Sderot auf der anderen Seite der Grenze sehen, keine zehn Kilometer weit weg. Die Nähe zu Israel nutzen die militanten Organisationen schon seit Jahren, um vom Stadtgebiet aus ihre Kassam-Raketen abzufeuern. Sie kommen meist in kleinen Gruppen, in der Nacht oder am helllichten Tag, schießen ihre selbst gebastelten Geschosse von mobilen Rampen ab und machen sich dann schleunigst aus dem Staub. Die Einwohner von Beit Hanoun können nichts dagegen ausrichten, auch wenn sie genau wissen, dass sie den Preis für den Raketenbeschuss israelischer Ortschaften bezahlen müssen, wenn die israelische Armee mit Artillerie zurückschießt oder ihre Luftwaffe gegen Raketenstellungen einsetzt. Deswegen versuchen sie immer wieder, die rebellischen jungen Männer von ihrem tödlichen und törichten Tun abzubringen. Manchmal mit fatalen Folgen. So wie Zuheir Shehade al Kafarna, der im August 2006 seinen Mut mit dem Leben bezahlte.

Wieder einmal war eine Kassam-Rakete abgeschossen worden, mitten aus dem Viertel, in dem der Landwirt mit seiner Familie lebte. »Wir haben die Erfahrung gemacht, dass die israelische Armee immer sofort reagiert, wenn Raketen von unseren Ortschaften aus auf ihr Territorium abgeschossen werden«, erzählte Al Kafarnas Tochter Salwa ein paar Tage später, als ich ihrer Familie einen Besuch abstattete. Vor dem bescheidenen Heim der Familie war ein Trauerzelt errichtet, in dem die Männer zusammen saßen und bitteren Kaffee tranken. Die Frauen hatten sich unterdessen im Haus versammelt. Ihr Vater sei zusammen mit seinem Bruder und seinem jüngsten Sohn hinausgegangen, um die Militanten wegzuschicken, bevor sie noch mehr Unheil anrichteten. Doch es war zu spät, die Islamisten hatten sich schon in Sicherheit gebracht. Die beiden Männer und der dreizehnjährige Junge dagegen wurden von israelischen Raketen getötet, abgefeuert von einem Kampfflugzeug.

In Beit Hanoun schlugen die Wellen der Empörung hoch. Die Familie und ihre Nachbarn verhinderten, dass die militanten Islamisten sich in den Begräbniszug einreihten und ihn für ihre Zwecke missbrauchten. In den Trauerreden warf man ihnen vor, rücksichtslos das Leben der Zivilisten zu gefährden. Auch die junge Salwa, die damals gerade ihr Studium der Sozialarbeit erfolgreich abgeschlossen hatte und sich in allen möglichen wohltätigen Organisationen engagierte, war wütend. »Das Abfeuern von Raketen aus den Wohngebieten bringt gar nichts«, sagte sie. Die Reaktion der israelischen Armee stehe in keinem Verhältnis zu dem Schaden, den die primitiven Raketen anrichten könnten. Sie dienten der israelischen Armee lediglich als Vorwand dafür, zurückzuschlagen und den Gazastreifen mit Raketen zu beschießen.

Doch nicht alle Bewohner Beit Hanouns teilten Salwas Ansicht. Ihre ältere Schwester Samara zum Beispiel, selbstbewusste Mutter von zwei Kindern, war nicht grundsätzlich gegen das Abfeuern von Raketen auf Israel.

»Im Prinzip akzeptieren wir Raketen als Verteidigungswaffe«, sagte sie. Die Raketen seien die einzigen Waffen, die den Palästinensern von Gaza geblieben seien, um sich gegen Israel zur Wehr zu setzen. Aber man dürfe sie nicht aus Wohngebieten abschießen, um Zivilisten nicht zu gefährden.

Die Palästinenser im nördlichen Gazastreifen mussten für die Kassam-Raketen einen hohen Preis bezahlen. Im Juni 2006 meldete das israelische Radio, die Armee habe beschlossen, Beit Hanoun zu entvölkern und die Bewohner zu vertreiben. Man habe Flugblätter abgeworfen, in denen die Menschen aufgefordert würden, ihre Stadt sofort zu verlassen. Es seien bereits Tausende von Flüchtlingen auf dem Weg nach Süden.

Als ich an diesem Tag nach Gaza kam, um herauszufinden, was an den Berichten dran war, traf ich den empörten Bürgermeister von Beit Hanoun, der den Israelis Zynismus vorwarf und den lachenden Raed, der mir einen Vogel zeigte. »Quatsch«, sagte er. »Wo sollen wir denn hin? Natürlich gehen wir nicht weg von hier.«

Doch die Idee, die Bewohner von Beit Hanoun nach Süden zu vertreiben, um die Gefahr durch den Raketenbeschuss von hier aus zu mindern, war mit diesem Misserfolg offenbar noch nicht vom Tisch. Im August 2006 verschärfte die Luftwaffe ihre Angriffe auf einzelne Gebäude der Stadt. Immer wieder waren in der Vergangenheit Polizeiposten, vermutete Waffenschmieden oder Parteibüros mit Raketen beschossen und zerstört worden. Nun wurden auch Wohn- und Geschäftshäuser ins Visier genommen, mit der Begründung, dass in den Häusern Waffen gelagert seien oder Militante Unterschlupf gefunden hätten.

In Beit Hanoun gab es zu dieser Zeit kaum ein Viertel, das nicht davon betroffen war. Überall zeugten Betonruinen von den nächtlichen Angriffen. Auch das Haus von Muhammad, einem Familienvater, der viele Jahre in Israel gearbeitet hatte, wurde in dieser Zeit durch zwei Raketen vollkommen zerstört. Als ich ihn aufsuchte, um mir seine Geschichte anzuhören, saß die ganze Familie vor den Trümmern ihres Heims.

»Wir haben geschlafen, als das Telefon meines Sohnes klingelte«, erzählte Muhammad. »Es war halb zwei in der Nacht. Der Anrufer sagte: ›Es sind zwei F-16-Kampfflugzeuge in der Luft, die euer Haus bombardieren werden. Verlasst sofort das Haus.‹«

Muhammads Sohn wollte der Drohung erst keinen Glauben schenken. Ein Blick in den nächtlichen Himmel, an dem die Kampfjets kreisten, überzeugte ihn dann jedoch, dass die Israelis es ernst meinten.

Darum weckte er rasch die Großfamilie und die Nachbarn. Acht Wohnungen gab es in dem Haus, in denen die vier verheirateten Söhne Muhammads mit ihren Familien wohnten. »Wir mussten uns beeilen, alle zu wecken und die Kinder wegzutragen. Dann schlug auch schon die erste Rakete ein. Wir konnten nichts retten, nur unser nacktes Leben.«

Auch die Bewohner der Nachbarhäuser mussten evakuiert werden. Zwanzig Minuten nach dem Einschlag der ersten Rakete kam wieder ein Warnanruf, und kurz darauf wurde die zweite Rakete abgefeuert. Das Haus wurde so stark zerstört, dass es unbewohnbar war. Die beiden oberen Etagen waren vollkommen, die unteren halb eingestürzt. Mehr als 40 Menschen wurden durch den nächtlichen Luftangriff obdachlos. Alles, was die Familie besaß, wurde unter den Trümmern des Hauses begraben, die Möbel, die Kleider, der Schmuck der Frauen, die Spielsachen der Kinder. Durch ein intakt gebliebenes Fenster sah man eine bemalte Stuckdecke. Aber die Treppe war zerstört, die Wände existierten nicht mehr. Selbst die wenigen unbeschädigten Räume waren nicht mehr zugänglich. Nur die Kinder turnten trotz Einsturzgefahr in den Trümmern herum und suchten nach noch brauchbaren Gegenständen.

Muhammad konnte sich nicht erklären, warum sein Haus zerstört worden war. Er zog ein gefaltetes Blatt aus der Hemdtasche, eine Arbeitsgenehmigung für Israel. Sie war gültig bis Oktober 2005. Und sie war der beste Beweis dafür, dass er unbescholten war. Denn wer auch nur entfernt mit Terroraktionen in Verbindung gebracht wurde, hatte keine Chance auf eine Arbeitsgenehmigung in Israel. »Ich bin 56 Jahre alt. Ich habe 30 Jahre lang in Israel gearbeitet. Alles, was ich durch meine Arbeit und meinen Fleiß in Israel verdient habe, habe ich in fünf Minuten verloren«, sagte Muhammad.

So wie ihm ist es in den Jahren seit der israelischen Besetzung des Gazastreifens vielen Palästinensern ergangen. Aber seit Ausbruch der Zweiten Intifada, also seit 2000, hat die Zerstörung von Wohnhäusern bis dahin unbekannte Ausmaße angenommen. Eine regelrechte Schneise der Zerstörung zieht sich von Beit Hanoun bis nach Rafah, von der nördlichsten bis zur südlichsten Stadt des Gazastreifens, an der ägyptischen Grenze.

Regenbogen über Rafah

Wochenlang wollte ich nach Rafah, wollte mit eigenen Augen die Zerstörungen sehen, die Tausende obdachlos gemacht hatten. Aber dahin zu kommen war vor dem Rückzug der Israelis aus Gaza gar nicht so leicht. Oft war die Straße in den südlichen Gazastreifen gesperrt, manchmal nur stundenlang, manchmal tagelang. An der Hauptverkehrsader, der Saladinstraße, die den Gazastreifen von Nord nach Süd durchschneidet, lag damals nämlich der berüchtigte

Abu-Holi-Checkpoint, so benannt nach der Familie, der das hier liegende Land gehörte. An dieser Stelle wurde die von den Palästinensern genutzte Nordsüdverbindung von einer Siedlerstraße überquert, die das Kernland Israel mit dem Siedlungsblock Gush Katif am Mittelmeerstrand verband. Immer wieder bildeten sich hier lange Staus, wenn die Armee den Verkehr anhielt, um die Siedlerstraße, die auf einer Brücke über die Saladinstraße führte, abzusichern. Manchmal waren es nur kurze Blockaden, manchmal aber dauerte es Stunden, bis die Straße wieder freigegeben wurde. Und oft war der Checkpoint tagelang geschlossen, und niemand durfte die Straße passieren. Dann wieder war die Straße offen, aber nur für den öffentlichen Verkehr oder für Autos mit mindestens vier Insassen. Für die Kinder von Rafah war dies eine gute Gelegenheit, sich ein paar Shekel zu verdienen. Sie stellten sich südlich der Straßensperre auf und boten sich den Autofahrern als zusätzliche Passagiere an. An der anderen Seite des Checkpoints stiegen sie aus und warteten, bis jemand sie benötigte, um den Kontrollpunkt in entgegengesetzter Richtung passieren zu können.

Im März 2004 war die Straße endlich offen und ich konnte ungehindert nach Rafah fahren. Es war ein Tag nach dem Tod von Scheich Ahmed Yassin. Der Gazastreifen schien in eine Schockstarre verfallen zu sein. Der greise Hamas-Führer war beim Verlassen der Moschee von einer israelischen Rakete getötet worden. Lange hatte man in den Medien darüber spekuliert, ob die israelische Armee auch den gelähmten Scheich töten würde, so wie sie zuvor schon andere Hamas-Führer mit mehr oder weniger gezielten Anschlägen umgebracht hatte. Denn als geistiges Oberhaupt der islamistischen Bewegung und als religiöser Führer, der in der Bevölkerung weit über die Kreise der Hamas hinaus großes Ansehen genoss, war er bislang quasi immun gewesen. Man hatte in Israel offenbar befürchtet, mit seiner Ermordung eine weitere unkontrollierbare Spirale der Gewalt anzustoßen. Sein Tod am 22. März 2004 kam daher für die meisten Beobachter völlig überraschend. Die Hamas drohte mit blutiger Vergeltung. In Israel bereitete man sich auf neuerliche Anschläge vor. Aber wie war die Stimmung im Gazastreifen selbst?

Um das herauszufinden, fuhr ich am Tag nach dem Anschlag nach Gaza, und um mir ein möglichst umfassendes Bild zu machen, wollte ich auch in den Süden fahren. Rafah ist die südlichste Stadt des Gazastreifens mit einem großen Flüchtlingslager, und sie liegt direkt an der Grenze nach Ägypten, ja sie wird von dieser Grenze durchschnitten. Als Israel und Ägypten im Jahr 1979 ihren Friedensvertrag schlossen, besiegelten sie auch das Schicksal von Rafah. Der größere Teil der Stadt mit rund 150000 Einwohnern blieb unter israelischer Herrschaft, der kleinere Teil mit etwa 40000 Einwohnern wurde Ägypten zugeschlagen. Und so wurde Rafah geteilt. Die Einwohner der beiden Stadtteile, die verwandt, verschwägert und auf vielerlei andere Arten miteinander verbunden waren, wurden genauso voneinander getrennt wie die Bewohner von Berlin durch den Bau der Mauer. Und auch die Menschen in Rafah sollten ihre Mauer bekommen. Im Jahr 2002 errichtete die israelische Armee eine acht Meter hohe Metallwand, die aber nicht direkt an der Grenze verlief, sondern etwa achtzig Meter tief im Landesinnern auf palästinensischem Gebiet. Die Häuser, die dort standen, wurden zerstört, ihre Bewohner vertrieben. Damit wurde der zuvor an der Grenze schon bestehende Korridor, den die israelische Armee »Philadelphi-Korridor« nennt, ausgeweitet, und die Grenzbefestigungen rückten immer näher an die Stadt und das Flüchtlingslager von Rafah. Also mussten wieder Häuser zerstört werden, die nun zu nahe an der Grenze lagen und die Sicherheit der israelischen Militärpatrouillen bedrohten.

Als ich an diesem Tag nach Rafah kam, trauerten die Menschen nicht nur um Scheich Yassin, sondern auch um einen Märtyrer der Stadt, einen Mann, der zwei Wochen zuvor bei Auseinandersetzungen mit der Armee verwundet worden und seinen Verletzungen erlegen war. Überall an den Hauswänden hing sein Foto neben dem von Scheich Yassin.

Auf der linken Straßenseite standen noch einige Häuser. Manche waren intakt, andere halb zerstört, aufgeschnitten wie Puppenstuben. In den nun offenen Zimmern konnte man unter den Trümmern die Möbel und in den aufgesprungenen Schränken die Kleider sehen.

Auf der rechten Seite zeugten nur noch Steinhaufen davon, dass auch hier einmal Häuser gestanden hatten. Die Ruinen erstreckten sich etwa 200 Meter bis fast zu der rostroten Eisenmauer, hinter der unheimliche Geräusche zu hören waren. Ein tiefes dröhnendes

Rumpeln, wie heranrollender Donner. »Das sind die Panzer«, sagte Abu Snein, ein 33-jähriger Familienvater, der mich begleitete, um mir die Reste seines Hauses zu zeigen.

»Dies war mein Haus«, sagte er und zeigte auf einen Haufen Steine. »Es ist über meinen Kindern zusammengestürzt. Eine Tochter wurde dabei am Bein verletzt. Den anderen Kindern ist Gott sei Dank nichts passiert.«

»Die Israelis kommen mit Panzern und Bulldozern und zerstören die Häuser ohne Vorwarnung«, erzählte er. In seinem Haus hatten sechs Familien gewohnt. Sie alle waren jetzt obdachlos. Er hatte mit seinem Haus alles verloren, was er besaß, seine Ersparnisse, seine Investitionen, sein Einkommen durch die Miete und das Dach über dem Kopf.

Als ich durch das Geröll stieg, um mir das ganze Ausmaß der Schäden anzusehen, peitschten auf einmal Schüsse durch die Luft. »Komm zurück!«, rief Abu Snein mir zu. »Weg da!« Geduckt rannte ich zurück zur Straße, wo er hinter einem Mauervorsprung in Deckung gegangen war. »Was war denn das?«, fragte ich ihn, ziemlich naiv. »Das waren israelische Soldaten. Sie mögen es nicht, wenn man hier herumläuft«, erklärte er. Jetzt erst entdeckte auch ich in einem schlanken hohen Betonturm an der Metallwand den israelischen Posten, dessen Gewehrlauf aus dem schmalen Fenster ragte und unseren Bewegungen folgte. Die Panzer waren noch nicht zu sehen, sie waren nur zu hören, bedrohlich und grollend. Doch sie blieben nicht dauerhaft unsichtbar auf der anderen Seite, ihre Patrouillenfahrten machten sie diesseits der Eisenwand, möglichen Angriffen aus den auf der anderen Straßenseite stehenden mehrstöckigen Wohnhäusern schutzlos ausgesetzt. Satellitenaufnahmen vom Mai 2004 zeigen deutlich den immer breiter werdenden Streifen unbebauten Geländes, der sich zwischen dem Metallzaun und der ersten Reihe von Wohnhäusern erstreckte, der Streifen, in dem die Armee patrouillierte. Die Soldaten suchten hier nach den Eingängen zu den Tunneln, die unter der Grenze hindurch gegraben wurden. Durch diese Tunnel wurden Waren, Menschen und auch Waffen von Ägypten nach Gaza geschmuggelt. Je weiter die Armee nach Norden vorrückte und je breiter der Philadelphi-Korridor wurde, desto länger mussten die Tunnel werden und desto gefährlicher waren die Ausschachtarbeiten. Damit die Armee die Eingänge zu den Tunneln nicht fand, wurden sie oft im Schutz von Wohnhäusern ausgehoben. Diese anstrengende und gefährliche Arbeit war ein langwieriger und schwieriger Prozess, denn die Erde musste möglichst unauffällig weggeschafft werden. Aber es lohnte sich, denn der Tunnelbau und der Schmuggel waren ein einträgliches Geschäft für die beteiligten Clans und Familien. Wer über einen solchen Tunnel herrschte, konnte Warenströme regulieren und Zölle erheben.

Am 12. Mai 2004 flog an dieser Grenze ein gepanzerter israelischer Truppentransporter in die Luft. Es war der zweite derartige Zwischenfall innerhalb von zwei Tagen. Schon am Vortag war in Gazastadt ein gepanzertes Militärfahrzeug auf einen Sprengsatz gefahren und in die Luft geflogen. Sechs Soldaten waren bei der gewaltigen Explosion ums Leben gekommen. Später stellte sich heraus, dass die Soldaten große Mengen Sprengstoff mitgeführt hatten, der explodiert war, als ihr Fahrzeug auf den Sprengsatz fuhr. Ganz ähnlich war es am nächsten Tag an der Grenze zu Ägypten. Die Granate, die auf den mit Soldaten und Sprengstoff beladenen Truppentransporter geschleudert wurde, löste eine so gewaltige Explosion aus, dass von den jungen Männern im Fahrzeug buchstäblich nichts übrig blieb. Trotzdem ließ die Armeeführung die Kameraden der Getöteten einen ganzen Tag lang medienwirksam nach deren sterblichen Überresten suchen. Auf den Knien rutschten die Soldaten den Patrouillenweg entlang und siebten mit den Händen den Sand. Im israelischen Fernsehen wurden diese Bilder immer wieder gezeigt. »Das sind die Bilder des Jahres«, sagte ein Reporter mit zitternder Stimme.

Diese Bilder, die ganz Israel erschütterten, bereiteten den psychologischen Boden für die Häuserzerstörung, die danach folgen sollte. Denn die israelische Regierung beschloss umgehend, den neun Kilometer langen Philadelphi-Korridor entlang der Grenze auszuweiten. Dafür müssen Hunderte Häuser zerstört werden, hieß es in Jerusalem. Man werde für die Bewohner jedoch alternative Behausungen zur Verfügung stellen. Dass dieses Versprechen nie erfüllt wurde, muss kaum noch erwähnt werden.*

* Auch beim Bau der Mauer in Jerusalem versprach die israelische Regierung den Palästinensern, die sich nun plötzlich jenseits der Mauer wiederfanden, dass man ihnen weiterhin kommunale Dienstleistungen zur Verfügung stellen werde. Aber auch

Panikartig flohen noch in der gleichen Nacht Tausende Palästinenser aus dem Flüchtlingslager an der Grenze. Sie luden ihre Möbel und Matratzen auf Lastwagen und Eselskarren, Frauen trugen große Säcke mit Kleidern und Küchenutensilien auf dem Kopf, Kinder schleppten Koffer und Kisten aus den Häusern.

Die israelische Armee begann unterdessen, Truppen zusammenzuziehen und das Flüchtlingslager zu umstellen. In der Nacht zum 18. Mai begann die heiße Phase der »Operation Regenbogen«. Die Truppen drangen in das Viertel Tel Sultan im Flüchtlingslager Rafah ein und begannen damit, einen Graben auszuheben, um es vom Rest des Flüchtlingslagers abzuschneiden. Im Viertel Brasil an der ägyptischen Grenze ebneten Soldaten mit Planierraupen und Bulldozern Gelände ein und zerstörten nach Angaben des israelischen Rundfunks vier Häuser. Bei ersten Kämpfen mit den anrückenden Truppen wurden mehrere Palästinenser getötet. Zuvor hatten Kampfhubschrauber in zwei Luftschlägen Raketen auf Rafah abgefeuert und dabei insgesamt mindestens sieben Menschen getötet und zahlreiche andere verletzt. Der zweite Angriff kam, als sich eine Gruppe von Männern zum Morgengebet bei einer Moschee versammelt hatte. Nach israelischen Angaben handelte es sich bei den Opfern durchweg um bewaffnete Palästinenser.

Das massive Vorgehen der Armee blieb jedoch nicht ohne Reaktionen in Israel. Vor allem die Bilder der Häuserzerstörung und der verzweifelten Flüchtlinge, die in Notunterkünften Obdach fanden, zum Teil aber auch unter freiem Himmel kampieren mussten, sorgten für Unruhe und Empörung in der israelischen Öffentlichkeit. Das Oberste Israelische Gericht gab sogar der Eingabe von Bewohnern Rafahs statt und untersagte in einer einstweiligen Verfügung den Abriss der Häuser. Diese Entscheidung wurde aber einen Tag später wieder aufgehoben. Der Chef der liberalen Shinui-Partei Tommy Lapid löste sowohl Zustimmung als auch Entrüstung aus, als er sagte, die Bilder einer alten Palästinenserin, die verzweifelt in den Trümmern ihres Hauses nach ihren Medikamenten suchte, erinnerten ihn an seine eigene Großmutter, die in Auschwitz ums Leben gekommen sei.

daraus wurde nie etwas. Die nichtjüdischen Bürger Ostjerusalems, die durch den Bau der Mauer aus der Stadt ausgeschlossen wurden, verloren von heute auf morgen sämtliche Anbindungen an kommunale Netze und Dienstleistungen.

In Tel Aviv kamen zum ersten Mal wieder Tausende linksgerichteter Demonstranten zu einer Kundgebung gegen die Besatzung zusammen.

Alles in allem forderte die »Operation Regenbogen« Dutzende Tote und Hunderte Verletzte. Unter den Opfern waren auch diesmal wieder zahlreiche Zivilisten. Nach Angaben des Flüchtlingshilfswerks UNRWA wurden 155 Wohnhäuser zerstört und nahezu 2000 Menschen obdachlos.

Menschliche Schutzschilde

Die vielleicht bewegendsten Augenzeugenberichte über die andauernde Zerstörung von Wohnhäusern in Gaza stammen von Rachel Corrie, einer jungen Amerikanerin aus dem US-Staat Washington, die sich dem International Solidarity Movement (ISM) angeschlossen hatte. Das ISM wurde im Jahr 2001 gegründet, um den unter der Besatzung leidenden Palästinensern beizustehen und den Gedanken des gewaltlosen Widerstands zu verbreiten. Im Januar 2003 kam Corrie nach Israel und schloss sich der Bewegung an. Mitte des Monats fuhr sie nach Rafah, um sich dort mit anderen jungen Freiwilligen als menschliche Schutzschilde den Panzern und Planierraupen in den Weg zu stellen. Ihrer Mutter schrieb sie in einer E-Mail:

> Nichts hätte mich auf die Realität hier vorbereiten können, weder Bücher noch Konferenzen noch Dokumentarfilme. Man kann sich das nicht vorstellen, wenn man es nicht selbst gesehen hat – und selbst dann ist man sich dauernd bewusst, dass das nicht die ganze Realität ist. Ich bin in Rafah, einer Stadt mit 140000 Einwohnern, von denen 60 Prozent Flüchtlinge sind, manchmal wurden sie mehr als einmal zu Flüchtlingen. Heute, als ich über das Geröll ging, wo einst Häuser standen, riefen mir ägyptische Soldaten von der anderen Seite der Grenze zu: ›Geh weg!‹, denn ein Panzer näherte sich. Und dann winkten sie und riefen: ›Wie heißt du?‹ Es ist etwas Beunruhigendes in dieser freundlichen Neugier. Es erinnerte mich daran, wie sehr wir alle in einem gewissen Sinne Kinder sind, die neugierig sind auf andere Kinder. Ägyptische Jungs, die fremden Frauen zurufen, die sich Panzern in den Weg stellen. Palästinensische Kinder, die von Panzern aus beschossen werden, wenn sie

> hinter Hauswänden hervorlugen, um zu schauen, was los ist. Internationale Kinder, die mit weißen Fahnen vor Panzern stehen. Israelische Kinder, die anonym in den Panzern sitzen, manchmal rufen sie und manchmal winken sie, viele von ihnen sind gezwungen, hier zu sein, viele sind einfach aggressiv, sie schießen in die Häuser, während wir weiter gehen.

In dem elektronischen Briefwechsel mit ihrer Mutter setzte sich Corrie auch ausführlich mit der Frage der Gewaltlosigkeit und den Ursachen der Gewalt auseinander.

> Ich habe viel darüber nachgedacht, was du am Telefon gesagt hast, dass die Gewalt der Palästinenser auch nicht hilfreich ist. 60000 Arbeiter aus Rafah haben vor zwei Jahren in Israel gearbeitet. Jetzt können nur noch 600 nach Israel gehen. Viele sind von hier weggezogen wegen der drei Checkpoints zwischen Rafah und Ashkelon, der nächstgelegenen israelischen Stadt ... Wenn einer von uns zusehen müsste, wie man sein Leben und seinen Wohlstand zerstört, wenn wir mit unseren Kindern auf immer kleiner werdendem Raum leben müssten und wüssten, dass jeden Moment Soldaten mit Panzern und Bulldozern kommen und unsere Gewächshäuser zerstören könnten, die wir seit Jahren pflegen, wenn sie uns schlagen und mit 150 Leuten für mehrere Stunden einpferchen würden, glaubst du nicht, dass wir dann zu gewalttätigen Mitteln greifen würden, um das zu schützen, was noch übrig ist?

Diese Mail schrieb Corrie am 27. Februar. Sie hatte sich bei einer palästinensischen Familie in Rafah eingemietet, teilte mit ihr das halb zerstörte Haus, versuchte, arabisch zu lernen und beteiligte sich an den Protestaktionen ihrer Freunde von der ISM. Am 14. März gab sie dem Middle East Broadcasting Network ein Interview, in dem sie sagte: »Ich habe das Gefühl, dass ich Augenzeugin der systematischen Zerstörung der Lebensgrundlagen eines Volkes bin. Manchmal esse ich mit Leuten zu Abend, und plötzlich wird mir klar, dass wir von einer massiven Militärmaschinerie umgeben sind, die versucht, die Menschen zu töten, mit denen ich beim Abendbrot sitze.«

Zwei Tage später wurde die junge Amerikanerin selbst Opfer dieser Maschinerie. Zusammen mit anderen jungen Leuten aus ihrer Gruppe versuchte sie, zwei Bulldozer zu behindern, die in Rafah Häuser zerstörten und Felder niederwalzten. Die Aktivisten machten Fotos und Notizen und stellten sich den Planierraupen in den Weg. Als einer der Bulldozer auf das Haus eines Apothekers zufuhr, um es abzureißen, kniete sich Corrie, weithin sichtbar in ihrer leuchtend orangefarbenen Jacke, vor ihm auf den Boden. Doch der Bulldozer hielt nicht an und begann mit seiner Schaufel die Erde aufzuschütten. Daraufhin stieg die junge Frau auf den Erdwall, um besser gesehen zu werden. Der Bulldozerfahrer ließ sich jedoch nicht beirren und schaufelte weiter Erde, so dass der Erdwall zu wanken begann und Corrie herunterrutschte. Die anderen Aktivisten versuchten, den Fahrer durch Rufen aufmerksam zu machen, doch er hielt nicht an. Nach den Berichten von Augenzeugen soll er zweimal mit nach unten gekippter Schaufel über die am Boden liegende junge Frau gefahren sein.

Corrie wurde ins Krankenhaus von Rafah gebracht, aber es war zu spät. Sie starb nach Auskunft des palästinensischen Arztes, der sie behandelt hatte, an Schädel- und Wirbelsäulenbrüchen. Der israelische Pathologe, der ihren Leichnam später obduzierte, stellte fest, dass ihre Schulterblätter zertrümmert waren und ihr Rücken an fünf Stellen gebrochen war.

Die israelische Armee ordnete das Ereignis als Unfall ein. Der Baggerführer habe Corrie nicht sehen oder hören können. Letztendlich sei sie auch nicht überrollt, sondern durch fallende Betonstücke erschlagen worden.

Einen Monat nach Rachel Corries Tod wurde in Rafah Tom Hurndall angeschossen, ein Friedensaktivist, der nach Gaza gekommen war, nachdem er von Corries Tod erfahren hatte. Ein israelischer Soldat verletzte ihn mit einem Kopfschuss, als er versuchte, palästinensische Kinder aus der Schusslinie der Soldaten in Sicherheit zu bringen. Er starb neun Monate später in einem Krankenhaus in London, ohne das Bewusstsein wieder erlangt zu haben.

Wieder einen Monat später, am 2. Mai 2003 wurde in Rafah der britische Dokumentarfilmer James Miller von israelischen Soldaten erschossen. Er arbeitete zu dieser Zeit an einem Film mit dem Titel »Tod in Gaza«, der posthum auf der Berlinale 2004 vorgeführt wurde.

Städte, Dörfer, Flüchtlingslager

Gaza-Marathon

Sanaa Abu Bachit war die palästinensische Olympiahoffnung des Jahres 2004. Die junge Sportlerin sollte ihr Land als Mittelstreckenläuferin auf der 800-Meter-Strecke vertreten, als eine von insgesamt vier Sportlern. Als die kleine palästinensische Mannschaft bei der Eröffnungsfeier in Athen unter dem wohlwollenden Jubel des Publikums in das Stadion einmarschierte, trug Sanaa voller Stolz die palästinensische Fahne voran. Und obwohl sie schon in der Vorrunde ausschied, wurde sie von einem begeisterten Publikum mit viel Beifall bedacht.

Als ich sie im Flüchtlingslager Deir el Balach besuchte, an einem heißen Frühsommertag des Jahres 2004, wenige Wochen vor Beginn der Sommerspiele, war sie 19 Jahre alt. Unangemeldet fuhr ich mit einem Freund und Dolmetscher auf den sandigen Hof vor ihrem kleinen Haus. An einer Straßenecke hatten wir zuvor die dort müßig herumsitzenden Männer nach ihrer Adresse gefragt. Bereitwillig und gastfreundlich hatte man uns den Weg gewiesen. Jeder in dem Lager kannte die zierliche junge Frau, denn sie war ein Star im Gazastreifen, und wir waren nicht die ersten Journalisten, die sie interviewen wollten. Man hoffte, dass sie mit ihrem Lauftalent Ruhm für ihre Heimat bringen würde und die Aufmerksamkeit der Welt auf diesen gottverlassenen Flecken Erde lenken würde.

Doch Sanaa hatte nicht immer die Sympathie und die Zustimmung ihrer Landsleute genossen. Als sie anfing, ernsthaft zu trainieren, wurde sie häufig beschimpft und verunglimpft. Denn es gehört sich nicht für ein Mädchen in Gaza, im Sportdress oder gar in kurzen Hosen herumzulaufen. Ihr und ihren Mitläuferinnen schlug Ablehnung entgegen. Manchmal wurden sie sogar mit Steinen beworfen, wenn sie am Strand von Gaza trainierten. »Am Anfang hatten wir Schwierigkeiten, wenn wir an der Straße gelaufen sind«, erzählte sie mir mit schüchternem Lächeln. Sie und ihre Schwester seien belästigt und ausgelacht worden. Aber ihr Vater und ihr Onkel seien zu den Leuten hingegangen und hätten ihnen erklärt, dass Sport wichtig sei und dass auch Mädchen Leistungssport betreiben können. »Jetzt sind diejenigen, die uns ausgelacht haben, unsere Fans. Sie stehen am Straßenrand und klatschen Beifall«, fügte Sanaa stolz hinzu.

Ihre Mutter, eine warmherzige, schöne Frau mit freundlichen Augen, warf Sanaa einen liebevollen Blick zu. Schon als Kind habe ihre Tochter gewusst, dass sie laufen will. Immerzu wollte sie herumtoben und sich mit anderen messen. In der Schule habe man ihre Begabung entdeckt und gefördert. Nicht nur Sanaa hatte Talent, auch ihre zwei Jahre jüngere Schwester Wisam war Läuferin. Sie trainierte die 1500-Meter-Strecke. Und die beiden älteren Schwestern und zwei Brüder treiben ebenfalls Hochleistungssport. Im palästinensischen Sportverband trainierten außerdem drei ihrer Cousinen, auch sie als Läuferinnen. »Wir sind ein Sportlerclan«, sagte Sanaas Onkel Khaled stolz. »Alle spielen Fußball und treiben gerne Sport. Ich treibe jeden Nachmittag Sport und boxe. Und meine beiden Söhne laufen mit den Mädchen, den Töchtern meiner Schwester. Wir sind ein Sportlerclan.« Die Abu Bachits sind Schwarze, Nachfahren von afrikanischen Sklaven aus dem Sudan, die bei Beduinenstämmen lebten und deren Namen annahmen. Im Lauf der Zeit wurden sie gleichberechtigt in die Stämme ihrer Herren aufgenommen.

Sanaas Vater war krank, als ich sie besuchte. Er hatte drei Monate zuvor einen Herzinfarkt erlitten. Seither unterstützte der Onkel die Familie. Er hat neun Kinder und auch er ist Sportler, so wie ihre Mutter, die früher Volleyball und Basketball gespielt hat und auch gelaufen ist.

Früher war hier manches möglich, was man sich heute nicht mehr vorstellen kann. Denn der Gazastreifen ist in den letzten Jahren viel konservativer geworden. Frauen und Mädchen wurden immer mehr aus dem öffentlichen Leben verdrängt. Früher war es üblich, dass Frauen sich im Badeanzug am öffentlichen Strand von Gaza tummelten. Heute trauen sich selbst Männer kaum noch ohne T-Shirt ins Wasser. Und Frauen gehen entweder gar nicht mehr baden oder vollständig bekleidet. Frauen oder Mädchen, die Sport treiben, sind eine winzige Minderheit im Gazastreifen. Auf kurze Hosen oder Trägerhemdchen müssen sie aus Rücksicht auf die Gefühle der traditionell eingestellten Gesellschaft verzichten.

An diesem Nachmittag in Deir el Balah bei Sanaa und ihrer sportbegeisterten Familie kamen wir auf eine verrückte Idee: Man müsste einen Gaza-Marathon veranstalten. Denn eine Marathonstrecke beträgt wenig mehr als 42 Kilometer. Und ungefähr so lang ist auch der Gazastreifen. Man könnte berühmte Läufer einladen, fantasierten wir, man könnte sie am Meer entlang laufen lassen, von Grenze zu Grenze, von einer Gefängnismauer zur anderen. Es wäre der erste internationale Gaza-Marathon, und wenn die Medien dann darüber berichten würden, dann würde der Welt vor Augen geführt, wie winzig klein dieser Gazastreifen ist, in dem eineinhalb Millionen Menschen leben. 42 Kilometer ist er lang und an seiner breitesten Stelle zwölf Kilometer, an seiner schmalsten Stelle nur fünf Kilometer breit. 350 Quadratkilometer dicht besiedeltes Land mit einer der höchsten Geburtenraten der Welt, das ist Gaza.

42 Kilometer lang, fünf Kilometer breit

Auf den ersten Blick ist der Gazastreifen nicht viel mehr als ein sandiger Küstenstreifen, der in Wüste übergeht. Und doch finden sich überall zwischen den Städten und Flüchtlingslagern grüne Flächen, auf denen Zitrusfrüchte, Obst und Gemüse angebaut werden und bis zum Beginn der Wirtschaftsblockade nach dem Wahlsieg der Hamas auch Blumen angebaut wurden. So schmal der Gazastreifen ist, verfügt er doch über drei deutlich unterschiedene geografische Zonen, die parallel von Norden nach Süden verlaufen. Da ist zuerst der Küstenstreifen, ein breiter Sandstrand, der bis zu einer fast 35 Meter über dem Meeresspiegel gelegenen Düne reicht und an den sich ein Streifen fruchtbaren Lössbodens anschließt, der im Osten an einen sandigen, in die Wüste Negev übergehenden Kamm stößt.

Die Menschen im Gazastreifen leben in drei größeren Städten, neun Kleinstädten oder vielmehr großen Dörfern und acht Flüchtlingslagern.

Die größte Stadt und Hauptstadt des Gazastreifens ist die Stadt

Gaza selbst, die sich auf einem heute fast nicht mehr auszumachenden Hügel über dem Meer erhebt. Rund 400000 Menschen leben hier. Die Stadt besteht aus mehreren Vierteln, von denen einige im Lauf der Jahrhunderte, die meisten aber erst in den letzten Jahrzehnten entstanden sind. Nach der Unterzeichnung der Oslo-Verträge und der Errichtung der Autonomiebehörde hat sich Gaza sehr verändert. Die Stadt hat eine moderne Skyline bekommen. Denn in den ersten Jahren nach Oslo wurde viel gebaut, zum Teil gut ausgestattete große Wohnungen. Da in dem schmalen Küstenstreifen nicht viel Platz ist, entstanden die ersten Hochhäuser. Auch Regierungsgebäude wurden errichtet, denn die Autonomiebehörde ließ sich zunächst in Gaza nieder. Es wurden Ministerien gebaut und Polizeihauptquartiere und sogar ein paar Hotels. Die meisten Regierungsgebäude sind inzwischen zerstört. Sie wurden nach dem Wahlsieg der Hamas und im Januar 2009 von der israelischen Luftwaffe mit Raketen beschossen.

Die Stadt Gaza dehnt sich rasch aus. Die beiden Flüchtlingslager Shati und Jebalya sind Teile der palästinensischen Metropole geworden. Ein Beduinenslum, der früher am Stadtrand lag, ist im Lauf der Jahre nolens volens ins Zentrum gerückt, als um die Baracken und Hütten herum immer mehr Häuser entstanden. Heute leben die Beduinen, die im Unabhängigkeitskrieg von 1948 nach Ägypten geflohen und später von Ägypten in den Gazastreifen abgeschoben worden waren, mitten in einem gutbürgerlichen Viertel, im Schatten von Häusern, die in den Augen der Slumbewohner Luxuswohnungen beherbergen. Die Menschen, die hier in bitterer Armut leben, sind vielleicht die Ärmsten der Armen in Gaza, ohne jede Zukunftsaussicht für sich und ihre Kinder.

Die zweitgrößte Stadt des Gazastreifens ist mit rund 180000 Einwohnern Khan Yunis weiter im Süden, gefolgt von Rafah mit 150000 Einwohnern auf der palästinensischen und 40000 auf der ägyptischen Seite.

Neben diesen größeren Städten gibt es das kleinere Deir el Balah, südlich von Gazastadt, ein kleines Städtchen, das fast völlig von dem großen, 1948 eingerichteten Flüchtlingslager verschluckt wurde.

Die meisten Palästinenser des Gazastreifens leben noch immer in den acht Flüchtlingslagern, die in der Zeit vor und nach der israelischen Staatsgründung entstanden* und für fremde Besucher kaum von den Städten zu unterscheiden sind.

Errichtet wurden sie als Zeltlager, um die Flüchtlinge aufzunehmen, die von der israelischen Armee aus ihren weiter nördlich gelegenen Dörfern vertrieben worden waren. Bis 1951 lebten 87 Prozent der Lagerbewohner in Zelten. Erst nach der Gründung der United Nations Relief and Works Agency, kurz UNRWA genannt, der UN-Organisation, die sich seit 1950 um die palästinensischen Flüchtlinge im Nahen Osten kümmert, wurden die Zelte nach und nach durch feste Behausungen zunächst aus Lehmziegeln und später aus vorgefertigten Betonsteinen ersetzt. Inzwischen war klar, dass die Palästinenser so schnell nicht in ihre verlorene Heimat würden zurückkehren können, obwohl die UN-Resolution 194 vom Dezember 1948 genau dies in Aussicht gestellt hatte. Bis Ende 1955 waren die Zeltstädte überall verschwunden und hatten Flüchtlingslagern mit festen Häusern und einer rudimentären Infrastruktur Platz gemacht. Im Gazastreifen entstanden diese Lager in der Regel neben existierenden Dörfern und Städten, die sie im Lauf der Zeit mit ihrer schieren Größe zu erdrücken drohten. Denn die Bevölkerung in den Lagern Gazas vermehrte sich schon bald explosionsartig. Nicht zuletzt, weil die UNRWA soziale Einrichtungen und Schulen zur Verfügung stellte und damit den Familien die Sorge um den Unterhalt und die Ausbildung der wachsenden Kinderschar aus der Hand nahm. Der dadurch beförderte Zuwachs der Bevölkerung führte jedoch gleichzeitig dazu, dass sich die Lage in den Flüchtlingslagern drastisch verschlechterte. Die großen Familien fanden in den engen Wohnungen bald keinen Platz mehr, und die Häuser wurden um immer neue Stockwerke und Anbauten vergrößert. Das wiederum hatte zur Folge, dass die Straßen und Gassen immer enger wurden.

In den frühen siebziger Jahren beschloss ein israelischer Offizier namens Ariel Sharon, die Lager für die Besatzungstruppen zugäng-

* Der israelische Historiker Benny Morris hat in seinem Buch *The Birth of the Palestinian Refugee Problem*, dargelegt, dass die palästinensischen Flüchtlinge nicht in einem Schub kamen. Stattdessen gab es mehrere Wellen, die erste im Dezember 1947 nach dem Teilungsbeschluss der UNO, die letzte im Oktober und November 1950, als die letzten Palästinenser aus Al Majdal, dem heutigen Ashkelon, vertrieben wurden.

licher zu machen. Damals zuständig für den Süden und damit auch für den wenige Jahre zuvor besetzten Gazastreifen, ließ er breite Straßen durch die Flüchtlingslager bauen, breit genug, damit israelische Panzer und Bulldozer sie von Ost nach West durchqueren konnten. Dafür riss er die Häuser zu beiden Seiten der Schneisen ab. Die erneut obdachlos gewordenen Einwohner mussten sich neue Unterkünfte suchen.*

Auch im Flüchtlingslager Shati am Nordrand von Gazastadt wurden im Jahr 1971 rund 2000 Flüchtlingsbehausungen abgerissen, um den neuen Straßen für das israelische Militär Platz zu machen. Mehr als 8000 Menschen, die plötzlich kein Dach mehr über dem Kopf hatten, wurden in Scheikh Radwan, einem Neubauprojekt in Gazastadt, angesiedelt. Viele weigerten sich aber, in die neuen Wohnungen zu ziehen, weil sie fürchteten, damit ihren Anspruch auf Rückkehr in ihre ursprüngliche Heimat zu verlieren.

Das Flüchtlingslager Shati ist das zweitgrößte Lager im Gazastreifen. Ursprünglich für 25000 Flüchtlinge aus den Regionen Jaffa, Lod und Beersheva gebaut, dehnte es sich rasch aus. Heute leben hier etwa 87000 Menschen auf sechs Quadratkilometern.

Bis zum Ausbruch der Zweiten Intifada und der damit einhergehenden Absperrung des Gazastreifens verdienten die meisten Arbeiter aus Shati ihr Geld in Israel. Daneben waren Landwirtschaft, Fischerei und mittelständische Industrie Haupteinnahmequellen für die Bevölkerung. Im Jahr 2006 unterhielt die UNRWA 23 Schulen in Shati, die meisten davon wurden in mehreren Schichten betrieben.

Shati, auch Beach-Camp genannt, ist eines der ärmsten Flüchtlingslager des Gazastreifens. Der Hamas-Politiker Ismail Haniyeh, Ministerpräsident der gewählten Hamas-Regierung, wurde im Jahr 1962 im Lager Shati geboren und behielt seinen Wohnsitz hier auch als Ministerpräsident bei.

Das größte Flüchtlingslager im Gazastreifen ist das weiter nördlich gelegene Jebalya mit rund 120000 Einwohnern. Es ist der Ort in Gaza mit der höchsten Geburtenrate. Auch dieses Lager wurde

* In der israelischen Literatur wird die Verbreiterung der Straßen oft als Maßnahme zur Verbesserung der Lebensqualität der Lagerbevölkerung dargestellt. Zum Beispiel in dem Buch des Tel Aviver Geografen Elisha Efrat, *The West Bank and Gaza Strip. A Geography of Occupation and Disengagement.*

immer wieder Schauplatz israelischer Invasionen. Eine der blutigsten Militäraktionen war die Operation »Tage der Buße«, die am 30. September 2004 begann und sich gegen Beit Hanoun, Beit Lahya und Jebalya richtete. Vorausgegangen war ein palästinensischer Raketenangriff auf die israelische Kleinstadt Sderot. Dabei waren zu Beginn des jüdischen Laubhüttenfestes zwei spielende Kleinkinder getötet worden. Noch am gleichen Abend wies Ministerpräsident Ariel Sharon seine Sicherheitskräfte an, massiv gegen militante Palästinenser vorzugehen, die Kassam-Raketen auf israelische Siedlungen und Ortschaften abfeuern. Die Armee zog daraufhin starke Truppenverbände zusammen und rückte mit etwa hundert Panzern, Planierraupen und gepanzerten Fahrzeugen in den nördlichen Gazastreifen vor. Am ersten Tag der Invasion starben schon mehr als 30 Palästinenser. Die Zahl der Opfer sollte sich in den nächsten Tagen auf mehr als 120 erhöhen. Unter den Toten waren auch Zivilisten wie der taubstumme Mann, der die Warnrufe der Soldaten nicht hören konnte und deswegen ihren Anweisungen nicht Folge leistete.

Obwohl die Operation außergewöhnlich blutig war, regte sich in Israel kein Widerstand dagegen. Die Öffentlichkeit war aufgewühlt vom Tod der beiden Kinder in Sderot und verlangte von der Regierung, dem Raketenbeschuss ein Ende zu setzen. Sharon bekräftigte in einem Radiointerview, dass er die Führung der Streitkräfte angewiesen habe, nach neuen Wegen zu suchen, wie man die Bedrohung durch die Raketen ausschalten könne. Politische Lösungsansätze standen dabei wie üblich nicht zur Debatte, obwohl zu dieser Zeit mit Ahmed Kurei ein palästinensischer Ministerpräsident im Amt war, der aus dem Verhandlungsteam von Oslo stammte und den Israelis gegenüber als ausgesprochen willfährig galt. Statt das Gespräch mit den Palästinensern zu suchen und eine politische Lösung des Konflikts anzustreben, forderten israelische Politiker eine Verschärfung der militärischen Maßnahmen. Zum Beispiel Sharons Parteifreund Ehud Yatom. Er plädierte in einem Radiointerview dafür, die ganze Region im nördlichen Gazastreifen zu evakuieren, um dann gezielt gegen die Bewaffneten vorgehen zu können. Wörtlich sagte er: »Wenn man die Dinge in die Waagschale legt, dann muss man das ganz ehrlich sagen: Wenn auf der einen Seite das reine jüdische Blut ist und auf der anderen Seite das palästinensische Blut, das den Terroristen als Schutzschild dient, was soll die Armee denn dann machen?«

Die »Tage der Buße« waren auch wieder Tage heftiger Kontroversen zwischen der Flüchtlingshilfsorganisation UNRWA und der israelischen Regierung. Denn Israel beschuldigte die UNRWA, die militanten Organisationen zu unterstützen und ihnen Krankenwagen für den Transport von Kassam-Raketen zur Verfügung zu stellen. Um diese Anschuldigung zu belegen, verbreitete die Armeeführung ein Video, das angeblich von einem Aufklärungsflugzeug aus aufgenommen worden war. Es zeigte, wie ein Mann mit einem länglichen Gegenstand in der Hand zu einem UN-Krankenwagen läuft und den Gegenstand hineinwirft. Peter Hansen, Chef der für die palästinensischen Flüchtlinge zuständigen UN-Organisation im Gazastreifen, wies die Anschuldigungen zurück. Er könne auf den verschwommenen Luftaufnahmen keine Kassam-Rakete erkennen. Wahrscheinlich handele es sich bei dem Gegenstand um eine Tragbahre. Er könne sich auch nicht vorstellen, wie ein Mann, und sei er noch so stark, eine mindestens 32 Kilo schwere Rakete in einer Hand trage und in ein Auto werfe. Außerdem habe man alle Krankenwagenfahrer und Sanitäter befragt. Niemand habe den Krankenwagen benutzt, und er sei auch nicht als gestohlen gemeldet worden. Israel ließ sich durch diese Erklärungen nicht zufrieden stellen. Die Regierung kündigte an, dafür Sorge tragen zu wollen, dass der dänische Diplomat Hansen von seinem Amt an der Spitze der UNRWA abgezogen werde.

Wenige Tage später musste Israel zwar seine Anschuldigungen zurücknehmen, doch der israelische Botschafter bei den Vereinten Nationen, Dan Gillerman, setzte sich des ungeachtet energisch dafür ein, dass Hansens Vertrag nicht verlängert wurde. Er nannte ihn einen »Israel-Hasser« und warf ihm Antisemitismus vor. Außerdem beschuldigte er die UNRWA, der Hamas Schutz zu bieten und Hamas-Mitglieder zu beschäftigen. Hansen hatte in einem Interview erklärt, er könne nicht ausschließen, dass unter den UNRWA-Beschäftigten auch Hamas-Anhänger seien. Bei der breiten Unterstützung, die die Islamisten in der Gesellschaft des Gazastreifens genössen, sei es unehrlich zu behaupten, dass kein einziger Unterstützer der Gruppierung bei der UNRWA arbeite. Wenige Monate nach der Affäre um die Tragbahre wurde Hansens Amtszeit nicht mehr verlängert. US-Präsident George Bush hatte auf Empfehlung konservativer jüdischer Kreise in den Vereinigten Staaten seine erneute Nominierung für das Amt des UNRWA-Leiters blockiert.

Die israelische Regierung hatte damit einen wichtigen diplomatischen Sieg errungen, denn sie bemühte sich seit Jahren, die UN-Organisation zu delegitimieren. Unmittelbar nach der Unterzeichnung des Oslo-Abkommens stellte Jerusalem die Zuständigkeit der Flüchtlingsorganisation in Frage. Dabei bediente sich die israelische Regierung auch jüdischer Organisationen im Ausland. So beschuldigte das Simon Wiesenthal Zentrum im März 2003 die UNRWA anlässlich der Tagung der UN-Menschenrechtskommission in Genf schwerer Verbrechen und der Komplizenschaft mit Terrororganisationen. Die UNRWA reagierte damals in ungewöhnlich scharfer Form und veröffentlichte ein Papier, in dem sie alle Anschuldigungen mit ausführlichen Begründungen zurückwies. Vor allem unterstrich sie, dass nicht sie die Verantwortung für die Flüchtlingslager trägt, sondern seit dem Oslo-Abkommen von 1994 die palästinensische Autonomieverwaltung und Israel selbst. Die UNRWA habe nur ein Mandat, den Flüchtlingen zu helfen, für ihre medizinische Versorgung, Schulbildung und sozialen Belange zu sorgen.

Aber nach dem Motto »Steter Tropfen höhlt den Stein« setzte Israel seine Politik der Delegitimierung der UNRWA fort. Dieser Trend verstärkte sich nach dem Rückzug der Siedler aus dem Gazastreifen im Jahr 2005. Denn Israel sieht sich seither nicht mehr als Besatzer des Gebiets und lehnt damit jede völkerrechtliche Verantwortung für die Belange der dort lebenden Palästinenser ab und müsste daher auch nicht befürchten, wieder für die Flüchtlinge sorgen zu müssen, wenn die UNRWA aufgelöst würde.

Doch wie sollen die Menschen in Gaza ohne die Unterstützung der UNRWA und der internationalen Hilfsorganisationen überleben? Schon jetzt sind die meisten Einwohner des Gazastreifens von humanitärer Hilfe abhängig, denn es gibt keine Arbeit und eigentlich auch keine funktionierende Wirtschaft mehr im Gazastreifen, die für die dringend benötigten Arbeitsplätze sorgen könnte.

Wirtschaft und Rück-Entwicklung

Eine Harvard-Studie aus dem Jahr 2004, also vor dem israelischen Rückzug aus Gaza, kommt zu dem Ergebnis, dass man bis zum Jahr 2010 in Gaza 250 000 neue Arbeitsplätze schaffen müsste, um die Beschäftigtenquote nur auf einem Stand von 60 Prozent, dem Stand des Jahres 2004 zu belassen. Außerdem müssten pro Jahr 2000 neue Klassenzimmer gebaut werden, um die anwachsende Zahl der Schüler unterzubringen und mindestens 100 neue Kliniken, um die medizinische Versorgung der Bevölkerung wenigstens auf das ebenfalls nicht sehr hohe Niveau des Westjordanlands zu bringen. Nur so könnte der Gazastreifen mit der hohen Geburtenrate und dem rasanten Anwachsen der Bevölkerung fertig werden.

Das sind natürlich völlig illusorische und nicht erfüllbare Forderungen, aber sie machen deutlich, wie tief der Abgrund ist, auf den Gaza vor den Augen der Weltöffentlichkeit zusteuert.

Zwischen drei und fünf Prozent wächst die Bevölkerung jährlich. Nach Schätzungen von Demografen wird es bis zum Jahr 2020 drei Millionen Menschen im Gazastreifen geben, die über keinerlei Ressourcen verfügen, die zunehmend schlecht ausgebildet sind und die durch die Abriegelung Gazas den Kontakt zur Außenwelt verloren haben. Schon jetzt sind 80 Prozent der Bevölkerung jünger als 15 Jahre. Und immer weniger dieser Kinder und Jugendlichen haben noch eine Chance auf Ausbildung und berufliche Zukunft.

Niemand weiß das so gut wie die amerikanische Wirtschaftswissenschaftlerin Sara Roy. Als sie im Mai 2007 von einem Besuch im Gazastreifen zurückkehrte und in Jerusalem vor einer kleinen Schar Zuhörer über die Lage dort sprach, hatte sie Tränen in den Augen. Der Machtkampf zwischen Hamas und Fatah entlud sich gerade in blutigen Auseinandersetzungen. Einen Monat später setzte die Hamas ihren Machtanspruch gegen die Fatah und die von ihr dominierten Sicherheitskräfte durch. Die Führungsschicht der Fatah floh nach Israel und Ägypten.

»Mein Herz ist so schwer«, sagte die amerikanische Wissenschaftlerin, die den Gazastreifen so gut kennt, wie sonst kaum ein ausländischer Beobachter. Zwanzig Jahre lang hat sie sich als »political economist« mit der palästinensischen Wirtschaft und vor allem mit dem Gazastreifen befasst. 1995 schrieb sie das Standardwerk über die Wirtschaft des Gazastreifens, *The Gaza Strip, The Political Economy of De-Development*, das sie später mehrfach aktualisierte. In zahlreichen Artikeln, sowohl in wissenschaftlichen als auch in publizistischen Zeitschriften, setzte sie ihre Untersuchungen fort und bezog mehrfach deutlich Stellung für die Palästinenser. Von konservativen jüdischen Kreisen und der Israel-Lobby in den USA wurde sie dafür heftig gescholten.

An ihrer grundlegenden Arbeit über die Wirtschaft des Gazastreifens aber kommt niemand vorbei, der sich mit der Region befasst. Die Wissenschaftlerin, die in Harvard lehrt, hat darin nachgewiesen, dass Israel nach dem Sechstagekrieg die Wirtschaft des Gazastreifens vollkommen stranguliert und das, was übrig blieb, in den Dienst der eigenen Wirtschaft gestellt hat. Die Besatzer, so schreibt sie, haben die Wirtschaft des Gazastreifens nicht nur an der Entwicklung gehindert, sie haben eine Rück-Entwicklung betrieben, ein »de-development«.

In einem Interview, das ich mit ihr im Mai 2007 in Jerusalem führte, erklärte sie, warum Israel in all den Jahren der Besatzung kein Interesse daran hatte, die Entwicklung der palästinensischen Wirtschaft zuzulassen. Offizielle israelische Vertreter hätten ihr das bei ihren Recherchen ganz offen gesagt: Man wollte verhindern, dass durch wirtschaftliche Prosperität die Grundlagen für die Entstehung eines unabhängigen palästinensischen Staates gelegt würden.

»Wenn man eine Wirtschaft sich entwickeln und stark werden lässt, wenn man zulässt, dass sich die Institutionen entwickeln, die notwendig sind, um wirtschaftliches Wachstum, Entwicklung und Wohlstand sicherzustellen, eine lebhafte Industrie, einen Landwirtschaftssektor, einen Dienstleistungssektor, wenn man es zulässt, dass ein Netzwerk entsteht, das dies ermöglicht, dann leistet man der Schaffung eines politischen Staates Vorschub.«

Darum habe Israel die wirtschaftliche Entwicklung des Gazastreifens blockiert und die Finanzströme beschränkt. Palästinensische Arbeiter aus Gaza fanden zwar in Israel Arbeit und konnten durch das so erzielte Einkommen zunächst das Wachstum im Gazastreifen stimulieren. Gleichzeitig führte diese Entwicklung aber zu einer extremen Abhängigkeit von der israelischen Wirtschaft und dem israelischen Arbeitsmarkt. Im Jahr 1987 lag das Bruttosozialprodukt im Gazastreifen bei 1,6 Prozent des israelischen Bruttosozialprodukts und bis zum Jahr 1992 fiel es auf 1,0 Prozent.*

Die Palästinenser wurden aber auch daran gehindert, sich zum Beispiel durch Investitionen in die israelische Wirtschaft zu integrieren. All diese Behinderungen führten nach Roys Erkenntnissen dazu, dass sich keine normale wirtschaftliche Tätigkeit entwickeln konnte. »Wenn man normale Prozesse von Wachstum und Entwicklung beschränkt und gleichzeitig die Wirtschaft ihrer Ressourcen beraubt, also ihres Landes und ihrer Arbeitskräfte, dann orientiert man die palästinensische Wirtschaft ausschließlich auf die Produktion innerhalb Israels und macht sie damit sehr angreifbar und abhängig von Israel.«

Hinzu komme die israelische Blockadepolitik, die jede Entwicklung unmöglich mache und die ein konstitutives Element des Oslo-Prozesses sei. Damit erreichte der so genannte Friedensprozess für die Palästinenser genau das nicht, was doch vorgeblich eines seiner Ziele war: den Wohlstand der Bevölkerung zu befördern und den beteiligten Parteien eine »Friedensdividende« auszuzahlen. Israel allein profitierte wirtschaftlich vom Friedensprozess. Die Palästinenser jedoch und vor allem die im Gazastreifen lebenden mussten hinnehmen, dass ihr Einkommen zurückging, ihr Lebensstandard sank und ihre Chancen immer mehr eingeschränkt wurden.

»Die meisten Menschen verstehen nicht, dass während des Oslo-Prozesses, des so genannten Friedensprozesses also, der im Jahr 1993 begann, diese Blockademaßnahmen erst ergriffen wurden. Sie sind ein Ergebnis der Bestimmungen dieses Friedensprozesses: die Kantonisierung des Landes, die Beschränkungen der Einwohner, die diese Kantone nicht mehr verlassen dürfen, die völlige Trennung von Gaza und dem Westjordanland.«

Gaza, so fügte die amerikanische Wirtschaftswissenschaftlerin hinzu, sei aber nicht nur vom Westjordanland abgeschnitten worden, sondern von der ganzen Welt. Die Bevölkerung des Gazastreifens lebe seit dem Beginn des Friedensprozesses in einem Gefängnis. Dies erkläre wenigstens zum Teil auch die erschreckende Gewalt, die zum Beispiel während des innerpalästinensischen Machtkampfs zutage trat.

* Sara Roy, *The Gaza Strip, The Political Economy of De-Development*, S. 18 ff.

»Es ist keine Überraschung, diese schreckliche Gewalt in Gaza zu sehen«, sagte Sara Roy im Interview. »Es ist wie bei Menschen, die in einem großen Gefängnis leben. Sie können nicht raus, sie haben nur sehr beschränkte Möglichkeiten und keine Jobs, und die Armut liegt bei mindestens 80 Prozent. Das heißt, die meisten Menschen leben unterhalb der Armutsgrenze.«

Wer unter der Armutsgrenze lebt, hat weniger als zwei Dollar am Tag zur Verfügung. Vor dem Beginn des Oslo-Prozesses waren das nur sieben Prozent der Bewohner des Gazastreifens. Inzwischen sind es mehr als 80 Prozent. Gaza wurde durch den »Friedensprozess« also nicht nur zu einem Gefängnis, sondern auch zu einem Armenhaus. Dabei blickt dieser kleine, verarmte Küstenstreifen auf eine wahrhaft große Geschichte zurück.

Geschichte

Als Hölle auf Erden bezeichnen die Israelis Gaza. Und mancher Palästinenser würde ihnen vermutlich zustimmen.

Es ist kaum vorstellbar, dass dieses Randgebiet der weltpolitischen Landschaft, dieser ausgetrocknete und überbevölkerte Küstenstreifen mit seinen zerlumpten und in tiefe innere Konflikte verstrickten Einwohnern einmal eine blühende Region war, ein duftender Obstgarten und ein wichtiger Handelsknotenpunkt. Von der Antike bis zum Beginn der osmanischen Herrschaft gab es hier eine bedeutende Stadt, die als Brückenkopf für den Überseehandel und für militärische Expeditionen diente.

Aber schon während der Bronzezeit (3300–2200) existierte an dieser Stelle ein mediterraner Stadtstaat, dessen Bewohner sich vom Fischfang, von der Jagd und der Landwirtschaft ernährten. Reste davon sind heute wieder zu sehen, denn in den Jahren 1998 und 1999 gruben palästinensische und französische Archäologen gemeinsam im Wadi Gaza, wenige Kilometer südlich der heutigen Stadt Gaza, die Fundamente einer vorantiken, mit Mauern bewehrten Stadt aus. Sie wurde um 3500 vor Chr. von vordynastischen ägyptischen Herrschern erbaut. Diese Ausgrabungen sind das älteste Zeugnis aus der Bronzezeit, das in Gaza bislang gefunden wurde.

Antike

Die erste schriftliche Erwähnung von Gaza ist in einer Inschrift des ägyptischen Pharaos Thutmoses III zu finden, der in der Zeit von 1579 bis 1425 v. Chr. regierte. Er war ein bedeutender Feldherr und machte Gaza zu einer Garnisonsstadt, von der aus er seine Feldzüge gegen Syrien und Babylon führte.

Gaza war aber nicht nur der Endpunkt der ägyptischen Horus-Straße, es lag auch an der wichtigen antiken Handelsroute, der Via Maris, die Ägypten mit den weiter nördlich gelegenen Reichen verband. Es wurde von den ägyptischen Pharaonen kontrolliert und diente, wie die archäologischen Funde belegen, als Handels- und Karawanenstation.

Etwa 1200 v. Chr. zogen die Philister, die nach einer neueren Theorie von Pharao Ramses III. aus dem Nildelta vertrieben worden waren, nach Norden. Sie ließen sich an der Mittelmeerküste nieder und gründeten Siedlungen bis hinauf an den Rand des Carmel-Gebirges. Gaza wurde die bedeutendste von fünf Philister-Städten an der Küste, der so genannten Pentapolis. In den nächsten Jahrhunderten wurde der Stadtstaat immer wieder von benachbarten Reichen angegriffen, die diesen wichtigen Handelsknotenpunkt mit seinem Tiefseehafen für sich beanspruchten. Im Jahr 525 v. Chr. belagerte der persische König Kambyses Gaza. Die Stadt konnte ihm lange widerstehen. Nachdem er sie endlich eingenommen hatte, nutzte er sie als Ausgangspunkt für seinen Ägyptenfeldzug. Der neu aufblühende Handel mit persischen Gütern machte Gaza noch reicher. Weihrauch aus dem Yemen war das Hauptandelsgut der Hafenstadt. Daneben wurden Sklaven, Gold, Olivenöl, Essenzen, Elfenbein und Straußenfedern umgeschlagen.

Im Jahr 332 v. Chr. eroberte Alexander der Große nach fünfmonatiger Belagerung Gaza. Er tötete Tausende Männer und verkaufte die übrigen arabischen und persischen Einwohner der Stadt sowie die Griechen, die ihm feindlich gesonnen waren, mit ihren Familien in die Sklaverei.

Dann organisierte er die Stadt neu nach dem Vorbild der griechischen Polis. Er siedelte Gefolgsleute und Bewohner der umliegenden Dörfer in Gaza an und machte aus der alten Handelsmetropole eine hellenistische Stadt. Unter Alexanders Nachfolgern, den

Ptolemäern und den Seleukiden, ließen sich zahlreiche Griechen in Gaza nieder. Sie stellten die herrschende Klasse, während die eingeborene arabische Bevölkerung und die persischen Migranten die arbeitende Klasse stellten.

Als die Herrschaft der Seleukiden zu wanken begann und die jüdischen Hasmonäer aufstiegen, gelang es ihnen zunächst nicht, Gaza zu erobern. Erst im Jahr 96 v. Chr. zerstörte der Hasmonäer Alexander Jannaeus große Teile der Stadt. Der jüdische Geschichtsschreiber Josephus berichtet, dass die Einwohner von Gaza ihren Besitz verbrannten und sich das Leben nahmen, um nicht in die Hände der neuen Herrscher zu fallen.

Im Jahr 64 v. Chr. nahmen die Römer die Stadt ein. Sechs Jahre später gründete der römische Prokonsul Gabinius eine neue Stadt, etwas südlicher, direkt am Hafen gelegen. Auch an dieser neuen Stelle wurde Gaza wieder zu einem bedeutenden Knotenpunkt für Händler und Kaufleute. Eine wichtige Handelsstraße führte nach Osten in das Nabatäerreich mit der Hauptstadt Petra.

Um die Zeit von Christi Geburt war Gaza eine heidnische Stadt, in der die hellenistische Kultur gepflegt wurde. Die einfachen Einwohner der Stadt hatten ihre Hausgötter, die Oberschicht verehrte die griechischen Gottheiten. In der Stadt gab es acht bedeutende Tempel und eine Statue der Aphrodite. Das wichtigste Heiligtum, das Marneion, war Zeus Marnas gewidmet. Im Jahr 130 n. Chr. wurden in Gaza erstmals die Hadrianischen Spiele, sportliche und rhetorische Wettkämpfe, die der Kaiser Hadrian eingeführt hatte, abgehalten. Im 4. Jahrhundert waren die Spiele von Gaza die bedeutendsten Wettkämpfe der gesamten römischen Provinz Syrien.

Christentum

Das Christentum konnte sich in Gaza erst spät durchsetzen. Lange wurde die neue Religion erbittert bekämpft. Im Jahr 285 wurde Bischof Sylvanus in Gaza getötet. Er war der erste christliche Märtyrer von Gaza. Im Jahr 293 kam es unter Diokletian zu neuerlichen Christenverfolgungen, die auch in Gaza Opfer fanden. Die Stadt war der neuen Religion so feindselig gesonnen, dass die ersten Kirchen außerhalb der Stadtmauern errichtet werden mussten und die Bischöfe den Titel »Bischof der Kirchen um Gaza« trugen.

Der Wendepunkt kam mit Bischof Porphyrius, der 395 nach Gaza kam, um den christlichen Glauben zu verbreiten. Im Jahr 401 reiste er nach Konstantinopel, wo er Kaiserin Eudoxia um Unterstützung und um Hilfe bei der Zerstörung der heidnischen Tempel bat. Ihr Mann Kaiser Arcadius, der aus Rücksicht auf die Bedeutung der Stadt bisher gezögert hatte, Gaza zwangsweise zu christianisieren, erhörte die Bitte und gab 402 den Befehl, die acht heidnischen Tempel zu zerstören. Auch das Marneion wurde niedergebrannt und an seiner Stelle eine nach Eudoxia benannte Kirche errichtet. Die Steine des zerstörten Tempels wurden benutzt, um die Straßen damit zu pflastern. Wenige Jahre später entstand eine weitere, Porphyrius geweihte Kirche. Noch heute steht an dieser Stelle eine griechisch-orthodoxe Kirche.

Unter der Regentschaft der beiden christlichen Herrscher Anastasius I (399–401) und Justinian (527–565) kam Gaza zu beachtlichem Wohlstand. Alte Gebäude wurden renoviert, neue gebaut. Rhetorik und Theater erlebten eine Blüte, auch die Gelehrsamkeit wurde gepflegt. In Gaza lehrte man eine einzigartige Verbindung von klassischer Erziehung und christlicher Literatur, Kunst und Architektur. Das lockte bedeutende Denker und Gelehrte an. Prokopios von Gaza zum Beispiel war ein führender Sophist und Rhetoriker. Gleichzeitig entwickelte sich in dieser Zeit auch eine Mönchskultur, und es entstanden Herbergen für die christlichen Pilger, die das Heilige Land besuchen wollten und in Gaza Rast machten, bevor sie nach Nordosten weiterzogen. Gaza war nach Jerusalem die größte und bedeutendste Stadt der Region.

Mit dem Fall des Nabatäerreichs im Osten nahm der Gewürzhandel ab. Stattdessen begann man in Gaza nun, Wein zu kultivieren und zu exportieren. Der Wein wurde im Negev angebaut, wo die Nabatäer ein ausgefeiltes Bewässerungssystem entwickelt hatten, dessen Relikte noch heute zu bestaunen sind. Über den Hafen von Gaza wurde der Wein nach Ägypten und Europa verschifft.

Islam

Im Jahr 637 kam eine neue Religion von der arabischen Halbinsel: der Islam. Auf kuriose Weise war Gaza sogar mit der Entstehung der neuen Religion verbunden, denn seit jeher hatte die Stadt engen Kontakt nach Ägypten und zur arabischen Halbinsel. Kaufleute, die von dort kamen, brachten ihre Waren nach Gaza und verschifften sie vom dortigen Hafen in die ganze Welt. Unter diesen Kaufleuten war ein Araber namens Hashim Ibn Abd Manaf, der Mitte des 6. Jahrhunderts in Gaza lebte und starb. Sein Urenkel war der Prophet Mohammed. Noch heute erinnert eine Moschee in Gaza, die Sayyed-Hashim-Moschee, an den Urgroßvater des Propheten. Auch Mohammed selbst soll auf seinen Handelsreisen mehrfach durch Gaza gekommen sein.

Die arabischen Eroberer, die unter dem Banner des Propheten Palästina einnahmen, wussten um die Bedeutung Gazas als Tor nach Ägypten im Süden und nach Syrien im Norden. Der Islam, den sie mitbrachten, wurde von der Bevölkerung schnell angenommen. Das Christentum hielt sich aber noch, wenigstens in der Oberschicht, bis 750 die Abbasiden ihre Herrschaft über das Heilige Land errichteten.

Im Jahr 767 wurde in Gaza Mohamed Ibn Idrus al Shafii geboren. Er gehörte zum arabischen Stamm der Kureish. Als junger Mann ging er zum Studium nach Medina und von dort an die Hochschulen von Bagdad und Kairo. Als Gelehrter und Imam gründete er eine eigene juristische Schule, die neben den vier anderen Rechtsschulen des Islam großen Einfluss hatte. Heute hat sie rund 180 Millionen Anhänger in Palästina, dem südlichen Ägypten, Ostafrika, West- und Südarabien und Indien.

Die Kreuzfahrer

Mitte des 11. Jahrhunderts tauchte das Turkvolk der Seldschuken auf der Bühne der Geschichte auf und brachte rasch die großen Reiche unter seine Kontrolle. Die Seldschukenherrscher Alp Arslan und Melkishah dehnten das Reich über Anatolien bis nach Syrien und Palästina aus. Im Jahr 1071 besiegte Alp Arslan Byzanz in der Schlacht von Mantzikert. Die Bedrohung durch die Seldschuken war mit ein Auslöser für den ersten Kreuzzug. Im Juli 1099 fiel Jerusalem in die Hände der christlichen Kreuzfahrer. Ein Jahr später nahmen sie auch Gaza ein. Sie zerstörten die Moscheen in der Stadt und errichteten eine neue und noch prächtigere Kirche an der Stelle, an der einst das Marneion gestanden hatte. Im Jahr 1150 ließ König Balduin III in Gaza eine Festung errichten, die er dem Templerorden übertrug. Von hier aus bereitete er 1153 die Eroberung Ashkelons vor.

Im Jahr 1170 scheiterte Saladin mit dem Versuch, Gaza zurückzuerobern. Er konnte nur das Hinterland besetzen, nicht aber die Stadt selbst. Erst siebzehn Jahre später, nachdem er zahlreiche Siege in Galiläa und Jerusalem errungen hatte, kehrte er zurück, und diesmal gelang es ihm, Gaza einzunehmen. Er konnte die Stadt aber nur vier Jahre lang halten, dann verzichtete er in einem Abkommen mit Richard Löwenherz auf Gaza, verlangte aber im Gegenzug den Abriss der Stadtmauern und der Festung. Richard Löwenherz kam dieser Forderung nach.

Die Mamluken

Die ägyptischen Mamluken, die wenig später den Nahen Osten eroberten, bauten Straßen und Brücken und schufen ein Postsystem, das auch durch Gaza führte. Sie errichteten in der Stadt prachtvolle Gebäude, von denen noch heute Überreste zu sehen sind. Im Jahr 1348 wurde Gaza ebenso wie die Städte des Nildeltas von der Pest heimgesucht. Doch die Stadt erholte sich und gelangte zu neuem Wohlstand.

Ihre geografische Nähe zum Zentrum der Macht in Kairo machte Gaza wieder zu einer einflussreichen und wohlhabenden Stadt.

Osmanische Herrschaft

Im Jahr 1516 eroberten die Osmanen Palästina. Unter ihrer Herrschaft verlor Gaza als Handelsstadt an Bedeutung. Neue Handelsrouten, die weiter östlich verliefen, ersetzten die antike Via Maris. In Gaza wurden daher neue Erwerbszweige wie Seifenherstellung und Keramikproduktion eingeführt. Auch die Landwirtschaft gewann an Bedeutung. Die Stadt selbst wurde ausgebaut und erweitert. Für mindestens ein Jahrhundert blieb Gaza eine lebendige Stadt mit einer multikulturellen Bevölkerung und war unter Hussein Pascha sogar zeitweise die Hauptstadt Palästinas. Im 18. Jahrhundert jedoch wurde die Steuerlast zu schwer und Gaza verlor zunehmend an Bedeutung.

Als Napoleon 1799 die Stadt einnahm, diente sie ihm nur als Basis für seinen Ägyptenfeldzug. Er blieb drei Tage in Gaza und übernachtete in dieser Zeit in dem Haus des Gouverneurs.

Der ägyptische Herrscher Mohammed Ali machte Gaza 1832 zu einem Teil seines Reichs. Unter seiner Herrschaft kam die Stadt erneut zu Wohlstand. In den fünfziger Jahren des 19. Jahrhunderts war Gaza die zweitgrößte Stadt Palästinas. Sie beherbergte 50 Moscheen. Handwerk und Handel waren nach der Landwirtschaft die Haupteinnahmequellen. Der wichtigste Handelspartner war Ägypten.

Erster Weltkrieg

Im Ersten Weltkrieg wurde Gaza zum Schauplatz von drei Schlachten zwischen der anrückenden britischen Armee und den Türken, die zuvor schon die Sinai-Halbinsel an das Empire verloren hatten. Am 27. Februar 1917 marschierten britische Truppen in Khan Yunis ein. Sie trafen dort auf eine türkisch-deutsche Verteidigungsarmee, die ihnen heftigen und zunächst auch erfolgreichen Widerstand entgegensetzte. An den Schlachten nahmen 44000 Soldaten teil. Mehr als 4000 von ihnen wurden im Kampf getötet und in Gaza begraben. Um Palästina zu erobern, mussten die Briten zuerst Gaza einnehmen. Zum Schutz der Stadt hatten die Türken 18000 Soldaten stationiert, die unter dem Befehl des deutschen Generals Kress von Kressenstein standen. Kressenstein war der Militärberater des türkischen Gouverneurs Jemal Pascha. Obwohl die britischen Truppen zahlenmäßig überlegen waren, konnten sie den Widerstand der Verteidiger nicht brechen. Erst im dritten Anlauf gelang es Edmund Allenby, der nach den verlustreichen ersten Offensiven den Befehl von dem glücklosen Archibald Murray übernommen hatte, Gaza zu erobern. Auch auf türkischer Seite hatte der Oberbefehl gewechselt. Dort stand nun der deutsche General Erich von Falkenhayn an der Spitze der Truppen, die aber mit ihren 35000 Männern gegen 88000 britische Soldaten nichts ausrichten konnten. Allenby griff die Türken in Beersheva an. Gleichzeitig ließ er die Garnison von Gaza drei Tage lang bombardieren. Am 6. und 7. November 1917 verließen die türkischen und deutschen Truppen Gaza und zogen sich nach Jerusalem zurück. Zwei Soldatenfriedhöfe in Deir el Balah und Gazastadt zeugen von den blutigen Schlachten, in deren Folge die Zahl der Einwohner in Gazastadt von 42000 vor dem Krieg auf 17000 schrumpfte.

Britisches Mandat und Unabhängigkeitskrieg

Zwischen 1917 und 1948 war Gaza Teil des britischen Mandatsgebiets Palästina. Im UNO-Teilungsplan, der den Konflikt zwischen Arabern und Juden durch eine Teilung des Landes und die Schaffung zweier Staaten lösen sollte, sind die Grenzen des Gazastreifens nicht identisch mit den heutigen Grenzen. Der süd-westliche Teil Palästinas, der für den zu schaffenden palästinensischen Staat vorgesehen war, zog sich an der ägyptischen Grenze weit nach Osten. Das Gebiet, das die Völkergemeinschaft den Palästinensern zudachte, hatte die Form eines von Süden nach Norden ausgerichteten L.

Im israelischen Unabhängigkeitskrieg wurden jedoch ungefähr zwei Drittel dieses Gebietes von den israelischen Truppen eingenommen und dem jungen jüdischen Staat einverleibt. Die übrigen 355 Quadratkilometer wurden von Ägypten besetzt und unter ägyptische Verwaltung gestellt. Der kleine Streifen Land, der nun Gazastreifen hieß, wurde aber nie von Ägypten annektiert.

Der israelische Unabhängigkeitskrieg bedeutete für die Palästinenser die Nakba, die Katastrophe, und brachte für den Gazastreifen dramatische Unwälzungen. Denn zu den etwa 60- bis 70000 Bewohnern des Gebiets kamen über Nacht noch einmal rund dreimal so viele hinzu, Flüchtlinge, die aus den nun israelischen Gebieten nach Gaza flohen oder vertrieben wurden. Die Einwohner ganzer palästinensischer Dörfer ließen sich im Gazastreifen in Flüchtlingslagern nieder.*

Gaza unter ägyptischer Herrschaft

Am 22. September 1948 wurde in Gaza die Arabische Regierung für ganz Palästina ausgerufen. An ihrer Spitze stand der Mufti Hajj

* In den folgenden Jahren wurden unterschiedliche Einwohnerzahlen angegeben. Ägyptische Quellen sprachen 1966, ein Jahr vor der israelischen Eroberung, von 454960 Einwohnern des Gazastreifens. Ein israelischer Zensus im Jahr 1967 zählte

Amin al-Husseini, der die Präsidentschaft des obersten islamischen Rates innehatte. Am 1. Oktober verabschiedete diese Regierung, die ihren Sitz später nach Kairo verlegen sollte, eine Unabhängigkeitserklärung. Sie galt formal als Souverän im Gazastreifen. Praktisch aber herrschte Ägypten über Gaza. Im Jahr 1959 wurde die palästinensische Regierung aufgelöst, nachdem Ägypten und Syrien sich zur Vereinigten Arabischen Republik zusammengeschlossen hatten.

Doch auch die neue Vereinigte Republik hatte nicht vor, sich den Gazastreifen mit seiner zu 80 Prozent aus Flüchtlingen bestehenden Bevölkerung einzuverleiben. Ägypten gab den Palästinensern in Gaza zwar Identitätskarten und ließ die Studenten an ägyptischen Universitäten studieren, die ägyptische Staatsbürgerschaft aber bekamen sie nicht.

Viele Palästinenser konnten sich mit der neuen Realität nicht abfinden. Sie versuchten, die Grenze nach Israel zu überwinden und in ihre alten Dörfer zurückzukehren. Häufig wollten sie dort nur zurückgelassene Gegenstände holen oder Lebensmittel. Die neuen israelischen Bewohner aber empfanden sie als Eindringlinge und Diebe und nahmen sie fest. Mitunter bekamen sie für gefangen genommene Palästinenser von der Armee sogar eine Art Kopfgeld.*

Weil unter den illegalen Grenzgängern aber auch zunehmend Militante waren, die in Israel Anschläge verübten, wurde in der israelischen Armee die Einheit 101 gebildet, eine für ihre Brutalität berüchtigte Spezialtruppe unter der Führung von Ariel Sharon, der die Männer persönlich aussuchte. Anfangs bestand die Spezialeinheit aus 20 Soldaten, später wuchs sie auf mehr als 40 an.

Am 29. August 1953 lancierte die neue Spezialeinheit einen Angriff auf das palästinensische Flüchtlingslager Burej im Gazastreifen. Angeblich suchte sie dort nach ägyptischen Geheimdienstmitarbeitern. Bei der Operation wurden 40 palästinensische Zivilisten getötet.

Die Armee sei damals, wenige Jahre nach der Staatsgründung, kein zahmes Instrument in der Hand der Regierung gewesen, schreibt der israelische Militärhistoriker Martin van Crefeld. Und weiter:

354 000 Einwohner. Obwohl die Bevölkerungszahl in den Folgejahren durch Abwanderung zurückging, ist Gaza heute einer der am dichtesten besiedelten Orte der Welt.

* Tom Segev, »The makings of history«, *Haaretz*, 25. 7. 2008

> Offiziere von niedrigem Rang wie Sharon [...] überschritten regelmäßig ihre Befehle. Sie behaupteten, sie seien auf unerwartet heftigen Widerstand gestoßen oder sie hätten ihre eigenen Männer schützen müssen, und auf diese Art fügten sie den Gegnern sehr viel mehr Schaden zu, als [Ministerpräsident] Sharett für notwendig hielt oder als sie selbst vorhergesagt hatten, als sie ihre Pläne unterbreiteten. Sie wurden unterstützt von Dayan, der die zurückkehrenden Truppen mit Glückwünschen und Alkohol empfing und weder damals noch später irgendeinen Zweifel aufkommen ließ, wo seine Sympathien lagen. Von Januar 1955 an wurde er seinerseits von Ben Gurion unterstützt.*

Ben Gurion, der sich 1953 aus der Regierung zurückgezogen und in Sde Boker im Negev niedergelassen hatte, kehrte im Februar 1955 zurück in die Regierung, zuerst als Verteidigungsminister und nach den Wahlen im Sommer auch wieder als Ministerpräsident. Seit der Staatsgründung 1948 – und auch schon vorher – betrieb er eine offen expansionistische Politik. Als er nun in die Politik zurückkehrte, war er noch kriegerischer als zuvor. Der ägyptische Präsident Gamal Abdel Nasser war für ihn ein gefährlicher Gegner, der nichts anderes im Sinn hatte, als Israel zu vernichten. Ministerpräsident Sharett dagegen hatte über Mittelsmänner einen indirekten Dialog mit Nasser aufgenommen und bemühte sich, die aufgeheizte Stimmung zu beruhigen und die Kriegsgefahr zu entschärfen. Doch Ben Gurion ließ nicht locker. Er wollte Ägypten in eine militärische Auseinandersetzung hineinziehen, um es dann entscheidend zu schlagen und auf lange Zeit zu lähmen.

Am 28. Februar, zwei Wochen nach seiner Rückkehr in die Politik, initiierte er daher einen Angriff auf die Ägypter im Gazastreifen. Die Operation mit dem Codenamen »Schwarzer Pfeil« wurde von Ariel Sharon angeführt. Seine Einheit 101 zerstörte die ägyptische Armeebasis am Rand von Gazastadt. Dabei wurden 37 ägyptische Soldaten und acht israelische Soldaten getötet.

Der Angriff auf den ägyptischen Armeeposten in Gaza markierte einen Wendepunkt in den israelisch-ägyptischen Beziehungen. Er setzte eine Kette von Angriffen und Gegenangriffen, von Infiltrationen über die Grenze und Vergeltungsmaßnahmen der

* Martin Van Crefeld, *Sword and Olivebranch*, S. 137

Israelis in Gang. Der Überfall löste unter der palästinensischen Bevölkerung im Gazastreifen heftige Reaktionen aus. Wütende Demonstranten griffen ägyptische und UN-Vertretungen an und forderten Waffen, um sich selbst verteidigen zu können. Er beendete auch den geheimen Dialog zwischen Sharett und Nasser und führte dazu, dass sich der ägyptische Präsident Moskau zuwandte und in der Tschechoslowakei Waffen kaufte. Im Gazastreifen begann Ägypten, die palästinensischen Angriffe auf israelische Ziele zu unterstützen. Palästinensische Guerillakämpfer, genannt Fedajin, infiltrierten die Grenze von Gaza und vom Westjordanland aus und verübten in Israel Anschläge auf Armee-Einrichtungen und Zivilisten. Am 25. März 1955 wurde in einem Dorf im Negev eine Hochzeitsgesellschaft angegriffen, eine junge Frau getötet und zahlreiche Gäste verletzt. Daraufhin rief Ben Gurion Generalstabschef Moshe Dayan zu sich und beauftragte ihn, den Gazastreifen zu erobern. Bis dahin hatte er zwar immer wieder mit diesem Gedanken gespielt, ihn letztendlich aber verworfen, weil er fürchtete, sich dann mit den rund 300000 verbitterten palästinensischen Flüchtlingen auseinandersetzen zu müssen. Das Kabinett lehnte Ben Gurions Plan jedoch mit knapper Mehrheit ab.

Die Angriffe der Fedajin aus dem Gazastreifen zogen israelische Gegenangriffe nach sich. Anfang September 1955 griff Sharon mit seiner Einheit 101 die Polizeistation von Khan Yunis und ein Dorf in der Nähe an. 36 Ägypter und Palästinenser wurden getötet und viele verletzt.

Am 20. April 1956 wurde im Kibbuz Nahal Oz an der Grenze zum Gazastreifen der Sicherheitsoffizier Roí Rothberg getötet. Er hatte versucht, Palästinenser zu vertreiben, die über die Grenze gekommen waren, um auf den Feldern des Kibbuz, möglicherweise ihrem ehemaligen Land, zu ernten. Moshe Dayan hielt die Grabrede auf den jungen Mann, den er kurz zuvor kennengelernt hatte. Die berühmt gewordene Totenrede auf den »blonden schlanken Jugendlichen«, der von Tel Aviv gekommen war, »um vor den Toren von Gaza ein Haus zu bauen und eine Mauer für uns alle«, trug viel zum israelischen Heldenkult bei:

> Gestern im Morgengrauen wurde Roí getötet. Die Stille des Frühlingsmorgens blendete ihn und daher sah er nicht diejenigen, die sein Leben nehmen wollten und die sich hinter der Ackerfurche

> verbargen. Lasst uns heute seine Mörder nicht beschuldigen. Was können wir gegen ihren schrecklichen Hass gegen uns sagen? Acht Jahre sitzen sie nun schon in den Flüchtlingslagern von Gaza und beobachten, wie wir vor ihren Augen ihr Land und ihre Dörfer, in denen ihre Vorfahren lebten, zu unserer Heimat gemacht haben. Wir müssen das Blut von Roí nicht unter den Arabern von Gaza suchen, sondern in unserer Mitte. Wieso haben wir unsere Augen geschlossen und uns geweigert, dem Schicksal ins Gesicht zu schauen in all seiner Brutalität, das Schicksal unserer Generation. Können wir vergessen, dass diese jungen Leute, die in Nahal Oz siedeln, die schweren Pforten von Gaza auf ihren Schultern tragen?
>
> Jenseits der Grenze wogt ein Meer des Hasses und der Rache. Vergeltung, die auf den Tag schaut, an dem die Ruhe unsere Wachsamkeit einlullt, den Tag, an dem wir der bösartigen Heuchelei Gehör schenken und bereit sein werden, unsere Waffen niederzulegen. Wir sind eine Generation von Siedlern. Und ohne Stahlhelm und Gewehrlauf sind wir nicht in der Lage, einen Baum zu pflanzen oder ein Haus zu bauen. Lasst uns keine Angst haben, dem Hass ins Gesicht zu sehen, der das Leben der Araber um uns herum füllt. Das ist das Schicksal unserer Generation. Das ist unsere Wahl: bereit und bewaffnet zu sein, hart und rau, oder wir können das Schwert aus der Hand fallen lassen und unser Leben wird kurz sein.*

Dayan war der aggressivste Vertreter der unnachgiebigen und expansionistischen Richtung, die sich in Israel durchsetzen sollte. Er hatte immer wieder gedrängt, den Gazastreifen zu erobern.

Am 11. Juli wurden in Gaza der Befehlshaber der Fedajin, der ägyptische Geheimdienstchef Mustafa Hafiz, und in Amman sein Stellvertreter Mahmud Mustafa durch israelische Bombenanschläge getötet. Damit hörten die Überfälle der Fedajin auf. Doch es stand schon ein neuer Krieg vor der Tür, der Suesfeldzug, den Israel gemeinsam mit Großbritannien und Frankreich geplant hatte.

Nasser lieferte den drei Mächten im Juli 1956 den erhofften Casus Belli, als er den Sueskanal verstaatlichte. Mit Briten und Franzosen war vorher vereinbart worden, dass Israel Ägypten angreifen würde, damit London und Paris sich mit der Begründung einmischen konnten, man müsse die beiden Konfliktparteien trennen.

* Idith Zertal, *Israel's Holocaust and the Politics of Nationhood*

Im Oktober 1956 drangen israelische Truppen im Zuge des Sinai-Feldzuges nach Gaza ein. Die nur spärlich bewaffneten Palästinenser stellten sich ihnen entgegen. Israel musste sich wieder zurückziehen, aber nun wurden UN-Truppen stationiert, die Israelis und Araber trennen sollten.

Am 1. und 2. November nahmen die Israelis Rafah ein und kurz darauf den Rest des Gazastreifens. Während und nach der Eroberung wurden 500 palästinensische Zivilisten getötet, 300 von ihnen in Rafah und Khan Yunis. Einige Dutzend Fedajin, die den Israelis in die Hände fielen, wurden hingerichtet.

Am 5. November akzeptierten Israelis und Ägypter einen von der UNO ausgehandelten Waffenstillstand, zwei Tage später stellten auch Briten und Franzosen die Feindseligkeiten ein.

Am 7. November erklärte David Ben Gurion das Waffenstillstandsabkommen zwischen Israel und Ägypten von 1949 für beendet. Israel werde es nicht mehr dulden, dass Ägypten Truppen auf der Sinai-Halbinsel und in Gaza stationiere. Kurz darauf verabschiedete die Generalversammlung der UNO eine Resolution, in der sie den sofortigen Rückzug der drei Angreiferarmeen forderte. US-Außenminister Herbert Hoover Jr. kündigte an, alle Hilfen für Israel einzustellen, wenn das Land dieser Aufforderung nicht Folge leiste. Israel wurden für diesen Fall außerdem der Ausschluss aus den Vereinten Nationen und weitere Sanktionen angedroht. Am 8. November akzeptierte Israel die Forderungen der UNO, verlangte jedoch, dass der Rückzug schrittweise vonstatten gehen müsse. Ben Gurion, inzwischen wieder Ministerpräsident, hoffte, dadurch den Rückzug doch noch verhindern zu können. Die Welt werde sich daran gewöhnen, dass Israel den Gazastreifen okkupiere, so seine Einschätzung.

Doch damals war die Welt noch nicht bereit, Israels einseitige Entscheidungen hinzunehmen und die dauerhafte Besetzung palästinensischen Landes über das hinaus, was sich Israel im Unabhängigkeitskrieg angeeignet hatte, zu akzeptieren. Am 11. November begann Israel mit dem Rückzug aus dem Sinai. Am 15. Januar 1957 hielt die Armee nur noch den Gazastreifen und Sharm el Sheikh, die ägyptische Stadt an der Meerenge von Tiran, von der Dayan gesagt hatte, Sharm el Sheikh ohne Frieden sei besser als ein Frieden ohne Sharm el Sheikh.

Doch US-Präsident Dwight Eisenhower gab nicht nach, er verlangte die vollständige Räumung der Sinai-Halbinsel und des Gazastreifens. Unter dem massiven Druck der USA und der UNO zog sich Israel am 6. März 1957 aus Gaza und zwei Tage später auch aus Sharm zurück. Am 14. Mai übernahm Ägypten wieder die Kontrolle über den Gazastreifen. Um einen erneuten israelischen Angriff zu verhindern, blieben aber die Grenzen zu Israel geschlossen und die Fedajin wurden daran gehindert, nach Israel einzudringen.

Sechstagekrieg

Der Sechstagekrieg von 1967 brachte die israelische Besatzung nach Gaza. Es war, wie der in Großbritannien lehrende israelische Historiker Avi Shlaim schrieb, von allen israelisch-arabischen Kriegen der einzige, den keine der beiden Seiten wollte. Er begann am 5. Juni 1967 mit einem Überraschungsangriff der israelischen Luftwaffe. Innerhalb von wenigen Stunden waren die ägyptische und die syrische Luftwaffe ausgelöscht.

Der Krieg endete mit der israelischen Eroberung und Besetzung des Westjordanlandes, der Golanhöhen und des Gazastreifens. Für die Palästinenser im Gazastreifen war der Krieg eine neuerliche Katastrophe. Über Nacht verloren sie ihre Anbindung an Ägypten. Die Wirtschaftsbeziehungen und viele persönliche Kontakte zur arabischen Welt wurden gekappt, und die Flüchtlinge in den Lagern kamen unter die Herrschaft der Macht, vor der sie zwanzig Jahre zuvor geflüchtet waren.

Gleichzeitig boten sich den Palästinensern in Gaza aber auch neue Chancen, denn plötzlich waren die Grenzen wieder offen und sie konnten erstmals wieder Kontakt mit ihren in Israel eingebürgerten Verwandten und Freunden aufnehmen.

Mit dem Ende des Sechstagekriegs waren die Streitigkeiten zwischen Israel und Ägypten keineswegs beigelegt. Kairo fand sich nicht damit ab, dass Israel das besetzte Land nicht zurückgeben wollte. Nasser gab die Parole aus: »Was mit Gewalt genommen wurde, kann nur durch Gewalt zurückgewonnen werden.« Vom Ende des Sechstagekrieges bis zum Frühjahr 1969 kam es daher immer wieder zu Zusammenstößen zwischen Israel und Ägypten.

Im März 1969 starteten die Ägypter eine umfassende Offensive, die den Zermürbungskrieg in Gang setzte. Bis August 1970 dauerte dieser Krieg am Sueskanal und im Sinai. Dann gaben Israel und Ägypten dem Drängen der Amerikaner nach und schlossen einen Waffenstillstand.

Yom-Kippur-Krieg

Am 6. Oktober 1973 griffen Ägypten und Syrien Israel an. Es war ein völlig überraschender Angriff am höchsten jüdischen Feiertag, Yom Kippur. Die Angreifer machten rasche Fortschritte. Die ägyptischen Truppen überquerten den Sueskanal und nahmen die Bar-Lev-Linie ein, die syrischen Verbände drangen auf den Golanhöhen vor. Zuerst konnte die israelische Armee den Angriffen nichts entgegensetzen und drohte überrollt zu werden. Doch dann wendete sich das Blatt, die Israelis setzten einen Gegenangriff in Gang, und nahmen Schritt für Schritt verlorenes Gebiet wieder ein. Als der Krieg schließlich am 24. Oktober durch einen Waffenstillstand beendet wurde, standen israelische Truppen 100 Kilometer vor Kairo und 30 Kilometer vor Damaskus. 2500 israelische Soldaten waren ums Leben gekommen, 7500 verletzt worden und 300 in Gefangenschaft geraten. Auf arabischer Seite waren 20 000 Soldaten getötet worden. Der verlustreiche Krieg hinterließ ein tiefsitzendes Trauma in der israelischen Bevölkerung, die zum ersten Mal seit 1967 erlebt hatte, dass ihr Staat verletzlich und der durch Waffengewalt aufrecht erhaltene Status quo äußerst prekär war. Dies war eine der Voraussetzungen für den sich später anbahnenden Frieden mit dem Kriegsgegner Ägypten.

Frieden mit Ägypten

Ägypten und Syrien war es nicht gelungen, ihre Ziele im Yom-Kippur-Krieg zu erreichen. Sie hatten Israel zwar einen schweren Schlag versetzt und das Selbstvertrauen des jüdischen Staates erschüttert, die von Israel besetzten Gebiete jedoch bekamen sie nicht zurück. Die Golanhöhen und die Sinai-Halbinsel blieben israelisch besetzt, genauso wie das Westjordanland und der Gazastreifen.

Im Sinai wurde schon im Jahr 1975 die Siedlung Yamit gegründet, in der anfangs rund 2500 Menschen lebten, die sich aber allmählich zu einer Stadt mit 200000 Einwohnern auswuchs.

Vielleicht waren es Entwicklungen dieser Art, die dem ägyptischen Präsidenten Anwar El-Sadat klar machten, dass er keine Zeit zu verlieren hatte, wollte er die Sinai-Halbinsel zurückbekommen und Frieden mit Israel schließen. Am 17. Mai 1977 war in Israel außerdem der nationalistische Likud an die Macht gekommen, der die Groß-Israel-Ideologie vertrat. Seine Wahl zum Ministerpräsidenten feierte Menachem Begin programmatisch in einer Siedlung im Westjordanland.

Von Washington aus übte jedoch gleichzeitig Präsident Jimmy Carter erheblichen Druck auf die Konfliktparteien im Nahen Osten aus. Er wollte einen Friedensprozess anstoßen, der die Probleme ein für allemal lösen sollte.

Sadat nahm das Heft des Handelns in die Hand. Am 9. November erklärte er in einer Rede vor dem ägyptischen Parlament seine Bereitschaft, zu Friedensgesprächen nach Jerusalem zu fahren. Am 20. November hielt er im israelischen Parlament, der Knesset, seine berühmt gewordene Rede, in der er ein Ende des Blutvergießens forderte.

Damit war der erste nahöstliche Friedensprozess angestoßen, der Israel einen von den meisten Israelis zwar als kalt empfundenen, aber durchaus stabilen Frieden mit seinem südlichen Nachbarn bringen sollte. Ein Prozess, der den Grundsatz »Land gegen Frieden« verankern und für alle zukünftigen Regelungen unabdingbar machen sollte.

Nach der historischen Rede Sadats begannen mühsame Verhandlungen zwischen Israel und Ägypten unter amerikanischer Schirmherrschaft. Sadat wollte nicht nur die Sinai-Halbinsel zurückhaben, er bestand auch darauf, den Palästinensern die Selbstbestimmung zu sichern.

Um Forderungen zu verhindern, die in seinen Augen zu weit gingen, entwickelte Begin einen eigenen Autonomieplan für die Palästinenser in den besetzten Gebieten. Die Selbstverwaltung sollte nur für die arabische Bevölkerung und auch nur für begrenzte Bereiche ihres Lebens gelten, nicht jedoch für das Land, auf dem sie lebten. Der Autonomieplan des israelischen Ministerpräsidenten sah vor, die Militärverwaltung der Besatzer durch eine Autonomieregierung zu ersetzen, die alle Bereiche des zivilen Lebens regeln sollte. Ein gewählter Autonomierat mit Sitz in Bethlehem sollte die Verantwortung für die innerpalästinensischen Angelegenheiten wie Bildung, Religion, Transport, Wohnungsbau, Industrie und Handel, Gesundheit, Versorgung der Flüchtlinge, Justizwesen und eine lokale Polizei übernehmen. Sicherheit und öffentliche Ordnung sollten dagegen weiterhin in israelischer Hand bleiben. Die Palästinenser sollten entscheiden, ob sie die jordanische oder die israelische Staatsbürgerschaft haben wollten. Im Land ihrer Entscheidung sollten sie dann ihr Wahlrecht ausüben dürfen. Israelische Bürger sollten das Recht haben, Land in den besetzten Gebieten zu erwerben und zu besiedeln.

Sadat wies die Vorschläge zurück, und die Verhandlungen kamen in eine schwere Krise, die Begin nutzte, um seine Haltung noch weiter zu verhärten. Israel werde sich niemals in die Grenzen von 67 zurückziehen, sagte er.

Nur der amerikanische Druck konnte verhindern, dass die Gespräche ganz abgebrochen wurden. Und so kamen die Delegationen Israels und Ägyptens im September 1978 zu Friedensverhandlungen nach Camp David. Fast zwei Wochen lang verhandelten sie, völlig isoliert von der Außenwelt und unter massivem US-amerikanischen Druck. Immer wieder drohten die Gespräche zu scheitern, denn Sadat bestand auf einem vollständigen israelischen Rückzug von der Sinai-Halbinsel, Begin dagegen wollte wenigstens die rund 20 Siedlungen erhalten, die inzwischen dort entstanden waren.

Am 17. September 1978 wurden zwei Abkommen unterzeichnet. Eines betraf den Frieden zwischen Israel und Ägypten, das andere die Zukunft der palästinensischen Gebiete. Es sah die rasche Aufnahme von Verhandlungen vor, um das »palästinensische Problem in all seinen Aspekten« zu lösen. Israel, Ägypten, Jordanien und Vertreter der Palästinenser sollten an diesen Verhandlungen teilnehmen, die in drei Stufen über eine Übergangsphase palästinensischer Selbstverwaltung bis zu einer endgültigen Regelung auf der Grundlage der »legitimen Rechte des palästinensischen Volkes« führen sollte. Die einzelnen Stufen ähnelten sehr dem »Friedensprozess«, der 14 Jahre später von Rabin und Arafat in Gang gesetzt werden sollte.

Am 26. März 1979, ein halbes Jahr nach der Unterzeichnung der Abkommen in Camp Davis, wurde der Friedensvertrag zwischen Israel und Ägypten unterzeichnet. Er setzte den Rückzug der Israelis vom Sinai und die Räumung aller israelischen Siedlungen auf der Halbinsel in Gang. Die Autonomiegespräche mit den Palästinensern jedoch fanden nicht statt. Eine weitere Chance, das palästinensische Problem zu lösen, war verpasst. An der Situation der Palästinenser in Gaza änderte sich nichts. Alle Ansätze, für die Palästinenser in den besetzten Gebieten eine faire Lösung zu finden, wurden ad acta gelegt.

Erst die Friedensverhandlungen der frühen neunziger Jahre nahmen viele der Überlegungen in Begins Autonomieplan wieder auf, diesmal jedoch mit Zustimmung der palästinensischen Führung. Im Gazastreifen stieß der so genannte Oslo-Friedensprozess, der in Europa und den USA so positiv aufgenommen und als entscheidende Wende zu einer friedlichen Lösung angesehen wurde, auf keine große Begeisterung. Aus der Skepsis wurde schnell bittere Enttäuschung, als sich abzeichnete, dass der Prozess weder wirtschaftlichen Aufschwung noch ein Ende der Besatzung mit sich brachte. Die Siedlungen im Gazastreifen blieben bestehen, die Zahl der Siedler verdoppelte sich sogar nach der Unterzeichnung des Abkommens; der Gazastreifen wurde zunehmend von der Außenwelt abgeschnitten und entwickelte sich immer mehr zu einem Gefängnis. Kein Wunder, dass Arafat bei seiner Rückkehr nach Gaza nicht gerade mit Jubel empfangen wurde.

Yassir Arafat kehrt zurück

Arafats historische Rückkehr in die palästinensischen Gebiete war eigentlich zunächst nur ein Besuch, denn erst ein paar Wochen später siedelte er endgültig mitsamt seiner Familie, seinen fünfzig Adoptivkindern und seinem engsten Umfeld aus Tunis um. Dennoch wurde dieser erste Besuch in Gazastadt als Ende seines über 25-jährigen Exils gewertet. Der Vater der palästinensischen Nationalbewegung, dessen zu Ende gehende politische Karriere durch den Oslo-Prozess eine neue Wende und neuen Auftrieb bekommen hatte, war nach Hause gekommen, um sich endlich an die Spitze seines unter der Besatzung leidenden Volks zu stellen.

Die Rückkehr nach Gaza war gut vorbereitet und sorgfältig inszeniert. Der ägyptische Präsident Hosni Mubarak begleitete Arafat von Kairo an die Grenze in Rafah. Dort wurde er von begeisterten Anhängern empfangen und jubelnd begrüßt. Von Rafah aus machte er sich dann in einer Autokolonne auf den kurzen Weg nach Gazastadt, wo ihn Hunderttausende Fahnen schwenkender und Parolen skandierender Menschen erwarteten und ihm einen begeisterten Empfang bereiteten. So zumindest beschreibt es der Arafat-Biograph Amnon Kapeliouk. Und auch Said K. Aburish spricht in seiner Arafat-Biographie von Hunderttausenden, die ihn begrüßten, und von »eindeutigen Jubelszenen«.

Ganz anderes wusste die *New York Times* zu berichten. Ihr Reporter unterstrich, dass die Ankunft des PLO-Chefs bei weitem nicht der Triumphzug war, als der er im Fernsehen dargestellt wurde. Wie ist dieser Widerspruch zu erklären?

Die israelische Linguistin, Publizistin und Friedensaktivistin Tanya Reinhart erklärte in der Tageszeitung *Jedioth Acharonoth*, was sich wirklich zugetragen hatte. Das israelische Fernsehen, so berichtete sie, habe die Rückkehr Arafats am Nachmittag live übertragen.

> Von einem Hubschrauber aus, der über der Szene schwebte, konnten wir die Wagenkolonne Arafats sehen, die allein durch die verwaisten Straßen fuhr. Auch der nicht sehr große Platz, der für das Ereignis vorbereitet war, blieb halb leer. In den Berichten war die Rede von 20000 Menschen. Als Arafat mit seiner Rede begann, fingen die Zuschauer an, sich in Bewegung zu setzen, sie strömten nach Hause. Wie [der Fernsehkommentator] Ehud Yaari es zusammenfasste: »Es war ein Non-Event, ein Nicht-Ereignis.«*

Die Welt aber bekam ganz andere Bilder zu sehen. Die Abendnachrichten waren voll mit Berichten über Arafats triumphale Rückkehr und den Jubel in den Straßen Gazas. CNN sprach von 100000 Anhängern, die Arafat einen begeisterten Empfang bereiteten. Der »Architekt des Friedensprozesses«, der als Held in seine Heimat zurückgekehrt und von Liebe umgeben war, das war das Bild, das man der Weltöffentlichkeit präsentierte.

* *Jedioth Acharonoth*, 7.7.1994

»Der Welt wurde die Realität präsentiert, die man ihr versprochen hatte«, fasste Tanya Reinhart zusammen. Arafat musste als Held dargestellt werden, dem sein Volk zujubelte, denn man wollte das Oslo-Abkommen als einen großen Fortschritt in Richtung Frieden darstellen und die kritischen Stimmen zum Schweigen bringen, die schon damals vor dem ungerechten Frieden warnten und vor den Gefahren, die das unfaire Abkommen zwischen den ungleichen Partnern mit sich brachte. In Israel sei ein solches Schauspiel unmöglich gewesen, weil man dort die Live-Bilder habe sehen können, die eine ganz andere Realität gezeigt hatten.

Das gleiche Schauspiel wiederholte sich wenige Tage später, als Arafat in Jericho eintraf, wo die neue palästinensische Nationalbehörde ihren vorläufigen Sitz nehmen sollte. Nur 8000 Einwohner des Ortes kamen zu seiner Begrüßung. Die meisten Palästinenser, die aus dem Westjordanland in die Oasenstadt reisen wollten, um Arafat zu sehen, kamen nicht durch die Checkpoints und Straßensperren der israelischen Armee. In Jericho legten Arafat und seine zwölf Minister ihren ersten Amtseid auf den Koran und das Neue Testament ab.

Seinen Wohnsitz allerdings wollte Arafat nicht in Jericho, sondern in Gaza nehmen. »Jericho ist das Symbol, Gaza die Realität«, erklärte sein außenpolitischer Berater Nabil Shaath. Und so kehrte Arafat im August 1994 endgültig nach Gaza zurück, um die Autonomiebehörde aufzubauen, die den Besatzern die Arbeit abnehmen sollte. Damit nahm das Verhängnis seinen Lauf.

Arafat stieß in der Heimat vor allem auf Skepsis. Die *New York Times* berichtete, Arafat sei statt Begeisterung nur Gleichgültigkeit entgegengeschlagen. Die Bevölkerung habe von ihm ganz pragmatisch vor allem eine deutliche Verbesserung ihrer Lage in allen Lebensbereichen erwartet, in der Wirtschaft, auf dem Arbeitsmarkt, bei Bildung und Wohnungsbau. Sie sei aber nicht bereit gewesen, sich von patriotischen Stimmungen mitreißen zu lassen.

Arafat machte sich mit Energie an die Arbeit, doch er sah sich vor eine fast unlösbare Aufgabe gestellt. Die Infrastruktur im Gazastreifen war nur rudimentär vorhanden, die Wirtschaft in den langen Jahren der Besatzung so sehr in die Abhängigkeit von Israel gezwungen worden, dass es schwer war, eigene Unternehmen aufzubauen. Es fehlte an allem, neben den Rohstoffen und der Infrastruktur vor allem an geschulten Arbeitskräften und Verwaltungsbeamten. Doch zunächst sah es gar nicht so schlecht aus. Hilfsgelder flossen reichlich, ausländische Geber führten Schulungskurse durch und in Gaza wurde überall gebaut. Mehrstöckige Wohnhäuser, die der knappen Fläche Rechnung tragen sollten, entstanden, Geschäftshäuser und sogar Hotels. Ein schmucker kleiner Flughafen wurde fertig gestellt, der Gazas Tor zur Welt werden sollte. Er wurde im Dezember 1998 in Anwesenheit von US-Präsident Bill Clinton eröffnet, der einzige internationale Flughafen der Welt ohne eigenen Luftraum, wie die BBC damals spitz bemerkte. Bundesaußenminister Joschka Fischer startete einmal nach einem Besuch in Gaza vom neuen Flughafen aus mit einer Bundeswehrmaschine. Sonst diente der Flughafen in erster Linie den Hubschraubern von Arafat, die ab und zu hier starteten und landeten. Kurz nach Beginn der Zweiten Intifada im Jahr 2000 bombardierte Israel jedoch die Start- und Landebahn und legte den Flughafen damit komplett lahm. Internationale Fluglinien bekamen von Israel ohnehin keine Überfluggenehmigungen, um in Gaza zu landen.

Auch ein Hafen sollte angelegt werden, um die Abhängigkeit der Palästinenser von israelischen Häfen zu beenden und die eigenständige Versorgung Gazas zu ermöglichen. Doch einen solchen Hafen gibt es bis heute nicht. Alle Waren, mit denen die in Gaza eingeschlossenen Palästinenser versorgt werden, kommen über israelische Häfen.

Die meiste Energie verwandte Arafat auf den Aufbau der Sicherheitskräfte. Nach den Oslo-Abkommen durften die Palästinenser keine Armee bilden, sondern lediglich eine starke Polizeitruppe, die dafür sorgen sollte, die oppositionellen Gruppen in Schach zu halten und Anschläge auf Israelis zu verhindern. Acht verschiedene Polizeitruppen und Geheimdienste entstanden, die zum Teil eigene Gefängnisse betrieben und vor allem die islamistischen Gegner der Oslo-Verträge rigoros unterdrückten. Bis zum Beginn der Zweiten Intifada wurden Hamas-Mitglieder systematisch von palästinensischen Sicherheitskräften inhaftiert und gefoltert. Dies hinterließ bei den Opfern nicht nur physische und psychische Spuren, es säte auch den abgrundtiefen Hass, der sich Jahre später in blutigen Auseinandersetzungen Bahn brechen sollte. Nur vor diesem Hintergrund ist die Wut zu verstehen, mit der die Hamas-Milizen 2007 die Fatah-Funktionäre und die Sicherheitskräfte der Autonomiebehörde in Gaza wegfegten und ihre Anführer aus dem Land jagten.

Während Arafat also die Opposition brutal unterdrückte und die Mehrheit der palästinensischen Zivilbevölkerung keine Verbesserung ihrer Lebensumstände feststellen konnte, bereicherte sich die Führungsclique um Arafat schamlos. In kurzer Zeit entstand bei der kleinen Schicht seiner Gefolgsleute, von denen viele mit ihm aus dem Exil zurückgekehrt waren, unverhältnismäßiger Reichtum, während die Mehrheit der Menschen immer ärmer wurde und ihre Lebensperspektiven immer mehr schwanden. Die Friedensdividende, die Israels damaliger Außenminister und der wahre Architekt der Oslo-Verträge Shimon Peres bei seinen Reisen ins Ausland beschwor, wurde nicht ausgezahlt, jedenfalls nicht für die normale Bevölkerung, die ihre Arbeitsplätze in Israel verlor und in ihrer Bewegungsfreiheit immer mehr eingeschränkt wurde, je weiter der »Friedensprozess« voranschritt. Arafat und die Autonomiebehörde wurden in den Augen der palästinensischen Bevölkerung zunehmend zu einem Kollaborationsregime, das für Israel die schmutzige Arbeit machte und dabei in die eigenen Taschen wirtschaftete.

Besonders deutlich wurde dies in den ersten Jahren des Oslo-Prozesses im Gazastreifen, der immer mehr von der Entwicklung im Westjordanland abgehängt und an den Rand gedrängt wurde. Obwohl die besetzten Gebiete Westjordanland und Gaza in den Verträgen als Einheit behandelt wurden, war die Zeit der palästinensischen Einheit in Wirklichkeit vorbei. Die beiden unzusammenhängenden Gebiete wurden von Israel immer stärker voneinander getrennt, die in den Abkommen verabredete »sichere Verbindung« zwischen beiden Landesteilen, die einen freien Waren- und Personenverkehr ermöglichen sollte, kam nie zustande. In Eres stand noch viele Jahre lang ein ramponiertes Hinweisschild »Zum sicheren Übergang«. Der Pfeil zeigte ins Nirgendwo. Auch die von der amerikanischen Außenministerin Condoleezza Rice im Herbst 2005 ausgehandelte Konvoi-Lösung kam nie zustande. Sie sah vor, dass es Palästinensern aus dem Gazastreifen erlaubt sein sollte, ihre Enklave nach Belieben zu verlassen und in von israelischen Sicherheitskräften begleiteten Buskonvois ins Westjordanland zu fahren. Der nach langen und anstrengenden Gesprächen ausgehandelte Kompromiss war jedoch das Papier nicht wert, auf dem er aufgeschrieben wurde. Denn er wurde nie umgesetzt. Kein einziger Bus brachte Palästinenser aus Gaza ins nahe Westjordanland. Auch alle israelischen Überlegungen, wie man eine Verbindung zwischen den beiden Gebieten herstellen könnte, waren reine Augenwischerei. Es wurden weder, wie erwogen, Brücken gebaut noch Tunnel gegraben, die eine Verbindung hätten sein können. Auch die in den Medien diskutierten Möglichkeiten, höher oder tiefer gelegte und von Sicherheitskräften überwachte Transitstraßen zu bauen, blieben leeres Gerede. Statt dessen wurde die Trennung der beiden Landesteile immer weiter verschärft, was den palästinensischen Publizisten Daoud Kuttab ein Jahr nach der Unterzeichnung des von Rice ausgehandelten Abkommens zu dem bitteren Fazit veranlasste »Selig sind die, die nichts erwarten. Denn sie können nicht enttäuscht werden.«

Aber auch wenn sich die Palästinenser von Gaza keine allzu großen Hoffnungen gemacht hatten und dem Friedensprozess von Anfang an mit Skepsis begegnet waren, eines hatten sie sicher nicht erwartet: dass er für sie das Ende der Freiheit und eine so dramatische Verschlechterung ihrer Lebensumstände mit sich bringen würde.

»Es ist eine Tatsache, dass in den Oslo-Jahren mehr als eine Million Menschen zu Gefangenen in ihrem eigenen Land wurden, deren Ein- und Ausreise nur durch israelische Sicherheitstore erlaubt oder meist eben nicht erlaubt wurde«, schrieb Tanya Reinhart in ihrem Buch *Road Map*. »Mit elektrischen Zäunen und Militärposten umgeben und dicht abgeriegelt gegen die äußere Welt, wurde der palästinensische Gazastreifen in ein Gefängnis verwandelt.«*

* Tanya Reinhart, *Road Map*, S. 53

أحمد ابو البطيحان
رفيق السالمي

Kämpfer, Terroristen, Märtyrer

Vor der Ersten Intifada

»Gaza ist wie ein Topf mit Milch, der auf einem lodernden Feuer steht. Du schaust dir die Oberfläche der Milch an und sie ist ganz ruhig, wie Schnee. Und plötzlich, ohne Vorwarnung oder irgendein anderes Zeichen, pchchchch… schäumt die Milch auf wie kochende Lava.« So beschrieb Abu Ali Shahin, einer der ersten Palästinenser, die in einem israelischen Gefängnis inhaftiert waren, gegenüber dem israelischen Journalisten Shlomi Eldar die Lage im Gazastreifen.*

Wie ein Topf mit überkochender Milch, so musste Gaza den Israelis vorkommen, als im Winter 1987 die Erste Intifada ausbrach, der erste palästinensische Aufstand, der von Gaza ausging und rasch auf das Westjordanland übergriff. Es war eine Eruption der Unzufriedenheit, mit der niemand gerechnet hatte.

Regierung und Medien hatten es jahrelang vorgezogen, den schon damals überbevölkerten Gazastreifen mit seinen vielfältigen Problemen einfach zu ignorieren. Die Siedler ihrerseits bestärkten die israelische Öffentlichkeit in dieser bequemen Ignoranz, indem sie von ihrem scheinbar problemlosen Zusammenleben mit den Palästinensern berichteten. An dieser Fiktion hielten sie sogar noch nach der Intifada fest, als die winzigen Siedlungen im Gazastreifen neuen Zulauf erhielten.

Vor dem Rückzug der Israelis aus Gaza war ich oft in den dortigen jüdischen Siedlungen. Eine der Aussagen, die ich am häufigsten gehört habe, lautete: Früher war alles besser. Früher haben wir mit den Palästinensern friedlich zusammengelebt. Wir haben bei ihnen eingekauft, und sie haben bei uns gearbeitet und gutes Geld verdient. Manch einer berichtete sogar von Freundschaften und Kontakten zwischen den Familien.

* Eldar, *Aza kemavet*, S. 36

Diese Beschreibung eines fast paradiesischen Zustands hörte ich allerdings nur auf israelischer Seite. Unter Palästinensern wurde das Zusammenleben zwischen Besatzern und Besetzten ganz anders bewertet. Da war selten die Rede von guten Beziehungen und einem nachbarschaftlichen Austausch. Im Gegenteil, die Palästinenser sahen sich als Opfer der Okkupation, als rechtlose Ureinwohner, denen jüdische Kolonisten mit Rückendeckung der Welt das fruchtbarste Land nahmen. Sie beklagten, dass die Siedler, unterstützt vom israelischen Staat, ihre Siedlungen immer weiter ausdehnten, dass sie Vorrechte bei der Zuteilung des Wassers erhielten und dass ihre Existenz inmitten der palästinensischen Bevölkerung dafür sorgte, dass die Freiheiten dieser Bevölkerung immer mehr eingeschränkt wurden.

Selbst die Arbeit in Israel, die bis zum Beginn des »Friedensprozesses« in den 1990er Jahren Zehntausenden von Palästinensern im Gazastreifen einen bescheidenen Wohlstand gesichert hatte, war nicht das, was sich die Palästinenser erträumten. Denn sie war auf schlecht bezahlte und untergeordnete Tätigkeiten ohne Entwicklungsmöglichkeiten beschränkt. Die meisten Palästinenser, die in Israel Arbeit fanden, arbeiteten auf dem Bau, nicht selten in den Siedlungen, wo sie für die fremden Kolonialherren Häuser errichten mussten, von denen sie selbst nur träumen konnten.

Im Gegensatz zu dem, was Israelis gern glauben wollten und viele auch heute noch glauben, reichte es den Palästinensern aber nicht, als billige Arbeitskräfte in den israelischen Siedlungen oder Städten zu arbeiten. Sie wollten adäquat bezahlt werden und ökonomische und berufliche Chancen haben. Sie wollten die Möglichkeit haben, in ihren erlernten Berufen zu arbeiten oder sich weiterzubilden. Und sie wollten politische Freiheit, Unabhängigkeit und Selbstbestimmung. Sie wollten ganz einfach ihren eigenen Staat, in dem sie selbst über ihr Schicksal entscheiden und sich weiterentwickeln konnten.

Leben unter der Besatzung

Israel unterdrückte rigoros jede nationale Regung und jedes Aufbegehren gegen die so genannte Zivilverwaltung, die Ariel Sharon

1981 eingeführt hatte. Die Bezeichnung »Zivilverwaltung« ist ein Euphemismus für die militärische Herrschaft Israels über die Palästinenser. Sie regierte in jeden Bereich ihres Lebens hinein und achtete darauf, dass die Palästinenser keine Eigenständigkeit entwickelten.

PLO-Fahnen und Abzeichen waren verboten; sogar die Keffiyeh, die traditionelle karierte Kopfbedeckung, konnte schon als Zeichen der Unbotmäßigkeit angesehen und konfisziert werden.* Selbst die Bezeichnung »Palästina« wurde aus den Büchern und Karten getilgt, und in den besetzten Gebieten hergestellte Produkte bekamen den Aufkleber »Made in Israel«. Tausende von Büchern wurden verboten und palästinensische Wortführer, die nationale Selbstbestimmung forderten, des Landes verwiesen.

Immer wieder versuchte die israelische Regierung, eine ihr genehme palästinensische »Führung« zu etablieren. So hoffte man 1976 durch die Genehmigung von Kommunalwahlen in den besetzten Gebieten, der PLO das Wasser abzugraben und eine alternative Führung zu installieren. Doch das Experiment ging schief. PLO-nahe Bürgermeister wurden gewählt, die alsbald ein Ende der Besatzung forderten. Israel setzte die Bürgermeister ab und deportierte die meisten von ihnen nach Jordanien. Im März 1982 schließlich wurden alle gewählten Bürgermeister, die noch im Amt waren, abgesetzt. Stattdessen wurden die so genannten Dorfligen geschaffen, Kollaborationsregime, die mit begrenzten Vollmachten und Privilegien ausgestattet waren. Die Palästinenser antworteten darauf mit Streiks und Demonstrationen. Israel unterdrückte auch dies und ließ Tausende Aktivisten verhaften. Am Vorabend der Intifada saßen fast 5000 palästinensische Gefangene in israelischen Haftanstalten.

Vom Beginn der Besatzung bis zu diesem Zeitpunkt waren rund 200 000 Palästinenser durch israelische Gefängnisse gegangen. Sie waren dort fast immer Misshandlungen ausgesetzt, die von Schlafentzug über Prügel bis zu Elektroschocks reichten. Oft wurden die Gefangenen an den gefesselten Handgelenken aufgehängt oder sie mussten stundenlang mit einer stinkenden Kapuze über dem Kopf in schmerzhaften Stellungen verharren. Sie wurden mit eiskal-

* Yoram Binur, *Mein Bruder, mein Feind*, S. 144 f.

tem Wasser traktiert und auf alle erdenklichen Arten gedemütigt. Amnesty International und andere Menschenrechtsorganisationen dokumentierten Jahr für Jahr die angewandten Foltermethoden. Die Praxis der systematischen Misshandlungen war so weit verbreitet, dass die israelische Regierung Ende Mai 1987 eine Kommission unter Führung von Moshe Landau, Richter am Obersten Gericht, einsetzte, die den Gebrauch der Folter durch den Geheimdienst Shabak untersuchen und Empfehlungen aussprechen sollte. Am 30. Oktober legte der Ausschuss einen Teil seines Berichts vor. Darin hieß es: »Die effektive Befragung von Terror-Verdächtigen ist unmöglich ohne den Einsatz von Druckmitteln, die dazu dienen, den verstockten Willen zu brechen, der nichts offenbaren will, und die Angst des Befragten zu überwinden, dass seine eigene Organisation ihm Schaden zufügt, wenn er Informationen offenlegt.«

Absatz 4.7 des Berichts erläuterte, welche Formen der Gewaltanwendung akzeptiert werden könnten: »Die Druckmittel sollten prinzipiell die Form nicht-gewalttätigen psychologischen Drucks annehmen durch eine harte und ausgedehnte Befragung, unter Verwendung von List, einschließlich der Täuschung. Wenn allerdings diese Mittel ihr Ziel nicht erreichen sollten, dann kann die gemäßigte Anwendung von physischem Druck nicht vermieden werden.«

Eine genaue Definition des »gemäßigten physischen Drucks« wurde jedoch nicht offengelegt. Sie war Bestandteil des nichtöffentlichen Teils des Berichts. Das israelische Parlament debattierte die Empfehlungen der Kommission und stimmte ihnen am 8.11.1987 zu. Israel wurde damit, nach den Worten der israelischen Menschenrechtsorganisation B'tselem, das einzige Land der Welt, das Folter legalisierte.*

Schon vor Ausbruch der Intifada gab es im Gazastreifen acht Gefängnisse und das berüchtigte Internierungslager Ansar II. Nach Beginn des Aufstands waren hier Tausende Palästinenser unter menschenunwürdigen Bedingungen inhaftiert. Ansar II war als provisorisches Internierungslager entstanden, als eine Welle von Demonstrationen den Gazastreifen erschüttert hatte. Auslöser der Un-

* Im September 1999 erklärte das Oberste Israelische Gericht die Anwendung »gemäßigten physischen Drucks« während der Befragung von Verdächtigen für rechtswidrig.

ruhen war der Tod zweier Studenten aus Gaza, die von israelischen Soldaten auf dem Campus der Birzeit-Universität bei Ramallah erschossen worden waren. Um die Proteste, die daraufhin ausbrachen, in den Griff zu bekommen, wandelte die israelische Armee eine Militärbasis am Rande von Gazastadt in ein Internierungslager um, das bald den Namen Ansar II erhielt. Bis Ende Dezember 1986 wurden hier 250 Männer und Jungen auf engstem Raum und unter erbärmlichen Umständen eingesperrt.

Es ist kein Zufall, dass die Erste Intifada vom Gazastreifen ausging. Dort hatte sich zwei Jahrzehnte lang, von der Eroberung im Sechstagekrieg des Jahres 1967 bis in die späten 1980er Jahre, die Unzufriedenheit aufgestaut und ein gewaltiges Protestpotenzial zusammengebraut.

Die Journalistin Anita Vitullo, die Augenzeugin der Ersten Intifada war, schrieb in einem Artikel für den *Middle East Report*: »Das Menetekel war an der Wand, an den grauen Wänden der Häuser in den Flüchtlingslagern von Gaza nämlich, wo man die Verzweiflung der Lagerbewohner über die Bombenangriffe der Amal-Milizen auf die Palästinenser in den Flüchtlingslagern des Libanon sehen konnte.«* Diese Verzweiflung wurde noch genährt von den neuen kollektiven Strafmaßnahmen, die das israelische Militär gegen die Bewohner des Gazastreifens verhängte. Im August wurde das gesamte Gebiet unter eine dreitägige Ausgangssperre gestellt, nachdem zuvor ein israelischer Offizier, der für die Bewachung der Gefangenen in Ansar II verantwortlich war, von einem Palästinenser auf offener Straße erschossen worden war.

Im Oktober 1987 töteten israelische Soldaten sieben Männer aus Gaza, die verdächtigt wurden, dem Islamischen Jihad anzugehören. Zehn Tage später wurden bei einer Schießerei in einem Wohnviertel, wahrscheinlich während einer Festnahme, vier Palästinenser und ein hoher israelischer Gefängnisbeamter getötet. Der Zwischenfall löste in Gaza spontane Demonstrationen und Streiks aus, in deren Verlauf ein weiterer Palästinenser getötet und 40 verletzt wurden. Die Armee reagierte mit Verhaftungen und Durchsuchungen und mit der Zerstörung der Häuser der getöteten Palästinenser.

In Israel nahm man außerhalb kleiner Expertenkreise von all

* *Middle East Report* 152, Mai–Juni 1988

dem nichts wahr. Und das, obwohl es zahlreiche warnende Hinweise gab, lange bevor die Erste Intifada ausbrach und der Illusion der »aufgeklärten Besatzung«, an die die meisten Israelis glaubten, für immer die Grundlage entzog. Das ganze Jahr 1987 über gab es immer wieder Unruhen und auch Terrorangriffe gegen israelische Soldaten und Zivilisten.

Im Herbst 1987, ein paar Monate vor Ausbruch der Ersten Intifada, erstellte eine Gruppe von Experten im Auftrag des Koordinators für die Operationen in den besetzten Gebieten einen ausführlichen Bericht über die Lage in Gaza. Sie stützten sich dabei fast ausschließlich auf die Unterlagen, die ihnen von der so genannten Zivilverwaltung und anderen Regierungsbehörden übergeben worden waren. Der Bericht prognostizierte die Entwicklung im Gazastreifen bis zum Jahr 2000. Das Bild, das die Experten präsentierten, war erschreckend. »Wer den Bericht liest, kann sich dem Eindruck nicht entziehen, dass der Gazastreifen ein Krebsgeschwür ist, der dem Staat Israel die Kraft rauben wird, wenn er nicht einer radikalen Behandlung unterworfen wird«, schrieben die beiden israelischen Journalisten Ehud Yaari und Zeev Schiff in ihrem erstaunlich klarsichtigen Buch über die Erste Intifada. Sie erklärten zwar nicht, welche Art der »radikalen Behandlung« sie sich vorstellten, ob sie einer militärischen »Behandlung« oder einer politischen Lösung den Vorrang gaben, fügten aber warnend hinzu: »Selbst wenn nur einige der Voraussagen des Berichts erfüllt werden, gibt es jeden Grund zu glauben, dass Israel bald auf Knien um die Gnade bitten wird, den Gazastreifen loszuwerden.«*

Die Fachleute, die den Bericht erstellt hatten, beschrieben die wirtschaftliche Not, die unzureichende Infrastruktur und die ungleiche Verteilung der Ressourcen im Gazastreifen. Sie warnten, dass innerhalb der nächsten zehn Jahre 15 Prozent des agrarisch nutzbaren Landes im Gazastreifen verschwinden würden, und wiesen darauf hin, dass die Regierung das so genannte Staatsland, also Land, das nicht individuellen Palästinensern gehörte, für die Siedler reserviert habe, anstatt es den Palästinensern zur Nutzung zu überlassen. Die damals 2500 jüdischen Siedler im Gazastreifen – 0,4 Prozent der Gesamtbevölkerung – verfügten schon über 28 Pro-

* Zeev Schiff und Ehud Yaari, *Intifada,* S. 87

zent des »Staatslands« und verlangten nach mehr, schrieben die Autoren. Und sie warnten vor der drohenden Bevölkerungsexplosion in dem kleinen Gebiet, in dem schon damals mehr als 600000 Menschen lebten. Sie sagten voraus, dass im Jahr 2000 zwischen 957000 und mehr als einer Million Menschen im Gazastreifen leben würden. Je größer jedoch die Bevölkerungsdichte werde, desto unerträglicher werde das Leben für die Menschen, für die es nicht genug Wohnungen, Straßen, Schulen und Arbeitsplätze gebe. Vor allem aber werde der wachsenden Bevölkerung das Trinkwasser ausgehen, so dass Israel den Gazastreifen werde versorgen müssen, zu Lasten der eigenen mageren Bestände.

Doch der Bericht, der nur an einen kleinen Kreis von Personen ging und noch nicht einmal dem Ministerpräsidenten vorgelegt wurde, fand in Israel keinerlei Widerhall, während sich im Gazastreifen selbst die prognostizierte Unruhe bereits andeutete.

Hexenkessel Gaza

»Die Stimmung im Gazastreifen glich einem Hexenkessel«, erinnerte sich der israelische Fotograf Yisrael Cohen an diese Zeit. »Die Not und die Armut waren erschreckend. Und die Menschen folglich unzufrieden. Es war klar, dass irgendwann ein Aufstand ausbrechen musste.« Cohen war zusammen mit dem Jerusalemer Journalisten Yoram Binur im Gazastreifen gewesen – inkognito. Beide hatten sich für ein Buchprojekt Binurs eine palästinensische Identität zugelegt, um sich ein möglichst authentisches Bild davon zu machen, wie die Palästinenser in den Flüchtlingslagern dachten und wie sie lebten.

Binur, der fließend arabisch spricht und mit vielen bedeutenden Palästinensern Ostjerusalems bekannt und befreundet ist, arbeitete für die Jerusalemer Lokalzeitung *Kol Ha Ir*. Für eine Reportage für diese Zeitung hatte er sich als Palästinenser verkleidet, um unauffällig beobachten zu können, wie die Palästinenser im Ostteil Jerusalems lebten. Aus der Reportage wurde ein Buchprojekt, das über die Grenzen Jerusalems hinausging. In Tel Aviv suchte sich Binur eine Arbeit als Tagelöhner bei jüdischen Unternehmern. Er schrubbte Pfannen und Töpfe in einem Restaurant, arbeitete als

Automechaniker in einer Werkstatt in Jaffa und als Küchenhilfe in einem Café im Ausgehviertel von Tel Aviv. Die Nächte verbrachte er zusammen mit anderen palästinensischen Arbeitern in einer billigen Absteige, wo er in langen Gesprächen mit seinen »Kollegen« viel erfuhr über das Leben der Palästinenser im jüdischen Staat, über ihre jämmerlichen Arbeitsbedingungen, über den Rassismus, mit dem sie behandelt wurden, über Gefängnisaufenthalte, während derer sie Folter und Misshandlung erlebt hatten.

Schließlich fuhr Binur sogar nach Gaza, wo er im Flüchtlingslager Jebalya seine »Ganz-Unten-Reportage« fortsetzte, bis er enttarnt wurde und verschwinden musste.

Es war ein Jahr vor Ausbruch der Ersten Intifada, und Binur lernte die Lebensbedingungen der Menschen, aber auch ihren Widerstandsgeist aus erster Hand kennen. Er erlebte, wie allgegenwärtig die israelische Armee und der Geheimdienst waren. Dennoch, so seine Beobachtung, kam der Ausbruch der Unzufriedenheit »für die zuständigen israelischen Sicherheitsbehörden [...] völlig überraschend. Man musste zwar schon blind oder dumm sein, um nicht zu merken, was in der Luft lag, doch Tatsache ist, dass sie total überrumpelt wurden.«*

In der Tat musste man blind oder dumm sein, um nicht zu bemerken, was sich in den besetzten Gebieten zusammenbraute. Und das galt nicht nur für die Regierung und die Öffentlichkeit in Israel, sondern auch für die internationale Staatengemeinschaft, die nichts unternahm, um die drohende Explosion zu verhindern. Dabei gab es genügend Hinweise und Warnungen, die sogar an höchster Stelle vorgetragen wurden. Der jordanische Botschafter bei den Vereinten Nationen legte im Dezember 1987 den Bericht eines Untersuchungsausschusses vor, in dem minutiös alle israelischen Übergriffe gegen die Palästinenser vom Monat November dieses Jahres dokumentiert wurden. Darin hieß es: »Im Monat November haben die israelischen Besatzungsbehörden eine Reihe von Aggressionen begangen, darunter die Zerstörung von Obstbäumen auf palästinensischem Land und Übergriffe gegen arabische Bürger und ihren Besitz sowie Einschränkungen der Menschenrechte von palästinen-

* Binur, S. 241

sischen Bürgern. 136 Personen wurden verurteilt, zehn Bürger wurden unter Hausarrest gestellt, ein Einwohner von Gazastadt wurde verbannt, 13 Bürger wurden in Administrativhaft genommen und über drei Flüchtlingslager im Westjordanland wurde eine Ausgangssperre verhängt. Im Gazastreifen wurden sechs Schulen und die Al-Azhar-Universität geschlossen. Insgesamt wurden 266 Dunam Land enteignet. Im Westjordanland wurden in diesem Zeitraum zwölf Häuser in verschiedenen Dörfern zerstört.«

Dieser kurze Überblick macht deutlich, dass Übergriffe gegen die Palästinenser an der Tagesordnung waren. Von Januar bis November 1987 wurden, wie es in dem Bericht weiter hieß, 20 Palästinenser von israelischen Soldaten und bewaffneten Siedlern erschossen. In der Ausgabe vom 23. November 1987 der israelischen Tageszeitung *Hadashot* veröffentlichte der Siedlerrat für die Siedler im Gazastreifen einen Aufruf, in dem die Siedler aufgefordert wurden, an Kursen zur Scharfschützenausbildung teilzunehmen.

In Jerusalem erklärte unterdessen Nissim Zvili, der Leiter der Siedlungsabteilung innerhalb der Einwanderungsbehörde Jewish Agency bei einer Pressekonferenz, man plane, fünf neue Siedlungen und zwei Kibbuzim in der Gegend von Rafah an der Grenze zu Ägypten zu errichten. Bei Beit Hanoun im nördlichen Gazastreifen hatten israelische Behörden Anfang November einen kleinen Wald gerodet, um zusätzliches Ackerland für die jüdischen Siedler zu gewinnen. Darüber hinaus litten die Bauern im Sommer 1987 im gesamten Gazastreifen unter extremem Wassermangel, der zu Ernteeinbußen führte. Im Bericht des UN-Sonderausschusses für Menschenrechtsverletzungen in den besetzten Gebieten wurde das auf Überpumpung durch israelische Siedler zurückgeführt.

Auch an anderer Stelle mussten die Palästinenser mit ansehen, wie ihr Land enteignet und ihre Ressourcen für Israel und die Siedler nutzbar gemacht wurden. So wurde im Westjordanland bei der Festung Herodion ein neues Bohrverfahren entwickelt, mit dem das Grundwasser unter Bethlehem angezapft und für die Versorgung Jerusalems abgepumpt werden sollte. Dies verstärkte die Befürchtung der Palästinenser, dass Israel ihr Wasser rauben und sie austrocknen wollte.

Noch provozierender aber war, dass der Likud-Politiker Ariel Sharon just in dieser Zeit eine Wohnung im muslimischen Viertel der Altstadt von Jerusalem kaufte. Er verstieß damit gegen einen Grundsatz, der seit 1967 eingehalten worden war und das prekäre Gleichgewicht in Jerusalem gehalten hatte: dass die vier Viertel der Altstadt – das jüdische, das christliche, das muslimische und das armenische – nicht von Angehörigen der jeweils anderen Gruppe bewohnt werden sollten. Diese stille Vereinbarung hatte dafür gesorgt, dass es in der historischen Altstadt, die jedes Jahr Ziel für Hunderttausende Besucher und Pilger ist, nach dem Ende des Sechstagekriegs einigermaßen ruhig geblieben war. Am 15. Dezember, während der Hanukka-Feiertage, beging Sharon unter starkem Polizeischutz die feierliche Einweihung seines neuen Domizils, das er später praktisch nie bewohnte. In den israelischen Medien wurde darüber ausführlich berichtet. Die Verärgerung unter den Palästinensern, nicht nur in Ostjerusalem, war groß, zumal Ariel Sharon bei ihnen spätestens seit dem Libanonkrieg des Jahres 1982/83 und dem Massaker in den palästinensischen Flüchtlingslagern Sabra und Shatilla* in Beirut so verhasst war wie kein anderer israelischer Politiker. Die Stimmung in den besetzten Gebieten war also Anfang Dezember 1987 äußerst explosiv.

Die Erste Intifada

Der Funke, der das lange schwelende Feuer schließlich entzündete, war ein Verkehrsunfall, der sich am Nachmittag des 8. Dezember 1987 ereignete. Ein israelischer Lastwagen rammte in der Nähe des Grenzpostens Eres ein Auto, in dem palästinensische Arbeiter aus dem Flüchtlingslager Jebalya saßen, die von der Arbeit in Israel zurückkamen. Vier Insassen des palästinensischen Wagens kamen ums Leben, sieben wurden verletzt.

Hunderte Palästinenser, die gerade von ihren Arbeitsstellen in Israel zurückkamen, wurden Augenzeugen des Unfalls. In Gaza verbreitete sich rasch das Gerücht, die vier Männer seien absichtlich

* Das Massaker an den palästinensischen Flüchtlingen wurde von christlichen Milizen unter den Augen des israelischen Militärs und mit zumindest schweigender Zustimmung der israelischen Armeeführung verübt. Ein israelischer Untersuchungsausschuss machte Sharon für das Geschehen verantwortlich. Er musste deswegen von seinem Amt als Verteidigungsminister zurücktreten.

getötet worden. Israel habe damit Rache genommen für den Tod eines israelischen Geschäftsmannes, der zwei Tage zuvor auf dem Markt von Gaza erstochen worden war. Bald war ein Flugblatt im Umlauf, das diese Version verbreitete. Noch am gleichen Tag, wie es üblich ist, wurden die vier Toten in Jebalya zu Grabe getragen. Die Beerdigungszüge wurden zu wütenden Demonstrationen gegen die Besatzung. Zehntausend Lagerbewohner folgten den Bahren mit den Toten. Nach den Beisetzungen eskalierte die Wut. Aufgebrachte Demonstranten skandierten »Jihad, Jihad« und griffen den Armeestützpunkt im Lager mit Steinen an. Die Soldaten feuerten in die Luft, um die Demonstranten abzuschrecken. Erst spät in dieser Nacht ebbten die Proteste ab, doch es kehrte keine Ruhe ein. Während sich die Soldaten in ihren Stützpunkt zurückzogen, errichteten die jungen Männer des Lagers Barrikaden.

Am nächsten Morgen brandeten die Demonstrationen wieder auf. Autoreifen wurden angezündet und Militärpatrouillen von den Barrikaden herab mit Steinhagel empfangen. Die Proteste griffen auch auf die Islamische Universität in Gaza über, die schon damals das Machtzentrum der Moslembrüder war. In Jebalya schien unterdessen das ganze Lager auf den Beinen zu sein. Die Menschen strömten auf die Straßen oder standen auf den Dächern und beobachteten das Geschehen. Die wütenden Demonstranten, Junge und Alte, Männer, Frauen und Kinder, skandierten Parolen und griffen die israelischen Soldaten, die den Auftrag hatten, die Ruhe wieder herzustellen, mit Steinen und Molotowcocktails an. Die Soldaten, die von diesem plötzlichen Ausbruch der Wut völlig überrumpelt wurden, reagierten unsicher und widersprüchlich. Doch auch ihre Vorgesetzten begriffen nicht, dass sie es mit einem echten Volksaufstand zu tun hatten, der sich so leicht nicht würde beruhigen lassen, dass es diesmal nicht ein vorübergehendes Aufflackern von Verzweiflung und Protest war, sondern mehr als das.

Sie gaben den Soldaten die Anweisung, auf die Beine der Demonstranten zu schießen und die Rädelsführer zu verhaften. Doch bei dem Versuch, einen der Steine werfenden Jugendlichen festzunehmen, schlug den Truppen ganz ungewohnter Widerstand entgegen. Selbst die Frauen warfen sich schützend vor die Jugendlichen. Die überforderten und überrumpelten Soldaten setzten Schusswaffen ein und im Kugelhagel wurde der siebzehnjährige

Hatem Abu Sisi getötet, viele weitere Jugendliche wurden verletzt. Es war der erste Tote der Ersten Intifada. Viele weitere sollten folgen. Allein in den ersten beiden Jahren kamen etwa 500 Palästinenser ums Leben, 8500 wurden verletzt.

Die Besatzungstruppen im Gazastreifen wurden also vom Ausbruch der Gewalt vollkommen überrascht. Die Armee war nicht im Entferntesten darauf vorbereitet, mit einem Volksaufstand fertig zu werden. Sie unterhielt zwar im Gazastreifen überall kleine Stützpunkte, diese waren aber meistens nur mit einer sehr begrenzten Anzahl junger Soldaten bemannt. Im Flüchtlingslager Jebalya, damals mit 60 000 Einwohnern das größte Lager im Gazastreifen, waren noch nicht einmal 60 Soldaten im Dienst, als der Aufstand ausbrach. Sie verfügten nicht über die notwendige Ausrüstung zur Kontrolle von Massendemonstrationen. Weder Wasserwerfer noch Tränengas in ausreichenden Mengen noch die Gummigeschosse, die später zum Markenzeichen der israelischen Armee im Kampf gegen die Palästinenser werden sollten, waren vorhanden.

Selbst die Militärfahrzeuge waren in den ersten Tagen der Intifada noch völlig ungesichert. Erst einige Wochen später begann man, die Autofenster zu vergittern, um sie gegen Steine zu schützen. Auch die Ausbildung der Soldaten war nicht darauf ausgerichtet, Polizeiaufgaben in den besetzten Gebieten zu übernehmen und jugendliche Demonstranten in Schach zu halten.

Um den Aufstand zu unterdrücken verdoppelte die Armeeführung die Zahl der Soldaten, die in Gaza Dienst taten, später wurde ihre Zahl sogar verfünffacht, und die beiden Eliteeinheiten Givati und Golani wurden in Gaza stationiert. Bis Mitte Januar 1988 waren in Ansar II schon 800 Männer interniert, 400 Jugendliche saßen in israelischen Gefängnissen.

Israel schlägt zurück

Nicht nur die Armee, auch die politische Führung verstand zunächst nicht, dass die Unruhen in diesen Dezembertagen 1987 mehr waren als ein vorübergehendes Aufflackern der Unzufriedenheit. Am dritten Tag des Aufstands reiste Verteidigungsminister Jitzhak Rabin in die USA zu einem Treffen mit jüdischen Organisationen. Er blieb zwei Wochen und kehrte erst am 21. Dezember nach Israel zurück. In den USA hatte er ein Ende des Aufruhrs bis Weihnachten prognostiziert. Auch Ministerpräsident Jitzhak Shamir sah keinen Grund zur Sorge. Israel habe sich, so erklärte er, schon oft mit solchen Ereignissen konfrontiert gesehen und sei immer rasch Herr der Lage geworden. Und Staatspräsident Chaim Herzog sprach während eines Besuchs in Großbritannien von vereinzelten Vorkommnissen im Gazastreifen, die auf den wachsenden islamistischen Einfluss zurückzuführen seien.

Die wirklichen Ursachen der Unzufriedenheit und das ganze Ausmaß des palästinensischen Aufbegehrens aber nahm man in Jerusalem in diesen ersten Wochen kaum zur Kenntnis. Führende Politiker gingen lange davon aus, dass es sich lediglich um begrenzte Unruhen handele, die sich irgendwann wieder legen würden. Der Regierung der nationalen Einheit, die weit auseinanderliegende politische Überzeugungen und Temperamente in sich vereinigen musste, gelang es nicht, eine kohärente Politik zu formulieren. Die Minister stritten untereinander, wie man mit dem Aufstand umgehen sollte, und das gesamte Kabinett stritt mit der Armeeführung. Dabei waren die militärischen Befehlshaber wesentlich weniger radikal als die Politiker, die immer wieder forderten, rücksichtslos gegen die Palästinenser in den Gebieten vorzugehen und den Aufstand niederzuschlagen. Am Ende reagierte Israel so, wie es immer reagiert, wenn es mit palästinensischem Aufbegehren konfrontiert wird: mit Gewalt.

Wenige Wochen nach Beginn des Aufstands befahl Verteidigungsminister Rabin den Soldaten, widerspenstigen Palästinensern Arme und Beine zu brechen. Die Truppen nahmen diese Aufforderung ernst und taten genau das, was man von ihnen verlangte. Sie schlugen und misshandelten, sie demütigten und erniedrigten gefangene Palästinenser, Männer, Frauen und Kinder. Um die Zahl der tödlichen Verletzungen durch Gewehrkugeln zu reduzieren, stattete die Armee die Soldaten mit Schlagstöcken aus. Dies führte dazu, dass zahllose Palästinenser nun erbarmungslos zusammengeschlagen wurden. Jeder kleine Verstoß gegen die Ausgangssperre oder andere Bestimmungen wurde mit brutalen Prügeln geahndet. Manche Opfer starben an den schweren Verletzungen.

Doch Israel griff auch zu anderen Strafen, um den Geist der

Palästinenser zu brechen. So wurden Kaufleute gezwungen, ihre Geschäfte zu öffnen und damit den Generalstreik zu brechen. Genauso oft wurden Geschäfte aber auch geschlossen, wenn die Ladenbesitzer sie öffnen wollten. Hausbesitzer wurden gezwungen, antiisraelische Graffiti von ihren Hauswänden abzuwaschen oder zu überstreichen, andere mussten unter Gefahr für ihr Leben die palästinensischen Fahnen einholen, die Jugendliche an den Strommasten gehisst hatten.

Schulen und Hochschulen wurden, manchmal monatelang, geschlossen. Um den Schülern dennoch wenigstens eine rudimentäre Ausbildung zukommen zu lassen, entstand im Westjordanland ein System von Untergrundschulen. In Privathäusern wurden die jungen Leute heimlich von ihren Lehrern und Freiwilligen unterrichtet.

Ein besonders beliebtes, wenn auch umstrittenes Mittel der Kollektivbestrafung, war – und ist – die Zerstörung von Häusern. Dabei stützte man sich auf ein Notstandsgesetz, das noch aus der britischen Mandatszeit stammt und das seit dem Beginn der Besatzung angewandt wurde. Demnach durften Häuser von Attentätern und Verdächtigen zerstört werden. Mit dieser Kollektivstrafe, die immer eine Großfamilie und damit überwiegend völlig Unschuldige traf, hoffte man, den Widerstand der Rebellen zu brechen bzw. den Druck auf sie zu erhöhen. Vom Ausbruch der Intifada bis zum Beginn des Oslo-Prozesses in den 1990er Jahren wurden fast 500 Häuser ganz oder zum Teil niedergerissen und die darin lebenden Familien obdachlos gemacht. Oft hatten die Bewohner kaum ausreichend Zeit, um ihre Möbel und ihr persönliches Eigentum aus den Häusern zu retten, bevor die Bulldozer anrückten. In anderen Fällen wurden die Häuser nicht niedergerissen, sondern »versiegelt«. Das heißt, ihre Türen und Fenster wurden mit Steinen und Beton zugemauert und die Häuser somit unbewohnbar gemacht. Das war im Grunde eine noch härtere Bestrafung, denn die versiegelten Häuser konnten nicht, wie die zerstörten, neu aufgebaut werden.*

* Der Erfolg dieser Maßnahme ist bis heute umstritten. General Amram Mitzna, ein eher liberaler und moderater Offizier, der der Friedensbewegung nahestand und später für kurze Zeit Chef der Arbeitspartei werden sollte, plädierte entschieden für die Anwendung dieser Kollektivstrafe. Er wisse aus eigener Erfahrung, dass viele

Überdies wurden Tausende Palästinenser inhaftiert oder in eigens eingerichteten Lagern interniert. Neben menschenunwürdigen Bedingungen in den überfüllten und schlecht ausgestatteten Gefängnissen mussten sie auch Misshandlungen und Folter über sich ergehen lassen. Dazu gehörten Schläge, schmerzhafte Fesselungen und heftiges Schütteln. Selbst minderjährige Gefangene wurden nicht geschont. Die israelische Menschenrechtsorganisation B'tselem schätzt, dass 85 Prozent der Gefangenen gefoltert wurden. Mindestens zehn seien in Folge der Misshandlungen gestorben, andere haben dauerhafte Behinderungen davongetragen.

Die israelische Staatskontrolleurin Miriam Ben-Porat legte 1995 einen Bericht vor, der sich mit den Misshandlungen in israelischen Gefängnissen in der Zeit der Ersten Intifada befasste, der aber seinerzeit nicht veröffentlicht wurde. Erst fünf Jahre später, wenige Monate vor Ausbruch der Zweiten Intifada, wurde auf Anweisung des Gerichts eine kurze Zusammenfassung des bis dahin geheim gehaltenen Berichts veröffentlicht. Darin heißt es, die »Unregelmäßigkeiten«, also die Misshandlungen der Gefangenen, seien nicht aus Unkenntnis der Rechtslage, sondern bewusst verübt worden. »Erfahrene und gehobene Untersuchungsbeamte begingen in der Einrichtung in Gaza schwere und systematische Regelverletzungen«, schrieb Miriam Ben-Porat in ihrem Bericht. Sie beschuldigte den damaligen Direktor des Inlandsgeheimdienstes Yaakov Peri, die Verantwortung für die Missstände zu tragen, was dieser selbstredend zurückwies.

Eine neue palästinensische Führung

In den Gefängnissen bildete sich in der Zeit der Ersten Intifada eine neue politische Führungsschicht heraus, die in der palästinensischen Öffentlichkeit großes Ansehen genoss. Sie organisierte die Gefangenen nach basisdemokratischen Kriterien, gründete soziale

Familien bereit seien, den israelischen Behörden ihre extremistischen Söhne auszuliefern, wenn man dafür ihre Häuser nicht zerstöre. Demgegenüber haben Studien belegt, dass die Gewalt gegen die Besatzung durch die Zerstörung von Wohnhäusern nicht eingedämmt wird und Militante sich davon nicht abschrecken lassen. Darum wurde diese Form der Bestrafung später weitgehend eingestellt.

Netzwerke und förderte Bildung und Ausbildung in den Haftanstalten und Internierungslagern. Ähnlich wie in Südafrika, wo die politischen Gefangenen auf Robben Island sich gegenseitig unterstützten und für die schulische und politische Fortbildung der Insassen sorgten, absolvierten auch die palästinensischen Gefangenen eine Art »Gefängnis-Universität«. Die meisten lernten Hebräisch und viele holten Schulabschlüsse nach. Nicht wenige entwickelten sich in den Gefängnissen zu pragmatischen Politikern, die zur Aussöhnung mit Israel bereit waren, zum Beispiel Hisham Abd el Razek, der 21 Jahre in einem israelischen Gefängnis saß und später im palästinensischen Kabinett Minister für Gefangenenangelegenheiten werden sollte, oder Sufyan Abu Zaide, der zwölf Jahre inhaftiert war und ebenfalls später Minister wurde.

Auch Faisal el Husseini, einer der führenden Köpfe der Palästinenser in Ostjerusalem, wurde Ende des Jahres 1987 inhaftiert, nachdem er zuvor sieben Jahre lang die Stadt nicht hatte verlassen dürfen. Nun wurde er für drei Monate in Administrativhaft genommen. Nach seiner Freilassung konnte er nur kurz seine Freiheit genießen, dann wurde er wieder für sechs Monate eingesperrt.

Allein die Tatsache, dass sich ein Palästinenser öffentlich für die Selbstbestimmung seines Volkes einsetzte, genügte den israelischen Behörden, um ihn aus dem Verkehr zu ziehen. Im Juli 1988 wurde Husseini wieder verhaftet. Bei der Durchsuchung seines Büros fanden israelische Sicherheitskräfte einen Entwurf für die Ausrufung eines palästinensischen Staates in den Grenzen des UN-Teilungsplans von 1947 und mit der Hauptstadt Ostjerusalem. Das Papier enthielt ausführliche Regelungen für eine Übergangsregierung unter PLO-Chef Yassir Arafat und das ausdrückliche Bekenntnis zum Frieden mit Israel. Mit der Verhaftung Husseinis wurde vielleicht die aussichtsreichste Chance auf eine friedliche Lösung des Konflikts zunichte gemacht. Die Initiative ging von den besetzten Gebieten wieder zurück an die Exil-PLO, die im November des gleichen Jahres in Algier zusammenkam und dort den palästinensischen Staat ausrief.

Doch inzwischen hatte sich in den besetzten Gebieten selbst eine neue Führungsschicht etabliert. Das »Vereinigte Nationale Oberkommando« der Intifada war zum ersten Mal im Januar 1988 mit Flugblättern in Erscheinung getreten, in denen es die Führung über den Aufstand beanspruchte. Die kleine konspirative Gruppe, die lange unentdeckt blieb, setzte sich zusammen aus Vertretern der wichtigsten Fraktionen: Fatah, Volksfront, Demokratische Front zur Befreiung Palästinas und Kommunisten. Mit Hilfe von heimlich gedruckten und in den besetzten Gebieten verteilten Flugblättern koordinierte das »Vereinigte Nationale Oberkommando« die Demonstrationen und Protestaktionen und rief Streiks aus. Die Namen seiner Mitglieder waren geheim. Erst im Februar 1988 gelang es Israel, sie zu identifizieren und die meisten Mitglieder zu verhaften, doch sofort nahmen andere ihren Platz ein. In den Städten, Dörfern und Flüchtlingslagern entstanden außerdem »Volkskomitees«, die Aktionen vor Ort organisierten und die Führung über Entwicklungen informierten. Diese kleinen lokalen Gruppierungen übernahmen im Lauf der Zeit immer mehr Führungsaufgaben, während das Vereinigte Kommando zunehmend durch Auseinandersetzungen zwischen den Fraktionen geschwächt wurde.

Die Hamas

Neben der PLO erschien in den ersten Wochen der Intifada im Gazastreifen eine neue Kraft auf der politischen Bühne, die in den folgenden Jahren an Zulauf gewinnen und immer mehr zum bestimmenden Faktor in Gaza werden sollte: die Hamas. Ihr Oberhaupt war der gelähmte Scheich Ahmed Yassin, der 1984 von einem israelischen Gericht zu einer dreizehnjährigen Gefängnisstrafe verurteilt worden war, nachdem man in seinem Haus ein Waffenlager mit 60 Gewehren gefunden hatte. Ein Jahr später war er im Rahmen eines Gefangenenaustauschs freigekommen.

Yassin hatte sich Ende der 1960er Jahre den ursprünglich aus Ägypten stammenden Moslembrüdern angeschlossen, die seit zwei Jahrzehnten in Palästina aktiv waren. Im Jahr 1976 gründete er das Islamische Zentrum in Gaza, das 1978 von der Besatzungsbehörde eine offizielle Genehmigung erhielt. Es umfasste neben einer Moschee eine Poliklinik, einen Kindergarten und ein Jugendzentrum, eine Festhalle und ein Frauenzentrum. Bald fungierte das Islamische Zentrum als eine Art Hauptquartier der Moslembrüder. Von hier aus steuerte Yassin die sozialen und religiösen Aktivitäten seiner Bewegung. Er spannte ein Netz von sozialen Einrichtungen über den Gazastreifen, von Suppenküchen über Kindergärten bis zu Bibliotheken. Den israelischen Sicherheitskräften und Geheimdiensten erschien das alles nicht besorgniserregend. Denn solange die Menschen ihr Heil in der Religion und im Gebet suchten, stellten sie keine Bedrohung dar. Israel unterstützte daher die Islamisten in der Hoffnung, dadurch ein Gegengewicht zur PLO zu schaffen und die nationalistischen Kräfte, die auf Selbstbestimmung beharrten, zu schwächen.

Doch die Islamisten blieben nicht lange unpolitisch. Im Jahr 1978 wurde in Gazastadt die Islamische Universität gegründet, die sich schnell zu einem Mittelpunkt des intellektuellen Lebens der Moslembrüder und später zu einem Zentrum des Widerstands gegen die Besatzung entwickelte. Denn die Islamisten beschränkten sich inzwischen nicht mehr auf soziale Wohltaten und religiöse Bildung. Seit 1985 beteiligten sie sich auch immer häufiger am Widerstand gegen Israel. Als die Intifada ausbrach, war die Zeit reif, sich nicht nur zu diesem Widerstand offen zu bekennen, sondern auch die Führung zu beanspruchen. Es war die Geburtsstunde der Hamas, die in diesen Dezembertagen des Jahres 1987 gegründet wurde.

Zwei Jahre später beschrieb Scheich Yassin in israelischer Haft die Anfänge der Islamischen Widerstandsbewegung. Der palästinensische Journalist Zaki Chehab zitiert in seinem Buch über die Hamas aus dem Vernehmungsprotokoll, das ihm Yassins Anwalt gegeben hatte und das er durch Interviews mit Yassin untermauern konnte. Demnach habe Yassin gegenüber den israelischen Verhörspezialisten, die ihn mit der drohenden Folterung seines Sohnes unter Druck gesetzt hatten, folgende Aussage gemacht:

> Zwei Monate vor dem Beginn der Intifada im Dezember 1987 traf ich mich mit Scheich Salah Al Shehade, den ich im Gefängnis von Ashkelon kennen gelernt hatte. Ich hatte beschlossen, in Gaza eine Bewegung zu gründen, die gegen die israelische Siedlungspolitik aktiv werden und der Besatzung widerstehen sollte und die Palästinenser ermutigen würde, sich am Widerstand gegen Israel zu beteiligen. Während unseres Treffens beschlossen wir, einen militärischen Flügel und einen Sicherheitsflügel dieser neuen islamischen Bewegung zu schaffen. Der militärische Flügel sollte gegen die

> israelische Armee und die Besatzung kämpfen. Salah al Shehade hat diesen Flügel aufgebaut. Das Ziel war es, Waffen für den Kampf zu sammeln. Der Sicherheitsflügel sollte sowohl palästinensische Informanten überwachen und festnehmen als auch Drogenhändler und Prostituierte und den Verkauf und den Konsum von Alkohol in den palästinensischen Gebieten unterbinden. Anfang Dezember 1987 organisierte ich eine Gruppe von Leuten, um die Bewegung zu diskutieren … Während des Treffens einigten wir uns darauf, die Bewegung Hamas zu nennen, ein Akronym für die islamische Widerstandsbewegung. Ich sollte der Kopf der Organisation im Gazastreifen sein.*

Der 9. Dezember 1987, der Tag, an dem die Erste Intifada ausbrach, gilt seither als der Gründungstag der Hamas. Mitte Dezember erschien in Gaza ein Flugblatt, das mit »Bewegung des Islamischen Widerstands« unterzeichnet war. Es war das erste politische Flugblatt der Intifada überhaupt. Ihm folgten weitere Flugblätter im Januar und im Februar. Auf dem fünften Flugblatt wird erstmals das Akronym Hamas verwendet, das nicht nur als Abkürzung für »Islamische Widerstandsbewegung« verstanden werden kann, sondern das gleichzeitig auch »Eifer« bedeutet.

Unterdessen in Israel

Die israelische Öffentlichkeit konnte die Tragweite der Geschehnisse in Gaza und im Westjordanland nicht ermessen. Die Mehrheit der Israelis hatte die dauerhafte Besetzung der 1967 eroberten palästinensischen Gebiete nie in Frage gestellt. Für sie war die israelische Herrschaft in dem Land, das bald mit den biblischen Namen Judäa und Samaria belegt wurde, eine Selbstverständlichkeit und die Besiedlung dieser Gebiete die Fortsetzung des Pionierwerks der frühen Zionisten. Wenn sie sich überhaupt mit dem Schicksal der Palästinenser unter der Besatzung befassten, kamen sie zu dem Schluss, dass es sich um eine »aufgeklärte Besatzung« handele, die den Okkupierten Wohlstand und Bildung bringe. Israelische Politiker waren erklärtermaßen der Ansicht, »den Palästinensern geht es

* Zaki Chehab, *Inside Hamas,* S. 23

doch bei uns hundertmal besser als in sämtlichen arabischen Staaten«.

Die Intifada wurde von vielen Beobachtern daher zunächst als ein vorübergehendes Phänomen abgetan. Andere wiederum fühlten sich in ihrer Auffassung bestätigt, dass »die Araber« unversöhnliche Feinde Israels seien, die die Existenz des jüdischen Staates niemals akzeptieren würden und die man daher mit allen Mitteln bekämpfen müsse. Sie forderten ein härteres Vorgehen gegen die Aufständischen und die rigorose Unterdrückung der nationalistischen Bestrebungen in den Gebieten, die sie als unabtrennbaren Teil des Landes Israel ansahen. Die israelischen Journalisten Zeev Schiff und Ehud Yaari sparten in ihrem Buch über die Intifada nicht mit scharfer Kritik an der Kurzsichtigkeit ihrer eigenen Gesellschaft. Die Israelis hätten die Intifada auf sich zukommen sehen, aber sie hätten nicht verstanden, was sich vor ihren Augen abspielte, schrieben sie. »Die Erkenntnis, die Israel so lang verweigert hatte, war nun über den ganzen Horizont ausgebreitet. Alles, was zwei Jahrzehnte lang unterdrückt, zermalmt, weggeschoben, ignoriert, übertüncht, zur Seite geräumt und unter den Teppich gekehrt worden war, das kam nun zutage und zerriss den Schleier der Heuchelei und des Selbstbetrugs, die Vorstellung, dass Israel 22 Jahre lang eine gutmütige Besatzung ausgeübt habe.«

Die Intifada, so fuhren sie fort, sei nicht von außen inszeniert oder manipuliert worden. Sie sei ein echter Volksaufstand gewesen, der von unten hochgekocht sei, »getragen von Tausenden palästinensischer Jugendlicher, die sich ihrer Zukunft beraubt fühlten, von Studenten, die dazu verurteilt waren, zwischen Würdelosigkeit und Exil zu wählen, von Zehntausenden Arbeitern, die zwar in Israel arbeiteten, gleichzeitig aber unsichtbar bleiben mussten, und von den Veteranen der israelischen Gefängnisse, die mehr als je von der Gerechtigkeit ihrer Sache überzeugt waren, die aber ihr Volk in immer tiefere Hoffnungslosigkeit sinken sahen.«

Die Revolte sei in Anbetracht der schwierigen Lage der Palästinenser unter der Besatzung und der dauerhaften Unterdrückung ihres Nationalgefühls unvermeidbar gewesen, eine echte Revolution, die sowohl die israelische Führung als auch die PLO überrascht habe. »Mehr als alles andere erinnerte der Aufstand die Israelis daran, dass sie nicht so weitermachen und das 22 Jahre alte palästinensische Problem ignorieren konnten, das mitten in ihrem kollektiven Schoß blutete.«*

Der israelische Journalist Yoram Binur, der versucht hatte, die israelische Öffentlichkeit aufzurütteln und ihr ein schonungsloses Bild der Lage in den palästinensischen Gebieten zu zeigen, zog im Nachwort seines Buches ein ähnliches Fazit:

> Alles in allem formten sich meine Eindrücke schließlich zu einem ziemlich niederschmetternden Bild von Angst und Misstrauen auf beiden Seiten. Die als billige Arbeitskräfte beschäftigten Palästinenser werden bezüglich der israelischen Gesellschaft in die Rolle aktiver Beobachter gedrängt, während die israelischen Juden sich mit ihrer Herrscherrolle zufrieden geben, ohne die geringste Neugier an den Tag zu legen, wie die andere Seite lebt. Meine eindeutigste Schlussfolgerung ist vielleicht die, dass eine Weiterführung der militärischen Präsenz im Westjordanland und im Gazastreifen Israel in ein Land zu verwandeln droht, in dem es sich für manche Menschen (darunter auch für mich) nicht mehr leben lässt. Auf den einfachsten Nenner gebracht: Ich bin es leid, jeden Tag die katastrophalen Folgen der Besatzung miterleben zu müssen, und fürchte mich vor der Gewalt und dem Blutvergießen, unter denen viele Menschen auf beiden Seiten unausweichlich leiden werden.**

Binur arbeitete bis vor kurzem als Experte für arabische Angelegenheiten beim Zweiten Israelischen Fernsehkanal. Jahrelang berichtete er dort über die Folgen der Besatzung, die inzwischen zu noch mehr Gewalt und Blutvergießen geführt hat.

20 Jahre später: Erinnerungen an die Erste Intifada

Zwei Jahrzehnte nach Ausbruch der Ersten Intifada besuche ich das Flüchtlingslager Jebalya. Es ist ein trüber, regnerischer Tag. In großen Pfützen steht das Regenwasser auf den schlammigen Straßen, die von den Ketten israelischer Panzer aufgerissen sind.

* Schiff, Yaari, S. 79
** Binur, S. 269

Die unverputzten grauen Betonhäuser wirken armselig und abweisend. Vor zwanzig Jahren brannten hier Autoreifen, lieferten sich Jugendliche Straßenschlachten mit der israelischen Armee. Es herrschte eine Stimmung der Wut und des Aufbegehrens. Jetzt ist es still hier, ein paar Kinder spielen am Straßenrand und schauen neugierig herüber, als das fremde Auto anhält und die ausländische Frau mit ihrem palästinensischen Begleiter aussteigt, die Frau in westlicher Kleidung und mit unbedecktem Haar. Das erregt immer Aufsehen in Gaza. Kaum zu glauben, dass hier einmal die wenigsten Frauen Kopftücher trugen, dass junge Mädchen in kurzen Röcken flanierten und Frauen sich am Strand von Gazastadt im Badeanzug sonnten. Heute wirkt Jebalya unfreundlich, in sich gekehrt und hoffnungslos. Eine depressive Stimmung liegt bleiern über dem Flüchtlingslager. Seit einigen Monaten hat die Hamas endgültig das Regiment übernommen. Als die blutigen Machtkämpfe vorüber waren, wurde das von der Bevölkerung zunächst mit Erleichterung begrüßt. Endlich hörte der Bruderkrieg auf, endlich verschwanden die Bewaffneten der unterschiedlichen Organisationen von den Straßen und die Menschen trauten sich wieder heraus. Doch bald wurde deutlich, dass die Zivilbevölkerung von Gaza für die Machtübernahme der Hamas einen hohen Preis bezahlen musste. Denn Israel und die internationale Staatengemeinschaft verhängten eine vollständige Blockade über den Gazastreifen. Der ohnehin schon geringe Lebensstandard sank weiter ab, Not, Armut und Verzweiflung nahmen zu. Die Erste Intifada ist nur noch eine ferne Erinnerung, die die meisten Menschen in Gaza nur aus der Erzählung ihrer Eltern kennen.

Auch in der kleinen Wohnung von Nabil Attala herrscht an diesem Tag gedrückte Stimmung. Die Armut der Familie ist mit den Händen zu greifen. In dem kleinen Wohnzimmer, in dem wir empfangen werden, stapeln sich die Matratzen, auf denen die Familienmitglieder nachts schlafen. Ein Kleiderschrank aus Kunstholz steht schief in der Ecke. Die Wände sind aus rohem Beton, ein Rollstuhl steht im Treppenhaus.

Und doch geht es den Bewohnern relativ gut. Sie haben ein Dach über dem Kopf und Familienvater Nabil Attala bekommt sogar ein Gehalt, allerdings nur, wenn er nicht arbeitet, denn er ist Angestellter der palästinensischen Autonomiebehörde. Und die zahlt die Gehälter nur an die Angestellten, die nicht für die Hamas-Administration arbeiten, die also zu Hause bleiben. Für die meisten Angestellten der Behörde ist das eine unmögliche Situation, die ihnen zwar ein bescheidenes Einkommen sichert, aber gleichzeitig Neid und Missgunst schürt und die Spannungen in der palästinensischen Gesellschaft weiter verschärft.

Nabil ist 46 Jahre alt. Er ist ein wortkarger Mann mit Sorgenfalten im Gesicht. Natürlich erinnert er sich an den Ausbruch der Ersten Intifada. Er war ein junger Mann damals, impulsiv und zornig, wie alle anderen jungen Männer, die im Dezember 1987 zu Steinen und Molotowcocktails griffen. Er erinnert sich noch an die Barrikaden, an die Ausgangssperren, an die Demonstrationen gegen die Besatzung und die harten Reaktionen der Armee. Der Aufstand war unvermeidlich, sagt er heute. Er war die Folge der langjährigen Unterdrückung der Palästinenser.

Aber er brachte den Palästinensern nicht die Freiheit, sondern noch mehr Leid. Nach übereinstimmenden Statistiken der israelischen Menschenrechtsorganisation B'tselem und der Palestinian Human Rights Monitoring Group wurden in sieben Jahren fast 2000 Palästinenser getötet, annähernd die Hälfte als Kollaborateure von Palästinensern selbst gelyncht oder hingerichtet. Zehntausende Zivilisten wurden verletzt. Trotzdem, sagt Attala, hat es sich gelohnt. Denn die Intifada hat den Palästinensern ihren Stolz zurückgegeben. Und sie mündete in den Friedensprozess, der in der spanischen Hauptstadt Madrid im Oktober 1991 seinen wenig Erfolg versprechenden Anfang nahm.

Die Friedenskonferenz von Madrid

Achtmal reiste der amerikanische Außenminister James Baker nach dem Ende des Golfkriegs in den Nahen Osten und drängte Israel und Jordanien, Syrien, den Libanon und die Palästinenser, an der geplanten Konferenz teilzunehmen, mit der ein umfassender Friedensprozess im Nahen Osten eingeleitet werden sollte. Doch schon die Vorgespräche gestalteten sich zäh. Shamir ließ sich nur mit äußerstem amerikanischen Druck – dazu gehörte das Einfrieren der amerikanischen Bankgarantien für israelische Anleihen – dazu bewegen, an der Konferenz teilzunehmen und stellte die Bedingung, palästinensische Vertreter nur als Bestandteil der jordanischen Delegation zuzulassen und der PLO überhaupt keinen offiziellen Repräsentanten zuzugestehen.

Im Einladungsschreiben, das die Regierungen der Vereinigten Staaten und der Sowjetunion gemeinsam versandten, hieß es:

> Nach ausführlichen Konsultationen mit arabischen Staaten, Israel und den Palästinensern glauben die Vereinigten Staaten und die Sowjetunion, dass eine historische Chance besteht, einen wahren Frieden in der Region voranzutreiben. Die Vereinigten Staaten und die Sowjetunion sind bereit, den Parteien zu helfen, eine gerechte, andauernde und umfassende Friedensregelung zu erreichen, durch direkte Verhandlungen auf zwei Schienen, zwischen Israel und den arabischen Staaten und zwischen Israel und den Palästinensern, auf der Grundlage der UN-Sicherheitsratsresolutionen 242 und 338. Das Ziel dieses Prozesses ist wahrer Frieden.

Die PLO in ihrem Hauptquartier in Tunis, die sich im Golfkrieg auf die Seite Saddam Husseins geschlagen hatte, akzeptierte ihren offiziellen Ausschluss von der Konferenz. Sie stand aber mit der palästinensischen Delegation, die aus den besetzten Gebieten kam, in engem Kontakt und war so mittelbar doch am Konferenztisch präsent. Die palästinensische Delegation wurde geleitet von Haidar Abdel Shafi, einem angesehenen Arzt aus dem Gazastreifen und Gründungsmitglied der PLO.

Er wurde begleitet von der Anglistik-Professorin Hanan Ashrawi. In ihren Memoiren schrieb sie über die Stimmung in der Gruppe der Palästinenser, die sich über Jordanien und Ägypten auf den Weg nach Madrid machten: »Als wir unsere Plätze im Bus einnahmen, war keiner unter uns, der nicht Tränen in den Augen hatte: Wir waren Frauen und Männer, die zum ersten Mal in der Geschichte auszogen, um die Sache eines lange verleugneten und verunglimpften Volkes zu vertreten. Wir zogen aus, um uns einzumischen, zu intervenieren und für unser Volk einen Platz beim Fest der Nationen zu bekommen.«

Doch einen gleichberechtigten Platz sollte die palästinensische Delegation in Madrid nicht bekommen. Die meisten Vertreter wurden nicht offiziell akkreditiert und durften folglich auch nicht in das

Konferenzzentrum. Die hektischen Vorbereitungen der palästinensischen Delegierten, die im ständigen engen Austausch mit den Abgesandten der PLO standen, beschreibt Ashrawi spannend und mit feinsinnigem Humor:

> Die PLO in Tunis hatte eine Anzahl offizieller Vertreter aus der ganzen Welt geschickt, um eine Führung im Hintergrund zu bilden und unsere Rechtmäßigkeit sowie die unserer politischen Beschlussfassung sicherzustellen. Nabil Shaath, unser ernannter Leiter, mein guter Freund und Verbündeter Akram Haniyeh, ein weiterer Berater von Arafat, Nasser al Qidwa, der PLO-Repräsentant bei der UNO sowie viele andere strömten nach Madrid. Manche kamen, um zu arbeiten, andere, um etwas zu beweisen, und wieder andere, um sicherzustellen, dass wir nicht begannen, eine »alternative Führung« zu bilden. Dazu kamen über hundert »Berater« mit keiner klaren Funktion außer der, dass sie Ferngespräche führten, in der Lobby Kaffee tranken und scharf diejenigen von uns kritisierten, die Arbeit zu erledigen hatten.*

Ashrawi selbst, die nach eigenem Bekunden die Rede für Delegationsleiter Abdel Shafi geschrieben hatte, und ihr Kollege Faisal el Husseini durften an der feierlichen Eröffnung der Konferenz am 30. Oktober 1991 nicht teilnehmen. Sie verfolgten das Geschehen daher nur am Fernseher.

In einem langen und von Skepsis durchzogenen Spiegelartikel zu der Konferenz stand unter anderem zu lesen: »Der Rahmen war glänzend und weihevoll, die Reden wirkten geschliffen und feierlich, aber die Atmosphäre blieb frostig. […] Und ein friedensbewegter ›Geist von Madrid‹ war erst recht nicht auszumachen. Stattdessen verharrten die Erz- und Erbfeinde, am ausladenden Konferenztisch hinter Blumengestecken verschanzt, in propagandistischen Posen.«

Der Auftakt eines umfassenden Friedensprozesses für den Nahen Osten war also in den Augen der Zeitgenossen gründlich misslungen. Trotzdem sollte die Konferenz von Madrid zumindest zum Katalysator der Friedensgespräche werden, die Israelis und Palästinenser unter norwegischer Schirmherrschaft führten.

* Hanan Ashrawi, *Ich bin in Palästina geboren*, S. 149

Doch das war später, als Jitzhak Rabin die Regierungsgeschäfte übernommen hatte und sein Außenminister Shimon Peres geheime Gespräche mit der PLO führte, mit der Israelis damals unter Androhung von Strafe keinen Kontakt aufnehmen durften.

Bei der Konferenz in Madrid aber sprach für die Israelis Ministerpräsident Shamir, der sich mit Händen und Füßen gegen dieses Zusammentreffen gewehrt hatte. Seine Rede, die er im Tonfall des Besatzers ohne jede Bereitschaft zum Entgegenkommen hielt, spiegelte seinen Unwillen wider, an einer Konferenz teilnehmen zu müssen, die er für überflüssig und unangebracht hielt.

Schließlich zog sogar US-Außenminister Baker eine enttäuschte Bilanz der Konferenz, die wegen der israelisch-syrischen Unversöhnlichkeit fast in einem Eklat geendet hätte: »Die fehlende Bereitschaft, vertrauensbildende Schritte zu ergreifen, ist für die ganze Welt enttäuschend.« Und er fügte hinzu, wie um sich selbst Mut zu machen: »Der Mensch krabbelt, ehe er läuft. Er läuft, ehe er rennt – heute haben wir angefangen zu krabbeln.«

Von Madrid nach Oslo

In Madrid waren Palästinenser und Jordanier auf Verlangen Israels als gemeinsame Delegation aufgetreten. Sie bekundeten damit eine Zusammengehörigkeit, die rechtlich nicht mehr bestand. Denn im Juli 1988 hatte König Hussein seinen Anspruch auf die besetzten Gebiete und damit die Verantwortung für die Palästinenser des Westjordanlands offiziell aufgegeben. Die »jordanische Option«, auf die vor allem die Arbeitspartei Israels gesetzt hatte, war über Nacht Makulatur geworden. Eine mögliche Lösung des palästinensischen Problems durch eine Angliederung der Gebiete an Jordanien kam nicht mehr in Frage. Die einzig verbleibende politische Lösung war die Zweistaatenlösung, also die Schaffung eines palästinensischen Staates an der Seite Israels. Dies war eine Forderung, die auf palästinensischer Seite immer lauter erhoben wurde. Die Palästinenser waren sich bewusst, dass sie das Rad der Geschichte nicht zurückdrehen konnten und mit einem Teil des historischen Palästina würden vorlieb nehmen müssen. In Israel jedoch gab es zu diesem Zeitpunkt noch gar keine Bereitschaft, über eine Zweistaatenlösung auch nur nachzudenken. Eine begrenzte Autonomie für die Palästinenser war die Lösung, die den Fortschrittlichsten unter den israelischen Politikern vorschwebte. Die Regierung war zu diesem Zeitpunkt nicht einmal bereit, mit der PLO direkt zu verhandeln. Doch das sollte sich ändern. Während die in Madrid verabredeten multilateralen und bilateralen Gespräche schnell ins Stocken gerieten, begannen hinter den Kulissen, vermittelt durch die norwegische Regierung, geheime Verhandlungen mit der PLO. Der so genannte Oslo-Friedensprozess war geboren. Doch erst im September 1993 wurde er der israelischen und der weltweiten Öffentlichkeit bekannt gemacht und löste unter Israelis und Palästinensern eine Hochstimmung aus, an die sich heute niemand mehr erinnern mag.

Zufällig kam ich einen Tag vor der Bekanntgabe der geheimen Gespräche und des bevorstehenden Abkommens in Israel an. Meine Freundin, die mich vom Flughafen abholte, riet mir, am Abend die Nachrichten anzusehen. Eine Sensation werde bekannt gegeben. Und wirklich, es war eine sensationelle Neuigkeit, die der Nachrichtensprecher an diesem Abend bekannt gab: Israel und die PLO hatten geheime Friedensgespräche geführt, sie waren bereit, sich gegenseitig anzuerkennen und einen Verhandlungsprozess in Gang zu setzen, der den Nahostkonflikt lösen sollte. Die Aufregung und die Freude waren groß. Die Palästinenser in Ostjerusalem fuhren hupend durch die Stadt und schwenkten palästinensische Fahnen, ein unglaublicher Anblick, denn eine solche Demonstration von Nationalgefühl war bislang streng verboten. Unter den Israelis war die Stimmung durchwachsen. Viele waren entsetzt, dass ihre Regierung mit der »Terrororganisation« PLO in Verhandlungen stand, dass sie mit dem »Tier auf zwei Beinen«, wie Menachem Begin Arafat genannt hatte, sprach.

Am nächsten Tag, dem 13. September 1993, wurde ein Briefwechsel zwischen Israels Ministerpräsident Jitzhak Rabin und PLO-Chef Yassir Arafat veröffentlicht, der die Grundlage für die anschließenden Verhandlungen bildete. Arafat erkannte darin namens der PLO das »Recht Israels auf Existenz in Frieden und Sicherheit« an. Rabin seinerseits erkannte die PLO als legitime Vertreterin des palästinensischen Volkes an und erklärte sich bereit, mit ihr Verhandlungen aufzunehmen. Von einem palästinensischen Staat war weder in diesem ersten Dokument noch in der Prinzipienerklärung, mit der der Friedensprozess vier Tage später in Washington feierlich eingeleitet wurde, die Rede.

Die Palästinenser sollten begrenzte Autonomie in einem eng umrissenen Teil der besetzten Gebiete erhalten, mehr nicht. Sie sollten, kurz gesagt, die Verantwortung für alle Bereiche übernehmen, die Geld kosteten und die israelische Wirtschaft und Bürokratie belasteten: für das Bildungswesen, die Kultur, die Sozialfürsorge und das Gesundheitswesen. Auch die Müll- und Abwasserentsorgung sollte die neu zu schaffende palästinensische Autonomiebehörde regeln. Alle strittigen Fragen wie die Rückkehr der Flüchtlinge, der Status Jerusalems, die Frage der Siedlungen, die gerechte Verteilung der Wasservorräte blieben dagegen ausgeklammert und sollten erst später geregelt werden, wenn Vertrauen zwischen beiden Seiten gewachsen wäre. Dafür sollten die Palästinenser aber eine für Israel besonders wichtige Aufgabe übernehmen: Sie sollten eine starke Polizeitruppe aufstellen, die in den autonomen Gebieten für Ruhe sorgen und Israel vor Angriffen von Extremisten schützen sollte.

Es war das Modell einer »Besatzung de luxe«, das dort entwickelt wurde. Israel wollte sich aus allen Bereichen zurückziehen, die für den jüdischen Staat kostenaufwändig, für seine Sicherheitskräfte belastend und für sein Bild in der Weltöffentlichkeit unangenehm waren, ohne aber die Besatzung selbst aufzugeben. Die internationale Staatengemeinschaft sollte die nötige finanzielle Unterstützung liefern, um diesen »Friedensprozess« abzusichern.

Dabei hatte die israelische Regierung mit Bedacht Arafat und seine Exil-PLO als Verhandlungspartner ausgewählt. Sie verabschiedete sich damit zwar von ihrer früheren Politik, mit der PLO nicht zu verhandeln und sie nicht als Vertreterin der Palästinenser in den besetzten Gebieten anzuerkennen. Doch spätestens seit der Konferenz von Madrid war auch den Israelis klar, dass die örtliche palästinensische Führung nicht einfacher zu handhaben sein würde. Im Gegenteil, die lokale palästinensische Führung kannte die Lebensbedingungen der Palästinenser unter der Besatzung viel besser, sie war besser verwurzelt in der Bevölkerung, und außerdem hatte sie nichts zu verlieren. Die Führung der PLO im tunesischen Exil dagegen war nach dem Rauswurf aus dem Libanon und ihrer fragwürdigen Haltung im Golfkrieg geschwächt. Arafat hatte sowohl in seinem eigenen Volk als auch in der arabischen Welt zusehends an Ansehen und Rückhalt verloren. Er brauchte dringend einen Erfolg, um sich an der Spitze der PLO halten und sein Prestige in den besetzten Gebieten wahren zu können. Indem die israelische Regierung also mit ihm verhandelte, umging sie die wesentlich unbequemere lokale Führung, die schon wegen ihrer Verwurzelung in der autochthonen palästinensischen Gesellschaft nicht so schnell bereit war, wichtige Forderungen der Palästinenser aufzugeben. Haidar Abdel Shafi, der Delegationsleiter bei der Friedenskonferenz von Madrid, hatte sich schon im April 1993 wegen der ungeklärten Frage der israelischen Siedlungen aus den Verhandlungen in Washington zurückgezogen. Nach der Unterzeichnung des Oslo-Vertrages verabschiedete er sich endgültig aus dem Verhandlungsteam und prophezeite das Scheitern des Oslo-Prozesses.

Arafat jedoch kam Israel in fast allen Fragen entgegen und unterzeichnete ein Abkommen, das vollkommen asymmetrisch war. Es sparte nicht nur die zentralen Fragen aus und garantierte Israel weitgehende Rechte. Es verlieh Israel und der Besatzung auch internationale Legitimation und band damit die Hände der palästinensischen Unterhändler in zukünftigen Verhandlungsrunden.

Ein Beispiel ist die Prinzipienerklärung, mit der die PLO das Existenzrecht Israels anerkannte. Im ursprünglichen Text hieß es, die PLO erkenne das Recht Israels an, in sicheren Grenzen zu existieren. Auf Druck der israelischen Delegation wurde der Wortlaut geändert. In der neuen Fassung war nur vom Recht Israels auf sichere Existenz die Rede. Damit war einer der Hauptstreitpunkte zwischen Israelis und Palästinensern, die Frage der Grenzen, elegant und im Sinne Israels umgangen. Israel gewann damit erstmals internationale Legitimation für die Okkupation palästinensischer Gebiete. Die Hamas, die sich bis heute weigert, Israels Existenzrecht anzuerkennen, bezieht sich unter anderem auf diesen Abschnitt des Grundlagenabkommens. Solange die Grenzen Israels nicht in Übereinstimmung mit den Palästinensern definiert seien, könne er Israel nicht anerkennen, sagte beispielsweise Ismail Haniyeh in mehreren Interviews.

Darüber hinaus verpflichtete Israel sich im Grundlagenabkommen im Gegenzug aber nicht, auch den Palästinensern eine Existenz in Frieden und Sicherheit zuzugestehen. In der Präambel wird zwar von der »Verwirklichung der legitimen Rechte und Bedürfnisse des palästinensischen Volkes« gesprochen, was aber damit gemeint ist, darauf wird nicht näher eingegangen.

Diese Asymmetrie bei den Rechten und Pflichten von Israelis und Palästinensern zog sich auch durch alle folgenden Abkommen. Der Bonner Politikwissenschaftler Ludwig Watzal zitiert in seinem Buch über das Scheitern des Oslo-Abkommens eine Fülle israelischer Zeitungskommentare, die ausdrücklich hervorheben, dass Israel den Palästinensern ein für sie ungünstiges Paket aufgezwungen hat. Sein zutreffendes Fazit lautet: »Die Palästinenser haben im Wesentlichen nicht mehr erreicht als die Verwaltung ihrer persönlichen Angelegenheiten und den Aufbau eines Repressionsapparates in Form einer starken Polizeitruppe, zwölf Geheimdiensten sowie einer bürokratischen Klasse, die sich auf Kosten der eigenen Bevölkerung in schamloser Weise bereichert.«*

Im Gazastreifen verfolgte Israel eine ambivalente Politik. Einerseits gab es Pläne, den Gazastreifen auch physisch vom Rest des Landes abzutrennen und ihn mit einem Zaun zu umgeben – was dann auch geschah. Andererseits wollte die Regierung Rabin die Siedlungen unbedingt erhalten. Sie sollten in drei Gruppen zusammengefasst und um zusätzliche Sicherheitsbereiche erweitert werden. Außerdem sollten sie durch ein ausgedehntes Netz an Straßen miteinander verbunden werden. Damit machte das Land, das die wenigen Tausend Siedler im Gazastreifen für sich beanspruchten, etwa ein Drittel des gesamten Gebiets aus.

Die palästinensischen Unterhändler weigerten sich zunächst, sich auf diese Bedingungen einzulassen. Später aber gaben sie nach und unterzeichneten das Abkommen von Kairo, das so genannte »Gaza-Jericho-First«-Abkommen. Bei der Zeremonie in Kairo, die live in alle Welt übertragen wurde, zeigte sich, dass sogar der nachgiebige Arafat schwer zu schlucken hatte an der Kröte, die Israel ihm zumutete. Er weigerte sich zunächst, seine Unterschrift unter das Dokument zu setzen. Daraufhin wurde er von Ägyptens Präsident Hosni Mubarak vor laufenden Kameras unter Druck gesetzt.

* Ludwig Watzal, *Feinde des Friedens*, S. 79f.

Doch dann verweigerte Rabin mit hochrotem Kopf seine Unterschrift. Erst nach intensiven Verhandlungen hinter den Kulissen unterschrieben schließlich beide. »Diese erste umfassende palästinensische Unterwerfung markierte den Anfang einer langen Reihe von Verhandlungen, in denen Israel diktierte, Arafat protestierte, weinte und unterzeichnete«, schrieb die israelische Wissenschaftlerin Tanya Reinhart.*

Die peinliche Szene bei der feierlichen Unterzeichnungszeremonie war ein Vorbote für das, was später kommen sollte, für das Scheitern des Oslo-Prozesses, der in einer Orgie der Gewalt unterging. Israel und die PLO unterzeichneten noch vier weitere Abkommen und Memoranden. Doch all dieses Papier brachte den Frieden nicht näher. Im Gegenteil, die Gräben wurden immer tiefer und die Unzufriedenheit auf Seiten der Palästinenser wuchs, denn je mehr Zugeständnisse sie machten, desto weiter weg schien der Frieden und die Vision vom eigenen Staat.

Am 4. November 1995 wurde Ministerpräsident Rabin von einem jüdischen Extremisten ermordet. Der Attentäter wollte damit nach eigenem Bekunden den Friedensprozess sabotieren. Doch der Friedensprozess war ohnehin schon dem Ende nahe. Eine Serie palästinensischer Attentate hatte in Israel einen tiefgreifenden Stimmungsumschwung bewirkt. Die vertrauensbildenden Maßnahmen, die beiden Seiten helfen sollten, den Konflikt zu überwinden und ein neues Miteinander zu lernen, hatten nicht funktioniert. Den Palästinensern hatte der Friedensprozess weder wirtschaftlichen Aufschwung noch Freiheit gebracht. Im Gegenteil, ihre Situation hatte sich noch verschlimmert. Zusätzlich zur israelischen Besatzung hatten sie nun auch noch eine unfähige und korrupte palästinensische Führung. Innerpalästinensische Gegner des Oslo-Prozesses versuchten daher, etwaige Fortschritte durch Anschläge zu torpedieren. In Israel hatte man das Gefühl, dass die ausgestreckte Hand zurückgewiesen wurde und das Entgegenkommen Israels mit Terror beantwortet werde. Die Ermordung Rabins, die Israel in einen tiefen Schockzustand versetzte, hätte allerdings eine Rückbesinnung auf den Friedensprozess bedeuten können. Zunächst sah es auch so aus, als ob die israelische Gesellschaft entschlossen sei,

* Tanya Reinhart, *Israel/Palestine, How to end the War of 1948*, S. 17

den Weg des ermordeten Premiers weiterzugehen. Neue Friedensgruppen entstanden allerorten, Rabin selbst erlangte posthum fast Heiligenstatus. Doch sein Nachfolger Shimon Peres vermochte es nicht, die allgemeine Erschütterung für den Friedensprozess zu nutzen. Nur ein Jahr später, am 31. Mai 1996 verlor der damals 73-Jährige die Wahl gegen Benjamin Netanjahu.

Der Likud-Chef wurde in Direktwahl zum Ministerpräsidenten gewählt, während die Arbeitspartei die Mehrheit im Parlament behielt. Als ausgewiesener Gegner der Oslo-Verträge tat er alles, um Fortschritte im Friedensprozess zu untergraben, indem er Vereinbarungen nicht umsetzte, Termine verschleppte und schon Verabredetes neu verhandelte. Darüber hinaus zeigte er sich den Palästinensern gegenüber äußerst aggressiv und setzte sich rücksichtslos über den Status quo des Zusammenlebens hinweg. So schlug er alle Warnungen in den Wind und öffnete am 25. September 1996 den so genannten Hasmonäer-Tunnel, einen unterirdischen Gang, der in der Antike genutzt worden sein soll, um Wasser zum Tempel zu transportieren. Das Tor, durch das nun Besucher in den Tunnel gelangten, liegt in unmittelbarer Nähe des Felsendoms an der Klagemauer. Die Palästinenser fürchteten, Israel wolle sich einen geheimen Zugang zum Tempelberg verschaffen, um von unten die heiligen islamischen Stätten zu zerstören. Unruhen brachen aus und griffen von Jerusalem auf das Westjordanland und den Gazastreifen über. Palästinensische Polizisten richteten zum ersten Mal ihre Waffen auf israelische Soldaten. In drei Tagen blutiger Auseinandersetzungen kamen 15 israelische Soldaten und 80 Palästinenser ums Leben. Es war der erste Vorbote der Zweiten Intifada.

Die unnötige Provokation mit ihren vorhersehbaren Auswirkungen führte dazu, dass Präsident Clinton seinen Sonderbeauftragten Dennis Ross nach Israel entsandte und Netanjahu unter Druck setzte, ein anderes Pulverfass zu entschärfen, das zu explodieren drohte: Hebron. In der Stadt lebten rund 500 extremistische jüdische Siedler unter 160000 Palästinensern. Am 15. Januar 1997 wurde das Hebron-Protokoll unterzeichnet, das den Rückzug der israelischen Truppen aus der Stadt vorsah. In Wirklichkeit handelte es sich jedoch nicht um einen Truppenrückzug, der den Palästinensern die Souveränität über die Stadt der Patriarchen gegeben hätte, sondern lediglich um eine Umgruppierung der Truppen. Hebron wurde in zwei ungleiche Teile geteilt: in die den Siedlern vorbehaltene Altstadt (H2) und die ausschließlich von Palästinensern bewohnten modernen Viertel (H1). Die Aufteilung, die 0,3 Prozent der Bevölkerung 20 Prozent der Stadt überließ, führte zu einem Massen-Exodus der Palästinenser aus der Altstadt mit ihrem wirtschaftlichen Zentrum und legte die Grundlage für bittere Auseinandersetzungen zwischen den beiden Volksgruppen.

Ehud Barak verspricht Frieden

Im Jahr 1999 übernahm Ehud Barak die Führung in der Arbeitspartei. Mit ihm kehrte das Friedenslager wieder zurück auf die politische Bühne. So zumindest vermittelte es Barak seinen Wählern, und so empfand es auch die große Mehrheit der Israelis und der ausländischen Beobachter. Barak, der sich als Nachfolger Rabins präsentierte, versprach am Wahlabend vor Zehntausenden begeisterter Anhänger, den Friedensprozess mit den Palästinensern und mit Syrien fortzusetzen und die seit 1982 besetzte Sicherheitszone im Libanon zu räumen. Letzteres war das einzige Versprechen, das er einhielt. Die Friedensgespräche mit Syrien dagegen scheiterten, als Barak den syrischen Präsidenten Assad brüskierte, indem er alle vorher gemachten Zusagen in letzter Minute zurückzog. Am Ende überließ Barak es dem amerikanischen Präsidenten, die Verhandlungen mit Assad zu führen und dem konsternierten syrischen Präsidenten zu erklären, dass Israel nicht bereit sei, sich auf die Waffenstillstandslinie vom 4. Juni 1967 zurückzuziehen, sondern Syrien stattdessen ein alternatives Gebiet anbiete.

Nach dem Abbruch der Gespräche mit Damaskus wandte sich Barak den Palästinensern zu, die er ein Jahr lang fast völlig ignoriert hatte. Er strebte eine Friedenskonferenz an, die den Konflikt mit den Palästinensern endgültig lösen und alle noch offenen Fragen klären sollte. Alle in Oslo verabredeten Zwischenschritte und Verhandlungsphasen sollten übersprungen und die in die Endstatus-Verhandlungen verschobenen schwierigen Probleme wie die Frage der Flüchtlinge, der Status Jerusalems und die Grenzen sollten auf einen Schlag gelöst werden. Alles oder nichts, so lautete die Devise. Barak wollte mit der Friedenskonferenz einen Schlussstrich unter den Konflikt ziehen. Das bedeutete aber auch, dass es keine Nachverhandlungen geben würde, kein Überdenken und kein Überprüfen der zu treffenden Vereinbarungen. Die Palästinenser würden aus ihrer augenblicklichen Position der Schwäche und der Unterlegenheit weitreichende Zugeständnisse machen müssen, ohne eigene wichtige Forderungen durchsetzen zu können und ohne Chance, die Ergebnisse später noch einmal zu revidieren und zu verbessern. Dazu war die palästinensische Führung im Frühjahr 2000 weder bereit noch in der Lage. Die Stimmung in den besetzten Gebieten war explosiv, der »Friedensprozess« hatte für die palästinensische Zivilbevölkerung keine spürbaren Verbesserungen gebracht. Im Gegenteil, während ein Abkommen das zuvor geschlossene wieder verwässerte und ständig neue Verhandlungsrunden angesetzt wurden, weiteten sich die israelischen Siedlungen in den besetzten Gebieten immer weiter aus.

Gleichzeitig sank das Vertrauen der Palästinenser in die israelische Regierung und in ihre eigene Führung, die für sie keine Erfolge erzielt, die eigene wirtschaftliche Position jedoch deutlich verbessert hatte. Im April 2000 stimmten nur noch 34 Prozent der Palästinenser Arafats Kurs zu. Vor diesem Hintergrund ist es nur zu verständlich, dass Arafat eine Friedenskonferenz fürchtete, die ihn zu weitreichenden Zugeständnissen zwingen würde.

Die palästinensische Führung bat daher um Aufschub, um sich entsprechend vorzubereiten und sich der Unterstützung der arabischen und muslimischen Staaten zu versichern. Doch Bill Clinton, der schon bei den Verhandlungen mit Syrien als Unterhändler des israelischen Ministerpräsidenten aufgetreten war, gab dem Drängen der Palästinenser nicht nach und setzte auf Wunsch der israelischen Regierung die Konferenz für den 11. Juli 2000 fest.

Doch die Friedenskonferenz, die mit so vielen Erwartungen überfrachtet war, war von Anfang an zum Scheitern verurteilt.

Barak zeigte sich als schwieriger und launischer Verhandlungspartner, der Arafat beim gemeinsamen Abendessen zum Auftakt der Konferenz wie Luft behandelte und sich danach tagelang in seinem Zimmer einschloss. Sein Verhandlungsteam legte ständig neue Vorschläge vor, die jedoch nicht schriftlich festgehalten wurden und die meilenweit von den palästinensischen Forderungen entfernt waren. Unvermittelt brachte er neue Forderungen ins Spiel, die bei den

Palästinensern überhastete Reaktionen auslösten und die nervöse Stimmung zusätzlich anheizten. So verlangte er, dass es Juden erlaubt sein müsse, auf dem Felsendom zu beten, eine Forderung, die bislang nur von ultrarechten Randgruppen der israelischen Gesellschaft erhoben worden war und von den Palästinensern als Bedrohung empfunden wurde. Arafat reagierte überzogen, indem er den Juden jeden Anspruch auf den Tempelberg absprach und die historische Existenz des Tempels in Frage stellte, womit er seinerseits den Unmut der Israelis erregte und im jüdischen Lager Ängste weckte.

Menachem Klein, Islamwissenschaftler an der Bar-Ilan-Universität in Ramat Gan bei Tel Aviv, der als Berater der israelischen Regierung fungierte, sieht in Baraks mangelndem Verständnis für religiöse Gefühle und Zusammenhänge den Ursprung für fundamentale und folgenreiche Missverständnisse auf beiden Seiten. In einem Interview, das ich mit ihm in seiner Wohnung in Jerusalem führte, sagte er, Barak und vor ihm schon Rabin hätten durch diese fehlenden Kenntnisse viel zum gefährlichen Scheitern des Verhandlungsprozesses beigetragen. In Unkenntnis der schriftlichen Quellen und der Bräuche des religiösen Judentums habe Barak in Camp David die äußersten Randgruppen des religiösen Lagers zu seinem Maßstab gemacht. »Für ihn galt das Motto, je religiöser und fanatischer einer ist, desto authentischer ist sein Judentum«, sagte Klein. »Und indem er die Forderungen dieser Randgruppen unterstützt, glaubt er, die jüdischen Traditionen zu schützen.« Wenn darum die »Getreuen des Tempelbergs«, eine kleine extremistische Gruppe, die weit davon entfernt ist, das religiöse Judentum zu vertreten, eine Synagoge auf dem Tempelberg oder gar die Wiedererrichtung des Tempels fordere, so sei dies in den Augen der weltlichen israelischen Führung ein legitimer Anspruch, den sie gegenüber den Palästinensern vertreten müsste.

Klein, der selbst orthodox ist, sich aber für einen fairen Ausgleich mit den Palästinensern und für eine gerechte Regelung in Jerusalem einsetzt, kritisiert diese, wie er es nennt »Yuppiehaltung« weltlicher Politiker vom Schlage Baraks. In seinem 2007 erschienenen Buch zum Thema schreibt Klein:

> Der Camp-David-Gipfel und die darauf folgenden Ereignisse haben gezeigt, dass die religiöse Frage zu Jerusalem nicht angemessen behandelt wurde. Barak hinderte zwei gläubige Mitglieder seiner

> Partei, Avraham Burg und Rabbi Michael Melchior, daran, sich in dieser Frage zu engagieren, aus Furcht, dass die Beteiligung religiöser Menschen an den Verhandlungen ihnen eine fundamentalistische Linie diktieren würde, die den politischen Spielraum und Baraks Kontrolle über die Verhandlungen beschränken würde. Das war eine typisch elitäre »Yuppie«-Sicht der Religion, die davon ausgeht, dass alle religiösen Menschen Fundamentalisten und nur Extremisten authentische Juden seien. In Unkenntnis der Vielseitigkeit des jüdischen religiösen Diskurses, versäumten sie es, die moderaten religiösen Stimmen zu ermutigen. Paradoxerweise wollten Barak und seine Gefährten die Zustimmung der jüdischen Fundamentalisten erreichen, indem sie den Status quo auf dem Tempelberg änderten und ihn zu einer Stätte des jüdischen Gebets machten. Diese fehlgeleitete Interpretation trug nicht wenig zum Scheitern der Camp-David-Gespräche bei.*

Auch Baraks angebliches Angebot, den Palästinensern die Souveränität über den Tempelberg zu überlassen, stellte sich als reine Luftblase heraus. Er hatte lediglich angeboten, ihnen die Souveränität über das christliche und das muslimische Viertel in der Altstadt von Jerusalem und die Verwaltung des Tempelbergs/Felsendoms zu übertragen. Für israelische Begriffe ging das Angebot sehr weit, für die Palästinenser wiederum ging es nicht weit genug.

Abgesehen davon, dass Israelis und Palästinenser ausgesprochen schwierige Verhandlungspartner waren, die sich gegenseitig tief misstrauten, erfüllten auch die amerikanischen Vermittler ihre Rolle nicht und waren nur unzureichend vorbereitet. Das einzige schriftliche Angebot, das sie vorlegten, wurde von Israel umgehend zurückgewiesen. Danach fungierte Clinton eher als Sprecher der israelischen Delegation. So übermittelte er Arafat israelische Vorschläge, als seien es seine eigenen Vermittlungsvorschläge. Arafat, der das Spiel durchschaute, fühlte sich zunehmend isoliert und von den Amerikanern unfair behandelt.

Und so ging der Gipfel von Camp David am 24. Juli 2000 ergebnislos zu Ende und die destruktiven Folgen der gescheiterten Verhandlungen nahmen ihren Lauf: Israelis und Amerikaner begannen nämlich nun eine Kampagne, in der sie den Palästinensern die

* Menachem Klein, *A Possible Peace Between Israel and Palestine*, S.115

alleinige Verantwortung für das Scheitern zuschoben. Arafat wurde von Barak wie von Clinton zum Buhmann auserkoren und entsprechend diffamiert. »Israel hat keinen Partner«, sagte Barak immer wieder, als er nach Israel zurückkehrte. Mit diesem Satz brachte er das israelische Friedenslager zu Fall, das sich am Abend seiner Wahl geschlossen hinter ihn gestellt hatte und ihm in all seinen Kapriolen treu gefolgt war. Mit diesem Satz zerstörte er auch jede Aussicht auf den Fortgang der Gespräche und eine mögliche spätere Annäherung. Der Satz »Wir haben keinen Partner für den Frieden« wurde zum Mantra der israelischen Gesellschaft von rechts bis links. Er stellte den gesamten Friedensprozess in Frage und entzog allen Gesprächen, die nach Camp David stattfanden und sogar tatsächlich Ergebnisse erzielten, die Grundlage. Er selbst, so Barak, habe nichts unversucht gelassen in seinem Bemühen, die Palästinenser von seinem Angebot zu überzeugen. Doch Arafat habe von Anfang an auf das Scheitern der Gespräche und auf Gewalt gesetzt. Mit ihm könne Israel keinen Frieden schließen.

Das Scheitern der Friedensverhandlungen in Camp David löste in Israel Enttäuschung und Unmut und unter den Palästinensern eine tiefe Erschütterung aus. Für viele Israelis mag es überraschend gekommen sein, hatte ihr Ministerpräsident doch versprochen, dass er mit einem Vertrag zurückkommen werde. Die meisten Palästinenser dagegen hatten wohl nicht damit gerechnet, dass der Gipfel eine für sie befriedigende Lösung bringen würde. Für sie war der Oslo-Prozess auch ohne den ergebnislosen Gipfel von Camp David schon gescheitert.

Die Unzufriedenheit in den besetzten Gebieten bekam durch den Gipfel jedoch neue Nahrung. Und so konnte es die politischen Beobachter nicht überraschen, als im September 2000 der zweite Aufstand losbrach.

Die Zweite Intifada

Märtyrer-Mörder

Im September 2001 besuchte ich zum ersten Mal seit Ausbruch der Zweiten Intifada den Gazastreifen. Ein Jahr dauerte der Aufstand nun schon an. Anders als die Erste Intifada war dies jedoch keine Revolte Steine werfender Kinder, demonstrierender Studenten, streikender Arbeiter und protestierender Professoren.

Die Zweite Intifada war bitter und blutig, ein Kampf auf Leben und Tod. Und diesmal konnte sie in Israel niemand mehr ignorieren. Denn palästinensische Selbstmordattentäter trugen den Terror mitten hinein in die israelische Gesellschaft. Sie sprengten sich in Bussen, Cafés und Einkaufszentren in die Luft, rissen Männer, Frauen und Kinder mit sich in den Tod.

An diesem Tag im Spätsommer des Jahres 2001 machte ich mich auf Spurensuche im Gazastreifen. Ich wollte die Familie des ersten Selbstmordattentäters der Zweiten Intifada, Nabil Arir, besuchen. Ich wollte versuchen zu verstehen, was diese Menschen antrieb. Ich wollte auch verstehen, wie ihre Familien damit umgingen, dass ihre Söhne nicht nur die Märtyrer waren, als die sie im Gazastreifen verehrt wurden, sondern auch Selbstmörder und Mörder.

Es war ein drückend heißer Tag. Die Luft stand flimmernd über den staubigen Straßen. Die Straße vom Grenzübergang Eres nach Gazastadt war wie ausgestorben. An der Grenze hatte niemand darauf gewartet, in den Gazastreifen hinein gelassen zu werden, auch heraus wollte um diese Zeit niemand mehr. Die wenigen Arbeiter, die an dieser Stelle noch die Grenze nach Israel passieren durften, waren schon am frühen Morgen durchgekommen. Mit Taxen und alten klapprigen Bussen waren sie an die Grenze gekommen und hatten sich geduldig in die Schlange gestellt, um die Grenze zu passieren. Jetzt war es still am Checkpoint Eres.

Auch im Haus der Familie Arir, im Viertel Sajaiyeh, einer Hochburg der Islamisten in Gazastadt, war alles still. Draußen, in der engen Gasse zwischen den armseligen Häusern, wurde gebaut, aber aus den inneren Räumen, in denen die Eltern mit acht ihrer neun noch lebenden Kinder wohnten, drang kein Laut.

Das kleine Wohnzimmer der Familie Arir ist dekoriert mit Fotos des Sohnes und eines Neffen, der von israelischen Soldaten erschossen wurde, als er auf dem Feld arbeitete. Ein großes Gemälde hängt an der Stirnseite. Es zeigt Nabil Arir mit einem Sprengstoffgürtel um den Körper, zwei Dynamitstangen mit brennender Lunte in der Hand, dahinter ein explodierender israelischer Wachturm. Im Hintergrund ist der Felsendom zu sehen.

»Mein Sohn, der Märtyrer, ist mir so teuer wie der Rest der Familie«, sagt Vater Faraj und fügt hinzu, sein Sohn habe ihm so nahe gestanden wie kein anderes seiner Kinder. Als sein Sohn Nabil sich das Leben nahm, war er 24 Jahre alt. Am Morgen des 26. Oktober 2000 war er mit einem Sprengstoffgürtel um den Leib auf seinem Fahrrad an einen israelischen Militärposten in Gazastadt herangefahren und hatte sich in die Luft gesprengt. Er hatte damit niemanden getötet außer sich selbst. Das war vermutlich der Grund, dass sein Elternhaus noch stand und nicht als Vergeltungsmaßnahme von der israelischen Armee zerstört worden war. Aber er hatte seine Tat in der festen Absicht begangen, möglichst viele seiner Feinde mit in den Tod zu nehmen. Sein Vater Faraj weiß nicht genau, was sich zugetragen hat. Der Tod von Nabil ist für seine Eltern und seine Geschwister wie eine offene Wunde. Sein Vater ist ein gebrochener Mann, seit sein Sohn sich getötet hat. Früher hat er in Israel gearbeitet, die Familie war eine ruhige, gemäßigt religiöse Familie, die keiner militanten Bewegung zugerechnet wurde. Während der Ersten Intifada wurde Nabil einmal verhaftet, weil er während einer Demonstration Steine auf einen Militärkonvoi geworfen hatte. Dass er sich dem Islamischen Jihad angeschlossen hatte, einer kleinen islamistischen Terrororganisation, die sich als Avantgarde des militanten Islamismus verstand, wusste sein Vater nicht. Nur, dass Nabil religiös war und seine Religion sehr ernst nahm. Er betete fünfmal am Tag und fastete zweimal die Woche. Sein ganzes Leben kreiste um seinen Glauben. Vielleicht hat diese Zuwendung zur Religion oder sein früher gewaltsamer Tod auf seine Familie abgefärbt. Sein Bruder Muhammad jedenfalls beginnt jeden Satz mit der traditionellen muslimischen Segensformel »Bismillah – Im Namen Allahs« und schaut mich nicht an, während er über seinen Bruder spricht, den er mir als »gläubigen, höflichen, hilfsbereiten und besonders kinderlieben« Menschen beschreibt.

Was bringt einen solchen Menschen dazu, sich selbst in die Luft zu sprengen in der Absicht, möglichst viele Menschen mit sich in den Tod zu reißen? Für den Bruder liegt die Antwort in der großen Verzweiflung, die Nabil angesichts der aussichtslosen politischen Lage gefühlt habe. Nabil habe die Besatzung nicht mehr ertragen können. Er habe die Ungerechtigkeit nicht mehr ausgehalten. »Wenn Greise und Frauen an den Straßensperren vom Militär schikaniert wurden und wenn Israelis mit schweren Kanonen und Panzern auf unsere Häuser und Kinder geschossen haben, hat ihn das erzürnt, und das hat ihn dazu gebracht«, sagt Nabils Bruder Muhammad.

Aber das alles sind Interpretationen nach der Tat. An dem Morgen, als Nabil das Haus verließ, um sich in die Luft zu sprengen, wusste niemand in der Familie, was er vorhatte. Später fanden sie einen vierseitigen Abschiedsbrief, in dem er seine Mutter bat, bei seiner Beerdigung nicht zu weinen, sondern Freudenschreie auszustoßen. Er danke Gott, dass er wisse, wo er hingehe. Hätte die Familie ihn zurückgehalten, wenn sie gewusst hätte, was Nabil plante? »Unser Sohn ist uns teuer«, sagt Faraj. »Wir sehen unsere Kinder aufwachsen und wollen, dass sie leben. Hätte ich gewusst, was er vorhat, wäre ich an seiner Stelle gegangen, um sein Leben zu retten.«

Die Beweggründe, die Nabil zu seiner Tat trieben, kann Faraj verstehen. Er sei traurig über den Tod des Sohnes, sagt er, aber auch stolz auf den Weg, den er gewählt habe. Ein einsamer Weg, eingeschlagen im Gefühl tiefer Hoffnungslosigkeit und Verzweiflung oder in der Hoffnung auf ein Leben im Paradies, umringt von 72 Jungfrauen?

Das ist der himmlische Lohn, den islamistische Prediger einem Selbstmordattentäter in Aussicht stellen. Seine letzte Aufgabe: möglichst viele Feinde zu töten. Dabei spielt es keine Rolle, ob die Feinde Soldaten sind oder Familien in einem Restaurant oder Kinder in einer Diskothek. Ist es für Nabils Vater akzeptabel, wenn ein Selbstmörder auch unschuldige Menschen mit sich in den Tod reißt?

Faraj zögert. Aktionen gegen Soldaten halte er für gerechtfertigt, sagt er schließlich. Er befürworte den Widerstand gegen die Besatzung. Aber Selbstmordattentate in Diskotheken oder Restaurants? Er antwortet ausweichend. »Das lässt sich damit erklären, wie unsere Jugend die israelische Armee erlebt. Sie macht auch keinen Unterschied zwischen Zivilisten und militanten Palästinensern, zwischen Kindern und alten Leuten oder Militärpersonal. Wenn sie unsere Häuser beschießen, machen sie keinen Unterschied, wenn sie unsere Häuser zerstören, machen sie auch keinen Unterschied.«

Inzwischen ist Nabil Arir vergessen, ein »Märtyrer«, dessen Mission gescheitert ist. Nach ihm kamen viele, die ihr Ziel erreichten, denen es gelang, eine große Zahl Zivilisten mit in den Tod zu reißen und in der Bevölkerung Angst und Schrecken zu verbreiten. Er war nicht der erste palästinensische Selbstmordattentäter – schon vor Ausbruch der Intifada, ja schon vor der Schaffung der palästinensischen Autonomiebehörde, gab es nach einer Berechnung des israelischen Terrorismusforschers Yoram Schweitzer 38 Selbstmordattentate gegen israelische Ziele.* Aber Nabil Arir war derjenige, der diese Tat zum bestimmenden Zeichen der Zweiten Intifada machte. Er gab mit seiner Tat einen Weg an, dem viele folgen sollten und der Hunderte von Israelis das Leben kostete.

Viele der frühen Selbstmordattentäter waren, wie er, junge Männer aus gutem Hause, die sich der Religion zugewandt hatten. Sie waren die ultimative Waffe der militanten Organisationen, die sie gezielt auswählten und rekrutierten. Denn sie waren im wahrsten Sinne des Wortes nicht aufzuhalten. Selbst wenn sie als lebende Bomben enttarnt wurden, konnten sie nicht gefahrlos entschärft werden. Wenn sie einmal die Bombe am Körper trugen, war es zu spät für die Sicherheitskräfte, für ihre Opfer und für sie selbst.

Ihr tödlicher Eifer machte sie zu den gefährlichsten Waffen der Palästinenser. Yoram Schweitzer hat die Motive und Beweggründe der Attentäter und ihrer Hintermänner in einer Studie untersucht. Dafür führte er zwischen 2004 und 2006 insgesamt 97 Interviews mit Palästinensern, die in israelischen Haftanstalten einsaßen. Ein Teil der Interviewten waren potenzielle Attentäter, die gefasst worden waren, bevor sie ihre Tat begehen konnten, andere waren Hintermänner, die bei der Rekrutierung und Vorbereitung der »Märtyrer« geholfen hatten.

Shahid – Märtyrer – werden die palästinensischen Todesopfer des israelisch-palästinensischen Konflikts genannt, egal ob sie im Kampf getötet werden, als unschuldige Passanten in einen Schusswechsel geraten oder bei einem israelischen Bombenangriff umkommen. Diese Bezeichnung wurde nach Ausbruch der Zweiten Intifada zunehmend für Selbstmordattentäter verwendet. Von dem Wort Shahid leitet sich der Begriff »Istishhadia« ab, was so viel wie »Selbstaufopferung« bedeutet. Denn die Tat der Attentäter, Selbst-

* Yoram Schweitzer, »Palestinian Istishhadia: A Developing Instrument«, in: *Studies in Conflict & Terrorism*, August 2007

mord und Mord, wurde als Akt der Aufopferung für das Gemeinwohl verstanden. Das Ansehen der »Shuhada« (plural für Shahid) wuchs, je blutiger der Konflikt wurde.

> Die Durchführung von Selbstmordattentaten schuf neue Mythen. Die Angreifer wurden zu Helden, und die Terrororganisationen wurden als ungeheuer mächtig angesehen. Die Attentäter brachten ihren Wunsch zum Ausdruck, Vergeltung innerhalb Israels zu üben. Sie sahen diese Taten als Ausgleich für die Erniedrigung und Machtlosigkeit, die sie empfanden, und für ihre permanente Opferrolle. Bald lernten die Palästinenser, dass die Macht der Istishhadia über Tod und Zerstörung weit hinausging, denn sie hatten einen enormen psychologischen Effekt, nicht nur in Israel, sondern auch jenseits der nationalen Grenzen.*

Die verheerenden Anschläge, die gezielt gegen Zivilisten verübt wurden, waren in den Augen der Palästinenser ein Ausgleich für ihre Unterlegenheit gegenüber der erdrückenden militärischen Übermacht Israels. Denn zum ersten Mal in dem jahrzehntelangen Konflikt setzte Israel im Kampf gegen die Palästinenser sämtliche militärischen Mittel ein, um den Aufstand niederzuschlagen. Sogar Kampfhubschrauber und F-16-Kampfflugzeuge kamen zum Einsatz. Wohnviertel wurden aus der Luft bombardiert und palästinensische Terroristen oder Personen, die sich dem Widerstand gegen Israel verschrieben hatten, zum Ziel von Raketenangriffen. Häufig kamen dabei Unschuldige ums Leben, wie zum Beispiel bei dem Anschlag auf den Hamas-Führer Salah Shehade, der am 23. Juli 2002 von der israelischen Luftwaffe getötet wurde. Eine Ein-Tonnen-Bombe wurde aus der Luft auf sein Wohnhaus abgeworfen. Mit dem vierzigjährigen Shehade starben 16 Menschen, darunter zehn Kinder. Unter den Opfern waren auch Shehades Frau und eine seiner Töchter.

Selbstmordanschläge, bei denen auch oder nur israelische Zivilisten ums Leben kamen, wurden daher von vielen Palästinensern als gerechte Antwort auf das aggressive Vorgehen und die militärische Überlegenheit Israels empfunden. Schließlich, so die Argumentation, schrecke auch Israel nicht davor zurück, palästinensische Kinder und Zivilisten zu töten.

* Yoram Schweitzer, »Palestinian Istishhadia«

»Die Hamas benutzt diese Taktik und dieses Kampfinstrument, weil sie keine F-16-Flugzeuge hat und auch keine Apache-Hubschrauber oder Panzer und Raketen«, bekräftigte Abdel Aziz Rantissi, einer der Gründer und führenden Köpfe der Hamas in Gaza. Er wurde im April 2004 von einem israelischen Hubschrauber aus getötet, einen Monat nach dem Hamas-Gründer Yassin. In einem Interview mit dem Londoner *Guardian* sagte Rantissi, die Anschläge werden nicht nur wegen der Hoffnung auf das Paradies verübt und wegen der Verheißung der 72 Jungfrauen. Sie seien vor allem eine Antwort auf Besatzung und militärische Unterlegenheit. Das galt sicher für diejenigen, die die jungen Männer rekrutierten und in den Tod schickten. Für die »Märtyrer« selbst aber spielte die religiöse Überzeugung eine große Rolle. Je jünger sie waren, desto naiver und unmittelbarer war ihr Glaube an die Heilswirkung der Tat, sagt Yoram Schweitzer, der auch die Verlockungen durch die versprochenen 72 Jungfrauen nicht unterschätzen will. Manche Attentäter, so berichtet er, haben versucht, ihre Genitalien zu schützen, um im Paradies noch funktionsfähig sein zu können.

Ursprünglich wurden Selbstmordattentate vor allem mit den islamistischen Organisationen in Verbindung gebracht, mit der Hamas und dem kleineren Islamischen Jihad. In den ersten 20 Monaten der Zweiten Intifada verübte die Hamas 20, der Islamische Jihad elf Selbstmordanschläge. Doch schon sehr früh in der Auseinandersetzung mit Israel griffen auch die militanten Ableger der nationalistischen Bewegungen zu diesem Mittel. Die Al-Aksa-Märtyrer-Brigaden, eine vor allem im Westjordanland aktive Gruppierung junger Militanter der Fatah-Bewegung, verübten in den ersten anderthalb Jahren 14 Selbstmordanschläge. Und sogar die linke »Volksfront zur Befreiung Palästinas« schickte Selbstmordattentäter nach Israel. Selbst Jugendliche und Kinder wurden von den Drahtziehern in den Tod geschickt.

Provokation in Jerusalem

Doch die Zweite Intifada begann nicht mit einem Selbstmordattentat. Sie begann mit einer Provokation durch Ariel Sharon. Am 28. September 2000 morgens um 7.47 besuchte der damalige Oppositionsführer und Likud-Chef den Tempelberg in der Altstadt Jerusalems. Hier, oberhalb der Klagemauer, soll der jüdische Tempel gestanden haben, der im Jahr 70 n. Chr. von den Römern zerstört wurde. Da man nicht genau weiß, wo sich das Allerheiligste befand, das nur den Priestern vorbehalten war, betreten religiöse Juden den Tempelberg im Allgemeinen nicht, um nicht versehentlich den heiligen Bereich zu betreten und zu entweihen. Für Ariel Sharon spielten solche Überlegungen keine Rolle, als er an diesem Donnerstag, umringt von Leibwächtern und Journalisten und abgesichert von 1500 Polizisten, den Tempelberg betrat. Vergeblich hatte Yassir Arafat Ministerpräsident Ehud Barak bei einem Treffen in dessen Privathaus zuvor gebeten, den Besuch nicht zu erlauben. Er wusste, dass die Stimmung unter den Palästinensern den Siedepunkt erreicht hatte. Doch Barak setzte sich über die Warnungen der palästinensischen Sicherheitsexperten hinweg und genehmigte den Besuch.

Er sei mit einer Botschaft des Friedens gekommen, sagte Sharon in die Mikrofone der in- und ausländischen Presse, die in großer Anzahl gekommen war, um den Besuch und die erwarteten Proteste der Palästinenser zu dokumentieren.

»Ich glaube, wir können mit den Palästinensern zusammenleben«, fuhr Sharon scheinheilig fort. »Ich bin hierher gekommen zum heiligsten Ort des jüdischen Volkes, um zu sehen, was hier los ist und um das Gefühl zu haben, dass wir Fortschritte machen. Es soll keine Provokation sein.«

Doch trotz dieser Beteuerungen wurde der Besuch von den Palästinensern so verstanden, wie er gemeint war, als Demonstration der israelischen Macht und des jüdischen Anspruchs auf den Tempelberg und als klare Stellungnahme im Machtkampf der israelischen Parteien, die wieder einmal kurz vor den Wahlen standen. So wie Sharons Einzug in das muslimische Viertel der Jerusalemer Altstadt 13 Jahre zuvor, wurde auch dieser Besuch als Provokation empfunden. Denn für die Muslime ist der Tempelberg Haram Al Sharif der heilige Bezirk, von dem aus der Prophet Mohammed in den Himmel aufgestiegen sein soll. Hier steht die von den Omayyaden vermutlich im siebten Jahrhundert erbaute und immer wieder restaurierte und neu erbaute Al-Aksa-Moschee, die »ferne Moschee«, wie sie im Koran genannt wird. Daneben der weltberühmte

Felsendom mit seiner goldenen Kuppel. Er wurde der Überlieferung zufolge an der Stelle erbaut, an der Abraham seinen Sohn Isaak opfern wollte. Nach Mekka und Medina gilt Jerusalem als drittwichtigste Wallfahrtsstätte im Islam, die Al-Aksa-Moschee als drittwichtigstes Heiligtum.

Der Besuch des israelischen Rechtsaußen bestärkte die Befürchtungen vieler Palästinenser, Israel wolle die Moscheen auf dem Tempelberg zerstören, um dort Platz zu schaffen für den Wiederaufbau des jüdischen Tempels. Kleine Splittergruppen extremistischer Juden hatten schon mehrfach Pläne geschmiedet, die Moscheen zu zerstören. Noch nach Ausbruch der Zweiten Intifada, im Jahr 2005, wurde eine Gruppe von extremistischen Siedlern festgenommen, die geplant hatte, eine Rakete auf die Moscheen auf dem Tempelberg abzufeuern. Die kleine Splittergruppe der »Getreuen des Tempelbergs«, die jedes Jahr wieder versucht, auf dem Tempelberg Gottesdienste abzuhalten, hat sich zum Ziel gesetzt, den jüdischen Tempel wieder herzustellen und den Tempeldienst wieder einzuführen. Im jüdischen Viertel der Altstadt von Jerusalem werden in einer Werkstatt bereits die dafür benötigten Gewänder und Gefäße hergestellt.

Die provozierenden Worte von Ariel Sharon verstärkten diese bei den Palästinensern also nicht grundlos vorhandenen Ängste. Der Tempelberg, so erklärte Sharon an diesem Tag der Weltöffentlichkeit, gehöre den Juden. Es sei daher völlig normal, dass er diesen Ort besuche. »Ich weiß nicht, wie wir einen wirklichen Frieden erreichen sollen, wenn nicht alle Juden diesen heiligsten Platz, den sie haben, besuchen dürfen.«

Die Muslime, die an diesem Donnerstag auf dem Haram al Sharif waren, protestierten lauthals gegen den Besuch des israelischen Rechtsaußen. Sie beschimpften Sharon und einige bewarfen die israelische Gruppe mit Steinen. Die Sicherheitskräfte konnten Sharon und seine Delegation schützen, und die Proteste verstummten. An diesem Tag blieb es ruhig in der Altstadt und in Ostjerusalem. Erst am nächsten Tag brachen die Unruhen aus. Es war ein Freitag, der Gebetstag der Muslime, und 20000 Männer kamen zum Gebet. Der Prediger der Al-Aksa-Moschee lobte die Gläubigen, weil sie die Moscheen verteidigt hatten und warnte vor der angeblichen Absicht der Israelis, auf dem Berg den dritten Tempel zu errichten.

Nach den Gebeten strömten die Männer aus der Moschee und begannen, Steine auf die israelischen Sicherheitskräfte und die betenden Juden an der Klagemauer zu werfen. Die Polizei, die von dem Ausbruch der Wut überrascht war und keine besonderen Vorkehrungen getroffen hatte, reagierte mit äußerster Brutalität. Mehr als hundert Verletzte wurden in die Krankenhäuser in Ostjerusalem eingeliefert, sieben Palästinenser wurden getötet.

Der Direktor des Auguste-Viktoria-Krankenhauses auf dem Ölberg, Taufiq Nasser, erinnerte sich später gut an diesen ersten blutigen Tag der Intifada. Denn sein Krankenhaus, das mit deutschen Spendengeldern betrieben wird, war eine der ersten Kliniken in Ostjerusalem, die Verletzte aufnahmen. »Gegen halb eins erhielt ich eine Nachricht, dass Verletzte eingeliefert werden. Wir haben in der ersten halben Stunde 63 Verletzte aufgenommen. Niemand war darauf vorbereitet«, berichtete er, als ich ihn ein Jahr später besuchte. Niemand habe mit so schweren Verletzungen gerechnet. Viele der Eingelieferten hatten schwere Schusswunden. Auch Amputationen mussten durchgeführt werden. Im Auguste-Viktoria-Krankenhaus gab es auch den ersten Todesfall, einen 24-Jährigen, der Bruder eines Angestellten des Krankenhauses, was alles, wie Nasser sagte, noch schlimmer machte.

Taufiq Nasser, der in den Vereinigten Staaten studiert hatte und erst nach Beginn des Oslo-Prozesses in den Nahen Osten zurückgekehrt war, um beim Aufbau des palästinensischen Staates zu helfen, war ein Jahr später noch immer fassungslos über das, was er in den ersten Wochen der Intifada erlebt hatte. Die Verletzungen betrafen neben dem Unterleib hauptsächlich den oberen Teil des Körpers, den Brustbereich und die Augen. In der Ersten Intifada hatte es ganz andere Verletzungen gegeben, solche nämlich, die durch Schläge und Stürze verursacht waren, Knochenbrüche und Muskelverletzungen hauptsächlich. Die Zweite Intifada war blutiger. »Wir hatten Verletzungen durch Gewehrkugeln und Gummigeschosse, die fast immer den Oberkörper und den Unterleib betrafen. Wir haben Leute operiert, denen beim Beten in den Rücken geschossen wurde. Wir hatten einen Patienten, der von neun Kugeln getroffen war.« In den ersten Wochen habe man auffällig viele Kopf- und Nackenverletzungen behandeln müssen.

Diese Erfahrung machte auch Fuad Zeidan, der in Hamburg

studiert hat und fließend Deutsch spricht. Er arbeitet als Arzt am St.-Johns-Krankenhaus in Ostjerusalem, der einzigen Augenklinik in den palästinensischen Gebieten. Hier wurden nach Ausbruch der Intifada besonders viele Patienten behandelt, die mit schweren Kopfverletzungen eingeliefert worden waren. In den ersten elf Monaten der Intifada habe man im St. Johns mindestens 200 Augenverletzte behandelt, viele von ihnen mit so schweren Verletzungen, dass das Auge nicht zu retten gewesen sei.

Viele der Patienten, die in den ersten Monaten der Intifada in die St. Johns-Klinik kamen, waren Kinder. Sie wurden besonders häufig Opfer der so genannten Gummigeschosse der israelischen Armee, die in Wirklichkeit mit Gummi ummantelte Stahlkugeln sind. Viele von ihnen verloren ein Auge. Die Chirurgen im St. Johns wurden so zu Experten beim Amputieren von Augen, die ihre unter diesen schrecklichen Umständen erworbene Fertigkeit sogar auf internationalen Mediziner-Konferenzen vorstellten.

Als ich sie ein Jahr nach Ausbruch der Intifada in ihrer schönen Klinik besuchte, hatten sie vergleichsweise wenig zu tun. Denn inzwischen hatte sich die Intifada von Jerusalem in das Westjordanland und nach Gaza verlagert. In Jerusalem dagegen waren die Proteste weitgehend verstummt. Die Straßensperren und Blockaden, die Israel überall im Westjordanland errichtet hatte, unterbanden zunehmend die Kontakte zwischen der Metropole und ihrem palästinensischen Hinterland. Und sie hinderten die Bewohner des Westjordanlandes daran, in die Krankenhäuser Ostjerusalems zu kommen. Selbst das Caritas Baby Hospital in Bethlehem musste Überweisungen an ein palästinensisches oder ein besser spezialisiertes israelisches Krankenhaus in Jerusalem nun erst umständlich koordinieren. Für die meisten Palästinenser aber wurde der Zugang zu einer adäquaten gesundheitlichen Versorgung mit Beginn der Intifada völlig unterbrochen. Am schlimmsten ist es im Gazastreifen, wo es nur ganz wenige und schlecht ausgestattete Krankenhäuser gibt und wo eine Krebserkrankung in der Regel ein Todesurteil ist.

Die Unterschiede zwischen Israelis und Palästinensern in der Gesundheitsfürsorge waren aber schon lange vor der Intifada eklatant deutlich. Das staatliche israelische Fernsehen zeigte einmal eine Dokumentation, in der es die Geburtstationen in einem israelischen und einem palästinensischen Krankenhaus in Jerusalem, der nach israelischen Aussagen »auf ewig vereinten und unteilbaren Hauptstadt Israels« miteinander verglich. Die Unterschiede hätten größer nicht sein können. Sie zeigten, dass es in Jerusalem ein klares Gefälle zwischen dem jüdischen Westteil und dem arabischen Ostteil gab. Als die Intifada in Jerusalem ausbrach, machten die palästinensischen Demonstranten ihrer Verbitterung auch über diese Ungerechtigkeit Luft.

»Die Intifada begann nicht wegen des Besuchs Sharons auf dem Tempelberg«, schrieben die beiden israelischen Journalisten Avi Issacharof und Amos Harel in ihrem Buch *Der siebte Krieg*. »Man kann mit großer Sicherheit davon ausgehen, dass die blutige Auseinandersetzung zu diesem oder einem anderen Zeitpunkt im letzten Viertel dieses Jahres ausgebrochen wäre. Aber der demonstrative Schritt Sharons, der damals aussah wie das verzweifelte Spiel eines Politikers am Ende seiner Karriere und die Toten, die darauf folgten, stellten den Sprengstoff dar, der notwendig war, um das große Feuer zu entzünden.«*

Die beiden jungen Journalisten wussten, wovon sie sprachen. Denn beide berichteten in ihren Medien über die Lage in den palästinensischen Gebieten und über die israelische Militärpolitik. Issacharof berichtete damals noch für das staatliche Radio aus den besetzten Gebieten und Harel arbeitete für die Tageszeitung *Haaretz* als Militärkorrespondent. Sie wussten sehr genau, wie die Stimmung unter den Palästinensern war am Vorabend der Zweiten Intifada und wie man sich in der Armee auf die unvermeidliche Auseinandersetzung vorbereitete.

Im Gazastreifen hatte es schon am Donnerstag, am Tag des Sharon-Besuchs auf dem Haram al Sharif also, vereinzelte Protestkundgebungen gegeben, die am Freitag an Zulauf gewannen. Am Samstag organisierte die Shabiba-Jugendbewegung der Fatah in Gazastadt eine Massenkundgebung. Abdel Hakim Awad, der Chef der Jugendorganisation, rief die Demonstranten auf, zu den Stützpunkten der israelischen Armee zu marschieren. Gleichzeitig bemühten sich jedoch die palästinensischen Sicherheitskräfte – auf

* Avi Issacharof, Amos Harel, *The Seventh War*, hebr., S. 17

Anordnung von Arafat – die Demonstranten zurückzudrängen, um Zusammenstöße mit israelischen Soldaten zu verhindern. Vergeblich. Aus Gazastadt folgten Hunderte dem Ruf der Jugendlichen und versammelten sich an der Kreuzung Netzarim, bei der gleichnamigen jüdischen Siedlung, wo sich ein israelischer Militärposten befand. Israelische Scharfschützen eröffneten das Feuer auf die Demonstranten. Die palästinensischen Polizisten gerieten dadurch unter den massiven Druck der protestierenden Jugendlichen, die sie aufforderten, sie gegen das Gewehrfeuer zu schützen. Und so kam es zu heftigen Feuergefechten zwischen beiden Seiten. In diesem Kugelhagel hatten sich zwei Zivilisten verfangen, Jamal Al-Dura und sein 12-jähriger Sohn Muhammad aus dem Flüchtlingslager Burej. Sie waren am Morgen nach Gazastadt gefahren, um ein Auto zu kaufen. Doch sie kehrten wenige Stunden später unverrichteter Dinge mit dem Taxi zurück. Der Fahrer weigerte sich, sie über die Kreuzung zu fahren und so stiegen die beiden aus und versuchten, die Kreuzung zu Fuß zu überqueren. Als die Schießerei begann, suchten sie Schutz am Rand einer Betonmauer. Zwanzig Minuten lang kauerten sie dort, während um sie herum das Feuergefecht tobte. Jamal versuchte vergeblich, seinen Sohn zu schützen, der sich in Todesangst an ihn klammerte. Doch der Junge kam im Kugelhagel um, Jamal wurde von fünf Kugeln getroffen und schwer verletzt. Ein palästinensischer Kameramann, der für das französische Fernsehen am Ort des Geschehens war, hielt die Ereignisse im Film fest. Wenig später schon liefen die Bilder über sämtliche Fernsehstationen. Muhammad Al-Dura wurde zum Symbol für den Widerstand der Palästinenser. »In diesem Moment wussten wir, dass wir die Kontrolle verloren hatten«, sagte Abdel Hakim Awad. Von diesem Moment an gab es kein Zurück mehr. Der palästinensische Aufstand hatte auch in Gaza begonnen.

Die Intifada begann blutig und sie ging blutig weiter. Israel reagierte auf die Unruhen mit äußerster Brutalität. Man müsse den Palästinensern ins Bewusstsein brennen, wer der Herr im Hause sei, sagte der damalige Generalstabschef Shaul Mofaz, der später Verteidigungsminister wurde, und wies seine Soldaten an, genau das zu tun. In den ersten zwei Wochen verschossen die Soldaten in den Auseinandersetzungen mit den Palästinensern, die in dieser Phase des Aufstands in erster Linie demonstrierten, eine Million Gewehrkugeln. Rasch kamen auch schwere Waffen zum Einsatz. Schon in der zweiten Woche wurden Panzer und Hubschrauber eingesetzt.

Stellungen der palästinensischen Sicherheitskräfte wurden zerstört, Felder und Obsthaine wurden platt gewalzt, um zu verhindern, dass Bewaffnete dort Schutz suchten. An der Netzarim-Kreuzung wurden sämtliche palästinensischen Häuser niedergerissen. Darunter auch zwei neue Hochhäuser, in denen die Familien der Sicherheitskräfte wohnten, die so genannten Twin Towers von Gaza.

Im Mai 2001 stiegen erstmals F-16-Kampfflugzeuge auf, um Stützpunkte der palästinensischen Polizei in der Stadt Jenin im nördlichen Westjordanland anzugreifen. Einige Monate später war der Einsatz der Luftwaffe schon Routine, wie der Militär-Kommentator der Zeitung *Jedioth Acharonoth* im Dezember 2001 schrieb: »Der Chef der Luftwaffe, Dan Halutz, hat es geschafft, nach einem Jahr und vier Monaten, die Armee und die politische Führung davon zu überzeugen, dass es keinen Unterschied macht, ob man Bomben am Boden oder aus der Luft einsetzt. Außerdem sind die Ergebnisse, die aus der Luft zu erzielen sind, zuverlässiger. Und nicht nur Israel hat sich überzeugen lassen. Die Welt hat sich an die Bilder von F-16-Kampfjets am Himmel über Gaza und dem Westjordanland gewöhnt.«*

Israel hatte schnell einen Schuldigen ausgemacht für den Ausbruch der Gewalt. Yassir Arafat trage die Verantwortung dafür, erklärten Politiker, Militärs und Journalisten. Allen voran Ehud Barak, der Ende Juli von dem gescheiterten Friedens-Gipfel von Camp David mit der Botschaft zurückgekommen war: »Israel hat keinen Partner für den Frieden.« Arafat habe von Anfang an geplant, Israel mit gewaltsamen Mitteln in die Knie zu zwingen, wenn er auf diplomatischem Weg keinen Erfolg haben sollte, seine Ziele durchzusetzen. Das war der Leitsatz der nun in Israel verbreitet wurde. Die Führung der Palästinenser habe den Aufstand geplant. Schon Wochen vor dem Beginn der Unruhen hätten junge Leute auf dem Tempelberg Steine gehortet, um sie gegen die israelischen Sicherheitskräfte einzusetzen. Und in den Schubladen der Autonomiebehörde seien die Anschlagspläne bereit gelegen. Diese Dar-

* *Jedioth Acharonoth*, 12.12.2001

stellung glaubte bald – mit wenigen Ausnahmen – die gesamte israelische Öffentlichkeit, und auch viele Beobachter im Ausland ließen sich von der israelischen Lesart überzeugen.

In Wirklichkeit aber hatten sich nicht die Palästinenser auf die Gewalt vorbereitet, ja, die Gewalt initiiert, sondern die Israelis.

Brigadegeneral Zvika Fogel, im Jahr 2000 zuständig für das südliche Kommando, das den Gazastreifen umfasste, sagte in einem Fernsehinterview: »Wir hatten uns schon lange vorher auf den Zusammenstoß vorbereitet.« Dabei habe man die Armee keineswegs für den Fall vorbereitet, dass es nach dem Scheitern der diplomatischen Gespräche zu Unruhen kommen werde. Im Gegenteil, man habe alles getan, damit die Verhandlungen schief gingen und es zu den erwarteten Zusammenstößen kommen musste. Wörtlich sagte er: »Es war nicht etwa so, dass wir gezwungen waren, Gewalt anzuwenden, um ein positives Ergebnis der Verhandlungen zu ermöglichen. Die Vorbereitungen, die wir trafen, führten erst zur Konfrontation.«

So habe man die in den Oslo-Abkommen vereinbarten gemeinsamen Patrouillen israelischer und palästinensischer Sicherheitskräfte aufgegeben und stattdessen ganz offen damit begonnen, sich auf die Konfrontation vorzubereiten. »Ich möchte daran erinnern, dass dies zu Beginn des Jahres 2000 war, es war noch die Zeit der gemeinsamen Patrouillen. Man sorgt für Elend und Bedrängnis auf der anderen Seite, was dazu führt, dass sie dieses Elend durchbrechen wollen. Sie nannten es eine Intifada. Nach sechs Wochen des Kämpfens hatten sie mehr als 60 Tote und wir keinen einzigen. Für sie war das nicht akzeptabel.« Der Exgeneral sagte diese offenen Worte in einem Dokumentarfilm, der im Dezember 2007 im israelischen Fernsehen ausgestrahlt wurde. Es war ein Film, über den die Tageszeitung *Haaretz* sagte, er hätte jedes normale demokratische Land in seinen Grundfesten erschüttern müssen. Denn Produzent Moish Goldberg beschuldigte die Führung der Armee, den Friedensprozess gegen den Willen der politischen Führung absichtlich und planvoll hintertrieben zu haben. Die Zeugen, die in dem Film zu Wort kamen, waren hohe Militärs, Politiker und Journalisten. Der damalige stellvertretende Verteidigungsminister Ephraim Sneh sagte zum Beispiel, die israelische Armee habe alle Palästinenser als Feinde angesehen. Vor allem der damalige Generalstabschef Shaul

Mofas habe sich über die Anweisungen der politischen Führung hinweggesetzt und sich öffentlich gegen den Friedensprozess ausgesprochen. Der damalige Außenminister Shlomo Ben Ami, Chef der israelischen Verhandlungsdelegation erklärte: »Mofas sagte in der Kabinettssitzung, der Clinton-Friedensplan gefährde die Existenz des Staates Israel. Er sagte das auch im Radio. In einem anderen Land würde man so etwas einen Putsch nennen. Hat ein Generalstabschef das Recht, sich an die Öffentlichkeit zu wenden? Und was ist der nächste Schritt? Wird er Panzer schicken?«

Mofas habe auch die Verhandlungen der israelischen Politiker mit den Palästinensern mit allen Mitteln hintertrieben. So sei er nicht bereit gewesen, militärische Landkarten für die diplomatischen Gespräche zur Verfügung zu stellen. »Wir rannten überall herum und machten Konzessionen, während die Führung der Armee der Meinung war, man müsse den Palästinensern zuerst [die Überlegenheit der Israelis in] das Bewusstsein brennen, und sie müssten erst mal verprügelt werden.«

Regierungschef Barak rief die Generäle nicht zur Ordnung. Im Gegenteil, er übertrug ihnen weitreichende Kompetenzen und die Entscheidungsgewalt über Dinge, die eigentlich die politische Führung hätte debattieren und entscheiden müssen. So brüstete sich ein Offizier damit, er habe sämtliche palästinensischen Dörfer am Rand der Autobahn von Tel Aviv nach Jerusalem von dieser wichtigen Verkehrsader abgeschnitten. Die Autobahn, die durch besetztes Gebiet führt und für deren Bau palästinensisches Land enteignet worden war, wurde von da ab nur noch von israelischen Autos genutzt. Die Zufahrtsstraßen zu den palästinensischen Dörfern wurden aufgerissen und zerstört und mit Betonklötzen versperrt. Die Autobahn wurde zur »Israelis only«-Straße.

Im Februar 2001 fanden in Israel wieder einmal vorgezogene Parlamentswahlen statt, aus denen der Likud siegreich hervorging. Parteichef Ariel Sharon, der nach dem Rückzug Netanjahus eigentlich als Übergangslösung die Führung der Partei übernommen hatte, wurde Ministerpräsident. Er trat mit dem Versprechen an, Israel Frieden und Sicherheit zu bringen. Mit harter Hand setzte er die Politik seines Vorgängers Barak fort und steigerte sie noch. Er befahl, die Führer des Aufstands zu ermorden und reagierte mit blutigen Vergeltungsschlägen auf palästinensische Attentate. Yassir

Arafat setzte er in Ramallah in der Mukata fest, dem Hauptquartier der Autonomiebehörde. Immer wieder drohte er auch damit, ihn töten zu lassen. Im September 2003 fasste das israelische Kabinett nach zwei palästinensischen Selbstmordanschlägen den bewusst zweideutig formulierten Beschluss, Arafat »zu entfernen«, ob aus dem Land oder dem Leben ließ man offen.

Doch schließlich wurde Arafat damals nicht »entfernt«. Aber auch die Unruhen legten sich nicht, und immer wieder wurde Israel von schweren Selbstmordanschlägen erschüttert.

Operation Schutzschild

Im Frühjahr 2002, zu Beginn des jüdischen Pessachfestes, sprengte sich in einem Hotel in der Küstenstadt Netanja ein palästinensischer Attentäter in die Luft. Die rund 250 Hotelgäste hatten gerade begonnen, ihre Plätze an den feierlich gedeckten Tischen einzunehmen, als die lebende Bombe in die Luft ging. Zwanzig Menschen wurden getötet, mehr als 80 verletzt.

Zwei Tage später, am 28. März, berief Sharon eine Pressekonferenz ein, bei der er den Palästinensern den Krieg erklärte. Er habe die Armee angewiesen, gegen die Terroristen im Westjordanland vorzugehen und die »Infrastruktur des Terrors« zu zerschlagen. Noch am selben Tag begannen die Kämpfe, für die von Anfang an auch eine große Anzahl an Reservisten mobilisiert wurde. 30 000 israelische Soldaten rückten nach und nach in die Städte des Westjordanlandes ein und besetzten sie. Dabei lieferten sich die Truppen erbitterte Kämpfe mit bewaffneten Palästinensern, aber der Widerstand wurde schnell gebrochen. Eine Stadt nach der anderen wurde wieder erobert und die Soldaten gingen dabei nicht zimperlich vor. Sie zerstörten Häuser, überrollten mit ihren Panzern am Straßenrand geparkte Autos, zertrümmerten die Einrichtungen von Regierungsbüros und beschlagnahmten die Unterlagen der Autonomiebehörde, ja sie drangen sogar in die Banken ein und raubten die dort gelagerten Gelder. Das sei Geld, mit dem der Terror finanziert werde, erklärte Israel einer in- und ausländischen Öffentlichkeit, die gar nicht nach Erklärungen verlangte, weil sie das brutale israelische Vorgehen längst abgesegnet hatte. In Ramallah griffen die Truppen auch das Hauptquartier von Jibril Rajoubs »präventiven Sicherheitskräften« an, die geschaffen worden waren, um die Ordnung in den palästinensischen Gebieten aufrechtzuerhalten und den Widerstand gegen Israel zu unterdrücken. Sie hatten sich in die Kämpfe zwar bislang nicht eingemischt, aber mit ihrer Zerschlagung verhinderte Sharon, dass zukünftig die Zusammenarbeit mit ihnen wieder aufgenommen werden könnte.

In Jenin im nördlichen Westjordanland leisteten überwiegend jugendliche Palästinenser überraschenden Widerstand. Mehr als 20 israelische Soldaten und mehr als 50 Palästinenser wurden getötet, das Zentrum des Flüchtlingslagers, von wo der Widerstand ausgegangen war, wurde dem Erdboden gleichgemacht.

In Bethlehem flohen Anfang April Militante und Zivilisten vor den anrückenden israelischen Truppen in die Geburtskirche und verschanzten sich dort. Die Armee belagerte die Kirche und verhängte eine Ausgangssperre über Bethlehem. Erst am 10. Mai, nach langwierigen und zähen diplomatischen Verhandlungen, wurde die Belagerung aufgehoben, 13 der in der Kirche verschanzten Bewaffneten wurden nach Europa ausgewiesen.

Die »Operation Schutzschild« zerstörte das durch den Friedensprozess geschaffene System, nach dem die palästinensischen Gebiete in Gebiete A – unter alleiniger palästinensischer Kontrolle, B – unter gemischter Kontrolle und C – unter alleiniger israelischer Kontrolle – aufgeteilt worden waren. Israel hatte nun faktisch wieder die Herrschaft über das gesamte Westjordanland, das zunehmend in nicht zusammenhängende Kantone oder – weniger freundlich ausgedrückt – Bantustans aufgesplittert wurde. Gaza blieb von der israelischen Militäroperation verschont. Obwohl Sharon von Abgeordneten immer wieder aufgefordert wurde, auch gegen den Gazastreifen vorzugehen und obwohl auch er selbst anfänglich dazu tendierte, diesem Drängen nachzugeben, vermied er es schließlich doch, die Kämpfe auf den Küstenstreifen mit seinen überbevölkerten Flüchtlingslagern auszudehnen und damit eine zweite Front zu eröffnen.

Doch die Stunde des Gazastreifens sollte noch kommen

Drei Wochen nach Beginn der Operation Schutzschild verkündete Ministerpräsident Sharon das Ende der ersten Phase des Kampfs gegen den palästinensischen Terror. In dieser Zeit waren 261 Palästinenser getötet und Tausende verletzt worden. In Jerusalem war man zufrieden mit den Ergebnissen der Offensive. Zum ersten Mal habe die palästinensische Generation, die nach der israelischen Eroberung der Gebiete geboren worden war, die israelische Militärmacht am eigenen Leibe gespürt, bilanzierte stolz Geheimdienstchef Avi Dichter. Die Palästinenser hätten nun verstanden, dass Israel bereit sei, zu kämpfen und seine Militärmacht ohne Rücksicht auf eigene Verluste und ohne Rücksicht auf palästinensische Opfer einzusetzen, um die eigenen Bürger zu schützen. Und Moshe Yaalon, damals noch stellvertretender Generalstabschef, der bald an die Spitze der Armee aufrücken sollte, sagte: »Israel hat die Verantwortung über Judäa und Samaria wieder in die eigene Hand genommen. Wir haben aufgehört, (die für die palästinensischen Geheimdienste zuständigen) Dahlan und Rajoub um Gefallen zu bitten. Wir sind in die Städte des Westjordanlands eingerückt – und die Palästinenser sind einfach zusammengebrochen. Es war ein schwerer Kampf, der von der palästinensischen Bevölkerung einen hohen Preis forderte. Ein Panzer, der über eine Asphaltstraße rollt, hinterlässt nun mal die Straße nicht in ihrer ursprünglichen Form. Die Operation hat die Terrornetzwerke getroffen, ein Großteil der Aktivisten wurde getötet oder verhaftet und das hat bei der palästinensischen Führung eine Diskussion ausgelöst, zu welchem Ziel der Weg des Terrors führt.«

In der Tat gab es in der palästinensischen Führung und in den einzelnen politischen Gruppierungen heftige Diskussionen, die jedoch von Israel selbst mit einem gezielten Luftschlag beendet wurden.

Im Gazastreifen hatten sich nämlich schon seit Anfang des Jahres die Führer von Fatah und Hamas und den kleineren Fraktionen regelmäßig getroffen, um darüber zu beraten, wie man dem Blutvergießen ein Ende setzen und an den Verhandlungstisch zurückkehren könnte. Für die Fatah nahmen an den Gesprächen unter anderen Samir Masharawi und Rashid Abu Shabak teil, für die Hamas die gesamte Führungsschicht, also Abdel Aziz Rantisi, Mahmoud Az-Zahar, Ismail Haniyeh und Ismail Abu Shanab. Auch Salah Shehade, der Führer des militärischen Arms der Hamas gesellte sich manchmal dazu. Nach siebenmonatigen Beratungen einigte man sich auf eine gemeinsame Erklärung, in der man das Ende der Besatzung in den Gebieten von 1967 und die Errichtung eines palästinensischen Staates in diesen Gebieten mit der Hauptstadt Ostjerusalem fordern wollte. Zum ersten Mal war die Hamas bereit, auf ihre Forderung nach einem palästinensischen Staat im ganzen Land, also vom Meer bis zum Jordan zu verzichten. Am 23. Juli wollte man sich noch ein letztes Mal treffen, um das Papier zu finalisieren und eine Pressekonferenz anzusetzen. Doch in der Nacht zuvor tötete Israel Salah Shehade mit einer Bombe aus der Luft und mit ihm 16 palästinensische Zivilisten.

Der Mordanschlag brachte die Diskussionen um einen Ausstieg aus dem Kreislauf der Gewalt zu einem jähen Ende. Stattdessen erscholl nun wieder der Ruf nach Rache. Eine vielleicht einmalige Chance, die blutige Intifada zu stoppen und alle palästinensischen Fraktionen an einen Tisch zu bekommen, war damit zunichte gemacht. Es ist kaum vorstellbar, dass Israel, dessen Geheimdienst so erfolgreich gesuchte Militante lokalisieren und ausschalten kann, nichts von den Diskussionen zwischen den palästinensischen Fraktionen und der bevorstehenden Erklärung wusste. Der Anschlag auf Shehade war damit der Auftakt zu neuem Blutvergießen. »Mit dem Anschlag auf Shehade war die Jagdsaison eröffnet«, schreibt Shlomi Eldar. Gezielt begann Israel nun, militante Palästinenser meist mit Raketen aus der Luft zu töten. Auch die Führung der Hamas wurde zur Zielscheibe. Am 21. August 2003 wurde Ismail Abu Shanab getötet. Im März 2003 beschloss das israelische Kabinett nach einem doppelten Selbstmordanschlag im Hafen von Ashdod, die gesamte Führung der Hamas zu liquidieren. Sogar Scheich Ahmed Yassin, das geistige Oberhaupt der Bewegung, wurde von einem Hubschrauber aus getötet, als er im Morgengrauen des 2. März 2004 die Moschee verließ. Kurz nach ihm, im April des gleichen Jahres starb Abdel Aziz Rantisi bei einem Angriff auf sein Auto. Und im Oktober wurde Adnan al-Ghul getötet, der Erfinder der Kassam-Raketen. Mindestens zweimal war er zuvor bereits einem Anschlag auf sein Leben entgangen.

Im Februar 2003 begann die israelische Armee eine Großoffensive gegen die Metallwerkstätten im Gazastreifen. Im Verlauf von zweieinhalb Monaten zerstörte sie sämtliche kleine Fabriken oder Werkstätten, in denen Metalle verarbeitet wurden. Es war nicht das erste Mal, dass die Armee sich diese kleinen Betriebe zum Ziel nahm, die einen wichtigen Wirtschaftsfaktor in Gaza darstellen. Schon im Herbst 2002 hatte sie immer wieder Werkstätten angegriffen. Sie stünden unter dem Verdacht, Kassam-Raketen herzustellen, so lautete die offizielle Begründung für dieses Vorgehen, das im Gazastreifen für Angst und Schrecken sorgte.

Der israelische Journalist Shlomi Eldar ist sicher, dass dies jedoch nur ein Vorwand war. »Es muss bezweifelt werden, ob die Armee wirklich glaubte, dass die Produzenten der Kassam-Raketen, die im Untergrund und unter großer Geheimhaltung arbeiten, tatsächlich sich und ihre ›Produkte‹ gefährden würden, indem sie sie in offenen und allen sichtbaren Werkstätten herstellten«, schrieb er in seinem Buch über den Gazastreifen. Da die Armee kein wirksames Mittel gegen den Beschuss mit Kassam-Raketen gefunden habe, sei sie unter massivem Druck gestanden, irgend etwas zu tun. Und um dem Eindruck entgegen zu wirken, man schaue tatenlos zu, wie der Süden Israels aus dem Gazastreifen heraus angegriffen werde, habe man den »Krieg gegen die Kassam-Infrastuktur« ausgerufen, die Zerstörung also der Werkstätten, in denen angeblich diese Raketen hergestellt wurden. »In diesem Krieg wurden mehr als 150 Palästinenser getötet, die meisten von ihnen unschuldige Zivilisten, die in der Nachbarschaft der Werkstätten wohnten«, schrieb Eldar weiter. In seinem Buch erzählt er die Geschichte von Nihad, einem palästinensischen Arbeiter, der bei einem solchen Angriff seine zwei Söhne verlor.

> Nihad kam auf mich zu. Er war halb besinnungslos und ich hatte das Gefühl, er habe noch nicht verstanden, welcher Schicksalsschlag ihn da getroffen hatte. »Als die Panzer kamen«, erzählte er, »sind wir aus unserem Haus geflohen und haben uns versteckt. Die ganze Familie flüchtete nach dort, hinter die Mauer. Die ganze Nacht haben wir dort verbracht. Wir warteten, bis sie mit der Zerstörung fertig und gegangen waren, und ich hoffte, dass ich es noch schaffen würde, rechtzeitig zu meiner Arbeit in Israel zu kommen. Um fünf Uhr morgens hörten wir, dass die Panzer abzogen. Ich ging nachschauen, was los war, und dann rief ich meine Söhne, dass sie herauskommen könnten, dass die Gefahr vorüber sei und wir wieder ins Haus gehen könnten. In dem Moment, als sie aus dem Versteck kamen, fiel eine Granate auf sie.« Seither kann Nihad sich nicht

> verzeihen. »Warum habe ich sie nur gerufen? Warum? Warum habe ich nicht noch ein bisschen gewartet? Warum hatte ich es so eilig?« Beide Söhne, Siad, 28 und Ala, 22, spielten in einem Projekt Fußball, das das Peres-Zentrum für Frieden initiiert hatte, und sie nahmen an einem Freundschaftsspiel für den Frieden in Oslo teil. Siad spielte als Stürmer in der israelisch-palästinensischen Mannschaft, die zusammengestellt wurde, um Freundschaft und Brüderlichkeit zwischen den Sportlern gegenüber einer europäischen Auswahl zu demonstrieren. Er schoss sogar ein Tor. Nach dem Spiel erhielt er ein Angebot von einer ausländischen Mannschaft, bei ihr mitzuspielen.*

Doch Nihad riet seinem Sohn ab, ins Ausland zu gehen. Er, der Vater, verdiene bei seinem Job in Israel genug, um die Familie zu ernähren, sagte er zu ihm. Im Gazastreifen habe er doch alles, was er brauche. Siad beugte sich dem Wunsch seines Vaters und eröffnete gemeinsam mit seinem jüngeren Bruder einen Lebensmittelladen. Es war das Pech der Familie, dass im Haus ihres Nachbarn eine kleine Metallwerkstätte war.

Und nun hatte Nihad beide Söhne verloren. Sein Haus war zerstört, sein Auto unter den Trümmern begraben. Zwei Tage später entzog Israel ihm auch seine Genehmigung, in Israel zu arbeiten. Denn wenn ein Palästinenser einen Familienangehörigen verliert, fürchtet man, dass er sich mit einem Anschlag rächen könnte. Als potenzieller Attentäter aber darf er natürlich nicht mehr in Israel arbeiten.

Die Zerstörung der Metallwerkstätten hatte verheerende Folgen für die ohnehin nur noch rudimentär existierende Wirtschaft des Gazastreifens, denn damit wurde ein Wirtschaftszweig vernichtet, der wenige Investitionen erforderte und somit vielen Menschen einen bescheidenen Lebensunterhalt gesichert hatte. Doch alle Versuche, die Betriebe wieder zu beleben, waren zum Scheitern verurteilt. Denn Israel nahm sich immer wieder die Metallwerkstätten zum Ziel. Später wurden sie auch aus der Luft beschossen und zerstört.

In diesem Frühjahr 2003 konnte Israel ungestört gegen die Palästinenser in Gaza vorgehen. Denn am 20. März 2003 begann die

* Eldar, *Aza kemavet*, S. 223ff.

amerikanische Invasion in den Irak und die Aufmerksamkeit der Weltöffentlichkeit wandte sich diesem neuen Kriegsschauplatz im Nahen Osten zu. Die Gewalt nahm solche ungeheuerlichen Ausmaße an, dass die Toten im israelisch-palästinensischen Konflikt bald kaum noch Beachtung fanden.

Im Schatten des Krieges im Irak und seiner fürchterlichen Folgen ging das Sterben in Gaza jedoch weiter.

Erst im Februar 2005, wenige Monate vor dem israelischen Rückzug aus dem Gazastreifen, kam die Zweite Intifada zu ihrem Ende. Sie wurde von Präsident Mahmoud Abbas bei einem Gipfeltreffen mit Israels Ministerpräsident Sharon im ägyptischen Sharm el Sheich offiziell für beendet erklärt.

In Wirklichkeit aber änderte sich nicht viel. Die israelische Armee drang auch nach der Räumung regelmäßig in den Gazastreifen ein, angeblich, um den Raketenbeschuss aus dem Gazastreifen zu unterbinden. Erstmals setzte sie nun auch das Mittel des durch Überschallflugzeuge erzeugten Lärmterrors ein, das sie vorher mit Rücksicht auf die Siedler und die in Gaza stationierten Soldaten nicht verwenden konnte. Auch auf palästinensischer Seite wurden die Feindseligkeiten nicht eingestellt. Militante Jugendliche feuerten auch weiterhin Raketen und Granaten auf grenznahe israelische Ortschaften ab.

Die Opferbilanz für beide Seiten war jedoch höchst ungleich. In Gaza wurden in den Jahren 2006 und 2007 nach einer Statistik der israelischen Menschenrechtsorganisation B'tselem 816 Palästinenser durch israelische Truppen getötet. Mindestens 360 von ihnen waren Zivilisten, 152 waren unter 18 Jahren alt. Auf israelischer Seite wurden 24 Menschen von Palästinensern bei Anschlägen getötet.

Im Frühjahr 2008 schließlich sah es so aus, als ob die Zweite Intifada direkt in die Dritte münden würde. Ende Februar rückte die israelische Armee wieder einmal mit schweren Truppenverbänden und Luftunterstützung in den nördlichen Gazastreifen vor. Im Flüchtlingslager Jebalya lieferte sie sich heftige Kämpfe mit bewaffneten Palästinensern. Im Verlauf von fünf Tagen kamen dabei rund 120 Palästinenser ums Leben, darunter 30 Kinder. Es war das blutigste Wochenende in Gaza seit dem Sechstagekrieg von 1967.

Bitteres Wasser

Wer sagt, dass Wasser keine Farbe hat, keinen Geschmack und keinen Geruch? Wasser hat eine Farbe, die sich zeigt im Entstehen des Durstes … Wasser hat den Geschmack von Wasser, einen Geruch, der dem Duft der Nachmittagsbrise entspricht, die vom Feld herüberweht mit vollen Ähren, die sich in der lichten Fläche wiegt, hingestreut wie die flackernden Lichtpunkte, die ein kleiner Spatz hinterlässt, der niedrig fliegt.

Mahmoud Darwish, Memory for Forgetfulness, Beirut 1982

Das Grundwasser versiegt

April 2007. Ich bin wieder einmal im Gazastreifen unterwegs, der seit Monaten unter einer ständig härter werdenden Wirtschaftsblockade leidet. Ausländische Journalisten kommen nur noch selten hierher, denn wenige Wochen zuvor wurde der BBC-Journalist Alan Johnston von Militanten verschleppt. Er war der einzige ausländische Korrespondent, der sich permanent in Gaza aufhielt, und einer von wenigen Ausländern, die noch dort leben seit die Hamas die Parlamentswahlen gewonnen hat, wodurch die Situation noch schlimmer geworden ist. Israel und die internationale Staatengemeinschaft haben nach dem Wahlsieg einen Bann über die Bevölkerung des schmalen Streifens verhängt. Sie haben alle diplomatischen Kontakte abgebrochen und die Grenzen geschlossen. Auch die Übergänge für Ein- und Ausfuhren sind dicht. Nur noch das Allernötigste wird hereingelassen, gerade so viel, dass die Menschen nicht Hungers sterben. Hunger aber leiden ohnehin viele. In Gazastadt sieht man in diesen Tagen zum ersten Mal bettelnde Kinder. Es ist ein Embargo, unter dem in erster Linie die Zivilbevölkerung leidet.

Am Grenzübergang Eres hört man Hämmern und Klopfen. In den Ruinen des ehemaligen Industriegebietes Eres an der Grenze zu Israel suchen Kinder und junge Männer nach Eisen- und Metallresten. Mit kleinen Pickeln und Hämmern reißen sie Eisenträger aus den Wänden. Die Fensterrahmen sind längst abmontiert. Nun brechen sie den Beton auf, um an das wertvolle Metall zu kommen. Denn Eisen ist ein begehrter Rohstoff und lässt sich in Gaza gut verkaufen. Für viele Familien ist das, was die Kinder so verdienen, das einzige Einkommen.

Die Kinder kichern aufgeregt, als ich mit dem Mikrofon auf sie zukomme, aber die jungen Männer, die auf den halb eingefallenen Dächern der zerbombten und ausgeplünderten Gebäude stehen, reagieren aggressiv und beschimpfen mich, bis Raed, der mich begleitet, sie zur Ordnung ruft. Diese Szene macht deutlich: Die Stimmung in Gaza ist gereizt. Der permanente Druck auf die Zivilbevölkerung macht sich nicht nur im wirtschaftlichen Niedergang, sondern auch im sozialen Miteinander bemerkbar.

Wir lassen die jungen Leute zurück und fahren durch fast ausgestorbene Straßen nach Süden. Bleiern liegt die Mutlosigkeit über Gaza. Bei einem kleinen Lebensmittelladen im Flüchtlingslager Jebalja halten wir an. Ein Eselskarren ist vorgefahren. Die meisten Bewohner sind längst auf diese klapprigen Fahrzeuge umgestiegen, denn für Treibstoff haben sie kein Geld mehr.

Das Glöckchen um den dürren Hals des ausgemergelten Tiers verbreitet einen unangemessen fröhlichen Ton. Dem Verkäufer, der hier seine bescheidene Auswahl an Waren feilbietet, ist gar nicht fröhlich zumute. »Die Situation ist sehr schwer«, sagt er. »Ich verkaufe gar nichts mehr. Die Leute haben einfach kein Geld.«

Geld ist rar im Gazastreifen, denn auch die internationale Finanzhilfe bleibt seit dem Wahlsieg der Hamas aus. Die Folge ist, dass viele Palästinenser auf Lebensmittelhilfe angewiesen sind. Die UNRWA gibt Lebensmittelmarken aus. Damit kann man Mehl und Öl kaufen, Tee und Zucker. Eine vielleicht 45-jährige Frau in einem langen braunen Mantel betritt den Laden. In der Hand hält sie ein paar zerknitterte Geldscheine. Ihr Name ist Umm Muhammad, die Mutter von Muhammad, benannt nach ihrem ältesten Sohn, wie es hier Sitte ist. Sie hat die Hälfte ihrer Lebensmittelmarken verkauft, denn sie braucht Geld für andere Dinge, für Schulhefte zum Beispiel, für Seife und Waschpulver und für Batterien und Kerzen.

»Warum bekommen wir kein Geld mehr? Wo ist die Hilfe für uns?«, fragt sie, als sie die ausländische Journalistin sieht, und fügt hinzu: »Wieso habt ihr uns die Tür vor der Nase zugeschlagen? Wieso helft ihr uns nicht? Was haben wir getan?«

Umm Muhammad hat zehn Kinder. Drei Söhne arbeiten bei der Polizei, aber sie bekommen kein Gehalt mehr, denn jetzt herrscht die Hamas. Die Autonomiebehörde bezahlt zwar noch die Gehälter ihrer Angestellten, aber nur, wenn sie nicht für die neuen Herren in Gaza, für die Hamas, arbeiten. Das bisschen Geld, das ihre Söhne irgendwie verdienen können, reicht gerade, um zur Arbeit zu fahren. Denn auch Benzin ist knapp und teuer im Gazastreifen, und öffentliche Verkehrsmittel gibt es nicht. »Früher haben wir unseren Kindern genug Essen geben können«, sagt Umm Muhammad. »Aber jetzt geben wir ihnen fast nichts mehr, weil wir einfach nichts mehr haben.«

Die meisten Menschen in Gaza ernähren sich nur noch von Brot und Olivenöl, manchmal gibt es etwas Obst und Gemüse dazu. Fleisch und Fisch sind unbezahlbar geworden. Viele Mütter verdünnen sogar die Milch für ihre Babys.

Selbst das Trinkwasser ist zu einem fast unerschwinglichen Gut geworden für die Bewohner des Gazastreifens, aber darüber spricht niemand. Man kauft einfach kein Trinkwasser mehr und bedient sich stattdessen an dem, was aus der Leitung kommt, eine salzige ungenießbare Brühe.

Nasser kann davon ein Lied singen, denn er ist Wasserverkäufer. Er betreibt einen kleinen Laden in Beit Lahya im nördlichen Gazastreifen. Doch heute sitzt er untätig auf einem niedrigen Hocker vor seinem Geschäft und schaut trübsinnig vor sich hin.

»Wir haben 1000 Kanister, die wir mit Wasser füllen und zu unseren Kunden bringen«, berichtet er. Das Wasser, das im Unterschied zum Leitungswasser von guter Qualität ist und unbedenklich konsumiert werden kann, wird in Tanks auf den Dächern oder in Tonnen gespeichert. »Früher haben wir unsere Kanister dreimal am Tag gefüllt und ausgeliefert, heute machen wir nur noch eine Fuhre am Tag. Unsere Kunden haben kein Geld mehr, um das Wasser zu bezahlen.«

250 Liter Trinkwasser kosten zehn Shekel, das sind weniger als zwei Euro. Doch selbst diesen Betrag können viele Palästinenser im Gazastreifen nicht aufbringen. In ihrer Not trinken sie darum das belastete, stark salzhaltige Leitungswasser, was bei vielen Menschen zu schweren Nierenschäden oder anderen Erkrankungen führt. Eine Nierenerkrankung kann in Gaza den Tod bedeuten, denn es

gibt nicht genügend Dialysemaschinen, um die wachsende Zahl der Erkrankten zu behandeln.

Der verstorbene palästinensische Präsident Yassir Arafat hatte einige Lieblingssprüche, die er bei öffentlichen Auftritten immer wieder gern benutzte. Bei Journalisten löste er manchmal Heiterkeit aus, wenn er mit dem ihm eigenen Pathos diese immer gleichbleibenden Floskeln ausrief. »Ich verlange nicht nach dem Mond«, pflegte er zu sagen, wenn er sich über die unnachgiebige israelische Haltung beschweren und die nach seiner Meinung maßvollen palästinensischen Forderungen unterstreichen wollte. Wenn er wütend war und den palästinensischen Anspruch zum Beispiel auf Jerusalem als Hauptstadt des zu schaffenden palästinensischen Staates bekräftigen wollte, griff er zu einem anderen Bild. Dann rief er drohend aus: »Wem das nicht passt, der soll aus dem Meer von Gaza trinken.«

Was er damit sagen wollte, war ganz einfach: »Wem das nicht passt, der soll zur Hölle gehen.« Denn wer aus dem Meer von Gaza trinkt, wird seinen Durst natürlich nicht löschen können. Aber nicht nur das Meer von Gaza gilt als bitter. Auch das Trinkwasser im Gazastreifen ist inzwischen nicht mehr genießbar. Das Wasser, das aus der Leitung kommt, kann man eigentlich nicht einmal zum Zähneputzen verwenden.

Das war nicht immer so. Der Gazastreifen galt bis ins 20. Jahrhundert als wasserreich und fruchtbar. Etwa 1000 Quellen speisten die Gärten und Obsthaine des Gebiets, das für seine reiche Vegetation und seine saftigen Orangen berühmt war. Heute dagegen sitzen die Menschen buchstäblich auf dem Trockenen. Denn sie verfügen über keine überirdischen Trinkwasservorräte. In Gaza gibt es keine Flüsse, keine Seen und keine Quellen. Das einzige verfügbare Wasser ist das Grundwasser, das aus dem so genannten Küsten-Aquifer kommt, einer Wasserader, die sich vom Carmelgebirge im Norden Israels bis Rafah an der ägyptischen Grenze erstreckt. Früher, als der Gazastreifen noch nicht so dicht besiedelt war, reichte das vorhandene Wasser aus. Die Einwohner der Region entnahmen mittels Brunnen das, was sie für Landwirtschaft und Haushalt benötigten. Die Niederschläge im Winter und der natürliche Zufluss aus den Hebronbergen und durch das Wadi Gaza glichen den Verlust wieder aus. Inzwischen aber ist das Wadi Gaza ganzjährig ausgetrocknet. Das Wasser dieses kleinen Baches, der bei Beer Sheva entspringt und früher ins Mittelmeer mündete, wird von Israel vorher aufgestaut und verbraucht. Auch das von den Hebronbergen abfließende Wasser wird abgeleitet. Und so bleibt für die Wiederauffüllung des Aquifers nur der Regen, der infolge der Klimaveränderungen aber auch weniger wird. Dies führt dazu, dass die Grundwasservorräte unter dem Gazastreifen in rasendem Tempo abnehmen. Die wachsende Bevölkerung des kleinen Gazastreifens, der noch dazu »downstream«, also am Ende der Wasserader, liegt, pumpt zu viel ab, und die winterlichen Regenfälle reichen nicht mehr aus, um die natürlichen unterirdischen Speicher zu füllen.

Die Wasserkrise begann Mitte des 20. Jahrhunderts, mit dem israelischen Unabhängigkeitskrieg von 1948, als über Nacht rund 200000 Flüchtlinge in den Gazastreifen strömten. Bis zum Jahr 1967, als der Gazastreifen im Sechstagekrieg erobert und besetzt wurde, wuchs die Bevölkerung so stark an, dass sie alles verfügbare Wasser aufbrauchte. Trotz dieser alarmierenden Entwicklung unternahm die neue israelische Verwaltung nichts, um ein Wassermanagement einzuführen und für die Zeit der Knappheit vorzusorgen. In den Jahren zwischen 1967 und 1993, also vom Beginn der israelischen Besatzung bis zum Beginn des Oslo-Prozesses, wurden stattdessen in Gaza fast unkontrolliert Brunnen gebohrt. Die Zahl der registrierten Brunnen stieg von 1200 auf 2100 an. Hinzu kommen etwa 2000 Brunnen, die von der Bevölkerung ohne Genehmigung gebohrt wurden.

Als die palästinensische Selbstverwaltung 1994 die Verantwortung für die Wasserressourcen im Gazastreifen übernahm, war es schon fast zu spät. Schon damals war klar, dass die Wasserader unter dem Gazastreifen so überstrapaziert wurde, dass sie bald nicht mehr nutzbar sein würde. Außerdem ging viel Wasser verloren, weil das Leitungssystem so marode war, dass die Hälfte des gepumpten Wassers versickerte. Experten schätzten damals, dass das Wasser schon im Jahr 2000 nicht mehr trinkbar sein würde, und sie behielten Recht damit. Das Wasser ist inzwischen unbehandelt nicht mehr zu genießen. Trotzdem wird es konsumiert, weil die Menschen keine Alternative haben.

1995, ein Jahr nach Errichtung der Autonomiebehörde, wurde

die palästinensische Wasserbehörde geschaffen, die sich der Wasserverteilung, der Pflege und Wartung der Leitungsnetze und der Abwasserentsorgung in den palästinensischen Gebieten annehmen sollte.

Mit Hilfe ausländischer Geldgeber entwickelte die neu geschaffene Wasserbehörde im Jahr 2000 einen Plan, der den Aquifer retten sollte, den auf 20 Jahre angelegten so genannten Coastal Aquifer Management Plan, CAMP. Er sah vor, dass die Entnahme von Wasser drastisch zurückgefahren werden sollte. Das benötigte Trinkwasser sollte durch Entsalzungsanlagen, Wasseraufbereitung und Importe aus Israel gesichert werden. Außerdem sollte eine Pipeline gebaut werden, die Wasser aus dem Westjordanland nach Gaza bringen würde.

Der Ausbruch der Zweiten Intifada im Herbst 2000 verhinderte jedoch, dass der Plan umgesetzt werden konnte. Nach Beginn des Aufstands halbierte Israel seine Wasserlieferungen nach Gaza, der Bau der Entsalzungsanlage wurde 2003 aus Sicherheitsgründen eingestellt, und auch die Abwasserentsorgung konnte nicht entwickelt werden. Noch immer fließen 80 Prozent der Abwässer ungeklärt ab und verunreinigen das Grundwasser.

Das größte Problem bleibt die Übernutzung der unterirdischen Wasserader. Shaddad Attili ist ein weltweit anerkannter Spezialist, der die palästinensische Autonomiebehörde in Wasserfragen berät. Nach seiner Schätzung werden pro Jahr 160 Millionen Kubikmeter Wasser aus dem Aquifer gepumpt. Nur 50 Millionen Kubikmeter fließen durch Regenfälle zurück. Es bleibt also ein Defizit von 110 Millionen Kubikmeter, das durch eindringendes Salzwasser und ungeklärte Abwässer aufgefüllt wird. 80 Prozent des in Gaza verfügbaren Wassers, sagt Attili, eignen sich weder als Trinkwasser noch für die Bewässerung in der Landwirtschaft.

Die unterirdischen Speicher sind bereits in alarmierendem Maße verunreinigt. Die Kontaminierung des Trinkwassers mit Salz, Nitrat und anderen chemischen Substanzen übersteigt die von der Weltgesundheitsbehörde festgelegten Grenzwerte oft um mehrere hundert Prozent. So erreicht die Chlorid-Konzentration manchmal mehr als 700 bis 800 Milligramm pro Liter. Nach den Richtlinien der Weltgesundheitsorganisation WHO darf die Belastung jedoch höchstens 250 Milligramm pro Liter betragen. Auch die Nitratkonzentration liegt weit über den erlaubten 50 Milligramm pro Liter. In Khan Yunis, wo die Menschen Sickergruben angelegt haben, weil sie nicht an ein Abwässerentsorgungssystem angeschlossen sind, erreicht die Nitratkonzentration manchmal über 600 Milligramm pro Liter. Mit fatalen Folgen. Denn die hohe Nitratbelastung verursacht vor allem bei Kleinkindern schwere Schäden. Bei Babys führt sie zum so genannten Blue-Baby-Syndrom, das durch den Mangel an roten Blutkörperchen entsteht. Die betroffenen Kinder bleiben körperlich und geistig in ihrer Entwicklung zurück. Nicht nur die Nitratbelastung, auch die bakterielle Verschmutzung des Wassers führt zu schweren Krankheiten wie Lamblienruhr, die den Verdauungstrakt angreift und Durchfall verursacht, Amöbenruhr, Typhus und Hepatitis A.

Nach Einschätzung von Khaled Tibi vom Gesundheitsministerium in Gaza sind 60 bis 70 Prozent aller Erkrankungen im Gazastreifen auf das Wasser zurückzuführen. Als Leiter der Abteilung für Wasserkontrolle ist er zuständig für die Überwachung der Wasserqualität. Jeden Tag ist er mit seinen Reagenzgläsern und Kühltaschen unterwegs und nimmt Wasserproben, die er dann in seinem Labor auf Verunreinigungen untersucht. Doch er kann nur einfache Tests durchführen. Für komplizierte Untersuchungen reichen seine Mittel und Möglichkeiten nicht aus.

Im August 2008 veröffentlichten Wissenschaftler des Helmholtz-Zentrums für Umweltforschung eine Studie zur Nitratbelastung des Wassers im Gazastreifen. Demnach wiesen 90 Prozent der von den Forschern entnommenen Wasserproben Nitratkonzentrationen auf, die zwei- bis achtmal höher waren als der von der WHO empfohlene Richtwert. In einer Langzeitstudie zwischen 2001 und 2007 hatten die Wissenschaftler insgesamt sieben Mal Wasserproben aus 115 kommunalen und 50 privaten Brunnen entnommen. Dabei stellten sie Nitratkonzentrationen zwischen 31 und 452 Milligramm pro Liter fest. Nur in zehn der 115 untersuchten öffentlichen Brunnen lagen die Werte unter dem Richtwert der WHO. Die hohe Belastung sei vor allem auf organische Düngemittel und Abwässer zurückzuführen, erklärten die Wissenschaftler. Sie empfahlen den Behörden im Gazastreifen, unverzüglich Maßnahmen gegen die überhöhten Nitratwerte im Trinkwasser zu ergreifen.

Wichtigste Voraussetzung für die Verbesserung der Trinkwasserqualität wäre eine geregelte Entsorgung und Aufbereitung der Abwässer. Sonst droht der kleine schmale Küstenstreifen in seinen eigenen Abwässern zu ertrinken.

Für fünf Bewohner des Dorfes Um el Nasser wurde diese Schreckensvision zur Wirklichkeit.

Der Tsunami von Um el Nasser

Um el Nasser ist ein kleines ärmliches 5000-Seelen-Dorf im nördlichen Gazastreifen. Die Einwohner sind Beduinen, die nach Angaben des palästinensischen Zentrums für Menschenrechte im Jahr 1997 zwangsweise hier angesiedelt wurden.

Am 27. März 2007 um halb zehn Uhr vormittags kam ein Tsunami über das Dorf. Eine zwei Meter hohe Welle aus dem nahegelegenen Abwasserreservoir schwappte über das Dorf, riss Ziegen und Hühner und Gegenstände mit sich und zerstörte Dutzende der armseligen Behausungen. Rund 100 Häuser wurden überschwemmt, mehr als 250 teilweise zerstört. Fünf Menschen ertranken in der schmutzigen stinkenden Flut.

Das Abwasserbecken, nur 150 Meter von Um el Nasser entfernt, war erst sechs Monate zuvor fertig gestellt worden. Es sollte die anderen, schon bis zum Rand gefüllten Bassins der Kläranlage von Beit Lahya entlasten. Der Bürgermeister von Gazastadt beschuldigte die Bewohner des Ortes, die Dämme selbst destabilisiert zu haben. Sie hätten Sand entnommen, um ihn an Bauunternehmer zu verkaufen, die wegen der israelischen Blockade keine Baumaterialien mehr aus Israel oder Ägypten erhielten.

Die Bewohner der Ortschaften rund um die Kläranlage dagegen warfen den Behörden vor, nichts getan zu haben, um das Unglück zu verhindern. Schließlich war es nicht das erste Mal, dass Menschen in Abwässern ertranken. Schon zwei Mal, 1989 und 1992, hatte es ähnliche Überschwemmungen mit mehreren Toten gegeben. Fachleute hatten immer wieder gewarnt, dass sich jederzeit wieder ein ähnliches Unglück ereignen könne. Um die Kläranlage zu entlasten, sollten drei weitere Abwasserentsorgungsanlagen gebaut werden. Doch der Wahlsieg der Hamas, ihre Machtübernahme in Gaza und die darauf folgende internationale Blockade hatten alle Projekte zunichte gemacht.

Die Kläranlage von Beit Lahya im nördlichen Gazastreifen war 1976 von den Israelis angelegt worden, um die Abwässer von 50000 Einwohnern für Bewässerungszwecke wiederaufzubereiten. Inzwischen aber leben 200000 Menschen in der Gegend, und ihre Zahl steigt weiter. Ursprünglich wurden vier Klärteiche angelegt, heute sind es sieben. Doch die Filterbecken konnten das Wasser bald nicht mehr fassen, so dass es über die Ränder trat und einen etwa 48 Hektar großen See bildete. Von Anfang an war die Anlage zu klein für die Bedürfnisse der Region. Darüber hinaus war die Qualität des »geklärten« Wassers so schlecht, dass man die Pläne rasch aufgeben musste, es für die Bewässerung in der Landwirtschaft zu nutzen. Stattdessen sickerte das Abwasser in den Boden und verunreinigte noch zusätzlich die unterirdische Wasserader.

Im Jahr 2006 war der Wasserstand des Sees so hoch, dass man sich entschloss, ein neues Becken anzulegen. Doch der einzige Ort, den die israelische Armee dafür genehmigte, lag auf einer Anhöhe über dem Dorf Um el Nasser. Trotz aller Warnungen internationaler Experten wurde das Bassin ausgehoben und geflutet. Wenige Monate später brachen die Dämme und überspülten das Dorf.

Das Unglück, das fünf Menschenleben kostete, war aber nur die Spitze des Eisbergs, die plötzlich sichtbar wurde. Das Ausmaß der Gefahren für Umwelt und Menschen durch die ungeklärten Abwässer in Gaza wird erst langsam richtig deutlich. Die Hamas-Regierung aber ist völlig überfordert mit der Lösung eines Problems, an dem die Autonomiebehörde trotz der großzügigen Unterstützung zahlreicher Hilfsorganisationen gescheitert ist. Seit Israel den Gazastreifen im Herbst 2007 zur »feindlichen Entität« erklärt hat, liegen alle Projekte zur Verbesserung der Abwasserentsorgung und Trinkwasserversorgung auf Eis, darunter auch ein deutsches Projekt, eine Kläranlage in Gazastadt aufzurüsten.

Hinzu kommt, dass die zahlreichen Unterbrechungen der Stromversorgung und der akute Treibstoffmangel auch die Pumpen lahmlegen, die die Abwässer entsorgen sollen. Außerdem dürfen dringend benötigte Ersatzteile zur Reparatur beschädigter Pumpen nicht ins Land gebracht werden, weil Israel befürchtet, dass die Rohre für die Produktion von Raketen zweckentfremdet werden könnten.

In ihrer Not haben die Palästinenser nun damit begonnen, ihre Abwässer ungeklärt ins Meer zu leiten – mit Auswirkungen nicht nur für die Bevölkerung des Gazastreifens und die Fischbestände in Küstennähe. Auch Israel ist davon betroffen, denn der Schmutz, der die Strände des Gazastreifens bereits verunreinigt hat, wird mit der Strömung nach Norden getrieben.

Die Qualität des Wassers also ist katastrophal. Bedrohlicher für die Gesundheit und die schiere Existenz der rund 1,5 Millionen Bewohner des Gazastreifens sind jedoch die zurückgehenden Vorräte, ist der immer schlimmer werdende Mangel. Die Experten der Vereinten Nationen befürchten, dass die Palästinenser schon in wenig mehr als zehn Jahren kein Wasser mehr haben werden. Der Wasserexperte Shaddad Attili geht in seinen Projektionen davon aus, dass die Bevölkerung des Gazastreifens bis 2025 bereits 205 Millionen Kubikmeter Wasser benötigt. Dieses Wasser kann nur von außen kommen, denn die Vorräte unter dem Gazastreifen sind jetzt schon erschöpft.

Vor dem Rückzug der Israelis aus dem Gazastreifen wuchs bei den Palästinensern die Hoffnung, dass sie die unter den Siedlungen liegenden Wasservorräte nun selbst würden nutzen können. Es gab große Pläne für neue Industrieansiedlungen und Tourismus in dem evakuierten Gebiet, Pläne, die von Shimon Peres, damals stellvertretender Ministerpräsident in der Regierung Sharon, befürwortet wurden. Doch nach dem Rückzug zeigte sich sehr schnell, dass aus all diesen Plänen nichts werden konnte. Denn die Siedler hatten zwar jährlich etwa 4,1 Millionen Kubikmeter Wasser aus dem Aquifer gepumpt. Sie hatten aber noch einmal fast die gleiche Menge Wasser aus Israel bezogen, um ihre intensive Landwirtschaft aufrecht erhalten zu können. Ohne dieses zusätzliche Wasser war es nicht möglich, die Gewächshäuser, die die Siedler zurückgelassen hatten und die mit Spendengeldern aus den USA für palästinensische Bauern erworben worden waren, in Betrieb zu halten.

Nach dem Rückzug verschärfte sich die Wasserknappheit sogar noch. Bei israelischen Invasionen in den Gazastreifen wurden dem Leitungssystem schwere Schäden zugfügt. Vor allem der Angriff auf das Elektrizitätswerk von Gaza während der »Operation Sommerregen« im Jahr 2006 hatte auch Auswirkungen auf die Wasserversorgung und die Abwasserentsorgung der Bevölkerung. Denn die Pumpen sowohl für das Trinkwasser als auch für die Abwässer werden mit Strom betrieben. Als nach der Machtübernahme durch die Hamas ein internationales Wirtschaftsembargo gegen den Gazastreifen verhängt wurde, schloss die amerikanische Hilfsorganisation USAID ihre Büros in Gaza. Die von ihr mitorganisierten und finanziell getragenen Wasserprojekte kamen damit zu einem vorzeitigen Ende.

Wenn nichts geschieht, werden die Bewohner des Gazastreifens also weiter auf dem Trockenen sitzen. Und das, obwohl doch eigentlich Wasser vorhanden ist. Im Westjordanland nämlich, das nach den Oslo-Verträgen »untrennbar« zum Gazastreifen gehört. Beide Gebiete bilden eine Einheit und sollen gemeinsam den zu schaffenden palästinensischen Staat darstellen. Warum also sollten die Palästinenser in Gaza nicht von den reichen Grundwasservorkommen im Westjordanland profitieren? Per Pipeline könnte man das kostbare Nass zu ihnen pumpen. Doch dafür müsste Israel seinen Zugriff auf die lebenswichtige Ressource lockern und das ist nicht absehbar.

Im Gegenteil, die israelische Regierung erkennt die Wasserrechte der Palästinenser genauso wenig an, wie es den palästinensischen Anspruch auf das Westjordanland anerkennt. Folgerichtig behält sie sich das Recht vor, das Wasser des Westjordanlandes nach eigenem Gutdünken zu verteilen. Und das bedeutet: zwischen 80 und 85 Prozent für Israel, zwischen 15 und 20 Prozent für die Palästinenser.

Die Grundlage für diese ungleiche Verteilung legte Israel kurz nach der Eroberung der palästinensischen Gebiete im Jahr 1967, als die verfügbaren Wasserressourcen in mehreren Militäranweisungen zum Eigentum des israelischen Staates erklärt und für die Palästinenser Nutzungsquoten festgelegt wurden, die jede Entwicklung im Keim erstickten. Der Zugang zum Jordan wurde ihnen und wird ihnen bis heute komplett verwehrt. Von den vier unterirdischen Wasseradern, die das Gebiet zwischen Mittelmeer und Jordan versorgen, dürfen die Palästinenser nur elf Prozent nutzen, obwohl der größte und wasserreichste Teil dieser Aquifer, der so genannte Bergaquifer, unter dem Westjordanland liegt. Der ganze Rest wird von Israel beansprucht. Pro Kopf bedeutet das, dass jedem Israeli pro Jahr 353 Kubikmeter Wasser zur Verfügung stehen, jedem Palästinenser dagegen nur 70 Kubikmeter.

Die Oslo-Abkommen haben die Lösung der Wasserfrage auf die Endstatusverhandlungen verschoben. Erst dann soll die Verteilung zwischen Israel und den Palästinensern endgültig geregelt werden. Im Interimsabkommen von September 1995, dem so genannten Oslo-II-Abkommen, gestanden die Israelis den Palästinensern ihre Wasserrechte zumindest auf dem Papier zu. Im Artikel 40 heißt es: »Auf der Grundlage guten Willens haben wir die folgende Vereinbarung im Bereich Wasser und Abwasser getroffen: Israel erkennt die palästinensischen Wasserrechte im Westjordanland an. Diese werden in den Endstatusverhandlungen in Bezug auf die verschiedenen Wasserressourcen ausgehandelt.« Die Endstatusverhandlungen sollten fünf Jahre später stattfinden. Nach dem Scheitern des Gipfels von Camp David im Jahr 2000 und dem Ausbruch der Zweiten Intifada wurden sie jedoch auf unabsehbare Zeit verschoben. Damit war der Status quo für unbestimmte Zeit festgeschrieben: 80 Prozent des Wassers für Israel, 20 Prozent für die Palästinenser.

Die Auswirkungen dieser ungleichen Verteilung kann man im Westjordanland sehen, wo es kaum eine israelische Siedlung ohne Schwimmbad und saftige grüne Parks und Gärten gibt. Jeder kleine illegal errichtete Außenposten wird sofort an das staatliche Wassernetz angeschlossen. Die palästinensischen Städte und Dörfer dagegen leiden vor allem in den Sommermonaten unter extremer Wasserknappheit. In den Städten wird das Wasser oft nur stundenweise angestellt. In vielen Dörfern gibt es gar kein fließendes Wasser. Die Bewohner sind auf Tankwagen angewiesen, die ihnen das lebenswichtige Gut bringen und oft zu überhöhten Preisen verkaufen. In den israelischen Siedlungen dagegen laufen die Sprinkleranlagen und Bewässerungssysteme.

Die Palästinenser dürfen ohne Genehmigung der israelischen Behörden auch keine Brunnen anlegen. Die existierenden Brunnen aber sind nicht so tief wie die der Israelis. In Trockenzeiten haben sie daher sehr schnell kein Wasser mehr. Selbst in Städten wie Bethlehem gibt es in den Sommermonaten oft nur stundenweise fließendes Wasser.

In Gaza wird es bald vielleicht gar kein fließendes Wasser mehr geben. Dann wird noch nicht einmal die brackige braune Flüssigkeit aus den Wasserhähnen kommen, mit der sich die 1,5 Millionen Palästinenser der Küste heute zufrieden geben müssen.

Rückzug aus Gaza

Der Plan

Im Frühsommer 2005 herrschte in Gaza eine fast ausgelassene Stimmung. Der israelische Rückzug stand bevor. Siedler und Soldaten würden endlich abziehen, die Menschen von Gaza würden das fruchtbare Land wieder in Besitz nehmen können. Die bedrückende israelische Militärpräsenz würde zu Ende gehen und die Straßensperren würden aufgehoben. Die Palästinenser im Gazastreifen würden sich wenigstens innerhalb ihres Gefängnisses wieder frei bewegen können.

Die Autonomiebehörde beflügelte die Aufbruchstimmung mit einer geradezu rührenden Imagekampagne. Sie druckte Broschüren und Plakate mit der Aufschrift »Wir nehmen unser Juwel wieder in Besitz« und spannte Transparente über die Straße, auf denen ermutigende Parolen und Fotos von den schönen Seiten des Gazastreifens zu sehen waren. Ein lachender Fischerjunge in einem Boot auf dem Meer vor Gaza – dieses Bild sollte für das neue Gaza stehen, das hoffnungsvolle und zukunftsorientierte Gaza. Ein Dubai am Mittelmeer könnte Gaza werden, prophezeite damals der amerikanische Publizist Tom Friedman. Dieser Gedanke wurde in Israel vor allem von linken Politikern aufgegriffen, die den Gaza-Abzug befürworteten, obwohl sie dessen Initiator, Ariel Sharon, ablehnten. Die Palästinenser in Gaza selbst ließen sich von diesem Optimismus anstecken. Geschäftsleute taten sich zusammen und gründeten eine Investitionsgesellschaft, um ausländische Investoren anzulocken und ihnen bei Projekten im Gazastreifen hilfreich zur Seite zu stehen. Überall sah man lachende Gesichter und traf Menschen, die voller Erwartungen waren.

Ein Singapur im Nahen Osten hatte Yassir Arafat der Welt und seinen Landsleuten schon kurz nach der Unterzeichnung der Oslo-Verträge versprochen. Doch unter den Bedingungen der Oslo-Abkommen hatte aus dieser Vision nichts werden können. Zunächst gab es zwar in den besetzten Gebieten einen Bauboom, letztendlich aber verhinderten die Absperrungen und die Zersplitterung der palästinensischen Gebiete den wirtschaftlichen Aufschwung. Und auch diesmal war eigentlich von Anfang an klar, dass aus den hochfliegenden Hoffnungen nichts werden konnte. Der Gaza-Rückzug war für die Palästinenser von vornherein ein Null-Summen-Spiel, das ihnen keine Verbesserung ihrer Lebensumstände bringen würde. Denn die Israelis wollten den ungeliebten Gazastreifen und mit ihm die völkerrechtliche Verantwortung für anderthalb Millionen Menschen zwar loswerden, aber der wirtschaftliche und gesellschaftliche Aufbau des Gazastreifens gehörte nicht zu dem Plan. Giora Eiland, der Sicherheitsberater der Regierung, erklärte schon im Frühjahr 2004, dass Israel nach dem Rückzug keine Verantwortung mehr für den Gazastreifen tragen werde. »Lasst die Welt sich darüber Gedanken machen. Ich werde nicht mehr der Besatzer sein, und daher wird der Gazastreifen dann mindestens so sehr die Sache der Ägypter und der Europäer sein wie meine.«*

Der Abzug der Siedler und die Räumung des Gazastreifens sollte jedoch nicht Ergebnis von Verhandlungen sein, denn das hätte vielleicht die angeschlagene Position des neuen Präsidenten Mahmoud Abbas gestärkt und der palästinensischen Bevölkerung das Vertrauen in den »Friedensprozess« zurückgegeben. Und genau darum ging es nicht. Der Plan zielte nicht darauf ab, dem in die Sackgasse geratenen Verhandlungsprozess neuen Auftrieb zu geben und einen neuen Anlauf zur Lösung des Nahostkonflikts zu nehmen. Er hatte nur ein Ziel: die kostenaufwändige und in der israelischen Öffentlichkeit zunehmend umstrittene Präsenz im Gazastreifen zu beenden und die Verantwortung für ein Problem abzuschütteln, das erkennbar immer dramatischere Ausmaße annahm.

Sharon wollte das umsetzen, wovon schon viele israelische Politiker vor ihm geträumt hatten: den Gazastreifen mitsamt der Fürsorge für die dort lebenden Menschen loswerden. Im Herbst 2003 sprach er zum ersten Mal öffentlich davon, dass Israel nicht an allen besetzten palästinensischen Gebieten werde festhalten können. In einer Pressekonferenz am 27. November bekannte sich der Minis-

* *Haaretz*, 18.3.2004

terpräsident erstmals öffentlich zu einer Politik der einseitigen Schritte, die dann in den nicht mit den Palästinensern abgestimmten Abzug aus dem Gazastreifen münden sollte. Diese Politik der Einseitigkeit, die im Widerspruch zum »Friedensprozess« und zur Road Map stand, wurde später von Sharons Nachfolger Ehud Olmert aufgegriffen. Er plante einen einseitigen Teilrückzug aus dem Westjordanland, der die umstrittensten kleinen Siedlungen auflösen, die großen Siedlungsblocks jedoch für Israel erhalten sollte. Auch dieser Rückzug sollte nicht in Absprache mit den Palästinensern stattfinden, die dem niemals zugestimmt hätten. Der Libanonkrieg verhinderte die Umsetzung dieses Plans.

Sharon jedoch war im Gegensatz zu Olmert ein Mann der Tat und nicht ein Freund vieler Worte. Knapp drei Wochen nach seiner ersten öffentlichen Äußerung, am 18. Dezember 2003, hielt er bei einer Konferenz im Interdisziplinären Zentrum in Herzliya, einem konservativen Think Tank mit angegliedertem Privatcollege, eine kurze aber Aufsehen erregende Rede, in der er seinen politischen Plan der Öffentlichkeit vorstellte, einen Plan, der sich in einem Wort zusammenfassen lässt: Trennung. Er werde dafür sorgen, dass sich Israel von den Palästinensern trenne. Er strebe daher eine Zweistaatenlösung an, die es beiden Völkern ermögliche, in Frieden und Sicherheit nebeneinander zu leben. Um dieses Ziel zu erreichen, halte er an dem internationalen Friedensplan, der so genannten Straßenkarte zum Frieden (Road Map), fest. Dieser Friedensplan verlange von den Palästinensern deutliche Schritte bei der Bekämpfung des Terrors. Da die Palästinenser aber ihre Verpflichtungen nicht erfüllten, werde Israel einseitige Maßnahmen ergreifen müssen. Dazu gehöre der beschleunigte Bau des so genannten Sicherheitszauns. Dazu gehöre auch, dass einige Siedlungen verlegt werden müssten.

Im Gegenzug zu einem solchen einseitigen und freiwilligen Rückzug aus Teilen der besetzten Gebiete werde Israel aber andere Teile annektieren, fügte Sharon hinzu, mit Blick auf die großen Siedlungsblocks um Jerusalem und auf die Großsiedlung Ariel im Westjordanland.

Wörtlich sagte er: »Parallel dazu wird Israel seine Herrschaft über die Teile des Landes Israel verstärken, die in jeder zukünftigen Regelung ein unabtrennbarer Bestandteil des israelischen Staates sein werden.« Ganz deutlich wurde in dieser Rede, die erstaunlicherweise weltweit als Sharons Bekenntnis zum Frieden und zur Abkehr von der Siedlungspolitik gewertet wurde, wie er die Verhandlungen mit den Palästinensern wirklich verstand: als ein Diktat Israels, dem die Palästinenser sich zu unterwerfen haben. Die israelische Regierung legte fest, welche Teile der besetzten Gebiete unter israelischer Herrschaft blieben, die israelische Regierung legte auch fest, wo die künftige Grenze verlief und welche Ersatzgebiete Israel gegebenenfalls als Ausgleich anbieten würde. Die Palästinenser wurden nicht gefragt. Ihre Meinung, ihre Wünsche, ihre nationalen Bestrebungen taten nichts zu Sache. Wenn Jerusalem etwas zu besprechen hatte, dann nicht etwa mit den Betroffenen, den Palästinensern, sondern mit der US-amerikanischen Regierung.

Sharons Plan war eine klare Abkehr von einem Friedensprozess, der auf gleicher Augenhöhe stattfinden und in dem beide Seiten die gleichen Rechte haben sollten. Erstaunlicherweise aber gab es nur wenige Kritiker, die Sharons Plan von Anfang an durchschauten. Die meisten Beobachter staunten, dass ausgerechnet ein Rechtsaußen der israelischen Politik wie Sharon bereit war, Siedlungen zu räumen. Sie sahen in diesem Schritt eine grundlegende Abkehr von seiner Kolonialpolitik und hofften auf eine drastische Verbesserung der Lebensverhältnisse der Palästinenser in Gaza.

Nur einige wenige politische Beobachter in Israel selbst und außerhalb sahen damals, wohin der Plan Sharons wirklich führen würde. Die israelische Journalistin Amira Hass schrieb schon im September 2004 in einem Kommentar, der im Nachhinein fast prophetisch klingt:

> Da Sharon als Grundlage für seinen Plan davon ausgeht, dass der »Terror weitergehen wird«, wird Israel alle Sicherheitsmaßnahmen rund um den Gazastreifen auf unabsehbare Zeit aufrechterhalten. Der Gazastreifen wird weiterhin vom Westjordanland abgeschnitten sein. Israel wird nicht nur die Grenzübergänge in Karni und Eres kontrollieren, sondern auch den Übergang in Rafah. Die Kontrolle des Übergangs über die Allenby-Brücke wird außerdem auch weiterhin sicherstellen, dass die Gazaner nicht durch Jordanien ins Westjordanland kommen können. Auf diese Weise werden die Bewegungsfreiheit der Einwohner von Gaza und ihre Möglichkeiten, den Gazastreifen zu verlassen, vollständig in der Hand der Israelis bleiben. Demnach wird ihre Bewegungsfreiheit stark eingeschränkt

> sein, ebenso wie die Bewegungsfreiheit von Journalisten, Diplomaten und politischen Aktivisten, die in den Gazastreifen einreisen wollen.
>
> Israel wird dafür sorgen, dass israelische Produkte den Streifen überschwemmen werden, obwohl palästinensische Arbeiter nicht mehr in Israel arbeiten werden. Die israelische Kontrolle wird verhindern, dass Produkte aus dem Gazastreifen die Märkte des Westjordanlandes erreichen und umgekehrt. Sie wird potenzielle Investoren abschrecken, die die bittere Lektion von Oslo gelernt haben: dass die Erfolgschancen neuer unternehmerischer Aktivitäten von der Bewegungsfreiheit der Arbeiter, Ausbilder und Ingenieure, vom freien Austausch der Produkte, der Arbeitsmittel und des Knowhow abhängen.
>
> Die Abtrennung von Gaza wird daher gerade nicht dafür sorgen, dass die Palästinenser ihre chronische Armut loswerden. Sein [Sharons] Plan lebt von der Erwartung, dass auch weiterhin Geld für die Palästinenser aus dem Ausland fließen wird. Mit anderen Worten, die Geberländer werden die Rolle wohltätiger Organisationen übernehmen und Nahrungsmittel und Medikamente liefern.
>
> Der Disengagement-Plan wird dazu führen, dass die Menschen in Gaza von der Welt und vom Rest des palästinensischen Volkes abgeschnitten werden. Er wird einen statischen Markt schaffen, er wird die soziale und kulturelle Entwicklung aufhalten und all denen, die von der Mildtätigkeit anderer abhängen, ein Gefühl der Entwürdigung vermitteln. Das palästinensische Volk wird vielleicht in einer anderen Realität leben, aber es wird sich selbst weiterhin als Nation ansehen, die unter den verschiedenen Formen der israelischen Besatzung lebt. Und daher wird es keinen Mangel an Personen in Gaza und im Westjordanland und dem Rest der Welt geben, die bewaffnete Vergeltung für diese Besatzung planen und durchführen werden.«*

Doch über soviel Weitsicht wie Amira Hass verfügten damals die wenigsten Zeitgenossen. Die meisten waren verblüfft über Sharons vermeintlichen Sinneswandel. Seine Kritiker lobten ihn deswegen und verglichen ihn mit dem früheren Likudchef und Ministerpräsidenten Menachem Begin, der Frieden mit Ägypten geschlossen und dafür die gesamte Sinai-Halbinsel zurückgegeben hatte. Seine Anhänger dagegen waren vor den Kopf gestoßen. Sharon selbst wusste

* Amira Hass, »And still the occupation«, *Haaretz*, 22.9.2004

sehr genau, wie seine Worte aufgenommen werden würden, vor allem in seinem eigenen Lager. Darum dosierte er das, was er auf der Konferenz in Herzlyia sagte, ganz genau. Er wisse, dass seine Zuhörer von ihm nun konkrete Namen der Siedlungen oder Gebiete hören wollten, die Israel räumen werde, sagte er und fügte verschmitzt lächelnd hinzu: »Aber wir sollten uns etwas für später aufbewahren.«

Später, das war rund sechs Wochen später. Anfang Februar 2005 endlich nannte er Ross und Reiter beim Namen. In einem Interview mit Yoel Marcus, einem erfahrenen Journalisten der Tageszeitung *Haaretz*, kündigte er an, 17 Siedlungen im Gazastreifen und drei isoliert liegende und schon halb verlassene Siedlungen im nördlichen Westjordanland aufzugeben.

Der Schock in der israelischen Gesellschaft war gewaltig. Ausgerechnet Sharon, der Vater der Siedlungspolitik, der unermüdliche Kämpfer für die Besiedlung der palästinensischen Gebiete, der den Palästinensern gegenüber unnachgiebigste unter den israelischen Spitzenpolitikern, ausgerechnet er war bereit, Siedlungen zu räumen und besetztes Gebiet aufzugeben. Die Erschütterung dieses plötzlichen Richtungswechsels bedeutete aber keineswegs, dass die Israelis nicht bereit gewesen wären, ihrem Ministerpräsidenten zu folgen. Von Anfang an war eine deutliche Mehrheit der Bevölkerung für den Rückzug, zumindest aus dem Gazastreifen. Zu lange hatten die Siedlungen einen hohen Blutzoll unter den Soldaten gefordert, die zum Schutz der Siedler dort stationiert waren.

In einer Blitzumfrage der Tageszeitung *Jedioth Acharonoth* am Morgen nach der ersten Teilveröffentlichung der Pressekonferenz am 27. November 2004 sprachen sich 59 Prozent der Befragten für die Räumung der Siedlungen im Gazastreifen aus, 34 Prozent waren dagegen.

Auf Ablehnung stieß Sharon dagegen, nicht überraschend, bei den Siedlern selbst. Sie warfen ihm vor, mit dem revolutionären Plan von der Korruptionsaffäre ablenken zu wollen, in die er und seine zwei Söhne zu diesem Zeitpunkt verstrickt waren. Die Politiker der rechten Parteien prägten den Spruch: »Die Tiefe des Rückzugs bemisst sich nach der Tiefe der Korruptionsaffäre.«

Voller Empörung forderten sie Sharon zum sofortigen Rücktritt auf und kündigten ihren Widerstand an. Unter anderem begründeten sie diesen Widerstand mit religiösen Argumenten. Der Gazastreifen sei biblisches Land, auf das man genauso wenig verzichten könne wie auf Judäa und Samaria im Westjordanland, erklärten Rabbiner und religiöse Siedler, die in jenen Tagen plötzlich die israelischen Massenmedien bevölkerten.

Die beiden rechten Parteien in Sharons Koalitionsregierung drohten damit, das Regierungsbündnis platzen zu lassen, wenn Sharon sein Vorhaben wahr machen und bei seinem nächsten Besuch in Washington George W. Bush seinen Plan unterbreiten sollte.

Sharon ließ sich von den Protesten nicht beirren. Er hielt stur an seinem Plan fest. Selbst der hartnäckige Widerstand in seiner eigenen Partei, dem Likud, brachte ihn nicht von seinem Vorhaben ab. Seine Parteifreunde, die den Siedlern nahestanden, brachten ihm in den Gremien der Partei eine Abstimmungsniederlage nach der anderen bei. Doch Sharon ließ sich dadurch nicht beeindrucken. Mit einer Hartleibigkeit, die selbst seinen politischen Gegnern in Israel Bewunderung abtrotzte, schüttelte er alle Zweifel und Proteste und Versuche, ihn aufzuhalten, einfach ab und machte damit seinem Ruf als »Bulldozer« der israelischen Politik alle Ehre. Wie ein Bulldozer walzte er den innerparteilichen Widerstand nieder und setzte sich über demokratische Verfahren im Likud hinweg. Die Minister, die im Kabinett gegen seinen Plan stimmten, warf er kurzerhand aus der Regierung.

Diese Zielstrebigkeit hatte allerdings nichts mit Altersstarrsinn zu tun, wie seine Gegner ihm vorwarfen. Ganz im Gegenteil. Sharon versuchte durch diesen überraschenden Schritt sein Lebenswerk, die Siedlungen, zu retten. Denn ihm war klar, dass er die Siedlungen im Gazastreifen nicht mehr dauerhaft würde halten können. 8000 Siedler unter 1,5 Millionen feindseligen und zunehmend verzweifelten Palästinensern, das war nicht mehr zu vertreten. Weder in den Augen der Weltöffentlichkeit noch gegenüber den Familien, deren Söhne in Gaza dienten, noch gegenüber der Mehrheit der israelischen Bevölkerung. Auch wirtschaftlich war das Siedlungsprojekt im Gazastreifen nicht mehr sinnvoll, denn die Siedlungen kosteten die israelischen Steuerzahler mehr, als sie erwirtschafteten. Dem Wirtschaftsberater Dror Tsaban zufolge überwies die israelische Regierung für das Jahr 2002 umgerechnet mehr als 18 Millionen Euro an den Regionalrat Gaza, die Verwaltung der

Siedlungen. Darüber hinaus erhielten die Siedlungen pro Jahr noch einmal den gleichen Betrag aus anderen Töpfen. Auch die aufwändigen Sicherheitsmaßnahmen forderten ihren Preis. Nach Berechnung des Wirtschaftsexperten gab Israel 20 Prozent seines Verteidigungshaushaltes für die Sicherheit der Siedlungen in Gaza aus, fast 80 Millionen Euro pro Jahr. Hinzu kamen die umgerechnet 28 Millionen Euro, die der Wirtschaft verloren gingen, weil Reservisten einberufen wurden, um die Siedlungen zu schützen. Nicht in dieser Rechnung inbegriffen waren die Wasserkosten für die wasserintensive Landwirtschaft.

Um die großen Siedlungen im Westjordanland zu retten, musste Sharon sich zwangsläufig von den kleinen, unwirtschaftlichen und schwer zu schützenden Siedlungen im Gazastreifen trennen.

Aber Sharon wollte noch mehr. Er wollte sich dem durch die Road Map entstandenen Zwang zur Gleichzeitigkeit und Gegenseitigkeit der diplomatischen Schritte entziehen. Sein Bekenntnis zur Road Map war ein reines Lippenbekenntnis. In Wirklichkeit wollte er genau das Gegenteil, er wollte den internationalen Friedensplan aushebeln.

Dies erklärte Sharons Anwalt und Berater Dov Weisglass unumwunden in einem Aufsehen erregenden Interview in der Zeitung *Haaretz*. Israel werde einseitige, nicht verhandelte Schritte unternehmen und so aus dem Verhandlungsprozess aussteigen, sagte er und fügte wörtlich hinzu: »Wir wollten den Friedensprozess in Formaldehyd legen. Der Trennungsplan ist das Formaldehyd. Er liefert das Formaldehyd, das notwendig ist, damit es keinen politischen Prozess mit den Palästinensern gibt.«* Für diese Politik, so führte er weiter aus, habe Sharon den Segen der Amerikaner erhalten. Er habe mit ihnen auch verabredet, dass über den größten Teil der Siedlungen erst dann gesprochen werde, wenn die Palästinenser sich in Finnen verwandelt hätten. Also niemals.

Sharon habe verstanden, so Weisglass weiter, dass Israel dem internationalen Drängen, sich mit den Palästinensern zu einigen, nicht ewig würde standhalten können. Auch die Situation in Israel selbst habe die Regierung unter Druck gesetzt. Die wirtschaftliche Stagnation und die abnehmende Zustimmung in der israelischen

* *Haaretz*, 6.10.2004

Gesellschaft zu seiner Regierung und dem Stillstand im Friedensprozess habe politisches Handeln verlangt.

Zwei Gruppen nannte Weisglass, die Sharon mit ihrem Widerstand gegen seine Politik dazu bewogen hätten, den Rückzugsplan aus dem Gazastreifen zu formulieren: die Kriegsdienstverweigerer und die Urheber und Unterstützer des so genannten Genfer Abkommens. Bei den Soldaten, die in öffentlichen Briefen verkündet hatten, den Dienst in den palästinensischen Gebieten zu verweigern, habe es sich um die Elitetruppen in der israelischen Armee gehandelt, die Besten der israelischen Gesellschaft. Das habe man nicht ignorieren können.

Gemeint waren mit Letzteren die israelischen Kampfpiloten, die kurz zuvor öffentlich erklärt hatten, dass sie nicht mehr bereit seien, gezielte Angriffe auf Ziele im Gazastreifen zu fliegen und den Tod unschuldiger Zivilisten in Kauf zu nehmen. Ihre in allen israelischen Zeitungen abgedruckte Erklärung hatte heftige Debatten und eine tiefe Verunsicherung in der Gesellschaft ausgelöst. Obwohl sie umgehend von ihren Vorgesetzten gemaßregelt und von Politikern und Journalisten als Deserteure, Feiglinge und Verräter gebrandmarkt wurden, hinterließ ihr Bekenntnis doch Eindruck, zumal zu den Erstunterzeichnern des offenen Briefes der Kriegsheld Jiftah Spektor gehörte, ein Brigadegeneral der Reserve, der an den spektakulärsten Einsätzen der israelischen Luftwaffe teilgenommen hatte.

Zu den Initiatoren des »Genfer Abkommens« gehörten neben Politikern und Intellektuellen wie dem Schriftsteller Amos Oz auch Berater der Verhandlungsteams von Israelis und Palästinensern, die sich nach dem Scheitern des Camp-David-Gipfels im Jahr 2000 zum Ziel gesetzt hatten, den Bevölkerungen beider Seiten ein fertiges Abkommen vorzulegen, das den Konflikt dauerhaft lösen würde. Sharon nahm das Genfer Abkommen, das er öffentlich nur schmähte, offensichtlich so ernst, dass er ihm seinen eigenen Plan, den dauerhaften Rückzug aus dem ungeliebten Gazastreifen nämlich, entgegenstellte.

Der Gazastreifen hatte die Mehrheit der israelischen Bevölkerung nie interessiert. Er galt als »Gewächshaus des Terrors«, als ein unheimliches Territorium mit fanatisierten Menschen, mit überbevölkerten schmutzigen Flüchtlingslagern. Er war in den Augen der meisten Israelis eine Hölle auf Erden. »Geh nach Gaza« war die israelische Variante des Spruchs »Geh zur Hölle«.

Der ermordete Ministerpräsident Jitzhak Rabin hat einmal gesagt: »Ich wünschte, Gaza würde im Meer versinken«, und damit vielen Israelis aus der Seele gesprochen. Aber Gaza ist nicht im Meer versunken, und es war Jitzhak Rabin selbst, der mit dem Oslo-Friedensplan die Trennung Israels vom Gazastreifen verhinderte. Das Abkommen, das Rabin mit Arafat schloss, hieß »Gaza-Jericho-Zuerst«, und es sah vor, dass Israel den Palästinensern zunächst in Gaza und Jericho begrenzte Autonomie gewähren sollte.

Für die meisten Israelis bedeutete dies, dass man die Siedlungen im Gazastreifen, in denen damals nur etwa 2500 Israelis lebten, räumen würde. Aber das Gegenteil geschah. Rabin rührte die Siedlungen nicht an, sondern gestand ihnen sogar zu, ihr Territorium auszudehnen und demonstrativ mit hohen Zäunen und Befestigungen zu umgeben. In den zehn Jahren nach dem Beginn des Oslo-Prozesses verdoppelte sich die Zahl der Siedler, und das von ihnen beanspruchte Land umfasste bald 25 Prozent des kleinen Gazastreifens.

Die meisten Bewohner des Kernlandes aber brachten immer weniger Verständnis auf für die Siedler, die den Palästinensern auf diesem armseligen Stückchen Land die spärlichen Ressourcen streitig machten und damit ständig neue Konflikte erzeugten. Sie hätten am liebsten eine sofortige Räumung der Siedlungen im Gazastreifen gesehen.

Diesen Wunsch wollte Sharon ihnen nun plötzlich erfüllen. Zum Entsetzen der Siedler. Denn sie fühlten sich im Gazastreifen als Vorposten, der den Islamismus aufhalten und Israel vor den Palästinensern schützen werde.

Die Siedlungen im Gazastreifen

Anita Tucker, Selleriefarmerin aus Netzer Hazani, einer der ältesten Siedlungen im Gush Katif, ist in den Wochen vor dem Rückzug die Vorzeigesiedlerin schlechthin. Sie organisiert den Widerstand gegen die »Vertreibung«, und alle Journalisten kommen irgendwann einmal zu ihr, der resoluten Frau mit den kurzen grauen Haaren unter der Schirmmütze und den rauen Bäuerinnenhänden. Geduldig zeigt sie Besuchern ihre Gewächshäuser, in denen sie Biogemüse zieht, und lässt sie von den frischen grünen Selleriestangen kosten. Mit fast messianischer Inbrunst erzählt sie dann, warum es ausgerechnet der Gazastreifen sein muss, warum sie vor 30 Jahren mit ihrem Mann aus Brooklyn nach Israel gekommen ist, wo sie fünf Kinder großgezogen hat. Dies ist ihre Heimat, sagt sie mit Bestimmtheit in ihrem New Yorker Englisch. Dies ist das Land der Juden, das ihnen von Gott versprochen wurde. Darum ist sie hierher gekommen. Sie wollte kein Flüchtling mehr sein, wie ihre Eltern, die aus Europa in die Vereinigten Staaten geflohen waren. Sie wollte dort leben, wo man sie nicht hinauswerfen konnte, wo sie nicht verfolgt wurde, weil sie Jüdin war. »Meine Urgroßeltern wurden aus Österreich-Ungarn vertrieben, meine Großeltern aus Polen und meine Eltern aus Deutschland«, erzählt sie. Ihr sollte das nicht passieren, deswegen kam sie von New York nach Israel, in den Staat der Juden. »Und jetzt«, fügt sie bitter hinzu, »will man uns aus unserem Haus in Gaza werfen, weil wir Juden sind.«

Bevor sie nach Gaza kam, lebte sie mit ihrem Mann Stuart in Beer Sheva. Doch das Haus dort hat sie verkauft, um in Netzer Hazani ihre Farm zu bauen. »Ich habe alles hier selbst bezahlt«, sagt sie, »das Wohnhaus, die Gewächshäuser und die Bewässerungssysteme. Jahrelang habe ich die Raten abbezahlt. Jetzt sind endlich alle Kredite bezahlt, und jetzt soll ich von hier fort?«

Ein Jahr vor dem geplanten Rückzug hat Anita Tucker noch einmal neue Setzlinge gekauft. Die will sie einpflanzen und später ihre Selleriestangen für den europäischen Markt ernten. Sie denkt gar nicht daran, aufzugeben. Sie will weiterkämpfen, um den großen Exodus aus Gaza zu verhindern. Der Rückzugsplan des Ministerpräsidenten ist in ihren Augen ein sicheres Rezept für noch mehr Terror. »Jeder, der logisch denkt, kann sich vorstellen, was hier passieren wird. Wenn es irgendeinen Plan gäbe, der es mir erlauben würde, friedlich mit meinen Nachbarn zusammenzuleben, dann könnten wir ja alle ein wenig nachgeben. Aber wir reden davon, dass dies hier ein Treibhaus des Terrors sein wird. Das wird ein Irrenhaus werden.«

Der Beginn der verhängnisvollen Siedlungspolitik ist eng mit der Arbeitspartei verbunden, die nicht nur dem Eifer der religiösen Siedler nachgab, sondern auch aktiv am Bau so genannter Wehrdörfer in den besetzten Gebieten beteiligt war. Schon 1968 gab es erste Überlegungen, in Gaza und im damals noch israelisch besetzten nördlichen Sinai Siedlungen anzulegen, um die Palästinenser besser in Schach halten zu können und die Stadt Gaza vom Süden des Gazastreifens abzuschneiden. Dazu entwarf die Regierung der Arbeitspartei 1970 die Strategie der »Fünf Finger«. Wie die fünf Finger einer Hand sollten die Siedlungen in den Gazastreifen hineinreichen und die Expansion der palästinensischen Ortschaften verhindern. So entstanden die ersten Nahal-Militärstützpunkte.* Die dort lebenden Soldaten sollten im Pinoniergeist der vorstaatlichen Siedler neben ihren militärischen Aufgaben auch Landwirtschaft betreiben und später Familien gründen. Diese Stützpunkte bildeten die so genannten Kerne, aus denen später die zivilen Siedlungen hervorgingen.

Die meisten Siedlungen im Gazastreifen entstanden in den 1970er und frühen 1980er Jahren, aber auch in den 1990ern, sogar nach dem Beginn des Oslo-Friedensprozesses, wurden noch neue Siedlungen errichtet. Zum Beispiel die Kleinstsiedlung Shirat Hayam, die 2001 gegründet wurde. Sie ist auch vier Jahre später, im Sommer 2005, nicht viel mehr als eine Ansammlung ziemlich heruntergekommener Campingwagen am Strand, die jungen religiösen Familien als Heimat dienen.

Sprecherin der Siedlung ist Hanna Pikar. Ich habe mich an einem heißen Tag im Juli mit ihr verabredet, wenige Wochen vor dem Abzug. Sie lädt mich ein in ihren kleinen vollgestopften Wohnwagen, in dem sie mit ihrem Mann und ihren Kindern haust. Die Klimaanlage läuft auf Hochtouren. Überall liegen Kleidungsstücke und Taschen herum, aus den geöffneten Zimmerchen quellen Matratzen und Bettdecken hervor, auf dem Boden sind Spielsachen verstreut, halbvolle Kaffeetassen und Plastikbecher mit Wasser stehen auf jeder möglichen Ablage. Man könnte denken, dass hier Hippies

* Nahal (hebr. Abk.: kämpfende Pionierjugend) ist eine Sondereinrichtung, die aus der Kibbuzbewegung entstanden ist. Die Nahal-Angehörigen erfahren gleichzeitig eine landwirtschaftliche und militärische Ausbildung. Sie sind »Wehrbauern«, die zur Verteidigung und zum Schutz von Grenzsiedlungen eingesetzt werden.

der 1970er Jahre leben, wären da nicht in einem klapprigen Regal die dicken religiösen Bücher und die silbernen Shabbatkerzenhalter, die die Bewohner als ultra-orthodoxe Siedler ausweisen. »Ich lebe hier, seit Shirat Hayam gegründet wurde, seit vier Jahren«, sagt Hanna, die mit ihrem langen Rock, dem Kopftuch und den Sandalen und dem Baby auf dem Arm auch aus den frühen 1970er Jahren stammen könnte. Fünf kleine Zimmer hat die Familie, das reicht gerade für die Eltern und die fünf Kinder, von denen einige inzwischen schon ausgezogen sind und eigene Familien gegründet haben. Zur Zeit sind alle da, die Kinder, ihre Ehepartner und die sechs Enkel. Sie alle wollen die Eltern beim Widerstand gegen die Evakuierung unterstützen.

»Wir werden kämpfen aber wir werden keine Gewalt anwenden«, kündigt Hanna an. »Wir sind keine gewalttätigen Leute. Aber ob ich freiwillig in den Bus steige, wenn sie kommen, um uns von hier wegzubringen – das weiß ich noch nicht.«

Eigentlich will Hanna gar nicht über den bevorstehenden Abschied von Shirat Hayam sprechen, denn sie glaubt nicht, dass es überhaupt so weit kommen wird. »Gott hat uns so viel Gutes getan«, sagt sie, »er wird uns auch diesmal beschützen.« Ministerpräsident Ariel Sharon, der den Abzug gegen den Willen seiner Partei und gegen alle demokratischen Spielregeln durchgesetzt habe, sei schließlich nur ein Bote, der einen göttlichen Auftrag ausführe. »Wir hoffen sehr, dass wir hier bleiben können«, sagt sie, und es klingt schon nicht mehr ganz so kämpferisch. Vielleicht liegt es daran, dass ihr Sohn Soldat ist und in einem Armeelager für den Abzug trainiert. Würde sie sich ihm widersetzen, wenn er sie evakuieren müsste? Hanna ist ein bisschen ratlos. »Die Soldaten sind nicht meine Feinde, Gott behüte«, sagt sie. Von all ihren Kindern liebe sie den Sohn am meisten, der derzeit in der Armee diene. Sie hoffe, dass er und seine Kameraden den Befehl verweigern werden, wenn sie die Siedler von Gaza aus ihren Häusern tragen und über die Grenze schaffen müssen.

Unterstützung haben die Siedler des Gazastreifens von Gleichgesinnten aus dem besetzten Westjordanland. Vor allem junge Leute sind von dort gekommen, um mit ihrer Anwesenheit dazu beizutragen, dass die Räumung verhindert oder wenigstens erschwert wird. Am Rand der kleinen Siedlung Shirat Hayam stehen

Zelte, in denen die Neuankömmlinge wohnen, die sich in den letzten Wochen zu den knapp zwanzig Familien der Siedlung hinzugesellt haben. Neben den Familienzelten, in denen junge Eltern mit ihren Kindern wohnen, gibt es zwei nach Geschlechtern getrennte Zelte für die Teenager. Behelfsduschen sind aufgebaut und eine offene Kochstelle. Ein Hauch von Campingplatz und Woodstock liegt in der Luft. Nach Einschätzung der Sicherheitskräfte haben in den letzten Wochen Hunderte Sympathisanten den Weg in den abgesperrten Gazastreifen gefunden. In mindestens vier Siedlungen wurden bereits solche Zeltstädte für die Unterstützer errichtet. Die jungen Leute schauen mich misstrauisch und sogar ein bisschen aggressiv an. Der Presse trauen sie nicht und schon gar nicht den ausländischen Medien. Keiner von ihnen ist bereit, mit mir zu sprechen.

Am Vorabend des Abzugs lebten im Gazastreifen rund 8000 jüdische Siedler in 21 Siedlungen. Die meisten waren religiös, und so waren auch ihre Gemeinschaften ausgerichtet, streng religiös und nationalistisch und von einem messianischen Siedlergeist durchdrungen.

Im Ausland, auch in Deutschland, herrschte damals die Meinung vor, die Siedler im Gazastreifen hätten sich wegen der landwirtschaftlichen Möglichkeiten dort niedergelassen. Im Unterschied zu den Siedlern im Westjordanland seien sie gemäßigt und nicht religiös. Tatsächlich betrieben viele der Gazasiedler eine hoch subventionierte Landwirtschaft, deren Produkte, mit dem Öko-Siegel versehen, den Weg auch auf europäische Märkte fanden. Im fruchtbaren Gush Katif wurden vor allem Gemüse und Blumen angebaut und über israelische Vermarktungsgesellschaften, die ihren Sitz im Kernland Israel hatten, unter Umgehung der europäischen Beschränkungen für Waren aus den Siedlungen, in die Europäische Union exportiert. Aber auch für den heimischen Markt wurde produziert. Ein Bestseller waren die schädlingsfreien Salate. Sie wurden an orthodoxe Juden verkauft, die wegen der möglichen Schädlinge und ihrer Auswirkung auf die religiösen Speisegesetze normalerweise keinen Salat essen.

Neben der Landwirtschaft bot auch die Verwaltung der Siedlungen Arbeitsplätze für die Siedler, etwa bei der Regionalverwaltung in Neve Dekalim. Auch Lehrerinnen und Kindergärtnerinnen waren in den kinderreichen Siedlungen gefragt. Andere fuhren jeden Morgen nach Israel, um in einer der nahegelegenen Städte zu arbeiten.

Doch die Siedler in Gaza waren mehrheitlich eben keine ideologiefreien Yuppies, die wegen der günstigen Wohnungspreise und der guten Luft im Gazastreifen lebten. Die meisten von ihnen waren jüdische Fundamentalisten, die aus religiöser Überzeugung in Gaza waren und keinen Gedanken an die um sie herum lebenden Palästinenser verschwendeten, die ihretwegen schwerwiegende Einschränkungen in ihrem Alltag hinnehmen mussten, unter beengten Wohnverhältnissen, wirtschaftlichem Niedergang, Armut und Wassermangel litten. Im Gegenteil: Sie verstanden sich als Avantgarde der israelischen Gesellschaft, als Vorposten in der Wildnis.

Am Vorabend der Evakuierung gab es zwei Siedlungsblocks im Gazastreifen. Im äußersten Norden, direkt an der Grenze und zum Teil an der Küste, lagen die drei weltlichen Siedlungen Elei Sinai, Dugit und Nissanit. Elei Sinai und Nissanit waren in den 1980er Jahren entstanden, nach dem israelischen Rückzug aus dem Sinai im Rahmen des Friedensabkommens mit Ägypten. Viele Einwohner waren aus der Sinai-Siedlung Yamit hierher gekommen, die 1982 von der israelischen Regierung geräumt und abgerissen worden war.

Ganz im Süden, zwischen Deir el Balah, Khan Yunis und Rafah, erstreckte sich am schönsten Strand des Gazastreifens der so genannte Gush Katif, ein zusammenhängendes Siedlungsgebiet mit 15 größeren und kleineren Siedlungen. Die größte dieser Siedlungen war Neve Dekalim, das gleichzeitig als Verwaltungssitz des Katif-Blocks fungierte.

Der Gush Katif, der sich am Mittelmeer erstreckte und über ausgedehnte Gewächshäuser verfügte, konnte nur über eine einzige Straße von Israel aus erreicht werden. Die Kissufim-Straße führte vom Grenzübergang Kissufim auf einer Brücke über die Hauptverkehrsader des palästinensischen Gaza-Streifens, die Saladin-Straße, hinweg. Immer wenn Siedler-Autos auf der Straße fuhren, wurde der palästinensische Verkehr unten angehalten, manchmal nur kurz, manchmal für Stunden. Die Kissufim-Straße wurde zwar von israelischem Militär gesichert, war aber trotzdem eine erhebliche Gefahrenquelle. Im Mai 2004 wurden hier eine schwangere Frau und ihre vier kleinen Kinder von einem Palästinenser aus Deir el Balah erschossen. Die 34-jährige Mutter, Tali Hatuel, war auf dem Weg nach Jerusalem, um an einer Demonstration gegen den geplanten Rückzug aus Gaza teilzunehmen, als sie in einen palästinensischen Hinterhalt geriet.

Gefährlich war das Leben auch für die Bewohner der zwei isolierten Siedlungen Netzarim und Kfar Darom, die zwischen den beiden Siedlungsblocks lagen. Östlich des Gush Katif schließlich gab es Morag, eine ebenfalls isoliert liegende Siedlung, die durch eine Straße mit dem Katif Block verbunden war. Diese drei Siedlungen waren die ersten jüdischen Siedlungen im Gazastreifen. Kfar Darom hatte sogar schon vor der Staatsgründung existiert. Ein Jude hatte hier 1933 ein Stück Land gekauft, um Zitrusfrüchte anzubauen. Im Jahr 1946 verkaufte er seinen Besitz an den Jüdischen Nationalfonds, der auf dem Land eine Siedlung errichtete. Nach wochenlanger Belagerung durch die ägyptische Armee verließen die Bewohner im Unabhängigkeitskrieg von 1948 den Ort. An gleicher Stelle entstand nach dem Sechstagekrieg ein Militärstützpunkt, der 1975 in eine zivile Siedlung umgewandelt wurde.

Kfar Darom erlangte im November 2000 traurige Berühmtheit, als ein Schulbus mit Kindern aus der Siedlung von einer palästinensischen Granate getroffen wurde und explodierte. Zwei erwachsene Passagiere, die die Kinder begleiteten, wurden getötet, neun Businsassen wurden verletzt, darunter drei Kinder der Familie Cohen. Die zehnjährige Orith verlor einen Fuß, ihr siebenjähriger Bruder Yisrael ein Bein und die zehnjährige Tehilla beide Beine. Doch für die Familie war das kein Grund, die Siedlung zu verlassen. Nach zwei Jahren, die sie in der Nähe des Krankenhauses und der Rehaklinik verbracht hatte, kehrte sie zurück nach Kfar Darom. Mutter Noga Cohen wurde immer wieder von israelischen und ausländischen Medien interviewt. Wie könne sie es ihren Kindern antun, mit ihnen weiterhin an einem so gefährlichen Ort zu leben, wurde sie gefragt. Aber sie beharrte darauf, dass die Kinder selbst es so wünschten. Kfar Darom sei ihr Zuhause, das sie gegen die Palästinenser verteidigen wollten. Am 15. August 2005, kurz vor der Räumung von Kfar Darom, wurde Noga Cohen im Armeeradio interviewt. Sie sagte, sie werde nicht freiwillig gehen. Sie werde sich zusammen mit ihrem Mann Ofir und den Kindern aus ihrem Haus tragen lassen. Auf die Frage, wie ihre Kinder damit umgingen, antwortete sie: »Ich habe sie viele Male gefragt, ob sie bis zum Schluss bleiben wollen, ob sie wollen, dass die Soldaten sie hinaustragen. Und sie haben gesagt: ja. Sie wollen mit den Soldaten von Angesicht zu Angesicht sprechen. Sie glauben, dass es ihnen gelingen wird, sie zu überzeugen. Sie glauben, dass sie ihre Mission bis zum Ende erfüllen müssen.« Die Moderatorin hakte nach: »Wie? Sie glauben, dass sie eine Mission zu erfüllen haben?«, worauf Noga Cohen entgegnete: »Natürlich! Denkst du, sie wollen ihre Beine umsonst verloren haben?«

Die umstrittenste Siedlung im Gazastreifen war Netzarim, das ebenfalls aus einem Armeeposten hervorgegangen war. Die Siedlung war 1972 südlich von Gaza-Stadt in der Nähe des Flüchtlingslagers Nusseirat errichtet worden. Ursprünglich als Kibbuz der linken sozialistischen Jugendbewegung Hashomer Hatzair gegründet, wurde die Siedlung 1984 von ultra-orthodoxen Familien übernommen. Wegen ihrer exponierten Lage musste sie im Lauf der Zeit immer stärker befestigt werden.

Nach dem Beginn des Oslo-Prozesses und vor dem Rückzug der israelischen Armee aus Gaza überlegte man kurzzeitig, ob man Netzarim nicht evakuieren und die Siedlung im Gush Katif neu aufbauen sollte. Doch der Widerstand dagegen war zu groß, und Sharon selbst sprach sich für den Erhalt von Netzarim aus. Vor der Räumung des Gazastreifens musste die kleine Siedlung von drei Bataillonen beschützt werden. Es war für die Soldaten, die hier Dienst taten, eine lebensgefährliche Aufgabe, denn immer wieder wurden sie zur Zielscheibe palästinensischer Angriffe. Insgesamt bezahlten 17 Soldaten und Soldatinnen den Einsatz in Netzarim mit ihrem Leben. Doch auch die um Netzarim herum lebenden Palästinenser mussten für ihre Nähe zur Siedlung bezahlen, viele mit ihrem Leben und ihrer Gesundheit, andere mit ihren Häusern, die wegen der Nähe zur Siedlung kurzerhand abgerissen wurden.

Um Netzarim, das etwa einen Kilometer von der Küste entfernt lag, erreichbar zu machen, wurde eine Querverbindung vom Grenzposten Karni nach Westen gebaut, eine von zahlreichen Militärstützpunkten geschützte Siedlerstraße, die den Gazastreifen effektiv in zwei Teile teilte. Bis kurz vor dem Rückzug verstärkte die Armee die Befestigungen rund um die Siedlung.

Ich besuche Netzarim ein Jahr vor dem Rückzug. Es ist gar nicht so einfach, hierher zu kommen, denn man kann schließlich nicht einfach so durch das palästinensische Gebiet hindurch bis zur Siedlung fahren. Das wäre viel zu gefährlich. Darum hat die Armee einen Shuttle-Service eingerichtet. Bewohner und Besucher der Siedlung werden in gepanzerten Bussen vom Grenzposten Karni aus hierher gebracht und wieder abgeholt. Schwer bewaffnete Soldaten in gepanzerten Truppentransportern begleiten die Zivilisten. Sie stehen in diesen merkwürdig futuristisch aussehenden Fahrzeugen und beobachten durch schmale Seh- und Schießschlitze die Umgebung, um sofort schießen zu können, falls sich ein palästinensisches Auto oder eine verdächtige Person nähern sollte. Bis zum Einbruch der Dunkelheit gibt es diesen Dienst, dann wird der Verkehr aus Sicherheitsgründen bis zum nächsten Morgen eingestellt.

Als ich am Nachmittag in der Siedlung eintreffe, geht gerade ein Kinderfest zu Ende. Junge Männer bauen die Spielgeräte ab, die sie in Lastwagen gebracht haben. Sie müssen sich beeilen, um noch mit ihrer Armeeeskorte wegzukommen, bevor es dunkel wird. Die Hüpfburg ist zusammengefaltet, die meisten Mütter haben ihre Kinder schon abgeholt. Shlomit Ziv, eine 34-jährige Frau, die mit ihrem Mann und ihren Kindern in der Siedlung lebt, sammelt ihren Nachwuchs ein. Sie ist entschlossen, in Netzarim zu bleiben.

Von dem geplanten einseitigen Rückzug hält sie nichts. Sollte Israel freiwillig und ohne Gegenleistung Siedlungen räumen, dann sei das so, als ob man den Terror belohne, sagt sie. »Sie müssen verstehen, dass das unser Land ist. Es ist der einzige Ort auf der Welt, an dem wir leben können. Wir haben sonst keinen Platz. Überall gibt es Antisemitismus. Dies ist unser Heim und hier bleiben wir.«

Und wenn es doch so weit kommt? Wohin will sie gehen, wenn die Siedlungen im Gazastreifen aufgegeben werden? Shlomit will über diese Frage noch nicht einmal nachdenken. »Wenn ich eine alte Großmutter hätte, würde ich sie nicht fragen: ›Wo willst Du beerdigt werden, wenn du gestorben bist‹, sagt sie, empört über eine so abwegige Frage. Sie streicht sich mit der Hand über ihren runden Babybauch. »Ich bin hier, ich lebe und atme, ich werde bald – mit Gottes Hilfe – ein neues Baby haben, ich werde weitere Bäume pflanzen, und ich werde nicht darüber nachdenken, was passieren wird.«

Sieben Kinder haben Shlomit und ihr Mann Yair. Das achte ist unterwegs, und es soll nicht das letzte sein, denn die Siedler nehmen den göttlichen Auftrag, »fruchtbar zu sein und sich zu vermehren«, sehr ernst. Am Vorabend des Abzugs leben in Netzarim 60 Familien, insgesamt 400 Menschen, die meisten davon Kinder.

Shlomit und Yair waren das 14. Paar, das sich in Netzarim niedergelassen hat. Wie die meisten der national-religiösen Siedler haben auch sie in den letzten Jahren eine Entwicklung hin zu einer strengeren und fundamentalistischeren Auslegung der Religion durchgemacht. In einem israelischen Dokumentarfilm über die Entstehung der Siedlungen, der kurz vor dem Rückzug im Fernsehen gezeigt wurde, sieht man eine junge lebenslustige Shlomit, eine bildhübsche lachende Frau, die ihr dunkelbraunes volles Haar zwar bedeckt hat, wie es die Tradition von einer verheirateten Frau verlangt, aber nicht mit einem Kopftuch, sondern mit einem koketten Hütchen. Voller Begeisterung spricht sie vom göttlichen Auftrag, das Land Israel zu besiedeln, von dem großen Abenteuer, in Netzarim eine Familie zu gründen. Inzwischen hat sie ihr Haar vollständig unter einem streng gebundenen Kopftuch verborgen, ihr Gesicht ist ungeschminkt, ihre Söhnchen tragen Schläfenlocken und die kleinen gehäkelten Kopfbedeckungen der männlichen religiösen Siedler, die Töchter sind wie ihre Mutter in lange Röcke und züchtig hochgeschlossene Blusen gehüllt, ihre Haare sind zu Zöpfen geflochten.

Die Kinder spüren die Unruhe, die durch die Ankündigung Sharons, die Siedlungen in Gaza zu räumen, ausgelöst wurde, sie bemerken die Nervosität ihrer Eltern.

»Wir haben deswegen heute das Kinderfest für sie organisiert«, sagt Shlomit. »Damit sie sich austoben und den Stress der letzten Tage vergessen können.«

Die Unsicherheit, was aus ihnen wird, setzt den Siedlern in Netzarim zu. Sie kommt zu den täglichen Bedrohungen durch die feindliche Umgebung noch hinzu. Denn dass sie hier, unter 1,5 Millionen Palästinensern im Gazastreifen, nicht willkommen sind, bekommen die Einwohner von Netzarim täglich zu spüren. Immer wieder werden sie mit Raketen und Granaten angegriffen, die aus dem palästinensischen Gazastreifen abgefeuert werden.

Für die Bewohner von Gaza stellt Netzarim wegen seiner exponierten Lage eine besondere Provokation dar. Immer wieder greifen Militante daher die Siedlung und die sie schützenden Truppen an. Der Kampf um Netzarim wurde in Gaza genauso zum Bestandteil der Widerstandskultur gegen die Besatzung, wie er in Siedlerkreisen zum Bestandteil des nationalen Narrativs wurde.

Das ging so weit, dass sogar Kinder sich davon anstecken ließen. Im April 2002 machten sich drei Schuljungen aus dem Viertel Sheikh Radwan auf den Weg nach Netzarim. Die Vierzehnjährigen waren bewaffnet mit Messern, einer Axt und selbst gefertigtem Sprengstoff. Ihren Eltern sagten sie, sie wollten Freunde besuchen. Zu Fuß legten sie die sechs Kilometer zu der Siedlung zurück und warteten bis nach Einbruch der Dunkelheit. Um Mitternacht wurden sie von israelischen Soldaten entdeckt, als sie sich auf allen Vieren kriechend der Siedlung näherten. Sie wurden erschossen, bevor sie selbst hätten angreifen können. Dass sie in den sicheren Tod gehen würden, war ihnen vorher klar. Denn alle drei Jungen hatten Abschiedsbriefe hinterlassen, in denen sie ihren Eltern erklärten, sie wollten als Märtyrer für die Verteidigung der Heimat sterben.

Immer wieder gab es solche Versuche, die Siedlungen anzugreifen und die Siedler durch den Druck ständiger Gewalt zu vertreiben. Vorbei waren die Zeiten, als die Israelis in Gaza in nicht eingezäunten Siedlungen lebten und zum Einkaufen auf die Märkte der Umgebung fuhren.

In der Ersten Intifada war kein einziger Siedler angegriffen oder gar getötet worden. In der Zweiten Intifada war das ganz anders. Nach dem Beginn des Oslo-Prozesses hatten die Palästinenser damit gerechnet, dass die jüdischen Kolonisten wenigstens aus Gaza abziehen würden. Als dies nicht geschah, sondern die Siedlungen im Gegenteil immer mehr ausgedehnt wurden und der ganze »Friedensprozess« ihnen statt Wohlstand immer mehr Armut und Beschränkungen brachte, richtete sich ihre Wut gegen die Israelis, die unter ihnen lebten, die Siedler. Das führte dazu, dass die Siedlungen immer weiträumiger abgesperrt und immer schärfer bewacht wurden. Wohnhäuser, die in der Nähe von Siedlungen standen, wurden abgerissen, Felder umgepflügt und Obstplantagen zerstört. Jeder Palästinenser, der in das Niemandsland um eine Siedlung eindrang und sich der Umzäunung näherte, wurde ohne Vorwarnung erschossen. So entstanden auf dem engen Raum des Gazastreifens zwei voneinander vollkommen getrennte Welten. Für die Palästinenser hätten die Siedlungen genauso gut auf dem Mond liegen können, denn sie waren für sie unerreichbar. Auch die Siedler waren zwar unerreichbar für die Palästinenser und ließen sich nie in den palästinensischen Städten blicken, aber ihre Präsenz war dennoch nicht zu übersehen.

Die einzigen Palästinenser, die mitten zwischen den Siedlern lebten, waren die Menschen von Mawassi.

Mawassi

Es war ein heißer Tag im Juni 2005, als Siad Halil Miajaidah dem Tod ins Auge sah. Zusammengekrümmt lag er auf dem Boden, während junge Siedler mit Steinen nach ihm warfen. Immer wieder versuchte er, sich aufzurichten und zu fliehen, aber die Steine trafen ihn mit dumpfen Schlägen am Kopf, bis er das Bewusstsein verlor.

Mehrere Fernsehteams dokumentierten den Lynchversuch an dem jungen Palästinenser im Siedlungsblock Gush Katif. »Tötet ihn, lasst ihn sterben!«, riefen israelische Jugendliche, alle mit der gehäkelten Kippa der national-religiösen Bewegung auf dem Kopf, immer wieder, während sie aus nächster Nähe mit Steinen nach ihm warfen. Ein israelischer Offizier sah hilflos zu, versuchte kurz, den Verletzten mit seinem Körper abzuschirmen, zog sich dann jedoch wieder vor dem Steinhagel zurück. Israelischen Journalisten gelang es schließlich, den Jungen zu bergen und ins Krankenhaus nach Khan Yunis zu bringen. So kam Siad zum ersten Mal seit Jahren wieder in diese palästinensische Stadt im südlichen Gazastreifen, die nur wenige Kilometer von seinem Elternhaus entfernt und doch unerreichbar für ihn war. Zum ersten Mal seit langer Zeit sah er dort auch seinen Großvater wieder. Doch er erkannte weder ihn noch seinen Onkel, denn beide hatte er jahrelang nicht mehr gesehen.

Siad wohnte mit seinen Eltern und Geschwistern mitten im Gush Katif, dem jüdischen Siedlungsblock im südlichen Gazastreifen. Rund 8000 Palästinenser lebten dort in dem Mawassi genannten Gebiet, eingepfercht zwischen den israelischen Siedlungen und dem Meer. Sie waren Gefangene im doppelten oder eigentlich sogar dreifachen Sinne. Denn sie durften den seit 1995 von einem Stacheldrahtzaun umgebenen Gush Katif nicht verlassen. Für Besuche in den nahegelegenen Städten Rafah und Khan Yunis, wo die meisten von ihnen Angehörige hatten, war eine spezielle Genehmigung der israelischen Behörden nötig. Aber auch im Gush Katif selbst konnten sie sich nicht frei bewegen. Die Siedlungen waren für sie tabu, und die wenigen Arbeiter, die noch in den jüdischen Siedlungen beschäftigt waren, mussten jeden Morgen langwierige Sicherheitskontrollen über sich ergehen lassen. Im Unterschied zu den jüdischen Bewohnern des Gush Katif, die das Gebiet frei verlassen und auf gut ausgebauten Straßen ins Kernland Israel fahren konnten, durften die palästinensischen Bewohner des Mawassi den Gazastreifen nicht verlassen, ja, sie durften noch nicht einmal die Straßen der Siedler benutzen. Sie mussten neben den Asphaltstraßen auf staubigen Feldwegen fahren.

Für die Außenwelt waren sie praktisch unsichtbar. In der israelischen Berichterstattung aus den Siedlungen kamen sie nicht vor. Und auch ausländische Journalisten wagten sich selten in die engen Straßen des Mawassi oder in die Slums der Beduinen-Clans, die sich am Rand der Hauptstraßen ausbreiteten.

Das Mawassi ist ein etwa ein Kilometer breiter Landstreifen, der sich über zwölf Kilometer entlang der Küste des südlichen Gazastreifens erstreckt. Es ist ein äußerst fruchtbares Gebiet, das den beiden Städten Khan Yunis und Rafah als Gemüse- und Obstgarten diente. Bis zum Ausbruch der Zweiten Intifada im Jahr 2000 versorgten die Einwohner und Landwirte des Mawassi die Umgebung mit Guaven, Datteln, Feigen, Tomaten, Gurken, Kartoffeln, Süßkartoffeln und Oliven. Das Gemüse wurde größtenteils in Gewächshäusern gezogen. Obst und Gemüse wurden aber nicht nur für den örtlichen Markt produziert, sondern auch nach Israel, ins Westjordanland und sogar nach Jordanien exportiert. Diese Ausfuhren brachen drastisch ein, als Israel mit Ausbruch der Zweiten Intifada die Zugangswege zu dem Gebiet sperrte und die Palästinenser, die dort lebten, einem strengen Überwachungsregime unterwarf.

Neben seiner Fruchtbarkeit war das Mawassi auch eine der schönsten Gegenden des Gazastreifens, mit feinem Sandstrand, Dünen und Palmen. Bevor israelische Siedler sich hier niederließen und Israel im Zuge des »Friedensprozesses« das Gebiet abriegelte, war es ein Naherholungsgebiet für die Einwohner von Khan Yunis und Rafah gewesen, die die Wochenenden gern hier an dem atemberaubend schönen Strand verbrachten.

Das alles änderte sich mit dem so genannten Oslo II-Abkommen, das am 28. September 1995 in Washington unterzeichnet wurde. Es sollte die Übergangszeit bis zum Abschluss eines Endstatus-Abkommens regeln und den Palästinensern in genau definierten Teilen der besetzten Gebiete begrenzte Autonomie zuweisen. Spätestens 1999 sollten die Endstatus-Verhandlungen dann den Oslo-Prozess abschließen.

Bis dahin wurde das besetzte Westjordanland in drei Zonen, A, B und C, aufgeteilt. Nur in Zone A sollte die palästinensische Autonomiebehörde als Vorläuferin einer palästinensischen Regierung uneingeschränkte und alleinige Autorität ausüben. Zone C dagegen blieb unter ausschließlich israelischer Kontrolle, und in Zone B sollten Israelis und Palästinenser gemeinsam für Sicherheit sorgen.

Im Oktober 1998, drei Jahre nach der Unterzeichnung des Abkommens, übte die palästinensische Autonomiebehörde die volle Kontrolle über nur zwei Prozent und eine eingeschränkte zivile Kontrolle über 26 Prozent der besetzten Gebiete aus, während Israel über 72 Prozent herrschte. Im März 2000 wuchs das Gebiet unter palästinensischer Kontrolle auf 17,2 Prozent und unter palästinensischer Teilkontrolle auf 23,8 Prozent. Israel verfügte noch immer über 59 Prozent.*

Im Gazastreifen entsprachen der Zone B die so genannten gelben Gebiete. Sie waren auf den Landkarten, die dem Abkommen beigefügt waren, gelb eingefärbt. Schon im Gaza-Jericho-Abkommen vom 4. Mai 1994, das die Siedlungen im Gazastreifen ausdrücklich nicht in Frage stellte, waren sie als Gebiete ausgewiesen worden, die den jüdischen Siedlern zur Verfügung stehen sollten. Bei den »gelben Gebieten« handelte es sich, wie Tanya Reinhart feststellte,

* Roy, *The Gaza Strip*, S. 339f.

um die einzigen Flächen, die in dem dicht besiedelten Gazastreifen noch für Wohnungsbau und Landwirtschaft nutzbar waren.* Sieben solcher gelben Gebiete waren in den Landkarten ausgewiesen. Alle lagen rund um die israelischen Siedlungen und an den Grenzen zu Ägypten und Israel. Die Palästinenser sollten in diesen gelben Gebieten die Verantwortung für die öffentliche Ordnung übernehmen, das heißt, sie sollten dafür sorgen, dass es unter den palästinensischen Bewohnern dieser Gebiete ruhig blieb und die jüdischen Siedlungen nicht von palästinensischen Extremisten bedroht wurden. Die israelischen Sicherheitskräfte behielten jedoch die Zuständigkeit für die innere Sicherheit. Gemeinsame Patrouillen sollten für Sicherheit sorgen. Nach Ausbruch der Intifada war von dieser Regelung keine Rede mehr. Palästinensische Sicherheitskräfte waren nicht mehr zu sehen. Die israelische Armee allein sorgte dafür, dass die Siedler ungestört leben und arbeiten konnten.

Das größte »gelbe Gebiet« war das Mawassi im jüdischen Siedlungsblock Gush Katif, das zu den Städten Khan Yunis und Rafah gehörte und eng mit diesen beiden Ortschaften verbunden war. Es war ein Mikrokosmos der Besatzung und der Unterdrückung. Hier spielte sich auf einem eng begrenzten Gebiet und von der internationalen Öffentlichkeit praktisch unbemerkt all das ab, was sich auch im besetzten Westjordanland ereignete. Dort mussten die Palästinenser erleben, wie sie nach dem Abschluss der Oslo-Abkommen und dann verstärkt nach Ausbruch der Intifada immer mehr eingeschränkt wurden, wie sie zunehmend ihre Freiheiten verloren, wie ihre Dörfer durch Roadblocks von der Außenwelt abgeschnitten wurden, wie sie ihr Recht verloren, die Hauptverkehrsadern zu benutzen und wie sie hinter Mauern und Zäunen weggesperrt wurden und ihr Gebiet in kleine Bantustans zerhackt wurde, die untereinander keine Verbindungen mehr hatten.

Die rund 8000 Bewohner des Mawassi im südlichen Gazastreifen verloren durch die in Oslo verabredeten Regelungen einen Großteil ihres Einkommens und ihrer Bewegungsfreiheit und wurden immer mehr zu Almosenempfängern internationaler Hilfsorganisationen und zu Gefangenen.

* Tanya Reinhart, »The Era of Yellow Territories«, *Haaretz Magazine*, 27. Mai 1994

So wurde zum Beispiel der Zugang zu dem Gebiet, in dem sie lebten, streng reglementiert. Bewohner und Besucher durften nur drei Zufahrtsstraßen benutzen. Nach Ausbruch der Intifada wurden zwei dieser drei Straßen geschlossen. Der nun einzige Zugang wurde durch einen Militärposten, den berüchtigten Tuffach-Checkpoint, überwacht. Hier mussten Einwohner, die das Gebiet verlassen hatten, zum Beispiel, um ein Krankenhaus in Khan Yunis aufzusuchen, manchmal stundenlang, mitunter sogar tagelang warten, bis sie passieren durften. Im Oslo II-Abkommen war den Palästinensern zwar ein fünf Kilometer langer Teil des Strandes für Sport und Freizeitaktivitäten zugestanden worden, doch auch dieses Recht wurde im Lauf der Jahre immer mehr eingeschränkt. Vor dem Rückzug der Israelis waren praktisch keine Palästinenser mehr am Strand zu sehen. Aus Furcht vor Übergriffen der Siedler zogen sie es vor, den Strand zu meiden. Und obwohl Israel sich verpflichtet hatte, am Strand nicht zu bauen, entstand hier noch nach Beginn des »Friedensprozesses« die Siedlung Shirat Hayam. Die so genannten ägyptischen Offiziershäuser, kleine malerische Sommerhäuschen direkt am Strand, die früher Einwohnern aus Khan Yunis als Wochenendhäuschen gedient hatten, wurden von den Siedlern zu Ställen umfunktioniert oder als Unterkünfte für Jugendliche genutzt. Vor dem Rückzug der Israelis wurden sie von den israelischen Behörden abgerissen, angeblich um zu verhindern, dass Siedler sich darin verbarrikadierten. Die palästinensischen Eigentümer dieser inzwischen schon recht heruntergekommenen Häuschen, waren empört. Sie hatten sich darauf gefreut, ihre Strandhütten nach dem Abzug wieder in Besitz nehmen und renovieren zu können.

Schon im Oktober 2000, kurz nach dem Ausbruch der Zweiten Intifada, war das zu Khan Yunis gehörende Mawassi-Gebiet fast vollkommen von der Außenwelt abgeriegelt worden. Wenige Monate später, im Januar 2001, wurden innerhalb des Gebiets 20 Straßen mit Betonblöcken abgesperrt. Damit war der Zugang zu einem großen Teil des landwirtschaftlich genutzten Gebietes blockiert. Auch viele Landbesitzer, die in Khan Yunis lebten, durften nun nicht mehr zu ihrem Land, um es zu bewirtschaften. Infolge dieser Absperrungen und Zugangsbeschränkungen ging die landwirtschaftliche Produktion drastisch zurück. Die Blockade betraf aber nicht nur die Menschen selbst, sondern auch den Güterverkehr. So durften ab Februar 2001 keine Düngemittel, Landmaschinen oder Ersatzteile mehr in die Region gebracht werden. Auch die Ausfuhren, die der Bevölkerung einen Teil ihrer Einkünfte brachten, wurden stark eingeschränkt.

Von Dezember 2000 an mussten alle Exportgüter über den Checkpoint Tuffach ausgeführt werden. Da die Palästinenser diesen Kontrollpunkt aber nicht mehr mit Autos oder Lastwagen passieren durften, mussten die Waren auf der einen Seite der Sperre abgeladen, zu Fuß über die Demarkationslinie getragen und auf der anderen Seite auf andere Fahrzeuge aufgeladen werden. Dieses war nicht nur umständlich und zeitaufwändig und für empfindliche Güter wie Gemüse, Obst oder Fisch belastend. Es erhöhte auch die Transportkosten und schmälerte damit den Profit. Und so dauerte es nicht lang, bis der Export aus dem Mawassi fast vollständig zusammenbrach.

Vor der Intifada war das Mawassi im südlichen Gazastreifen berühmt für seine Guaven. Im Jahr 1999 wurden von dort 1350 Tonnen nach Jordanien, 525 Tonnen in das Westjordanland und 235 Tonnen nach Israel ausgeführt. Im Jahr 2000 wurden noch 350 Tonnen nach Jordanien, 31 Tonnen ins Westjordanland und 15 Tonnen nach Israel exportiert. Im Jahr 2002 schließlich waren es nur acht Tonnen, die ins Westjordanland gingen, während der Handel mit Israel und Jordanien vollkommen zum Erliegen gekommen war.

Die Folge waren dramatische Einkommensverluste der Bauern und ein weiterer Rückgang der Produktion. Bis zum Rückzug der Israelis im Sommer 2005 sank die landwirtschaftliche Produktion im Mawassi um 90 Prozent. Viele Bauern konnten ihre Familien nicht länger ernähren. Am Vorabend des Rückzugs aus dem Gazastreifen waren die meisten Einwohner des Mawassi von humanitärer Hilfe abhängig. Das Mawassi, einst der Obstgarten des Gazastreifens, war zum Armenhaus verkommen.

Auch der Fischfang, die zweite wichtige Einkommensquelle im Mawassi, war praktisch zum Erliegen gekommen. Im Oslo-II-Abkommen war den Fischern von Khan Yunis und Rafah ein begrenztes Gebiet zum Fischen zugestanden worden. Demzufolge sollten sie immerhin 20 Seemeilen weit hinausfahren dürfen. Die israelische Armee schränkte dieses Gebiet jedoch auf sechs Seemeilen ein, was den Ertrag in einem ohnehin nicht mehr sehr fischreichen Gebiet weiter schmälerte. Darüber hinaus wurde das Fischen manchmal tage- oder gar wochenlang gänzlich verboten. Im Jahr 2002 war der Zugang zum Meer von April bis Oktober für palästinensische Fischer gesperrt. Außerdem durften Fischer, die nicht im Mawassi wohnten, das Gebiet nicht mehr betreten. Dadurch verloren die Fischer von Khan Yunis und Rafah, deren Boote am Strand des Mawassi lagen, ihr Einkommen.

Durch all diese Einschränkungen gingen Fischfang und -export um 80 Prozent zurück. Wurden vor 2000 noch 300 bis 400 Tonnen pro Jahr gefangen, so waren es 2002 nur noch 58 Tonnen.

Die Versorgungslage im Mawassi wurde immer schlechter, je länger die Abriegelung dauerte und je rigoroser sie durchgesetzt wurde. So wurden zum Beispiel Kochgas und Treibstoff über den Checkpoint Tuffach geliefert, aber nicht immer in ausreichenden Mengen durchgelassen, so dass die Menschen auf Spirituskocher zurückgreifen mussten, um Mahlzeiten zubereiten zu können.

Auch die Stromversorgung war völlig unzulänglich. Sowohl im Mawassi von Khan Yunis als auch im Gebiet von Rafah versorgte nur jeweils ein Generator die Bevölkerung mit Strom. Das führte dazu, dass es, bedingt durch permanenten Treibstoffmangel, meist nur wenige Stunden am Tag Strom gab.

Frisches Trinkwasser war praktisch nicht vorhanden. Im gesamten Mawassi-Gebiet gab es nur wenige, zum Teil private Brunnen, die für die Bewässerung der Felder und Gewächshäuser genutzt wurden und oft durch Dünger verseucht waren. Die Wartung der Pumpen, die das Wasser aus den Brunnen an die Oberfläche holten, war ebenfalls schwierig, weil keine Ersatzteile hereingebracht werden durften.

Ein Abwassersystem gab es gar nicht. Vor dem Ausbruch der Intifada hatten die Bewohner septische Tanks benutzt, die von den Stadtverwaltungen in Khan Yunis und Rafah gewartet wurden. Nach dem Ausbruch der Intifada wurde dies jedoch unmöglich. Durch die nun ungeklärt abfließenden Abwässer wurde das Grundwasser verseucht. In Rafah floss das Abwasser ungeklärt ins Meer.

Am dramatischsten machten sich die Auswirkungen der Blockade im Schul- und Gesundheitswesen bemerkbar. Im Mawassi von Khan Yunis gab es nur eine Schule. Die meisten Lehrer lebten aber in Khan Yunis und mussten jeden Morgen den Tuffach-Checkpoint passieren. Die häufigen Abriegelungen führten dazu, dass die Schule oft geschlossen bleiben musste oder nicht ausgebildete Eltern den Schulunterricht übernahmen.

Ganz schwierig wurde es für Kranke und Schwangere. Im Gush Katif gab es nur zwei Gesundheitsstationen, die den Palästinensern offen standen, und die waren so schlecht ausgestattet, dass weder gründliche Untersuchungen durchgeführt noch Geburtshilfe geleistet werden konnte. Es reichte gerade, um einfache Medikamente auszugeben und Verbände anzulegen. Spezielle Medikamente und Impfseren konnten hier nicht gelagert werden, weil es an den notwendigen Kühlmöglichkeiten fehlte. Kranke, die einer Behandlung bedurften, oder Schwangere kurz vor der Geburt mussten nach Khan Yunis oder Rafah ins Krankenhaus gebracht werden, wurden aber oft am Checkpoint aufgehalten, manchmal sogar zurückgeschickt. Selbst Krankenwagen wurden nicht immer durchgelassen oder mussten lange Wartezeiten in Kauf nehmen. Hilfsorganisationen wie Ärzte ohne Grenzen haben Fälle dokumentiert, in denen Frauen gezwungen waren, am Checkpoint zu gebären, oder in denen Kranke starben, während sie auf Durchfahrgenehmigung warteten.

Nicht nur die Gesundheitsfürsorge, die Versorgungslage insgesamt war schwierig und wurde im Lauf der Zeit immer dramatischer. Ab Oktober 2002 durften nur noch die wenigen palästinensischen Lebensmittelhändler, die im Mawassi kleine Geschäfte betrieben, einmal in der Woche das Gebiet verlassen, um sich mit Vorräten einzudecken und die kärglichen Lagerräume ihrer Läden aufzufüllen.

Am Vorabend des israelischen Abzugs war das Leben der Palästinenser im Mawassi nahezu unerträglich geworden. Nur wenige hatten noch Arbeit in den jüdischen Siedlungen. Die meisten betrieben Landwirtschaft in ganz kleinem Stil, die aber kaum das eigene Überleben sichern konnte. In der aufgeheizten Stimmung vor dem Rückzug trauten sich viele Palästinenser kaum noch auf die Straße, denn aus dem Westjordanland waren zahlreiche vor allem jugendliche Siedler angereist, um den Widerstand gegen die Räumung zu verstärken. Das waren ideologisch gefestigte junge Männer und Frauen, für die kein Zweifel an der Rechtmäßigkeit der Siedlungen bestand. Der Gazastreifen war den Juden, genau wie das übrige Land Israel, von Gott verheißen. Mit Demonstrationen und Protestaktionen und vor allem durch ihre schiere Anwesenheit hofften diese jungen Leute, den Abzug zu verhindern. Viele von ihnen waren so radikal, dass sie auch nicht davor zurückschreckten, Palästinenser anzugreifen. Vor allem Kinder waren gefährdet. Darum ließen viele Eltern ihre Kinder nicht mehr auf der Straße spielen.

Bei meinen Besuchen in den Siedlungen des Gush Katif, die sich vor dem Rückzug der Israelis häuften, sah ich immer wieder von der Straße aus diese scheuen Bewohner des Mawassi, die sich so unauffällig wie möglich verhielten. Zu Fuß oder mit Eselskarren waren sie unterwegs, die Frauen arbeiteten gebückt auf den Feldern, die Kinder verschwanden ängstlich in Häusern und Höfen, sobald sich Siedler oder Soldaten auf den Straßen blicken ließen.

Ich verabredete einen Besuch bei zwei Familien im Mawassi. Sie baten mich, am Samstag zu kommen, denn an diesem Tag begingen die frommen jüdischen Siedler den Shabbat, den wöchentlichen Ruhetag, und verließen ihre Häuser und ihre eingezäunten Siedlungen nicht.

Ich fahre also hin, zusammen mit einer palästinensischen Kollegin aus Ostjerusalem, die einen israelischen Pass hat und sich daher frei bewegen kann und die für mich übersetzen will. Im Kofferraum haben wir auf ihre Anregung hin Lebensmittel und Spielsachen für die Kinder, die in dem Gefängnis, in dem sie seit Jahren leben, von so etwas nur träumen können. Besondere Freude löst eine kleine Kühltasche aus, die wir mit Schokolade gefüllt haben. Die meisten Kinder haben noch nie in ihrem Leben Schokolade gegessen, denn in den Supermärkten der Siedler dürfen sie nicht einkaufen, und in ihren eigenen kleinen Läden herrscht chronischer Mangel an allem. Als wir ankommen, werden wir gebeten, unser Auto in den Hof zu fahren, damit man es von der Straße aus nicht sehen kann. Denn wenn Soldaten ein Auto mit israelischem Kennzeichen vor einem palästinensischen Haus sehen, könnten sie Verdacht schöpfen.

Samira führt uns in das einfache Wohnzimmer der Familie, wo

man uns schon erwartet. Ihre Schwägerin ist da, eine Nachbarin und eine Verwandte, die am anderen Ende der Straße wohnt. Dazwischen laufen aufgeregt und neugierig die Kinder umher. Die Männer kommen erst später dazu und bleiben schweigsam. Sie scheinen viel Respekt vor der temperamentvollen Samira zu haben, die unbefangen ist und sehr bestimmt. Sie ist Mutter von zehn Kindern und der fröhliche Mittelpunkt dieser Großfamilie. Nachdem Kaffee und Tee serviert sind, erzählt sie uns von ihrem Leben, ihren Träumen und Wünschen und ihren Erwartungen an die Zeit nach dem israelischen Rückzug. »Das wichtigste für mich ist Freiheit«, sagt sie, »dass ich mich von einem Ort zum anderen bewegen kann. Dass ich endlich meine Familie in Khan Yunis besuchen kann, dass ich Krankenbesuche machen kann, dass ich kommen und gehen kann, wie ich will.«

Seit fünf Jahren, seit dem Ausbruch der Intifada, hat sie das entbehren müssen. Seither kommt sie nur noch selten nach Khan Yunis, woher sie stammt, wo ihre Mutter, ihre Schwiegereltern und einige ihrer Geschwister leben. Es ist ein beschwerlicher Weg in die so nahe Stadt, denn sie muss den israelischen Checkpoint passieren. Das kann Stunden dauern oder gar Tage. Einmal, erzählt sie, hat sie 14 Tage warten müssen. Immer wieder musste sie alle notwendigen Papiere und Genehmigungen zusammenbekommen und wieder losziehen und warten. Als ihr Vater im Sterben lag, wollte sie ihn noch einmal sehen. Doch sie bekam keine Genehmigung, nach Khan Yunis zu fahren. Sie könne das Mawassi nur in einem Krankenwagen verlassen, sagte man ihr. Aber sie war nicht krank, und darum musste sie zuhause bleiben. Ihr Vater starb, ohne dass sie sich von ihm hätte verabschieden können.

Auch ihr elfjähriger Sohn Yussef würde gern einmal wieder seine Großeltern sehen. Früher, erzählt er, ist er mit dem Großvater oft zum Meer gegangen. Aber das geht jetzt nicht mehr. Und obwohl das Meer praktisch vor der Haustür liegt, ist es für ihn unerreichbar. Denn die Siedler, die am Strand in einer Karawanensiedlung leben, machen ihm Angst.

»Wir wollen so gern zum Meer«, sagt Yussef. »Aber die Juden erlauben es uns nicht. Sie schicken uns zurück und oft werfen sie Steine nach uns. Sie sagen uns: Verschwindet von hier, das ist unser Meer. Geht nach Hause.«

Wenn sie nicht ans Meer können, spielen Yussef und seine Freunde Fußball oder lassen Drachen steigen. Aber ihre Eltern lassen sie nur ungern auf die Straße. Auch sie haben Angst vor den Siedlern. »Ich will nicht, dass etwas passiert. Die Siedler sind schließlich bewaffnet«, sagt Samira. Meist halte sie das Tor geschlossen und sorge dafür, dass die Kinder im Hof bleiben. Sie wolle keinen Kontakt mit den Siedlern. Nicht nur die Siedler, auch die Armee macht den Kindern und den Erwachsenen Angst. »Wenn sie uns draußen sehen, dann bestrafen sie uns«, erzählt der 19-jährige Hassan. »Darum bleiben wir meist im Haus und lesen oder sehen fern.« Doch auch Fernsehen ist ein beschränktes Vergnügen, denn es gibt nur sechs Stunden am Tag Strom, zwischen sechs Uhr morgens und Mittag. Wie verbringen die Jugendlichen ihre Freizeit? Hassan zuckt mit den Schultern. »Es gibt hier gar nichts«, sagt er resigniert, »weder ein Kino noch ein Café noch einen Jugendclub. Nicht mal eine Videothek oder einen Buchladen gibt es hier. Einfach nichts.«

In jedem Gefängnis gibt es mehr Abwechslung für die Gefangenen als im Mawassi für die Palästinenser vor dem Rückzug der Israelis. Immerhin hat Hassan Arbeit gefunden. Er arbeitet in einem palästinensischen Gewächshaus. Zwischen 20 und 30 Schekel verdient er am Tag, das sind ungefähr fünf Euro.

Hassan geht aus dem Zimmer und kommt wieder, einen Vogelkäfig in der Hand. Er zeigt auf den Wellensittich im Käfig. »So wie dieser Vogel fühle ich mich«, sagt er, »eingesperrt.«

Hassans Schwester Islam ist 15 Jahre alt. Sie ist ein aufgewecktes lebhaftes Mädchen. Die dunklen Haare hat sie unter einem Kopftuch verborgen, wie es üblich ist, wenn Männer im Raum sind. Ihrem Selbstbewusstsein tut das keinerlei Abbruch. Sie hat große Pläne für die Zukunft. Sie möchte studieren und Journalistin werden. Dann, so hofft sie, kann sie sich endlich frei bewegen und den Menschen vom Leben der Palästinenser berichten. Das ist das Schlimmste für sie, dieses Gefühl, abgeschnitten zu sein von der Welt.

Schwierig ist die Lage auch für die wenigen, die außerhalb des Mawassi Arbeit haben, die zum Beispiel in Khan Yunis arbeiten. Oft können sie abends nicht nach Hause, weil sie am Kontrollpunkt nicht durchgelassen werden.

Einer von ihnen ist der Nachbar Abu Muhammad. Er hat gehört, dass Journalisten da sind, und so ist er gekommen, um uns über sein Schicksal zu berichten. Der 56-jährige Familienvater ist Kraftfahrer. Soeben ist er aus Khan Yunis zurückgekommen. »Ich habe drei Tage gebraucht«, erzählt er. Er war am Checkpoint immer wieder abgewiesen worden, denn pro Tag wurden nur zehn Männer und sechs Frauen durchgelassen. Wenn man es dann endlich geschafft hatte und zu den wenigen Auserwählten gehörte, die an diesem Tag den Checkpoint passieren durften, dann musste man sich langwierigen und demütigenden Durchsuchungen unterwerfen.

Wie sieht es aus am Checkpoint, wollen wir wissen, denn wir haben schon viele Schreckensgeschichten gehört von erschöpften Menschen, die tagelang warten müssen ohne Verpflegung und ohne Wasser. Abu Muhammad nickt. Ja, sagt er, es sind viele Menschen dort, die lange warten müssen und nicht wissen, wo sie hingehen sollen. Vor allem Frauen und Kindern gehe es schlecht, wenn sie dort stundenlang in der Sonne ausharren ohne Wasser und ohne Schatten.

Die Wartezeiten am Checkpoint Tuffach sind legendär. Schwangere Frauen machen sich oft schon Tage vor dem errechneten Geburtstermin auf den Weg zum Krankenhaus in Khan Yunis, damit die Wehen sie nicht am Checkpoint überraschen. »Wenn sie nach Hause kommen, können die Kinder oft schon laufen«, scherzten die Leute von Mawassi damals, die trotz ihrer schweren Lebensumstände ihren Humor nicht verloren hatten.

Einige Wochen nach dem Rückzug der Israelis stattete ich dem Mawassi einen weiteren Besuch ab. Inzwischen waren die Gebäude in den Siedlungen, die Wohnhäuser und die Geschäfte, abgerissen worden. Dort, wo einst gepflegte Villen in schmucken grünen Gärten mit Blumenrabatten und Palmen gestanden hatten, war nur noch ein Trümmerfeld. Alles war verwüstet. Die Landmarken, an denen man sich früher hatte orientieren können, waren verschwunden und die Landschaft sah vollkommen verändert aus. Die Abu-Holi-Straßensperre war weg. Niemand hinderte die Palästinenser mehr, von Nord nach Süd durch den Gazastreifen zu fahren. Und auch der berüchtigte Checkpoint Tuffach zwischen dem Mawassi und Khan Yunis war geöffnet. Zum ersten Mal sah ich die meterhohen Betonmauern, an denen die Freiheit der Palästinenser aus dem Gush Katif früher geendet hatte. Inzwischen waren sie mit bunten Graffiti und patriotischen Bildern bemalt. Palästinensische Fahnen und die bunten Flaggen der politischen Gruppierungen waren an den Häusern auf der anderen Seite der ehemaligen Demarkationslinie gehisst, grün für die Hamas, gelb für Fatah, rot für die Volksfront zur Befreiung Palästinas und schwarz für den Islamischen Jihad. Oft hingen die Fahnen in trauter Gemeinsamkeit. Noch warf der Bürgerkrieg zwischen Fatah und Hamas seine Schatten nicht voraus.

Zwischen den Schutthaufen der einstigen Siedlungen erinnerten nur noch die Gerippe der Synagogen an die fast vierzigjährige jüdische Besiedlung des Gazastreifens, die im August 2005 zu Ende gegangen war.

Die letzten Tage des Gush Katif

Rabbi Yosef Elnekaveh hat viel zu tun in den Wochen vor der Räumung des Gazastreifens. Er ist der Rabbiner des Gush Katif, des jüdischen Siedlungsblocks im südlichen Gazastreifen. Und er denkt überhaupt nicht daran, freiwillig von hier wegzugehen. »Das Land Israel gehört dem jüdischen Volk«, sagt er, »denn der Heilige, gelobt sei er, hat unserem Vater Abraham dieses Land gegeben.« Der Gazastreifen gehöre zum Heiligen Land genauso wie Jerusalem und Hebron, wo die Erzväter beerdigt sind, und mehr als Tel Aviv, betont Rabbi Elnekaveh und holt zu einer Erklärung aus: »Abraham hatte zwei Söhne, Isaak und Ismael. Isaak hat er das Land gegeben und Ismael hat er es nicht gegeben. Er hat ihn gesegnet, und dieser Segen ist eingetreten. Die Araber haben Gold, sie haben Erdöl, das sind die Segen unseres Erzvaters Abraham. Und das wurde umgesetzt. Aber das Land Israel hat er ihnen nicht gegeben. Wollen sie, dass wir ihnen das Erdöl nehmen? Der Heilige, gelobt sei er, hat sie mit Erdöl gesegnet, und uns hat er das Land Israel gegeben.«

Rabbi Elnekaveh hat sich bei einer Tankstelle an der Kreuzung von Neve Dekalim mit mir verabredet. Hier geht es links ab zu der größten Siedlung des Gazastreifens. Nach rechts geht es zum Meer, das nur ein paar hundert Meter entfernt ist. Überall hängen orangefarbene Wimpel und Fahnen, die Teenager tragen orangefarbene T-Shirts, und an den Rückspiegeln der Autos sind orangefarbene Bänder befestigt. Orange ist die Farbe, die die Einwohner des Gush Katif für ihre Hinweisschilder und Touristikbroschüren gewählt haben. Inzwischen ist das die Farbe der Protestbewegung gegen den Abzug aus Gaza geworden.

Rabbi Elnekaveh findet ein kleines kahles Zimmer hinter der Tankstelle, wo wir uns zum Interview hinsetzen können. Wieso, frage ich ihn, habt ihr euch überhaupt hier in Gaza niedergelassen? Worauf gründet ihr euren Anspruch auf dieses Gebiet?

»Das ist doch ganz einfach«, gibt er zurück. »Das Land Israel reicht bis zum Bach Ägyptens, so steht es in der Bibel. Unter den Weisen gibt es Meinungsverschiedenheiten, was damit gemeint ist. Einige sagen, der Nil ist gemeint, andere sind der Meinung, dass der Bach Ägyptens ein Flusslauf bei El Arish ist. Bis dahin mindestens reicht das Land Israel. Aber es gibt noch mehr Gründe: In der Stadt Gaza zum Beispiel gab es eine Synagoge. Sie war einmal die größte Synagoge des Nahen Ostens. Sie war ein Wallfahrtsort in den Zeiten, als es schwer war, bis nach Jerusalem zu kommen. Leute aus Ägypten und aus Afrika, die ins Land Israel kamen, besuchten diese Synagoge. Auch nach der Zerstörung des Tempels und der Zerstreuung der Juden in die Diaspora blieb hier eine jüdische Gemeinde bestehen. In Gaza gab es immer Juden, all die Jahrhunderte hindurch. Und damit eines klar ist: Vor hundert Jahren gehörte es zum zionistischen Traum, Gaza zu besiedeln. Im Gebiet von Rafah im Süden wurde Land gekauft, um dort eine Siedlung zu errichten. Gaza ist also ein untrennbarer und tief verwurzelter Teil des Landes Israel.«

Rabbi Elnekaveh wirkt ein bisschen naiv und fast skurril in seinen ernsten Überzeugungen, aber gar nicht fanatisch oder unversöhnlich. Ich kann mir gut vorstellen, dass er junge Leute um sich scharen kann, dass seine Schüler in der Jeshiwa, der Religionsschule von Neve Dekalim, ihm gern zuhören und sich von ihm begeistern lassen. Und sein Bemühen, mir, der Ausländerin, zu erklären, dass die Siedler Gottes Werk tun und außerdem ihren Staat schützen, ist fast rührend.

»In Israel fehlt es an historischem Bewusstsein«, kritisiert er. »Die Menschen kennen ihre eigene Geschichte nicht mehr und wissen nicht, dass das jüdische Volk hier in Gaza verwurzelt ist. Sie glauben, Gaza sei ein Höllenloch, das den Philistern gehört, es sei verfluchtes Land. Aber das stimmt nicht. Wer Gaza weggibt, der gibt ein Stück vom Heiligen Land Israel weg.«

Aber habt ihr denn kein Problem damit, dass die Palästinenser um euch herum euch hier nicht haben wollen, dass sie euch als Eindringlinge empfinden, die ihnen ihr Land wegnehmen?

Rabbi Elnekaveh will davon nichts wissen. Die Palästinenser haben die Siedler willkommen geheißen, sagt er. Früher, als noch niemand vom Frieden sprach, da hatten wir Frieden. Da lebten wir in guter Nachbarschaft mit den Palästinensern. »Wir haben uns hier überall bewegt, wir haben die Araber getroffen, sie besucht, und sie haben uns besucht. Früher wohnte ich in der Siedlung Kfar Darom. Eines Tages besuchte ich den Muchtar von Deir el Balach. Ich ging zu Fuß zu ihm, nach Deir el Balach. Ich war damals der einzige Jude dort und es gab keine Soldaten und nichts. Es herrschte wirklich Frieden zwischen uns. Damals sagte der Muchtar, Friede sei mit ihm: ›Ich bin froh, dass ihr gekommen seid, dass ihr zurückgekommen seid.‹ Denn er kannte noch diejenigen, die vor dem Unabhängigkeitskrieg in Gaza gelebt hatten und geflohen waren. Ich fragte ihn, wieso? Er sagte: ›Du wirst es nicht glauben, aber hier im Gazastreifen hat es nicht mehr geregnet, seit die Juden weg sind. Und jetzt, da ihr wiederkommt, fängt es wieder an zu regnen.‹ Ich sagte ihm: ›Du machst dich über mich lustig‹, aber er sagte: ›Nein, so ist es.‹ Ich ging zu den Alten von Khan Yunis, da hörte ich genau das Gleiche. Also ging ich zum meteorologischen Zentrum und bat darum, dass sie mir sagen, wie die Regenfälle im Gazastreifen in den letzten hundert Jahren waren. Und das ist wirklich erstaunlich, vom Sechs-Tage-Krieg bis heute ist dort viel mehr Regen gefallen als in den sechzig Jahren davor. Uns überrascht das nicht, denn das steht in der Bibel: Wenn das Volk Israel im Land Israel ist, dann gibt es Regen, wenn das Volk Israel nicht in Israel ist, dann regnet es nicht.«

Diese skurrile Theorie lässt sich zwar schon ein Jahr später widerlegen, denn im Winter 2006/2007, also ein Jahr nach dem Rückzug der Israelis, erlebt der Gazastreifen den seit Jahren regenreichsten Winter, aber in den spannungsgeladenen Wochen vor dem israelischen Rückzug, werden alle möglichen Theorien gehandelt, die den Beweis liefern sollen, dass der Gazastreifen ureigenstes jüdisches Land ist. Auch Hani Tzaddok aus Neve Dekalim ist tief religiös. Sie ist mit ihrem Mann vor 22 Jahren in den Gush Katif gekommen. Jetzt lebt sie in einem schmucken zweistöckigen Haus in einer gepflegten Nachbarschaft, im Garten wachsen Obstbäume und Blumen. An einer Wand in ihrem Wohnzimmer hat sie die Familienfotos aufgehängt. Von ihrer eigenen Familie gibt es nicht viele Bilder, denn diese stammt aus Deutschland, und nur ihr Vater hat das Terrorregime des Nazionalsozialismus überlebt. Hanis Mann Itzik jedoch stammt aus dem Jemen, und von ihm gibt es ein paar vergilbte Fotos. »Mein Mann ist im Land geboren worden, in Israel, aber seine Familie ist aus dem Jemen eingewandert«, erklärt Hani und zeigt auf die Fotos. »Hier kann man sehen, wie die Juden aus dem Jemen hierher gekommen sind, sie sind barfuß gegangen und hatten eine Torarolle dabei. Die haben sie mitgebracht aus dem Jemen.«

Auf einem der Bilder sieht man den Vater von Hanis Mann und den Großvater. »Wir haben das Gefühl, dass wir Teil einer sehr langen historischen Tradition sind. Wir wurden nicht gestern geboren, wir gehören nicht nur dem Hier und Jetzt an, sondern wir haben eine lange Geschichte.«

Hani setzt sich auf das Sofa und bittet mich, gegenüber Platz zu nehmen. Sie hat Kaffee gekocht und kalte Getränke vorbereitet. Später wird sie in ihrer gemütlichen kleinen Küche eine Suppe warm machen und mich zum Essen einladen. Sie ist ausgesprochen gastfreundlich. Es ist ihr wichtig, der ausländischen Journalistin zu erklären, was die Juden an diesen Küstenstreifen bindet, warum sie von hier nicht weg will. Und auch sie erzählt, wie Rabbi Elnekaveh, von den guten Beziehungen zwischen Siedlern und Palästinensern, die hier einmal herrschten.

»Als ich hierher kam, vor 22 Jahren, gab es keine Feindschaft. Wir haben mit den Arabern gut zusammengelebt, hier in Khan Yunis, in Rafah und in Gaza. Wir waren oft in Gaza, haben dort eingekauft, und sie haben bei uns in der Landwirtschaft gearbeitet. Wir waren Freunde, wirkliche Freunde. Sie haben hier bei mir im Haus Kaffee getrunken.« Die Feindschaft sei erst mit dem Beginn des Friedensprozesses gekommen. Je mehr man von einem palästinensischen Staat gesprochen habe, desto größer sei der Hass der Palästinenser geworden und ihr Wunsch, die Juden zu verdrängen.

Hani ist überzeugt, dass die Araber, wie sie die Palästinenser nennt, die Juden nicht nur aus dem Gazastreifen, sondern aus dem ganzen Land Israel vertreiben wollen. Wenn wir von hier weggehen, sagt sie, werden sie uns bald auch aus Tel Aviv und Haifa und Ramle vertreiben.

»Es gibt in Israel viele Orte, die auf dem Land ehemaliger arabischer Dörfer gebaut sind. Wir haben hier niemandem etwas weggenommen. Als wir hierher kamen, gab es gar nichts. Nur Sand. Es gab keinen Baum, keinen Busch, kein Haus, nichts. Nur Sand. Wir haben daraus einen so schönen Ort gemacht. Und jetzt, nur aus Neid, sagen sie, gebt uns das, das gehört uns. Aber es gehört ihnen nicht.«

Hani ist 57 Jahre alt und arbeitet als Therapeutin und Familienberaterin. Sie und ihr Mann gehören zu den Gründerfamilien des Gush Katif. Sie haben fünf erwachsene Kinder und sieben Enkel, die an den Wochenenden regelmäßig zu Besuch kommen. »In den letzten vier Jahren war das Leben schwer für die Siedler in Gaza«, sagt Hani. Denn seit Ausbruch der Intifada gibt es immer wieder Schüsse und sogar Raketen, die von militanten Palästinensern abgefeuert werden. Auch Hanis Haus wurde von einer Kassam-Rakete getroffen. In einem Fotoalbum hat sie die Bilder eingeklebt von dem schrecklichen Tag, als sie und ihr Mann um Haaresbreite dem Tod entgingen, von dem Loch in der Wand, von der zerstörten Küche. Auf einem kleinen Buffet steht die Geschosshülse wie eine Blumenvase.

Für Hani ist die Feindschaft der Palästinenser, die sie von hier vertreiben wollen, nur ein weiteres Kapitel in der langen Geschichte der Verfolgungen, denen das jüdische Volk ausgesetzt war und ist. »Schon immer hat man uns verfolgt, nur weil wir Juden sind«, sagt sie. Das Problem seien nicht die Siedlungen, nicht der Gush Katif, diese Oase des Wohlstands mitten im palästinensischen Elend. Die Palästinenser hassten sie, weil sie Juden seien, die ihren Anspruch auf das Land ihrer Väter angemeldet haben. »In der Bibel steht die Wahrheit«, beharrt sie. »Da steht, dass dies unser Land ist.«

Und die Palästinenser, frage ich sie. Wo sollen die hin? Haben die keine Rechte? Hani schüttelt den Kopf. Nein, sagt sie, nicht hier, das ist unser Land. Und sie fügt hinzu, die Araber können ja woanders hingehen. Sie sagt nicht »die Palästinenser«, denn damit würde sie ja die Legitimation des palästinensischen Anspruchs auf das Land anerkennen. Palästinenser, die gibt es für sie nicht. Das sind Araber und die haben genügend Länder, in denen sie leben können. »Wir haben nur dieses eine einzige Land, so ein kleines Land, das nur für uns ist. Sie haben 22 Staaten voller freier Flächen. Man muss ja nur auf die Karten schauen, auf den Globus. Saudi-Arabien und Ägypten, wieviel Land die haben, da hätte man sie doch schon lange ansiedeln können. Das ist ein Kampf zwischen dem Islam und dem Judentum. Das ist viel tiefer, und daher bin ich nicht bereit, mich vernichten zu lassen. Das hat man schon versucht, aber man hat es nicht geschafft. Wenn ich von hier weggehe, dann werden wir hinterher von Lod weggehen müssen, von Tel Aviv und von Jaffa. Das hört hier nicht auf, das ist doch klar.«

Sie jedenfalls wird nicht freiwillig weggehen. Wenn die Truppen kommen, um sie zu vertreiben, dann wird sie sich an den Baum in ihrem Garten anketten.

Aber die Regierung hat eine Entscheidung getroffen und die Knesset hat dieser Entscheidung zugestimmt, wende ich ein. Eine legitime, demokratisch gewählte Regierung. Hani lässt das nicht gelten. »Die Demokratie stellt in meinen Augen keinen Wert dar«, sagt sie geringschätzig. »Sie ist nur ein Instrument. Wenn man sie zu einem Wert erklärt, dann wird sie zerstörerisch.«

Nicht nur Hani hält nicht viel von der israelischen Demokratie. Die meisten Siedler aus dem Gazastreifen wollen sich der Entscheidung der Regierung nicht beugen. Sie wollen nicht gehen, wenn die Räumung beginnt, jedenfalls nicht freiwillig. Und so organisieren sie in den Wochen davor planmäßig den Widerstand gegen den Abzug. Sie veranstalten Demonstrationen und Kundgebungen, sie legen den Verkehr auf den Hauptstraßen lahm und versuchen, die Autobahn zu blockieren. Angeführt werden sie von den Rabbinern des national-religiösen Lagers. Ihr Wort ist vielen in der Siedlerbewegung Befehl. Für ihre Anhänger sind sie religiöse Lehrer und geistiger Beistand in Zeiten der Not. Wenn sie auftreten, dann jubeln ihnen die Massen zu. Ihre Worte werden zu Schlachtrufen der Protestbewegung. Zum Beispiel »hineni« – hier bin ich. Das ist es, was nach biblischer Überlieferung Abraham sagte, als Gott von ihm verlangte, seinen Sohn zu opfern. Es ist auch der Anfang eines Gebets am höchsten jüdischen Feiertag, dem Yom Kippur. In beiden Fällen bringt es die Bereitschaft des Gläubigen zum Ausdruck, das zu tun, was Gott von ihm verlangt. Und wenn Gott von ihm verlangt, sich der Räumung der Siedlungen in Gaza zu widersetzen, so wird er es tun.

Hineni, hier bin ich, das wurde zu einer der Parolen des Widerstands gegen die Räumung jüdischer Siedlungen. Bei allen Demonstrationen und allen Protestkundgebungen erschallt immer wieder dieser Ruf, der die Bereitschaft dokumentieren soll, kompromisslos Gottes Anweisungen zu erfüllen und für den Glauben einzutreten. Lauter noch tönt jedoch ein anderer Schlachtruf: »Hajo lo tiheje« – es wird nicht geschehen.

Das ist das eigentliche Glaubensbekenntnis der meisten religiösen Siedler im Gush Katif. Es wird nicht geschehen. Daran glauben sie in diesen Tagen und Wochen vor der Räumung und bis fast zum letzten Tag. Gott wird es nicht geschehen lassen.

Auch Rabbi Yosef Elnekaveh teilt diese Überzeugung. »Es gibt tausend und ein Wunder«, sagt Rabbi Elnekaveh. Darum bete er, dass ein Wunder geschehe, dass Gott sich erbarme und die Siedler rette.

Andere Rabbiner begnügen sich nicht damit, zu beten, und wollen auch den Wundern lieber ein wenig nachhelfen. Eljakim Levanon ist der Rabbiner der militärischen Religionsschule von Elon Moreh, einer Siedlung im Westjordanland. Er wirbt um Verständnis dafür, dass seine Schüler sich nicht an der Evakuierung beteiligen können. »Auch die Sicherheitsleute und unter ihnen der Generalstabschef verstehen, dass man unmöglich jemanden dazu zwingen kann, seine eigene Familie zu vertreiben. Und genauso wenig kann man jemanden zwingen, seiner Religion und seiner Überzeugung zuwiderzuhandeln.«

Die militärischen Religionsschulen, viele von ihnen in den besetzten Gebieten, sind ein wichtiger Pfeiler der israelischen Armee. Sie bilden junge Männer aus, die ihren Militärdienst mit religiösen Studien verbinden. Es sind Männer, die dem national-religiösen Lager entstammen, glühende Verfechter der Siedlungspolitik. Viele von ihnen geben den Anweisungen der Rabbiner den Vorzug vor den Befehlen der Vorgesetzten. Sie dienen nicht dem Staat Israel, sondern dem Gott Israels.

Besonders berüchtigt für seine extremistischen Anschauungen und seinen antiarabischen Rassismus ist der Rabbiner von Safed. Er gibt seinen Anhängern in den Tagen vor dem Rückzug den Rat, die Befehle nicht offen zu verweigern, sie aber auch nicht zu befolgen.

Dieser Rat wird von vielen religiösen Soldaten gern angenommen. So stehen sie zwar an der Grenze zum Gush Katif, aber anstatt die Demonstranten dort auftragsgemäß aufzuhalten, tun sie genau das Gegenteil. Auf diese Weise dringen immer mehr Demonstranten in den eigentlich gesperrten Siedlungsblock vor.

Andere Soldaten verweigern den Befehl ganz offen und fordern auch ihre Kameraden dazu auf, es ihnen gleichzutun.

Die Wut der Siedler erinnert an die Protestbewegung gegen den »Friedensprozess«, der zum Mord an Ministerpräsident Rabin führte, und wie damals treibt auch diesmal der Protest skurrile Blüten. So wiederholen Anhänger der rassistischen und in Israel als terroristisch eingestuften Kach-Bewegung des ermordeten US-amerikanischen Rabbiners Meir Kahane eine gespenstische Zeremonie, mit der sie schon seinerzeit Rabin verflucht hatten. Sie nennt sich Pulsa denura, Geißel aus Feuer, und sie wird gegen diejenigen angewandt, die sich eines todeswürdigen Verbrechens gegenüber dem jüdischen Volk schuldig gemacht haben, erklärt der Aktivist Michael Ben Horin, der die haarsträubende Zeremonie auf einem Friedhof im Norden Israels leitet. »Wir haben die Engel der Zerstörung aufgerufen, so schnell wie möglich Ariel Sharon zu töten«, sagt er und fährt fort: »Im letzten Jahr sind viele wichtige Menschen im Schlaf gestorben. Wir hoffen, dass dies auch Ariel Sharon geschieht, so schnell wie möglich.«

Die Sicherheitsbehörden nehmen den Protest der Extremisten durchaus ernst. Eine Woche vor dem Beginn des Rückzugs sammeln sie die Waffen der Siedler ein, um zu verhindern, dass die renitenten Rückzugsgegner bewaffnet auf die Soldaten und Polizisten treffen, die sie evakuieren werden. Die meisten Siedler haben ihre Waffen orange angemalt und Protestnoten an Verteidigungsminister Shaul Mofas daran befestigt. »Zusammen mit den Waffen geben wir die Fahne des Staates zurück«, erklärt ein Bürger trotzig.

Acht Tage vor dem Abzug stellt die Armee den Siedlern auch den schriftlichen Räumungsbefehl zu. Bis Mitte des Monats müssen sie ihre Wohnungen verlassen und ihre Möbelwagen gepackt haben. Ab diesem Tag darf auch kein israelischer Zivilist mehr den Gazastreifen betreten. Wer bis zum 17. August, dem als Beginn des Rückzugs festgelegten Datum nicht freiwillig gegangen ist, wird mit Gewalt fortgebracht.

Der Abzug

In der Nacht vom 15. auf den 16. August Punkt Mitternacht wurde das Tor zum Gazastreifen in einer feierlichen Zeremonie geschlossen. Es war natürlich nur ein symbolischer Akt, denn schon kurz darauf wurde es wieder geöffnet, um die Sicherheitskräfte hineinzulassen, die die Siedler wegbringen sollten, und es öffnete sich auch später noch viele Male, um israelische Truppen in den Gazastreifen zu lassen. Aber für israelische Zivilisten wurde der Gazastreifen in dieser Nacht verriegelt. Sie durften von diesem Moment an die Grenze nur noch in eine Richtung passieren, hinaus, nach Israel. An dem Tor wurde ein Schild angebracht, auf dem in schwarzer Schrift auf rotem Grund stand, dass das Betreten des Gazastreifens für Israelis von nun an nach israelischem Gesetz verboten war.

Am Tag danach nahmen die Siedler von Neve Dekalim auf dem Friedhof ihrer Siedlung Abschied von ihren Toten, die erst später exhumiert und umgebettet werden sollten. Sie sollten innerhalb der grünen Linie auf einem Friedhof im Staat Israel endgültig ihre letzte Ruhestätte finden.

Wie in einem letzten verzweifelten Aufbäumen gegen das Schicksal rief Rabbi Josef Elnekaveh die Toten um Hilfe an: »Die ganze heilige Gemeinde hier wendet sich heute an euch und bittet euch: Geht zu den heiligen Erzvätern und den Erzmüttern und sagt ihnen, dass wir hier bleiben wollen und dass ihr wollt, dass Eure Gräber sich erst öffnen, wenn die Toten auferstehen.«

Doch die Toten konnten auch nicht mehr helfen. Der Abzug aus dem Gazastreifen war nicht mehr aufzuhalten. Die Evakuierung der Siedler begann, Ortschaft für Ortschaft, Haus für Haus, Familie für Familie. Es war ein glanzvoll inszeniertes Spektakel, an dem die ganze Welt Anteil nahm. Die israelische Regierung hatte direkt an der Grenze zum Gazastreifen ein riesiges Pressezentrum eingerichtet mit Arbeitsplätzen, Internetverbindung und Café. Von hier aus wurden die Journalisten, die sich in den Ortschaften und Kibbuzim rund um den Gazastreifen eingemietet hatten, jeden Morgen in die zu räumenden Siedlungen gefahren und am Nachmittag wieder zurück. Die großen Networks hatten sich schon vor Beginn des Abzugs mit ihren Übertragungswagen und Satellitenschüsseln in den Siedlungen postiert. Manche Reporter hatten sich in den Siedlungen selbst eingemietet. Andere übernachteten mit Decken und Schlafsäcken in den Gemeindezentren.

Ich hatte mich in einem Kibbuz direkt an der Grenze eingemietet und in einem winzigen Gästezimmer ein kleines Studio eingerichtet. Zwei Computer, ein Fernseher, ein Radio und ein Übertragungsgerät für die Live-Sendungen standen auf einem klapprigen Tisch. Ein Plastikstuhl und ein schmales Bett vervollständigten die spartanische Einrichtung.

Am ersten Morgen des Abzugs schloss ich mich einer Tour in die Siedlung Morag an. Ich war kurz zuvor auf der anderen Seite gewesen, bei einer palästinensischen Familie in Khan Yunis, die jahrelang unter ihrer Nachbarschaft zur Siedlung gelitten hatte.

Es war noch stockdunkel, als der Bus die Grenze passierte, und es dämmerte, als wir in Morag ankamen. Auf den ersten Blick wirkte die Siedlung an diesem frühen Morgen wie eine friedliche Oase in der Wüste. Fast hörte man über dem Zwitschern der Vögel das gleichmäßige Dröhnen des unbemannten Aufklärungsflugzeuges nicht, das pausenlos über der Siedlung und dem angrenzenden palästinensischen Flüchtlingslager kreiste. In den offenen Fenstern standen Männer in Gebetsschals gehüllt und verrichteten das Morgengebet. Andere eilten in die Synagoge zu einem letzten gemeinsamen Gebet mit ihren Nachbarn. Erst als die Sonne am Himmel aufstieg, wurde sichtbar, dass sich die Siedlung in Auflösung befand. Viele Häuser standen bereits leer, nicht nur die Möbel waren ausgeräumt, Fenster, Türen und sogar Dachziegel fehlten. Zehn der 40 Familien der kleinen Siedlung wollten den Gazastreifen verlassen, bevor die Armee sie mit Gewalt aus ihren Häusern holte. So wie Nachschon Halili, der die Siedlung mit seiner Frau und seinen sechs Kindern nach 19 Jahren verlassen musste. »Ich gehöre zu den Gründern von Morag«, sagte er. »Wir haben hier bei Null angefangen.« Er wolle gehen, bevor die Soldaten ihn dazu zwingen würden. Denn er habe Angst, dass es zu Blutvergießen kommen könnte. Eine Siedlerin, die ihren Namen mit Tziona angab, hatte geschwollene Augen vom vielen Weinen. Sie war voller Zorn auf die Regierung, vor allem auf Ministerpräsident Ariel Sharon, denn sie war überzeugt, dass er den Abzug nur ausgeheckt hatte, um von seinen Korruptionsaffären abzulenken. Um seine eigene Haut zu retten, habe er die Siedler geopfert, rief sie verbittert aus und fügte voller Verachtung hinzu: »Er ist ein Verräter.«

Diese Auffassung teilte auch der Knessetabgeordnete und Rabbiner Benni Eilon, der aus dem Westjordanland, wo er in einer Siedlung lebt, nach Morag gekommen war, um die Siedler zu unterstützen. Auch er warf Sharon vor, seine eigenen Ideale verraten zu haben, indem er den Anspruch der Juden, in ihrem eigenen Land zu siedeln, in Frage stellte. Eilon selbst, der als Minister Sharons Kabinett angehört hatte, war vom Ministerpräsidenten entlassen worden, weil er den Rückzugsplan nicht unterstützen wollte.

Mit Benni Eilon hatten sich rund zweihundert Jugendliche in Morag eingefunden, um die Siedler in ihrem Widerstand zu unterstützen. Sie, die gar nicht hier im Gazastreifen, sondern meistens in Siedlungen des Westjordanlandes lebten, wollten den Abzug mit allen Mitteln verhindern. Deswegen hatten sie Wasser und Lebensmittel gehortet und Pläne geschmiedet, wie sie den Sicherheitskräften das Leben schwer machen könnten. Für viele von ihnen war das wie ein Abenteuerurlaub, sie waren aufgedreht und fröhlich. Für die Einwohner von Morag dagegen war es ein Morgen voller Schrecken. Sie hatten sich der Realität bis zuletzt verweigert, vielleicht in der Hoffnung auf den erwarteten göttlichen Beistand. Nun gerieten sie in Panik, versuchten hektisch, Kisten und Koffer zu packen und in ihren Autos zu verstauen.

Andere dagegen weigerten sich auch jetzt noch, sich in ihr Schicksal zu fügen, und verschanzten sich im Kindergarten, wo eine geräuschvolle Versammlung abgehalten wurde. Lautes Schluchzen drang nach draußen, verzweifelte Rufe und Weinen. Soldaten und Polizisten versuchten, die Siedler zu beruhigen. Sie waren unbewaffnet gekommen, trugen außer flachen Rucksäcken mit Trinkwasser nichts bei sich, denn sie sollten nicht als Feinde wahrgenommen werden. Das Kalkül ging auf, es dauerte nicht lange und die Siedler im Kindergarten gaben auf und ließen sich widerstandslos hinausbegleiten.

In anderen Ortschaften ging die Evakuierung nicht so reibungslos vonstatten. Viele Familien hatten sich demonstrativ geweigert, ihre Häuser auszuräumen und die Koffer zu packen. Sie saßen in ihren Häusern zusammen, beteten oder nahmen eine letzte Mahlzeit ein und warteten, dass die Sicherheitskräfte die Türen aufbrachen und sie zu den wartenden Bussen trugen. Andere klammerten sich in den Synagogen an die Sitzbänke, weinten und schrien, Männer zerrissen ihre Kleider zum Zeichen der Trauer, Frauen beteten Psalmen, andere hatten ihren Kindern orangefarbene Judensterne an die Kleider geheftet und sie mit erhobenen Händen vor die Haustür geschickt. Ein Vater streckte den Polizisten seine kleine Tochter entgegen und forderte sie auf, das Kind zu vertreiben.

In Kfar Darom spielte sich am 19. August die letzte Schlacht um die Siedlungen ab. Es war ein sengend heißer Tag, in der kleinen Ortschaft wimmelte es vom frühen Morgen an von Sicherheitsleuten, Journalisten und zugereisten Unterstützern der Siedler. Die 65 Familien hatten sich bis zuletzt geweigert, mit den Behörden zu kooperieren, hatten ihre Wohnungen nicht ausgeräumt und nichts gepackt. In den Gärten vor den Häusern lagen Spielsachen, neben den Türen standen Kinderwagen, und in einem Hort planschten Kleinkinder in einem Plastikbecken. Als die Sicherheitskräfte kamen, um sie abzuholen, wehrten sie sich mit Händen und Füßen und viel Geschrei. Überall in Kfar Darom bot sich das gleiche Bild: schimpfende Männer, schreiende Frauen, weinende Kinder und erschöpfte Soldaten, die einen nach dem anderen aus den Häusern trugen und zu den wartenden Bussen brachten. Auf dem Dach der Synagoge hatten sich Hunderte Jugendliche verschanzt, die Farbe, Öl und sogar Säure auf die Soldaten schütteten, als sie versuchten, die Synagoge mit Gewalt zu räumen. Rund 60 Soldaten und Polizisten wurden dabei verletzt.

Doch schließlich wurde auch in Kfar Darom und Netzarim der Widerstand gebrochen, und am Ende der ersten Woche waren die meisten Siedlungen schon ganz oder teilweise geräumt. Ursprünglich hatte die Regierung vier bis acht Wochen für den Abzug der Siedler veranschlagt. Doch zwei Wochen nach dem Beginn des Rückzugs war alles vorbei. Die Siedlungen im Gazastreifen und die drei kleinen Siedlungen im nördlichen Westjordanland waren geräumt. Nun kamen die Bulldozer, um die Häuser abzureißen. Innerhalb kürzester Zeit waren die Siedlungen dem Erdboden gleichgemacht. Die 21 Siedlungen hatten aufgehört zu existieren.

Zwei Wochen später zogen auch die israelischen Truppen ab. In den frühen Morgenstunden des 12. September begann der geordnete Rückzug. In langen Kolonnen rollten die Panzer und gepanzerten Fahrzeuge mit rund 3000 Soldaten Richtung Israel. Kaum hatten sie das Gelände der ehemaligen Siedlungen verlassen, strömten Hunderte Palästinenser in die Trümmerlandschaft. Jubelnd wanderten sie zwischen den zerstörten Häusern umher.

Um sieben Uhr morgens rollten die letzten Militärfahrzeuge über die Grenze. Aviv Kochavi, der Befehlshaber der in Gaza stationierten Division, war der letzte, der den Gazastreifen verließ und am Grenzübergang Kissufim das Tor schloss. »Die Aufgabe ist erfüllt und eine Ära ist zu Ende«, sagte er und fügte hinzu: »Die 38-jährige israelische Präsenz ist abgeschlossen. Von nun an trägt die palästinensische Autonomiebehörde die Verantwortung für das, was in Gaza geschieht. Die Verantwortung für die Sicherheit unserer Bürger tragen jedoch weiterhin wir selbst.«

Kristallnacht in Gaza?

Auf der palästinensischen Seite war die Freude über den Abzug der Armee groß. Tausende hatten sich schon in der Nacht auf den Weg gemacht, um die neue Bewegungsfreiheit zu genießen. Mit Autos, Fahrrädern und Eselskarren fuhren sie über die Saladinstraße, die Hauptverkehrsader im Gazastreifen, die in den Jahren zuvor für Palästinenser immer wieder gesperrt war. In Gazastadt gab es Hupkonzerte und die militanten Gruppen fuhren mit Lautsprecherwagen durch die Straßen und priesen den Sieg des Widerstandes.

Vor allem Hamas und Islamischer Jihad feierten den israelischen Rückzug als Folge ihrer bewaffneten Aktionen, ihrer Anschläge auf die Armee und ihrer Angriffe auf die Siedlungen. Was der regierenden Fatah in jahrelangen Verhandlungen nicht gelungen sei, das hätten sie mit ihrem gewaltsamen Widerstand erreicht.

Als ob sie den Islamisten mit dieser Interpretation der Ereignisse Recht geben wollten, ließen sich Vertreter der Autonomiebehörde in dieser Nacht nicht blicken. Präsident Mahmoud Abbas verfolgte den Truppenrückzug im Schlafanzug vor dem Fernseher in seiner Residenz in Gazastadt und trat nur kurz auf die Straße, um den jubelnden Menschen zuzuwinken.

Auch der Plan der Autonomiebehörde, die verlassenen Siedlungen durch die Polizei übernehmen zu lassen, um die intakten Reste der Infrastruktur zu sichern und sie erst später der Öffentlichkeit zugänglich zu machen, wurde schnell Makulatur, denn die Menschen ließen sich nicht aufhalten. Zivilisten und Bewaffnete drangen in den frühen Morgenstunden in die ehemalige Sperrzone ein und hissten in den verlassenen Siedlungen palästinensische Fahnen und die Flaggen der Parteien. Männer und Jungen suchten in den Trümmern nach noch Verwertbarem. Auf Eselskarren und Fahrrädern schleppten sie das wenige ab, das noch zu finden war, Wasserleitungen, Kupferrohre und Isolierungen, ein paar Kacheln oder Dachziegel, die noch nicht zerbrochen waren.

Andere zündeten die verlassenen Synagogen an, neben den öffentlichen Gebäuden die einzigen Häuser, die die Israelis nicht abgerissen hatten. Als letzte Zeugen der jahrzehntelangen jüdischen Besiedlung des Gazastreifens waren rund 30 Gebetshäuser stehengeblieben, von denen einige nur wenige Wochen vor dem Rückzug renoviert oder errichtet worden waren.

Ministerpräsident Sharon hatte ursprünglich dafür plädiert, die Gebäude nach der Räumung der Siedlungen und vor dem Rückzug der Armee zu sprengen. Er wollte damit verhindern, dass die Gebetshäuser oder ihre Überreste von Palästinensern geschändet wurden. Auch die palästinensische Führung hatte kein Interesse daran, die Gebäude intakt zu übernehmen. Die Autonomiebehörde bat die Israelis ausdrücklich, die Gebäude vor dem endgültigen Abzug der Armee abzureißen, weil man damit nichts anfangen könne und gleichzeitig nicht in der Lage sei, sie gegen Vandalismus zu schützen. Doch in den Wochen nach der Räumung der Siedlungen und vor dem Abzug der Armee formierte sich in der israelischen Öffentlichkeit heftiger Widerstand gegen die Sprengung.

Auch Politiker der rechten Opposition schalteten sich in die Diskussion ein und forderten, die Synagogen stehen zu lassen. Es wurde auch in Erwägung gezogen, die Gebäude mit Beton auszugießen und zu versiegeln, um ihre Entweihung oder einen Abriss unmöglich zu machen. Ein anderer Vorschlag war, internationale Garantien für den Erhalt der Gebäude einzufordern. Der Knesset-Abgeordnete Zvulun Orlev von der national-religiösen Partei sprach sich dafür aus, die Synagogen der Obhut der Palästinenser zu überantworten. Überall in der muslimischen Welt, sogar in deren extremistischen Teilen, gebe es schließlich alte Synagogen, die als heilige Orte nicht zerstört, sondern von den Regierungen erhalten und gepflegt würden, sagte er. »Es gibt im Islam kein Gebot, Synagogen zu zerstören. Darum wird es ein Test für die Palästinenser sein. Sind sie ein barbarisches Volk, ein primitives Volk, das nur auf Zerstörung aus ist? Oder gibt es hier wenigstens ein bisschen Menschlichkeit?«

Und so waren es unversehens die Palästinenser, die den Schwarzen Peter hatten, die beweisen mussten, dass sie sich »menschlich« verhielten und die Gebetsstätten ihrer Feinde schützten. Die Bedeutung der Synagogen als Symbole der Besatzung spielte in diesem Diskurs keine Rolle.

Die israelische Regierung hielt jedoch an ihrem Plan fest, die Synagogen in der Nacht vor dem Rückzug zu zerstören. Das Oberste Israelische Gericht hatte den Weg dazu frei gemacht und in einem Urteil die Genehmigung erteilt. Doch da trat überraschend ausgerechnet Verteidigungsminister Shaul Mofaz auf den Plan und verhinderte buchstäblich in letzter Minute die Zerstörung der Gebetshäuser. »Ich war von Anfang gegen die Zerstörung der Gebäude und der Synagogen«, behauptete er. Er habe sich in dieser Frage mit den Rabbinern beraten und sei zu dem Schluss gekommen, dass man sie nicht zerstören dürfe. Es sei besser, wenn die ehemaligen Gebetshäuser von den Palästinensern zerstört würden und nicht von der israelischen Armee.

Und so blieben die Synagogen stehen und es kam, wie es kommen musste. Die Palästinenser zündeten sie an und lieferten der Weltpresse damit die Bilder, die Israel haben wollte, Fotos, die den Bogen schlugen zur Jahrhunderte langen Verfolgung der Juden und zu den Schrecken der Reichskristallnacht, Fotos, die 40 Jahre Besatzung und Unterdrückung in Vergessenheit geraten ließen.

Die größte Synagoge in Neve Dekalim in Form eines gigantischen Davidsterns, der weithin sichtbar war, stand in Flammen. Für die Palästinenser war sie jahrelang das Symbol ihrer Unterdrückung gewesen, das sie nun mit dem Triumphgeheul ihrer angestauten Wut zerstörten. Rot züngelten die Flammen in den noch dunklen Morgenhimmel, und die Rauchwolken färbten die heraufziehende Dämmerung schwarz. Diese Bilder, die um die Welt gingen, lösten in Israel, vor allem aber in Europa und den USA Unverständnis und Verärgerung aus. Die Aufregung war groß, zwei Tage lang beherrschte das Thema die Medien und die öffentliche Diskussion. Vielleicht war es aber genau das, was die Israelis erreichen wollten, als sie sich entschieden, die Gebäude nicht selbst abzureißen: die Bilder von Palästinensern, die jüdische Gebetshäuser schänden und zerstören, um somit einen letzten moralischen Sieg über die Palästinenser zu erringen. Wenn das tatsächlich das Kalkül gewesen sein sollte, dann ging es jedenfalls auf. Denn alle israelischen und internationalen Medien zeigten die brandschatzenden und plündernden Palästinenser, die aus den leeren Gebäuden herausholten, was noch verwendbar war.

In Israel gab es nur wenige moderate Stimmen, die versuchten, die Wogen zu glätten, die zum Beispiel darauf hinwiesen, dass leere Gebäude ohne Torahschrein und Torahrolle keine kultische Bedeutung mehr haben, dass in Israel selbst dauernd Synagogen abgerissen wurden, wenn an ihrer Stelle ein neues Gebäude errichtet oder eine Straße gebaut werden sollte. Der Jerusalemer Geograph und Historiker Meron Benvenisti erinnerte in einem *Haaretz*-Artikel daran, dass die Israelis nach dem Unabhängigkeitskrieg den Großteil der Moscheen in den eroberten Dörfern zerstört hatten und dass die wenigen, die überdauert hatten, zweckentfremdet und zu Kinos, Gemeindehäusern, Restaurants und Viehställen umfunktioniert worden waren.

Ein paar Tage nach dem Abzug der Israelis organisierte die palästinensische Autonomiebehörde eine Tour für ausländische Journalisten in die ehemaligen Siedlungen, an die Checkpoints und die Strände, die Palästinensern jahrelang verboten gewesen waren. Es war eine merkwürdige Fahrt durch die Mondlandschaft der zerstörten Siedlungen.

Fast vierzig Jahre hatten die Israelis im Gazastreifen gesiedelt, in einem Landstrich, von dem die religiösen Siedler behaupteten, er sei ihnen von Gott verheißen worden, in einem Teil des Landes, das sie nach eigenem Bekunden so lieben. Doch ihr Erbe nach vier Jahrzehnten war nichts als Zerstörung, Not und Verzweiflung. Aber nicht nur die Landschaft des Gazastreifens und seine Ressourcen waren durch die Besiedlung und den Raubbau verwüstet. Auch die palästinensische Gesellschaft war und ist durch diese lange Zeit der Unterdrückung eine Gesellschaft in Trümmern.

Als der letzte israelische Siedler Gaza verlassen hatte, sagte Shimon Peres, einer der wichtigsten Befürworter der Siedlungspolitik, in einem Radiointerview:

> Zweifellos war unsere Anwesenheit in Gaza ein historischer Fehler. Und ich bin stolz, dass wir die Kraft gefunden haben, diesen Fehler zu reparieren. Der Hauptgrund dafür ist wirklich der demografische Grund. Wir wissen nicht, was passieren wird, aber wir wollen nicht, dass Gaza zu einem Gefängnis oder zu einem Armenhaus wird. Wir wollen, dass Gaza ein Ort wird, an dem die Palästinenser in Würde leben können, und wir hoffen, dass sie es uns ermöglichen, in Sicherheit zu leben. Wir vertrauen auf niemanden, aber wir wollen eine Politik machen, die sowohl auf Stärke als auch auf Weisheit gründet und so zu einer solchen Regelung kommen.

Diese Worte sollten politische Klugheit, Güte und vielleicht auch ein bisschen Altersweisheit vermitteln. Sie zeigten aber nur, wie verdreht führende israelische Politiker die Wirklichkeit sehen. Denn Israel ist zwar aus dem Gazastreifen abgezogen und hat damit das auf Dauer unhaltbare demografische Ungleichgewicht in diesem schmalen Küstenstreifen beseitigt. Es hat aber mitnichten die immensen Schäden repariert, die es dem Land und seiner Bevölkerung zugefügt hat. Um auch die Palästinenser in Gaza aus der für Israel ungünstigen Bevölkerungsstatistik auszuschließen, hat Israel seine Siedler abgezogen und den Gazastreifen kurzerhand zu einem Gebiet erklärt, mit dem es nichts zu tun hat. Die israelische Regierung hat im wahrsten Sinne des Wortes die Tür hinter sich zugezogen, abgeschlossen und den Schlüssel weggeworfen. Sie hat weder Entschädigungen bezahlt noch den Palästinensern geholfen, die zerstörte Wirtschaft wieder aufzubauen. Israel hat Gaza zu genau dem gemacht, was es nach Peres Worten angeblich nicht wollte: zu einem Gefängnis und zu einem Armenhaus.

Die Folgen dieser verantwortungslosen Politik machten sich schon sehr bald bemerkbar. Armut und Not, Aussichtslosigkeit und Frustration und die schweren Spannungen in einer durch lange Besatzung deformierten Gesellschaft führten zu einem kurzen aber blutigen Bürgerkrieg, der Gaza noch mehr Not und noch mehr Verzweiflung brachte.

Die Leidtragenden der Besatzung und der innerpalästinensischen Konflikte, die nach dem Rückzug mit neuer Vehemenz ausbrachen, waren und sind die Zivilisten, die einfachen Familien, die keine Einkommensquellen mehr haben und die in dem Machtkampf zwischen Fatah und Hamas zerrieben werden. Am allerschlimmsten traf und trifft es die Kinder. Sie wachsen auf in einem winzigen Landstrich, der ihnen keine Gegenwart und keine Zukunft bietet. Sie leben zunehmend in materieller und geistiger Armut, ohne Chance auf Bildung und Ausbildung, auf Freiheit und Wohlstand. Diejenigen, die nach Ausbruch der Zweiten Intifada geboren wurden, haben niemals etwas anderes erlebt als Gewalt und Armut. Und so wächst im kleinen Gazastreifen eine Generation nach der anderen heran, die in vollständiger Isolation von der Welt lebt und verloren ist für Frieden mit den Nachbarn.

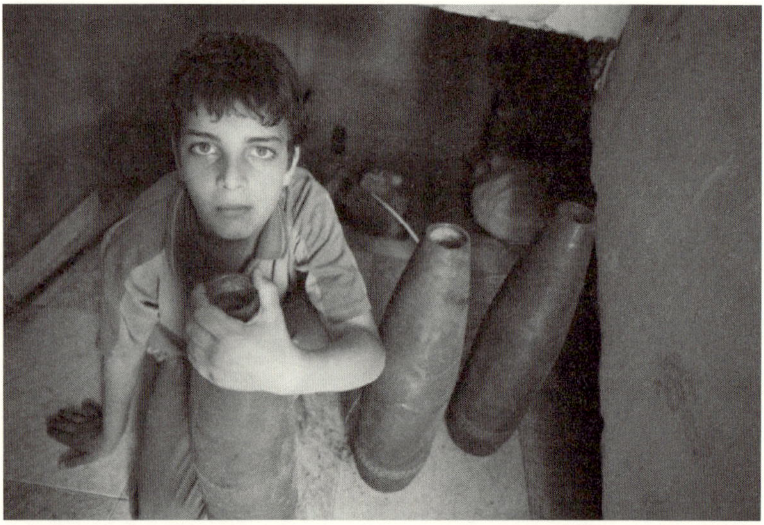

Die verlorene Generation

Die Rudermädchen von Shati

In einer palästinensischen Zeitschrift hatte ich eine fast unglaubliche Geschichte gelesen: Im Flüchtlingslager Shati gab es einen Ruderclub für Jugendliche, gegründet im Jahr 2002 von einem Amerikaner palästinensischer Abstammung. Der Club in Shati war der erste örtliche Verein der Palestinian Rowing Federation, die 2002 bei der fünften arabischen Rudermeisterschaft in Kairo erstmals unter palästinensischer Flagge an einem internationalen Wettbewerb teilgenommen hatte. Alle Aktiven waren in der Diaspora lebende Palästinenser, darunter die Berlinerin Paula El Qalqili. Dies sollte sich nun ändern. Junge Palästinenser aus dem Flüchtlingslager Shati sollten die Gelegenheit erhalten, sich mit dem Rudersport anzufreunden und sich für Wettkämpfe zu qualifizieren. Da es in Gaza keinen Fluss gibt, auf dem man rudern könnte, hatte man spezielle Boote für das Rudern auf dem Meer bestellt. Bis zu ihrer Fertigstellung mussten die Jugendlichen quasi auf dem Trockenen trainieren.

Der Bericht machte mich neugierig, und ich beschloss, dem Ruderclub einen Besuch abzustatten. Trockenrudern in Gaza, das erschien mir wie eine Metapher für das Leben der Jugendlichen, die keine Gelegenheit haben, ihre Talente und Begabungen zu nutzen und ihren Interessen nachzugehen. Selbst hoch begabte Schüler und gut ausgebildete Hochschulabsolventen haben nur eine Chance, wenn sie internationale Stipendien erhalten und den Gazastreifen verlassen können, um an ausländischen Universitäten zu studieren oder qualifizierte Berufe zu ergreifen.

Im Sportzentrum von Shati spürte man am Tag meines Besuchs nichts von dieser Hoffnungslosigkeit und dem Elend, von dem das Flüchtlingslager beherrscht wird. Es herrschte vielmehr ausgelassene Fröhlichkeit, während nach und nach ein Dutzend junge Mädchen zum Training eintrudelten, Hadil und Islam, Fakia und Mona und die anderen. Einmal in der Woche kommen sie hierher, um am Rudertraining teilzunehmen und auch, um sich außerhalb von Elternhaus und Schule mit Gleichaltrigen zu treffen. In dem zweistöckigen unscheinbaren Haus am Mittelmeer, in dessen schmucklosen Räumen der Sportclub untergebracht ist, haben sie immerhin einmal in der Woche Gelegenheit, das zu tun, was Mädchen überall auf der Welt in diesem Alter gern tun: Sport zu treiben und sich mit Freundinnen auszutauschen. Islam ist 15 Jahre alt, ein hübsches Mädchen mit lebhaften Augen. »Warum hast du dich ausgerechnet für das Rudern entschieden?«, frage ich sie. »Wäre nicht eine andere Sportart attraktiver gewesen?« Sie schüttelt den Kopf. »Nein«, sagt sie, »ich mache schon seit einem Jahr im Ruderclub mit, und es macht mir viel Spaß.« Auch ihr Bruder und ihre Schwester haben sich für diesen Sport entschieden und nehmen ebenfalls am Training teil, der Bruder in der Jungengruppe an einem anderen Tag.

Im Gazastreifen gibt es für Mädchen im Grunde kaum eine Möglichkeit, Sport zu treiben, es gibt nur wenig Vereinssport, und die meisten Fitness-Studios sind den Männern vorbehalten. Sportarten wie Fußball oder Leichtathletik kommen auch nicht in Frage, denn die meisten Eltern wollen nicht, dass ihre Töchter in der Öffentlichkeit oder gar zusammen mit Jungen Sport treiben. War ihr Vater trotzdem gleich einverstanden mit ihrem Wunsch, zu rudern?

»Ja«, sagt Islam, »mein Vater ist ein Schwimmer und liebt das Meer sehr, und darum hat er sich dafür eingesetzt, dass ich auch rudern darf.« Ganz ohne Einschränkungen gilt diese väterliche Erlaubnis allerdings nicht. Islams Vater möchte nicht, dass seine Töchter mit Jungen in einem Boot sitzen oder gemeinsam mit ihnen trainieren. Das würde keinen guten Eindruck machen und die Mädchen in einem ungünstigen Licht erscheinen lassen. Doch Islams Vater muss sich keine Sorgen machen, denn das Training ist streng nach Geschlechtern getrennt. An einem Tag rudern die Jungen und an einem anderen die Mädchen.

In einem Boot aber haben die Kinder noch nie gesessen. Denn seit Ausbruch der Intifada im Jahr 2000 erlauben die Israelis nicht mehr, dass Palästinenser mit Booten aufs Meer hinausfahren. Nur Fischer dürfen noch aufs Meer, aber auch sie nur in einem eng begrenzten Bereich nahe der Küste. Und so trainieren die Jungen und Mädchen auf dem Trockenen, mit so genannten Ergometern, Rudermaschinen, in denen ein Rollsitz wie in einem Sportboot auf einer Schiene hin und her fährt. Ein kleiner Computer dokumentiert die Leistungen.

Mit viel Eifer trainieren die Mädchen auf den Maschinen. Sie haben ihre Schuhe ausgezogen, ihre Straßenkleidung haben sie anbehalten, denn keine von ihnen hat genug Geld für Sportbekleidung. Auch ihre Trainerin Fatma, eine Studentin, hat ihren langen Mantel und ihr Kopftuch nicht abgelegt. Sie geht zwischen den Rudermaschinen auf und ab und gibt Kommandos, und die Mädchen legen sich in die Riemen. »Seit sechs Monaten trainiere ich die Mädchen«, erzählt Fatma stolz. Zufällig habe sie von der neuen Sportart gehört und sich dafür interessiert. Sie habe es selbst ausprobiert, und es habe ihr gefallen, und so habe sie sich zur Trainerin ausbilden lassen.

Ganz einfach war das allerdings nicht, denn Fatmas Familie war zunächst nicht davon angetan, dass sie als Trainerin arbeitet. »Am Anfang war das ein bisschen schwierig mit meinen Eltern«, erzählt sie, »weil hier im Club hauptsächlich Jungen trainieren. Ich musste schwierige Überzeugungsarbeit leisten, um meinen Eltern klar zu machen, dass Mädchen jetzt auch mit solchen Sachen anfangen und dass das in Ordnung ist.«

Fatma studiert an der Islamischen Universität von Gaza. Sie möchte Grundschullehrerin werden. Sport hält sie für einen wichtigen Bestandteil der Erziehung. Sie selbst schwimmt gern und spielt Basketball. In ihrer Ausbildung spielt der Sport jedoch keine Rolle. Leider, sagt Fatma, denn eigentlich sollte das doch dazugehören. Darum ist sie stolz auf den Ruderclub von Gaza, der den Mädchen aus dem Flüchtlingslager Shati eine Möglichkeit bietet, ihrem Alltag zu entfliehen und sich körperlich zu betätigen.

Der palästinensische Ruderverband wurde im Jahr 1988 gegründet. Treibende Kraft war Ghassan Addad, ein Palästinenser, der im Ausland lebt und sich dort im Rudersport engagiert. Um auf dem Meer rudern zu können, kaufte der palästinensische Ruderverband in China spezielle Boote, die den Bedingungen im Mittelmeer angepasst waren.

»Die Boote sind so gebaut, dass sie dem Wellengang des Meeres standhalten können«, erklärte der Geschäftsführer des Ruderverbandes Wael Afana. Sechs Boote waren bestellt worden, doch die Israelis hatten Sicherheitsbedenken und ließen sie nicht ins Land. Afana war empört über diese Entscheidung. Die Furcht, die Boote könnten für Anschläge benutzt werden, spiele sich nur in den Köpfen der Israelis ab, meinte er. »Vielleicht haben Sie solche Boote schon einmal gesehen, sie sind viel zu schmal, um sie mit Motoren auszustatten und für andere Dinge zu gebrauchen als zum Rudern. Kein Mensch kann glauben, dass Kinder die Boote missbrauchen, um damit Anschläge zu verüben.«

So ruderten die jungen Sportler im Flüchtlingslager Shati in den Sommermonaten des Jahres 2004 also auf dem Trockenen. Unfreiwillig gaben sie damit ein fast symbolhaftes Bild für die Lage des palästinensischen Volkes ab: Sie rudern und rudern und kommen doch nirgendwo an.

Trotzdem war das Rudertraining für die Kinder aus dem Flüchtlingslager Shati eine einzigartige Möglichkeit, ihrem trostlosen und beengten Alltag zu entfliehen. Im Sommer 2004, ein Jahr vor dem israelischen Rückzug aus dem Gazastreifen, herrschte noch Hoffnung in Gaza, dass bald alles besser werden würde und die Menschen sich freier würden bewegen können. Waren die Israelis erst mal abgezogen, dann würden die Ruderboote freigegeben, und die Rudermädchen von Shati würden zum ersten Mal aufs Meer hinaus rudern können.

Doch aus der Hoffnung wurde nichts. Auch nach dem Rückzug aus Gaza erlaubte Israel dem Ruderclub nicht, seine bestellten und bezahlten Boote einzuführen. Sie liegen immer noch beim Hersteller in Shanghai und der Ruderclub von Shati stellte seine Aktivitäten schließlich ein.

Damit wurde eines der wenigen Freizeitangebote für die Kinder und Jugendlichen dieses gigantischen Flüchtlingslagers geschlossen. Was das bedeutet, kann man nur ermessen, wenn man weiß, wie die Jugendlichen in Gaza leben, wie dort eine Generation nach der anderen um ihre Kindheit und Jugend betrogen wird, um ihre Chancen im Leben, um Glück und Lebensfreude.

Im Gazastreifen wächst eine Generation heran, die gar nicht mehr weiß, was Freiheit und Wohlstand ist, Frieden und Sorglosigkeit;

ein Heer von unbeschäftigten, mittel- und aussichtslosen Jugendlichen, für die es weder Ausbildungsplätze, noch Arbeitsplätze oder Freizeitangebote gibt.

Diese Jugend ohne Zukunft stellt aber die Mehrheit der Bevölkerung im Gazastreifen. Mehr als 40 Prozent der rund 1,5 Millionen Einwohner sind unter 14 Jahre alt, und das Durchschnittsalter liegt bei sage und schreibe 16,2 Jahren. Trotz der fehlenden Zukunftsaussichten und der beengten Verhältnisse nimmt die Bevölkerung des kleinen Küstenstreifens weiter zu. Die Geburtenrate von 38,38 pro 1000 Einwohner ist eine der höchsten der Welt. Jede Frau bringt im Schnitt 5,1 Kinder zur Welt. Die Zuwachsrate liegt bei 3,6 Prozent und viele Demographen erwarten, dass die Bevölkerung sich bis zum Ende des kommenden Jahrzehnts auf drei Millionen verdoppelt haben wird.

Der größte Teil der heutigen Bevölkerung des Gazastreifens wurde nach dem Beginn des fruchtlosen Oslo-Prozesses geboren, zu einer Zeit also, als Gaza zunehmend zum Gefängnis wurde, als palästinensische Arbeiter nach und nach ihre Beschäftigung in Israel verloren, als eine blutige israelische Militäroffensive auf die andere folgte. Da die Einwohner Gazas seit den 1990er Jahren immer weniger Kontakt zu ihren israelischen Nachbarn haben, kennen sie diese auch nicht mehr als Arbeitgeber, Kollegen oder gar Freunde. Die meisten Palästinenser in Gaza und praktisch alle Jugendlichen und Kinder kennen die Israelis nur noch als Besatzer, als Soldaten und Unterdrücker. Für die Anfang der 1990er Jahre und erst recht für die nach Ausbruch der Zweiten Intifada Geborenen gibt es nur noch dieses als feindlich empfundene Israel, das sie in ihrem Lebensradius einschränkt und ihnen jede Aussicht auf ein normales Leben nimmt. Aber sie kennen nicht nur Israel nicht, sie kennen auch sonst kein Land außerhalb Gazas. Sie waren nie draußen, sie haben nie andere Kulturen kennen gelernt, andere Sprachen gehört, Teil gehabt an einem normalen Leben.

Diese Kinder kennen nichts anderes als Mangel und Not, Gewalt und Hoffnungslosigkeit. Kein Wunder also, dass viele von ihnen unter schweren Störungen leiden, dass Schulkinder Bettnässer sind und Jugendliche verhaltensauffällig und aggressiv. Psychologen gehen davon aus, dass die meisten palästinensischen Kinder durch die permanente Begegnung mit Gewalt und Angst schwere, oft irreparable psychische Schäden davongetragen haben, die sie an ihre Kinder weitergeben werden.

Eine Untersuchung des Psychiaters Eyad Sarraj im Jahr 2004 zeigte, dass alle 3000 an der Studie beteiligten Kinder in irgendeiner Form mit Gewalt und Tod konfrontiert und dadurch traumatisiert worden waren. Sie alle zeigten Symptome einer posttraumatischen Belastungsstörung. Bei mehr als einem Drittel wurden schwere Symptome diagnostiziert.

Besonders schlimm sei es für die Kinder, wenn sie mit ansehen müssten, wie ihre Väter von israelischen Soldaten gedemütigt würden und ihre Familien nicht verteidigen könnten, resümierte Sarraj. »Es ist kein Wunder, wenn das palästinensische Kind nicht in seinem Vater sein Vorbild sieht, sondern im Soldaten. Und es ist kein Wunder, wenn seine Sprache eine Sprache der Gewalt sein wird, seine Spielzeuge und Spiele die Spielzeuge und Spiele des Todes.«*

Eine traumatische Erfahrung war es für die Kinder und Jugendlichen auch, wenn sie mit ansehen mussten, wie das Haus ihrer Familie zerstört wurde, denn ein Haus vermittelt das Gefühl von Geborgenheit. Wenn es vor ihren Augen zerstört wurde, rief das ein Gefühl der Hilflosigkeit und des Ausgeliefertseins hervor. Viele der untersuchten Kinder hatten diese verstörende Erfahrung bereits gemacht. Darüber hinaus wurden die Auswirkungen der Ausgangssperren untersucht, in deren Verlauf die Einwohner von Gaza vor dem israelischen Rückzug manchmal wochenlang in ihren Häusern eingeschlossen waren. In den ersten fünf Jahren der Intifada galt in Gaza eine nächtliche Ausgangssperre, die praktisch jedes Haus zu einem Gefängnis machte und bei den eingeschlossenen Kindern zu Aggressionen, Apathie und Depressionen führte.

»In Übereinstimmung mit anderen unabhängigen Studien sind wir zu dem Ergebnis gekommen, dass Kinder als Reaktion auf lebensbedrohliche Erfahrungen Ängste, Rückzugssymptome und regressives Verhalten wie Klammern an die Eltern und Bettnässen entwickeln«, heißt es in Sarrajs Studie. Jedes vierte Kind habe den Wunsch geäußert, als Selbstmordattentäter zu sterben. Sarraj illustrierte das mit einer Geschichte. Eines Tages sei ein 16-jähriger

* Eyad Sarraj, »The Grief Counselor of Gaza«, in Americans for Middle East Understanding, *The Link*, Juli-August 2008

Junge in seine Klinik gekommen und habe ihn um Hilfe gebeten. Er habe aber keine psychologische Unterstützung gewünscht, sondern eine Bombe. »Er sagte: ›Ich war mein ganzes Leben in Gaza. Ich habe alle Bücher über Palästina gelesen, die ich kriegen konnte, und mir ist eine Lösung eingefallen. Die Lösung ist die: Jeder von uns soll einen Juden und sich selbst töten. Und deswegen brauche ich eine Bombe.‹ Ein 16-Jähriger im heutigen Gaza ist jemand, der das Leben als Gefängnis ansieht. Er darf den Gazastreifen nicht verlassen. Er hat Bombenangriffe gesehen, Tote, Blut und Demütigung. Er glaubt nicht, dass er eine Zukunft als Wissenschaftler hat, als Arzt oder Ingenieur. Traurigerweise und tragischerweise denken viele dieser jungen Leute, dass es das Beste sei, ein Märtyrer zu werden.«

Die Lage der Kinder verschlechterte sich nach dem israelischen Rückzug aus Gaza und vor allem nach der Verschleppung des israelischen Soldaten Gilad Shalit in den Gazastreifen, auf die Israel mit einer Reihe von Militärinvasionen, mit Stromsperren und der zeitweise vollständigen Abriegelung Gazas reagierte. Besonders schlimm war der Psychoterror des Überschallknalls, der von über Gaza hinwegrasenden Kampfjets ausgelöst wurde. Die gewaltigen explosionsartigen Geräusche, die völlig unvermittelt kommen, auf die man sich nicht vorbereiten und vor denen man sich nicht schützen kann, führten bei schwangeren Frauen zu Fehlgeburten und versetzten vor allem die Kinder in panischen Schrecken.

Im Jahr 2006 führten drei palästinensische Wissenschaftler, unterstützt von dem britischen Psychiater Panos Vostanis, Professor für Kinderheilkunde an der Universität von Leicester, im Auftrag des Gaza Community Mental Health Program (GCMHP) eine weitere Studie über die Auswirkungen der Konfliktsituation bei Kindern und Jugendlichen durch.* 420 Kinder im Alter von neun bis 18 Jahren wurden nach repräsentativen Gesichtspunkten befragt. Schon die Erhebung der Daten gestaltete sich schwierig, denn die israelischen Angriffe zwangen die Psychologen mehrfach dazu, die Befragungen der Kinder zu unterbrechen.

* Die Ergebnisse einer aktuellen Studie des gleichen Teams zum gleichen Thema, durchgeführt im Januar und Februar 2009, unmittelbar nach dem Gazakrieg, finden sich auf der GCMHP-Homepage (www.gcmhp.net) in englischer Sprache unter dem Titel »Trauma, grief, and PTSD in Palestinian children victims of War on Gaza«.

Diese Studie kam zu dem Ergebnis, dass die Mehrzahl der Kinder, nämlich 65,5 Prozent, unter einer schweren posttraumatischen Belastungsstörung litten, doppelt so viele wie in anderen Kriegsgebieten des Nahen Ostens. Ein Faktor, der besonders zur Traumatisierung der Kinder beitrug, war die große Enttäuschung der Palästinenser darüber, dass sich die mit dem israelischen Rückzug verbundenen Hoffnungen auf wirtschaftlichen Aufschwung und mehr Freiheiten ins Gegenteil verkehrt hatten.

Die Kinder erlebten diese Enttäuschung hautnah mit, denn da es praktisch keine Freizeitangebote gab, verbrachten sie viel Zeit vor dem Fernseher, wo sie auch die Nachrichten sahen. Anders als in Europa werden in der arabischen Welt oft unzensierte Bilder von Leichen und Verstümmelungen gezeigt. Im palästinensischen Fernsehen nimmt man keine Rücksicht auf die Gefühle der kleinen Zuschauer. Grausame und verstörende Bilder sind hier an der Tagesordnung. »Die Wirkung des Fernsehens auf die Kinder ist offensichtlich und kann als primär traumatisierend angesehen werden«, hieß es in der Studie.

Nicht nur das unmittelbare Erleben von Bombenangriffen, der Zerstörung des Wohnhauses und Überschallknallen, sondern auch die über das Fernsehen vermittelten Bilder von verstümmelten Körpern und Verletzten wurden von den Kindern als belastend empfunden. Sie reagierten mit Angstzuständen, Schlaflosigkeit, Aggressionen oder Depressionen.

Ich erlebte diese Angst, als ich eine Familie in Beit Lahya besuchte, deren Haus bei einem Raketenangriff zerstört worden war. Die Eltern hatten mit ihren sieben Kindern Unterschlupf bei Verwandten gefunden. Sie empfingen mich in ihrem unglaublich armseligen neuen Zuhause, einem kahlen Raum mit Betonfußboden. Die Kinder machten einen völlig verstörten Eindruck und konnten sich kaum über die Geschenke freuen, die ich mitgebracht hatte: Süßigkeiten, Malstifte und Malbücher und andere Kleinigkeiten. Eines der kleinen Mädchen brach in Tränen aus, als sie mich sah, und klammerte sich an ihren Vater. »Sie hat Angst vor dir, weil sie glaubt, dass du Israelin bist«, erklärte mir der Übersetzer, der mich nach Beit Lahya begleitet hatte. »Eine fremde Frau ohne Kopftuch und in westlicher Kleidung. Das kennt sie nicht.«

Doch die Kinder in Gaza leiden nicht nur psychisch unter Besatzung und Gewalt, auch Armut, Nahrungsmittelknappheit und schlechte medizinische Versorgung wirken sich auf ihre Gesundheit aus. Der US-Behörde für Entwicklungszusammenarbeit USAID zufolge litten schon 2002 über 30 Prozent der Kinder unter fünf Jahren im Gazastreifen unter chronischer Mangelernährung. USAID setzte es sich zum Ziel, mit Lebensmittelprogrammen der Mangelernährung von Kindern vorzubeugen und begann nach dem israelischen Rückzug aus Gaza mit dem Bau einer Pipeline, über die der Gazastreifen mit sauberem Trinkwasser versorgt werden sollte. Als jedoch die Regierung in Washington nach dem Wahlsieg der Hamas im März 2006 die Entwicklungshilfe für die palästinensischen Gebiete einfror, wurde auch dieses Projekt eingestellt.

Seither verschlimmert sich die Lage ständig. Durch die israelische Blockade gelangt nur noch ein kleiner Teil der benötigten Güter in den Gazastreifen. Arbeitslosigkeit und Armut haben deutlich zugenommen, für viele Familien wird es immer schwieriger, ihre Kinder zu ernähren, von allen anderen Bedürfnissen eines jungen Menschen ganz zu schweigen. Viele Beobachter befürchten, dass die Mangelernährung, unter der die Kinder leiden, bald in Unterernährung umschlagen könnte.

Sichtbare Folge der Mangelernährung ist die geringe Körpergröße der Kinder. Fast immer täuscht man sich, wenn man das Alter eines Kindes schätzen soll. Fast immer sind sie älter als sie aussehen.

Die Geschichte von Iman Alhamas

Ein kleines zartes Mädchen war auch Iman Alhamas. Die wenigen Fotos, die es von ihr gibt, zeigen ein schmales Mädchen mit dunklen Locken und großen Augen, die verängstigt in die Kamera schauen. Sie starb in den Morgenstunden des 5. Oktober 2004 im Alter von 13 Jahren, durchsiebt von den Kugeln israelischer Soldaten. Sie war auf dem Schulweg zu nahe an einen israelischen Militärposten geraten. Die Soldaten, die sie durch ihre Ferngläser erspäht hatten, eröffneten das Feuer auf sie. Um sicherzugehen, dass sie wirklich tot war, feuerten sie weiter auf den kleinen Körper, der schon leblos am Boden lag. »Vidui hariga« – Sicherstellen des Tötens heißt dieses Vorgehen im Armeejargon. Die palästinensischen Ärzte fanden bei der Obduktion später 20 Kugeln in Imans Leichnam. Getroffen worden war sie aber von viel mehr Geschossen, denn etliche hatten ihren mageren Körper einfach durchschlagen.

Der israelische Friedensaktivist Uri Avnery schrieb damals in seinem wöchentlichen über das Internet verbreiteten Kommentar: »Der Armeesprecher veröffentlichte das verlogene Routinestatement: das Mädchen habe eine verbotene Zone betreten, die Soldaten hätten sie für eine Terroristin gehalten, die Tasche habe ausgesehen, als enthielte sie Sprengstoff usw. Und wie sah die Wirklichkeit aus? Die einfachste Erklärung: Die Soldaten schossen wie auf dem Schießstand, und sie schossen aus Rache für die beiden Kinder, die in der israelischen Stadt Sderot durch eine Kassam-Rakete getötet worden waren. Eine andere, nicht weniger alarmierende Erklärung: Die Soldaten sind in einem ständigen Zustand von Panik. Ich habe in meinem Leben Soldaten in Panik gesehen, die auf alles schossen, was sich bewegte. Vielleicht war es das, was hier passierte. Das Mädchen warf seine Schultasche weg und wollte wegrennen, als ein Warnschuss abgefeuert wurde – und die Soldaten, statt auf die Schultasche zu schießen, schossen auf sie.«

Der Fall rüttelte die israelische Öffentlichkeit auf. Denn das Fernsehmagazin Uvda (Fakt) des kommerziellen Zweiten Kanals sendete Mitschnitte der Funksprüche zwischen den Soldaten, die Iman getötet hatten, dem Wachturm, von dem aus das Geschehen beobachtet wurde und der Kommandozentrale in dem Militärlager. Aus den Funksprüchen geht hervor, dass die Soldaten erkannt hatten, dass es sich bei der Person, die in die verbotene Zone eingedrungen war, um ein kleines Mädchen handelte: »Wir haben eine Araberin identifiziert, 100 Meter von der Stellung entfernt.« – »Was habt ihr gesehen?« – »Eine Person, direkt neben der Stellung.« – »Könnt ihr sie erkennen?« – »Es ist ein Mädchen. Es geht Richtung Osten.« – »Wo genau ist es?« – »70 Meter entfernt, das ist wirklich nicht in Ordnung.«

Die Soldaten, die in den Stellungen im Gazastreifen und in der Nähe von Siedlungen Dienst taten, fürchteten sich vor Überfällen militanter Palästinenser und schossen auf jeden, der sich ihnen auf weniger als 300 Meter näherte. Und so geschah es auch an diesem

Morgen. Sie eröffneten das Feuer, obwohl sie erkannten, dass es sich bei der verdächtigen Person um ein Schulmädchen handelte. Der Funkverkehr, den die Fernsehjournalistin Ilana Dayan in ihrer Sendung präsentierte, dokumentierte das Gespräch zwischen einem Soldaten, der vom Militärposten aus das Geschehen beobachtet, und dem Befehlshaber der Kompanie, der nur unter dem Anfangsbuchstaben seines Namens, »R.«, bekannt wurde. Die Fernsehzuschauer bekamen folgenden Dialog zu hören: »Wer ist das?« – »Ich weiß nicht. Sie versteckt sich hinter dem Erdwall. Sie rennt nach Osten.« – »Ist es ein Mädchen, weniger als zehn Jahre alt?« – »Ja, ein Mädchen, ungefähr zehn Jahre alt.« – »Ich verstehe.« – »Sie ist hinter dem Erdwall. Sie hat Todesangst.«

Zusammen mit einigen Soldaten näherte sich R. dem Kind, das inzwischen schon verletzt oder tot am Boden lag, und feuerte zwei Schüsse ab. Danach sei er wieder zurückgegangen, berichteten seine Kameraden später israelischen Journalisten. Doch dann habe er sich umgedreht und noch einmal auf das Mädchen gefeuert. R. selbst dokumentierte seine Tat anschließend über Funk. »Wir haben sie getötet. Sie trug Jeans und ein T-Shirt und ein Kopftuch. Ich habe sicher gestellt, dass sie tot ist.« Und später fügte er, ebenfalls über Funk, hinzu, alles, was sich innerhalb der Sicherheitszone rund um den Militärposten bewege, müsse getötet werden, auch wenn es sich um eine Dreijährige handele.

In der ersten Erklärung der Armee hieß es, R. habe das Mädchen für eine Terroristin gehalten, die einen Sprengsatz habe anbringen wollen. Generalstabschef Moshe Yaalon übernahm diese Version ungeprüft in seinen ersten Stellungnahmen. In der Kabinettssitzung nach dem Zwischenfall sprach er den Offizier von jeder Schuld frei. Keiner der Soldaten habe die Stellung verlassen. Niemand habe sich etwas zuschulde kommen lassen, sagte er.

Doch wenige Tage später erzählten die beteiligten Soldaten der Militärreporterin des israelischen Radios eine ganz andere Version der Ereignisse. Der Befehlshaber der Kompanie habe das Mädchen erschossen, sagte sie. Mit zwei Kugeln habe er sichergestellt, dass sie tot sei, dann habe er seine Waffe erneut auf das leblose Kind gerichtet und das ganze Magazin geleert. R. wurde vom Dienst suspendiert und vor ein Militärgericht gestellt. Angeklagt wurde er später wegen des illegalen Gebrauchs seiner Waffe, der Behinderung der Justiz und unangemessenen Verhaltens. Bei der Verhandlung zogen einige Zeugen ihre Aussagen zurück, die R. schwer belastet hatten. Sie hätten dem verhassten Vorgesetzten durch ihre Falschaussagen Schaden zufügen wollen, erklärten sie. Und so wurde R. am 15. November 2005, ein Jahr nach dem Tod des Mädchens Iman, in allen Anklagepunkten freigesprochen. Das Gericht sprach ihm sogar 80000 Shekel Schadensersatz zu.

Der Fall Iman Alhamas ist kein Einzelfall, weder die Umstände ihres Todes noch die Tatsache, dass niemand dafür zur Rechenschaft gezogen wurde. Das Leben palästinensischer Kinder ist billig in diesem Konflikt. Nach einer Statistik der Kinderrechtsorganisation Children International sind vom Ausbruch der Intifada im Jahr 2000 bis zum Herbst 2008 fast 1000 palästinensische Kinder ums Leben gekommen.

Die israelische Menschenrechtsorganisation B'tselem gibt für den gleichen Zeitraum die Zahl von 634 Kindern an, die von israelischen Sicherheitskräften getötet wurden. Die Abweichungen kommen durch unterschiedliche Zählweisen zustande. In manchen Statistiken werden nur die Opfer gezählt, die bei einem Angriff direkt getötet werden, in anderen werden auch die mitgezählt, die später in den Krankenhäusern an ihren Verletzungen sterben.

Der israelische Journalist Gideon Levy, der sich immer wieder mit dem Tod von Kindern in den palästinensischen Gebieten befasst und darum von vielen Israelis als Verräter und Nestbeschmutzer beschimpft wird, schrieb am 17.10.2004, kurz nach dem Tod von Iman Alhamas, in der Tageszeitung *Haaretz*:

> Mehr als 30 palästinensische Kinder wurden in den ersten zwei Wochen der Operation »Tage der Sühne« im Gazastreifen getötet. Es ist kein Wunder, dass viele Leute ein so massenhaftes Töten von Kindern als Terror bezeichnen. Dem Roten Kreuz zufolge wurden schon vor der jetzigen Intifada 828 Kinder und Jugendliche unter 18 getötet. Die jüngsten Opfer waren 13 Neugeborene, die während der Geburt an den Checkpoints starben.
>
> Die Tatsache, die ganz klar festgestellt werden muss, ist die, dass das Blut von Hunderten palästinensischer Kinder an unseren Händen klebt. Keine Erklärung vom Büro eines Armeesprechers über die Gefahren, denen Soldaten durch Kinder ausgesetzt sind, und keine zweifelhafte Äußerung des Außenministeriums darüber, wie

Palästinenser ihre Kinder benutzen, wird an dieser Tatsache etwas ändern. Eine Armee, die so viele Kinder tötet, ist eine Armee ohne Hemmungen, eine Armee, die ihren Moralkodex verloren hat. Das Knessetmitglied Ahmed Tibi sagte in einer besonders emotionalen Rede in der Knesset, man könne nicht länger behaupten, alle diese Kinder würden versehentlich getötet. Eine Armee begeht bei der Identifizierung nicht 500 Irrtümer. Nein, das ist kein Irrtum, sondern die verheerende Folge einer Politik, die hauptsächlich von einer Finger-am-Abzug-Mentalität und der Dehumanisierung der Palästinenser bestimmt wird. Auf alles zu schießen, was sich bewegt – einschließlich der Kinder – ist zur Norm geworden. Iman Alhamas war nicht die einzige. Mohammed Araj aß ein Sandwich vor seinem Haus, dem letzten vor dem Friedhof des Balata-Flüchtlingslagers bei Nablus, als ihn ein Soldat aus nächster Nähe erschoss. Christina Saada saß im Auto ihrer Eltern, die von einem Verwandtenbesuch auf dem Weg nach Hause waren, als die Soldaten den Wagen von allen Seiten beschossen. Sie war zwölf, als sie starb. Die Brüder Jamil und Ahmed Abu Aziz fuhren am helllichten Tag auf ihren Fahrrädern, um sich Süßigkeiten zu kaufen, als sie direkt von einer Salve getroffen wurden, die von der israelischen Mannschaft eines Panzers abgeschossen wurde. Jamil war zur Zeit seines Todes 13, Ahmed sechs Jahre alt. Radir Mohammed aus dem Khan-Yunis-Flüchtlingslager saß in ihrem Klassenzimmer, als sie zu Tode kam. Sie war zwölf, als sie starb. …

Selbst die palästinensischen Kinder sind ein Teil der Dehumanisierungs-Kampagne geworden: Sie zu Hunderten zu töten, ist keine große Sache mehr.

Der Tod ist keine große Sache

Dass der Tod von Kindern und Jugendlichen keine große Sache mehr ist, erlebte ich im Juli 2006 im Shifa-Krankenhaus in Gazastadt. Mit einem Kollegen war ich hierher gekommen, nachdem wir erfahren hatten, dass es bei einer israelischen Militäroperation Tote und Verletzte gegeben habe. Im Eingangsbereich der Klinik herrschte Durcheinander. Fast pausenlos wurden Verletzte eingeliefert. Ärzte und Pfleger eilten herbei, um erste Hilfe zu leisten, Angehörige versammelten sich am Eingang, manche schrien, andere weinten, Journalisten und Fotografen hielten ihre Kameras und Mikrofone hoch, um das Geschehen zu dokumentieren.

Wir drängten uns durch und klopften bei Juma Saker an, dem damaligen Leiter des Krankenhauses, der später wegen seiner angeblichen Nähe zur Fatah von der Hamas entlassen wurde. Er saß in seinem Zimmer, umgeben von Assistenten, Patienten und Journalisten. Alle redeten auf ihn ein, stellten Fragen oder gaben ihm Informationen. Der Arzt wirkte müde und erschöpft, ständig sprach er in seine zwei Telefone, dazwischen gab er seinen Mitarbeitern Anweisungen und beantwortete die Fragen der ausländischen Journalisten. Wie viele Verletzte wurden eingeliefert, wie viele Tote, wie viele davon waren Zivilisten, wie viele Militante?

»In diesem Krankenhaus haben wir 30 Märtyrer gezählt und 150 Verletzte. 25 Prozent der Verletzten sind Kinder. Neun der Getöteten sind Kinder. Die meisten sind Zivilisten, Kämpfer sind nur wenige darunter«, erklärte Saker, an die ausländischen Journalisten gewandt. Die Israelis sprachen in ihren Berichten immer von palästinensischen Terroristen, von Militanten und Bewaffneten, die getötet worden seien. Saker dagegen betonte, dass die Mehrzahl der Opfer Zivilisten seien. Die Verwundeten wiesen alle möglichen Verletzungen auf, berichtete er, Splitterverletzungen, Brüche und Brandwunden. »Wir müssen Gliedmaßen amputieren. Wir haben Organverletzungen durch Bombensplitter, Knochenbrüche und so weiter. Wir können nur ganz wenige Patienten an andere Krankenhäuser überweisen, und viele müssen deswegen sterben.«

Das Shifa-Krankenhaus war wie die anderen Krankenhäuser des Gazastreifens in einer verzweifelten Situation. Es konnte den Ansturm der Verletzten kaum bewältigen. Zudem hatte Israel die Treibstoffzufuhr für den Gazastreifen unterbrochen und die Grenzübergänge geschlossen, so dass es an Medikamenten, Verbandsmaterial und Narkosemittel fehlte.

»Wir können noch zwei Wochen durchhalten«, sagte Saker. »Wenn wir dann immer noch keine Medikamente und keinen Treibstoff für die Generatoren bekommen, werden vor allem auf den Intensivstationen viele Patienten sterben.« Neben den Verletzten der Militäroffensive litten vor allem die chronisch Kranken und die werdenden Mütter unter der Notlage. Seit Beginn der israelischen Militäroffensive zwei Wochen zuvor hatte die Zahl der Fehlgeburten drastisch zugenommen. Das bestätigte auch Jourda Majdia, Chefärztin der Frühgeborenenstation am Shifa-Krankenhaus. Bedingt durch den Stress und den Lärmterror durch die Überschallflugzeuge komme es zu deutlich mehr Frühgeburten, berichtete die Ärztin. »Wir haben viele Frühgeborene und bitten schon andere Krankenhäuser, Babys aufzunehmen, denn bei uns herrscht wirklich Mangel. Die Frühchen brauchen intensive Pflege, und uns fehlen die Kapazitäten, um sie alle zu behandeln. Wir können keine Neugeborenen mehr aufnehmen, aber die Geburten lassen sich ja nicht aufhalten.«

Man sah Jourda Majdia die Anspannung an, unter der sie, wie alle anderen Ärzte und Pfleger im Shifa-Krankenhaus, in diesen Tagen arbeitete. Die Ärztin fühlte sich von der internationalen Staatengemeinschaft und den Kollegen im Ausland im Stich gelassen. »Wir bekommen keine Unterstützung von außen«, sagte sie, »niemand bietet mehr Hilfe an. Wir haben schreckliche Probleme und bekommen keine Unterstützung. Auch die Ärzte nicht. Niemand unterstützt uns, wir fühlen uns allein, allein allein.«

Aus ihren Worten sprachen Verzweiflung und Zorn. Doch für die Menschen von Gaza war der Tiefpunkt noch lange nicht erreicht. Ein paar Monate später, im Dezember des gleichen Jahres, hatte sich die Lage noch verschlechtert. Israelische Angriffe waren an der Tagesordnung. Der britische Journalist Jan McGirk veröffentlichte am 11. Dezember 2006 einen Artikel im *Independent*, in dem er die Lage der Kinder im Gazastreifen beschrieb.

> Im Gazastreifen fällt es den Müttern schwer zu unterscheiden, ob ihre Kinder aus Angst weinen, aus Schmerz oder weil sie unglücklich sind. Aber wenn normalerweise lärmende Kinder plötzlich verstummen, dann ist das ein erstes Zeichen der seelischen Wunden, die durch die permanente Angst gerissen werden. Kein Kind kann unter den Umständen, die im Gazastreifen herrschen, gesund bleiben. Oft werden Spielkameraden getötet oder verstümmelt: Seit Mitte Juni wurden 88 Kinder durch Gewehrschüsse getötet und 343 verletzt. Das ist fast ein Drittel der Opfer der israelischen Offensiven. Der kleine Omar, ein Zweijähriger, der Zeuge wurde, als israelische Truppen sein Elternhaus und den Orangenhain seines Vaters zerstörten, steigt jeden Morgen auf einen kleinen Hügel und schreit Richtung Horizont. Während die meisten älteren Kinder ihre Wut herunterschlucken, gibt es manche, die das Bedürfnis haben, um sich zu schlagen.

Doch es waren nicht nur die israelischen Angriffe, die den Kindern Angst einjagten. Im Dezember 2006 stand Gaza schon am Rande des Bürgerkriegs. Heftige Kämpfe zwischen der gewählten Hamas und den Sicherheitskräften, die unter der Aufsicht der Fatah standen, verbreiteten Angst und Schrecken unter der Zivilbevölkerung. Schwer bewaffnete Hamas-Männer hatten überall Straßensperren errichtet und kontrollierten die Passanten. Immer wieder kam es zu wilden Schießereien, bei denen Unbeteiligte, auch Kinder, getötet und verletzt wurden.

Als ich Mitte Dezember nach Gaza fuhr, um rechtzeitig vor Weihnachten das Material für eine Geschichte über die Lage der Christen im Gazastreifen zu sammeln, lernte ich einen christlichen Arzt kennen, der im Shifa-Krankenhaus arbeitete. Er nahm mich mit von Station zu Station, stellte mir die Patienten vor und erzählte mir ihre Geschichten. Zum Abschluss führte er mich in die Intensivstation, wo die Verwundeten lagen, Opfer sowohl innerpalästinensischer Machtkämpfe als auch israelischer Angriffe. Elf Jugendliche und Kinder lagen dort auf den blauen Laken der Krankenhausbetten, einige trugen dicke Verbände um die Köpfe. Furchtbar schmal und zierlich waren sie und wirkten so hilflos und jung, dass es mir kalte Schauer über den Rücken jagte. Manche von ihnen waren an Beatmungsgeräte angeschlossen, andere atmeten selbstständig. Sie alle hatten schwere Hirnverletzungen, verursacht durch Gewehrkugeln israelischer Soldaten und vielleicht auch palästinensischer Kämpfer. Die meisten von ihnen waren unrettbar verloren, sie waren bereits hirntot. Nur einer gab Lebenszeichen von sich, ein vielleicht 15-jähriger Junge, der keine Beine mehr hatte und nur noch einen Arm. Nicht viel mehr als ein Rumpf lag da auf dem Bett mit sauber verbundenen Stümpfen. »Er war in Israel zur Behandlung«, sagte ein Pfleger. »Sie haben ihn zurückgeschickt. Nichts mehr zu machen, sagen sie. Er ist hirntot. Aber das stimmt nicht. Bei uns ist er wieder aufgewacht.«

»Weiß er, was mit ihm los ist?«, fragte ich den Arzt. Der schüttelte den Kopf. »Ich glaube nicht. Er hat auf jeden Fall schwere Hirnverletzungen. Es ist nicht sicher, ob er jemals sein volles Bewusstsein wiedererlangt.«

Was soll man einem solchen Kind wünschen, das keine Beine

mehr hat und nur noch einen Arm, ging es mir durch den Kopf. Wäre es nicht besser, wenn es nicht mehr zu sich kommen würde und verstehen müsste, was aus ihm geworden ist?

Die Pfleger auf der Intensivstation machten sich ähnliche Gedanken. »Wir können die Apparate nicht abstellen, auch wenn wir ganz sicher wissen, dass keine Chance mehr besteht«, sagten sie. »Das erlaubt unser Glaube nicht. Wir müssen diese hirntoten Kinder pflegen, bis sie sterben. Aber wir brauchen die Betten und die Maschinen so dringend für andere Kranke.« Es sei sehr belastend, auf der Intensivstation zu arbeiten und täglich die Opfer der Gewalt und des Krieges zu sehen, erklärten die Pfleger, die so bereitwillig und offen mit mir sprachen, als seien sie froh, dass ihnen endlich jemand zuhört. Und als ich ging, begleiteten sie mich zur Tür der Intensivstation, als wenn sie mich nur ungern gehen lassen wollten. Draußen vor der Tür warteten Familienangehörige. Als sie den Arzt sahen, der mich begleitete, stürzten sie sich auf ihn und bedrängten ihn mit Fragen. »Was soll ich ihnen sagen?«, meinte er resigniert. »Dass ihre Kinder wieder gesund werden und zu ihnen zurückkehren?«

An diesem Tag dachte ich, schlimmer kann es nicht werden. Das muss der Tiefpunkt sein, jetzt muss sich etwas ändern. Aber ich sollte mich täuschen. Es wurde noch schlimmer. Im folgenden Jahr erreichte er Machtkampf zwischen Hamas und Fatah seinen Höhepunkt. In blutigen Kämpfen wurde die Fatah aus den Ämtern gedrängt und aus dem Land vertrieben. Der Riss ging quer durch die Gesellschaft und manchmal durch die Familien, und er machte auch vor den Kindern nicht halt.

Als ich im Sommer 2007 mit einem Kollegen des Schweizer Fernsehens im Gazastreifen war, um über die Lage der Kinder zu recherchieren, wurden wir während seiner Dreharbeiten bei einer Schule von den Schülern gefragt, welcher Partei wir angehörten, der Hamas oder der Fatah. Es war eine merkwürdige Frage für so kleine, magere Kinder, die furchtbar aufgeregt waren, Ausländer zu sehen, aber sie zeigte, dass die Politik im Leben der Kinder von Gaza eine bedeutende Rolle spielte.

Und wie sollte es auch anders sein? Die Politik bestimmt ihr Leben von ihrem ersten Atemzug an. Sie steht im Mittelpunkt aller

Gespräche der Erwachsenen um sie herum, ihrer Eltern, der Großfamilie und der Lehrer. Wenn es Strom gibt und der Fernseher läuft, geht es auch dort nur um Politik, um die Lage in Gaza, um die Besatzung, um die politischen und militärischen Kämpfe. Und schließlich können sie weder der Besatzung und den israelischen Invasionen noch den innerpalästinensischen Auseinandersetzungen aus dem Weg gehen. Tagelang konnten sie sich nicht auf die Straßen wagen, weil hier der Machtkampf tobte, der auch an den Haustüren nicht halt machte. Die Militanten beider Seiten schreckten nicht davor zurück, auch die Kinder ihrer Gegner zu töten oder zu verwunden.

Inzwischen sind die Rivalitäten zwischen den beiden Lagern schon in den Kindergärten angekommen. Schon Fünfjährige werden verprügelt, wenn sie zu der jeweils anderen Fraktion gezählt werden. Der Korrespondent des britischen *Observer* Peter Beaumont berichtete im Februar 2008, dass viele Kinder sich zur Partei ihrer Eltern bekennen und dafür riskieren, verletzt oder getötet zu werden. Vor allem junge Fatah-Anhänger widersetzten sich den Anweisungen der Hamas-Polizisten und provozierten, indem sie Fatah-Abzeichen zeigten oder – im Fall von zwei jungen Mädchen – sich betont aufreizend kleideten und Hamas-Angehörige als Schiiten beschimpften. Der Psychiater Eyad Sarraj wertet diese Parteinahme unter Kindern und Jugendlichen als Zeichen der fortschreitenden Desintegration der Gesellschaft. Jugendliche, die sich in ihrem Elternhaus nicht mehr geborgen fühlten, suchten in den politischen Parteien eine neue Heimat, einen Clan, der ihnen Schutz und Identifikation bieten konnte.

Die amerikanische Wirtschaftswissenschaftlerin und Gaza-Expertin Sara Roy beschrieb die palästinensische Gesellschaft von Gaza schon im Jahr 1995 als eine Gesellschaft vor dem Zusammenbruch, die gerade der jungen Generation keine Anleitung, kein festes Wertesystem und keine Orientierung mehr bietet. Schon damals, ein Jahr nach der Unterzeichnung der Oslo-Verträge, als die Welt noch voller Euphorie an einen Friedensprozess glaubte, stellte sie die Frage, die bis heute nicht zu beantworten ist: »Wie werden solche Kinder – eine ganze Generation – resozialisiert werden, vor allem, da ihre Identität auf dem beruht, was ihnen versagt wurde? Wie sollen sie bereit sein, die Probleme einer untergehenden Gesellschaft zu lösen, wenn sie selbst zum Niedergang dieser Gesellschaft beigetragen haben? Wie können sie eine Gesellschaft aufbauen, wenn sie nicht wirklich verstehen, was repariert werden muss?«*

Gewalt und Armut sind nicht die einzigen negativen Erfahrungen, die den Lebensweg der Kinder und Jugendlichen im Gazastreifen vorbestimmen. Hinzu kommen schlechte Schulbildung, überfüllte Klassen und fehlende Möglichkeiten, einen Beruf zu erlernen, sich weiterzubilden oder sich zu qualifizieren. Wegen der fehlenden Klassenräume und Unterrichtsmaterialien findet der Unterricht zum Teil im Schichtbetrieb statt. Ein Teil der Kinder geht morgens zur Schule, ein anderer am Nachmittag. Und zu Hause haben die Kinder es nicht leicht, ihre Schulaufgaben zu machen und sich auf Prüfungen vorzubereiten. Denn die Wohnungen, zumindest in den Flüchtlingslagern, sind klein und überfüllt. Am Abend werden die Matratzen nebeneinander gelegt, die tagsüber an der Wand aufgestapelt sind. Häufig gibt es Stromausfälle, so dass die Schüler nach Anbruch der Dunkelheit nur noch im Schein von Kerzen und Petroleumlampen lernen können. Sofern die Eltern genug Geld haben, um Kerzen zu kaufen.

Trotz aller widrigen Umstände gibt es Jugendliche, die es schaffen, einen guten Schulabschluss zu machen und an einer der drei Universitäten in Gaza ein Studium aufzunehmen. Doch was dann? Die Hochschulen bieten nur BA und MA-Abschlüsse an. Wer weiterstudieren will, muss den Gazastreifen verlassen. Und Israel lässt trotz internationaler Proteste kaum noch junge Leute zum Studium ausreisen. Selbst Studenten, die im Ausland studierten und sich zufällig zur Zeit des palästinensischen Bruderkriegs in Gaza aufhielten, wurden nach der Machtübernahme der Hamas daran gehindert, den Gazastreifen zu verlassen, um an ihre Universitäten im Ausland zurückzukehren.

Die israelische Bürgerrechtsorganisation Gisha (zu deutsch: Zugang), die gegen die Blockade des Gazastreifens kämpft, spricht von fast 700 Studenten, die festsitzen. Auch Stipendiaten, die die schweren Bedingungen für internationale Stipendien erfüllen konnten und eines der begehrten Fullbright-Stipendien für die USA oder

* Sara Roy, *Failing Peace*, S. 37

ein DAAD-Stipendium für Deutschland erhalten haben, bekommen keine Ausreisegenehmigung.

Im Mai 2008 debattierte der Erziehungsausschuss der Knesset das Thema. Obwohl einige Abgeordnete jede israelische Verantwortung für die missliche Lage der Studenten ablehnten – ein juristischer Berater des Verteidigungsministeriums erklärte, Israel sei nicht verpflichtet, dafür zu sorgen, dass Palästinenser eine höhere Ausbildung erhalten könnten –, wandte sich der Ausschuss an Verteidigungsminister Ehud Barak mit der Bitte, die Lage zu prüfen. Er wurde aufgefordert, die Entscheidung, keine Studenten aus dem Gazastreifen ausreisen zu lassen, zu revidieren. Der Vorsitzende des Erziehungsausschusses in der Knesset, der liberale Rabbiner Michael Melchior, sagte: »Es ist weder moralisch noch klug, Hunderte von Studenten in Gaza festzusetzen.« Und sogar der dem rechten politischen Lager angehörende Richter am Obersten Gericht Elyakim Rubinstein bezeichnete das Ausreiseverbot für Studenten als »schädlich für die israelischen Interessen, denn wir müssen auch in Zukunft mit den Palästinensern leben«.

Die damalige amerikanische Außenministerin Condoleezza Rice drängte die Israelis, ihre Politik der Absperrung zu lockern und jungen Studenten eine Chance zu geben. In einer ihrer wenigen klarsichtigen und ehrlichen Erklärungen sagte sie am 30. Mai 2008: »Wenn man den jungen Menschen kein Ziel und keinen weiten Horizont für ihre Erwartungen und Träume gibt, dann weiß ich nicht, ob es irgend eine Zukunft für Palästina gibt.«

Vertreter von Gisha wiesen darauf hin, dass es illegal sei, die Palästinenser im Gazastreifen einzusperren. In der Allgemeinen Erklärung der Menschenrechte heißt es: »Jeder Mensch ist frei, jedes Land zu verlassen, auch sein eigenes.« Im August 2008, kurz vor Beginn des akademischen Jahres, wollten die Bürgerrechtler mit Werbespots im Radio für eine Lockerung der Blockade wenigstens für die Studenten werben. Sie hatten den früheren Bildungsminister Yossi Sarid und zwei angesehene Schriftsteller für die Kampagne gewinnen können. Doch der Generaldirektor des staatlichen Radios, Moshe Shklar, verbot die Ausstrahlung der Werbespots. Das Recht auf Bildung sei ideologisch umstritten, erklärte er zur Begründung.

Wenn aber den Palästinensern zusätzlich zu allen anderen Beschwernissen auch noch das Recht auf Bildung genommen wurde, wie sollte dann der Konflikt jemals beendet werden, und mit wem wollte Israel eigentlich verhandeln, wenn niemand mehr da war, der über Bildung, Vernunft und Rationalität verfügte?

Die Gaza-Expertin Sara Roy warnte in einem Gespräch, das ich mit ihr führte, vor den langfristigen Folgen der katastrophalen Zustände in Gaza.

> Als ich in meinem Buch von De-Entwicklung sprach, meinte ich früher die Wirtschaft. Heute aber kann man das auch auf die Menschen anwenden. Man sieht heute die De-Entwicklung der Menschen, der Familien, der Gesellschaft. Kein Mensch, der unter solchen Bedingungen lebt, ob er ein Palästinenser ist, ein Israeli, ein Deutscher oder ein Amerikaner, ein Muslim, ein Christ oder ein Jude, kann normal funktionieren und produktiv sein. Man kann von ihm nicht erwarten, dass er unter Bedingungen, die so repressiv sind, eine positive Veränderung herbeiführen kann. Die Menschen müssen verstehen, dass die Bedingungen schrecklich repressiv sind und die Bedingungen, die dazu führen, sind das Problem. Wenn man den Kontext verändert, werden Veränderungen von innen kommen. Aber wenn man den Kontext nicht verändert, wenn man diese Bedingungen weiterhin aufrecht erhält – was erwartet man dann? Wie sollen sich die Menschen dann verhalten?

Sara Roy hatte schon Mitte der neunziger Jahre einen Bürgerkrieg zwischen den palästinensischen Fraktionen vorhergesehen. Die für die große Mehrheit der Menschen aussichtslose Situation werde unweigerlich zu einem Ausbruch der Gewalt führen, schrieb sie in vielen ihrer Artikel. Im Nachhinein lesen sich ihre Aufsätze teilweise wie ein Drehbuch zu dem, was sich in Gaza nach dem Wahlsieg der Hamas im Januar 2006 abspielte.

Bürgerkrieg

Tage des Zorns

Februar 2007. Es wird nicht mehr geschossen im Gazastreifen. Stattdessen herrscht nach Tagen blutiger Kämpfe zwischen Hamas und Fatah nun wieder angespannte Ruhe. Die Bewaffneten haben sich zurückgezogen, und nur noch vereinzelt sieht man die Milizen der Hamas in ihren schwarzen Kampfanzügen oder die Sicherheitskräfte der Autonomiebehörde in blauen und grünen Uniformen an den Straßenecken stehen. Doch die Erinnerung an die Kämpfe ist noch wach.

»Es waren die schlimmsten Tage in meinem Leben«, sagt Raed, der mich vom Grenzübergang abgeholt hat und mit dem ich nun nach Gazastadt fahre. Ich war an diesem Morgen die einzige Passantin in Eres, denn seit dem Wahlsieg der Hamas vor einem Jahr hat Israel den Gazastreifen vollständig abgeriegelt, und es werden nur noch Diplomaten, akkreditierte ausländische Journalisten und ganz selten einmal Kranke durchgelassen, die zur Behandlung nach Israel müssen. Die langen Schlangen der Arbeiter, die auf die Ausreise zu ihren Arbeitsplätzen in Israel warten, gehören der Vergangenheit an. Auch die fröhliche Aufbruchstimmung aus der Zeit vor dem Rückzug der Israelis ist vorbei. Gaza ist ein Gefängnis, in dem die Insassen miteinander um die Macht ringen. Der Druck, der sich hinter den unüberwindlichen Sperranlagen aufgebaut hat, entlud sich in der vergangenen Woche in einer Explosion der Gewalt. Vier Tage lang tobte ein Sturm der Wut im Gazastreifen. Anhänger von Fatah und Hamas gingen wie entfesselt aufeinander los. Sie beschossen sich gegenseitig mit Gewehren, Raketen und Mörsergranaten, nahmen Geiseln und folterten ihre Gefangenen.

Raed ist deprimiert und nervös. »Das waren die schlimmsten Tage meines Lebens«, sagt er, »denn ich habe gesehen, wie Palästinenser aufeinander schießen, und das hat mir Angst gemacht für unsere Zukunft und für unsere nationale Einheit.«

Auf der Fahrt vom Grenzübergang nach Gazastadt erzählt er, wie er diese Tage erlebt hat, als sich kein Zivilist mehr auf die Straße traute und die Familien sich so weit wie möglich ins Innere ihrer Häuser zurückzogen, um nicht von Querschlägern getroffen zu werden. Da drüben, sagt er und deutet auf ein zweistöckiges Haus am Straßenrand, gab es einen Kampf zwischen Hamas und Fatah. Man kann es genau sehen an den Einschusslöchern in der Wand, es wurden dort mehr als 50000 Kugeln verschossen.

Bei allem Unglück, dass er schon erlebt hat, empfindet Raed die innerpalästinensischen Spannungen schlimmer als alles andere. »Es ist etwas anderes, wenn man von Israel angegriffen wird«, erklärt er. »Wenn Israel uns angreift, kommt der Feind von außen und wir Palästinenser stehen dagegen zusammen. Wir sind alle in gleicher Weise Opfer.« Jetzt sei das anders, denn der Riss gehe quer durch die palästinensische Gesellschaft. »Jetzt hat man das Gefühl, dass es auf jeder Straße und in jedem Haus Bürgerkrieg gibt. Denn in jeder Familie in Gaza gibt es jemanden, der die Hamas unterstützt und jemanden, der die Fatah unterstützt, und dieser interne Konflikt macht mir große Sorgen.«

Inzwischen hat sich der Sturm fürs Erste gelegt, und die Menschen wagen sich vorsichtig und noch ängstlich wieder auf die Straßen. Sie haben auch keine andere Wahl, als die relative Sicherheit ihres Hauses zu verlassen. Nach den Tagen des erzwungenen Hausarrests müssen sie die Ruhe nutzen, um sich mit neuen Vorräten einzudecken. Die Geschäftsleute, die zum ersten Mal seit Tagen wieder ihre Läden geöffnet haben, hoffen auf Kundschaft. Vor einem Geschäft für Herrenbekleidung bleibt ein junger Mann stehen und schaut sich die bescheidenen Auslagen an. Als ich ihn anspreche, stellt er sich als Amar vor. Wie war das in den letzten Tagen, frage ich ihn. Wie hat er die Tage der Unruhe und Gewalt verbracht?

»Ich war zu Hause bei meiner Familie«, erzählt er. »Aber sogar da war es gefährlich. Die Leute hatten selbst in ihren Häusern Angst, weil die Kugeln durch die Fenster und Türen drangen.« Und nicht nur das. Bewaffnete waren auf der Suche nach Anhängern der jeweils anderen Fraktion auch hemmungslos in Wohnungen eingebrochen. Nun, da Ruhe eingekehrt ist, setzt er seine Hoffnungen auf die saudische Initiative. Er hofft, dass es der saudischen Regierung gelingt, die beiden verfeindeten Parteien bei einem Treffen in Mekka zu einer Einigung zu bewegen.

Die saudische Regierung hat angeboten, zwischen Hamas und Fatah zu vermitteln, um eine Regierung der nationalen Einheit zustande zu bringen. Das scheint die letzte Chance zu sein, den eskalierenden Bruderkampf aufzuhalten und wieder einigermaßen stabile Verhältnisse herbeizuführen. Denn seit die Hamas die Parlamentswahl gewonnen hat, droht der Gazastreifen im Chaos zu versinken. Die unterlegene Fatah ist nicht bereit, der neuen Regierung unter Ministerpräsident Ismail Haniyeh die Kontrolle über die Sicherheitskräfte zu überlassen. Und so kommt es immer wieder zu Auseinandersetzungen zwischen den Milizen der Hamas und den Polizeitruppen der Autonomiebehörde. Dieser Machtkampf wird von außen noch geschürt, denn weder Israel noch die internationale Staatengemeinschaft erkennen die gewählte Hamas-Regierung an. Im Gegenteil, sie boykottieren die neue Regierung und haben eine Blockade über Gaza verhängt, die es der Hamas unmöglich macht, das Wirtschaftsleben aufrecht zu erhalten und die Bedürfnisse der Menschen nach einem Auskommen und nach Sicherheit zu erfüllen.

Ich gehe mit Raed weiter durch die Geschäftsstraßen von Gazastadt und frage die Menschen, wie sie die letzten Tage erlebt haben und wie sie sich ihre Zukunft vorstellen. Inzwischen hat sich noch eine Kollegin hinzugesellt, und wir werden von den Menschen freudig begrüßt. Lange haben sich keine ausländischen Journalisten mehr hierher getraut. Dass wir kommen, signalisiert den Palästinensern von Gaza, dass man sie in der Welt noch nicht völlig vergessen hat. Am Straßenrand betreibt ein junger Mann namens Muhammad einen kleinen Verkaufsstand. Er hat seine Ware auf einem langen Tisch ausgebreitet, Sonnenbrillen, Handytaschen und die kleinen Wimpel der politischen Bewegungen. Einträchtig hängen sie nebeneinander, die grünen der Hamas, die gelben der Fatah, die schwarzen des Islamischen Jihad und die roten der Volksfront zur Befreiung Palästinas. Auch Muhammad hat die letzten Tage zu Hause verbracht. »Ich habe dauernd ferngesehen«, berichtet er. »Ich habe Al Dschasira und Al Arabiya gesehen, um zu erfahren, was bei uns in der Stadt los ist, denn ich selbst habe mich nicht auf die Straße getraut.«

Jetzt hat sich die Lage zwar beruhigt, aber ob der Frieden hält? Muhammad traut der Ruhe nicht, er hat wenig Hoffnung, dass sich der innerpalästinensische Bürgerkrieg so leicht beenden lässt. »Eine Einheitsregierung könnte das Problem lösen«, sagt er zögernd und fügt hinzu: es gebe da eine Seite, die das nicht wolle, die an einer Teilung der Macht nicht interessiert sei. Wen meint er damit, hake ich nach. Muhammad will erst nicht antworten, aber dann sagt er es doch: »Es sind Leute innerhalb der Fatah. Die wollen, dass Hamas ruiniert wird, die haben gar kein Interesse daran, hier irgendetwas aufzubauen.«

Eine Straße weiter begegnen wir Abir, einer jungen Mutter, die mit ihrem Mann und zwei kleinen Kindern unterwegs ist, um Besorgungen zu machen. Bereitwillig erzählt sie uns, wie sie die letzten Tage erlebt hat. »Diese vier Tage waren sehr schwierig, und manchmal dachten wir, es wären vielleicht unsere letzten Tage. Wir sind im Haus geblieben, weil auf den Straßen gekämpft wurde. Und nach Sonnenuntergang hatte man sogar im Haus Angst. Es war wie im Krieg.« Mit Schaudern erinnert sie sich an die Kämpfe, an die Schießereien, an das Gefühl der Gefahr und an ihre Sorge und Angst um ihre drei Kinder. »Als ich mich einmal mit meinen Kindern im Auto auf die Straße wagte, hatte ich große Angst, denn von außen konnte man nicht sehen, wer im Wagen sitzt. Da haben wir die Fenster geöffnet, damit die Militanten sehen, dass Frauen und Kinder drin sitzen. Jeder hatte Angst um sein Leben.«

So wie die meisten Palästinenser im Gazastreifen begrüßt auch Abir die saudische Friedensinitiative. König Abdallah hat die beiden verfeindeten Gruppierungen zu Versöhnungsgesprächen nach Mekka eingeladen. Die Ehrwürdigkeit des Ortes soll einem Friedensabkommen zwischen Fatah und Hamas quasi religiöse Weihen verleihen. Abir hat jedoch wenig Hoffnung, dass sich die angestaute Wut dadurch beruhigen lässt. »Ich habe keine Hoffnung mehr, nicht so wie früher. Es gab schon so viele Initiativen. Es ist schwer, noch daran zu glauben. Wir glauben aber an Gott und hoffen, dass Gott auch mal was für uns tut, aber momentan habe ich nicht viel Hoffnung.«

Die Hamas an der Macht

Seit einem Jahr war die Hamas jetzt an der Macht. Sie hatte nach einem engagierten Wahlkampf in den Parlamentswahlen vom Januar 2006 die absolute Mehrheit errungen, zur großen Überraschung der meisten Beobachter im Ausland und wohl auch zur Überraschung der Fatah, die darauf gesetzt hatte, dass die Mehrheit der Palästinenser sich zwar inzwischen der Religion zugewandt hatte, aber keine Sympathien für die fundamentalistische Auslegung des Islam hegte und sich vor islamistischen Gesetzen fürchtete. Nachdem die Hamas sich entschieden hatte, an den Wahlen teilzunehmen – im Unterschied zu den ersten Wahlen im Jahr 1996, die sie boykottiert hatte –, wollte der Präsident der Autonomiebehörde Mahmoud Abbas die Wahlen ursprünglich verschieben. Auch in Israel gab es warnende Stimmen, die darauf drängten, eine Kandidatur der Hamas nicht zu dulden. Ihre Forderung lautete, nur die Parteien zuzulassen, die die Oslo-Vereinbarungen anerkannten. Doch ausgerechnet die US-amerikanische Regierung bestand darauf, dass die Wahlen stattfinden sollten. Sie erwartete sich davon einen Impuls für die Demokratisierung des Nahen Ostens, so zumindest die offizielle Begründung. Als dann jedoch die vom Westen unterstützte Fatah eine herbe Niederlage erlitt und die Hamas die Wahl haushoch gewann, waren die Vereinigten Staaten neben Israel die ersten, die das Ergebnis nicht anerkannten. Sehr bald schloss sich ihnen die internationale Staatengemeinschaft an, obwohl sämtliche Wahlbeobachter bezeugten, dass es bei der Stimmabgabe weder Manipulationen noch Fälschungen gegeben hatte.

Dabei kam der Wahlsieg keineswegs überraschend. Die Hamas hatte bei der Wahl unter anderem von der Uneinigkeit der Fatah profitiert, der es in vielen Wahlkreisen nicht gelungen war, einen einzigen überzeugenden Kandidaten aufzustellen. So konnte die Hamas auch Wahlkreise für sich gewinnen, in denen sie eigentlich gar keine Mehrheit hatte, und errang schließlich mit 74 der 132 Parlamentsmandate die absolute Mehrheit.

In erster Linie lag der überwältigende Wahlsieg der Islamisten aber in der tiefen Unzufriedenheit der Bevölkerung mit der Politik der Fatah begründet, die jahrelang mit Israel verhandelt und doch keine spürbaren positiven Ergebnisse für die Palästinenser erzielt hatte. Ihre Spitzenpolitiker hingegen waren – nach palästinensischen Maßstäben – zu unermesslichem Reichtum gelangt und genossen Privilegien wie Bewegungsfreiheit und Zugang zu Bildung und Gesundheitsversorgung im Ausland, von denen ein Normalbürger nur träumen konnte. Die Korruption der Fatah, die von Israel zwar öffentlich gerügt, in Wirklichkeit aber hinter den Kulissen aktiv gefördert wurde, hatte in der Bevölkerung der besetzten Gebiete zu Wut und Ablehnung geführt. Die Wahlentscheidung zugunsten der Hamas war daher weniger ein Bekenntnis zum islamischen Fundamentalismus als eine Protestwahl gegen die Fatah.

Trotzdem unterstützte die internationale Staatengemeinschaft die Partei des Präsidenten auch nach ihrem verheerenden Abschneiden bei der Wahl. Von der Hamas verlangte man dagegen, dass sie das Existenzrecht des Staates Israel anerkennen und die von der PLO mit Israel geschlossenen Abkommen einhalten sollte, obgleich israelische Politiker, einschließlich Ministerpräsident Sharon, die Oslo-Verträge wiederholt für nichtig und den Friedensprozess für tot erklärt hatten.

In einem Interview mit der *Washington Post* am 26.2.2006 antwortete der designierte Ministerpräsident Ismail Haniyeh aus dem Flüchtlingslager Shati auf die Frage, ob die neue Regierung bereit sei, die an sie gestellten Bedingungen zu erfüllen: »Wir sind überrascht über diese Bedingungen. Warum werden solche Bedingungen und Fragen nicht an Israel gerichtet? Hat Israel die Vereinbarungen respektiert? Israel hat sich über alle Vereinbarungen hinweggesetzt. Wir sagen: Wenn Israel zuerst die legitimen Rechte der Palästinenser anerkennt, dann werden wir eine eigene Position formulieren. Welches Israel sollen wir anerkennen? Das von 1917? Das von 1936, das von 1948, das Israel von 1956 oder das Israel von 1967? Welches Israel in welchen Grenzen?«

Obwohl die Fatah enttäuscht war über das schlechte Abschneiden der eigenen Partei und das gute Ergebnis der Islamisten, sprachen sich führende Politiker aus ihren Reihen dafür aus, der Hamas eine Chance zu geben. Jibril Rajoub, ehemaliger Chef der präventiven Sicherheitskräfte im Westjordanland und Berater von Präsident Mahmoud Abbas, rief Israel auf, die Existenz des palästinensischen Volkes anzuerkennen und eine Zweistaatenlösung auf der Grundlage der Grenzen von 1967 zu akzeptieren. Er selbst wolle die Hamas davon überzeugen, dass sie die zwischen der PLO und Israel geschlossenen Abkommen anerkennen müsse. Dann könne man die Verhandlungen auf der Grundlage der Oslo-Abkommen wieder aufnehmen.

Doch Israel blieb bei seiner ablehnenden Haltung. Der israelische Verteidigungsminister Shaul Mofaz erklärte, sein Land werde eine terroristische Behörde nicht akzeptieren. Im israelischen Radio sagte er: »Wenn die Hamas die Autonomiebehörde dominiert, wird sie ein Teil der Achse des Bösen, die vom Iran über Syrien bis zur Hisbollah und zur Hamas reicht.«

Ministerpräsident Olmert bekräftigte, dass der Staat Israel keinerlei Verhandlungen mit der Hamas führen werde. Es handle sich bei ihr um eine Terror-Organisation, deren Lehre und Erbe die Vernichtung des Staates Israel sei. Außenministerin Zipi Livni verkündigte eine radikale Änderung der Politik gegenüber der palästinensischen Autonomiebehörde für den Tag, an dem das neu gewählte Parlament zu seiner konstituierenden Sitzung zusammenkommen werde. »Die Palästinenser sollen hungern, aber nicht verhungern«, lautete die israelische Leitlinie gegenüber der palästinensischen Autonomiebehörde, eine ziemlich zynische Parole angesichts der Tatsache, dass zu diesem Zeitpunkt zwei Drittel der palästinensischen Bevölkerung unter der Armutsgrenze lebten und viele palästinensische Kinder an Mangelernährung litten.

Alle Zahlungen an die Behörde sollten zurückgehalten und die Überweisung von Steuergeldern, die die israelischen Behörden für die Autonomieregierung erheben, eingestellt werden. Als erste Maßnahme wurde eine Abschlagszahlung von 50 Millionen Shekel, etwa neun Millionen Euro, nicht überwiesen. Außerdem sollten die Grenzübergänge in den Gazastreifen geschlossen werden.

Der Opposition ging das nicht weit genug. Der Hardliner Uzi Landau forderte, die Autonomiegebiete vollkommen zu isolieren. Israel müsse die palästinensische Autonomiebehörde unter der Führung der Hamas zu einer Terrororganisation erklären. Die überwältigende Mehrheit der Palästinenser habe die Hamas gewählt, und das fordere einen Preis, denn Israel befinde sich mit der Hamas im Krieg.

Die Palästinenser reagierten auf die israelischen Drohungen zunächst noch gelassen. Der designierte neue Parlamentspräsident

Abdel Aziz Dweik geißelte ein wirtschaftliches Embargo gegen die Autonomiegebiete als undemokratisch. Israel müsse die Hamas-Abgeordneten als gewählte Vertreter des palästinensischen Volkes anerkennen.

Aber Israel hatte beschlossen, die Palästinenser ökonomisch und moralisch in die Knie zu zwingen und die neue Hamas-Regierung aus dem Amt zu jagen. Ein entsprechender Bericht in der *New York Times*, der sich auf amerikanische und israelische Quellen stützte, wurde zwar sowohl in Washington als auch in Jerusalem umgehend dementiert, aber Israel machte keinen Hehl aus seiner Absicht, die palästinensischen Gebiete weitgehend zu isolieren.

Zur konstituierenden Sitzung des Parlamentes in Ramallah durften die Abgeordneten aus dem Gazastreifen nicht anreisen, und so musste der Legislativrat, das palästinensische Parlament, am 18. Februar 2006 per Videoschaltung zusammenkommen.

Abbas unterstrich in seiner Ansprache an die Abgeordneten, dass die Vereinbarungen mit Israel auch für die neue Regierung bindend seien. Er appellierte an die neue Führung, den Weg des gewaltlosen Widerstands einzuschlagen. Die internationale Staatengemeinschaft rief er auf, die Rückkehr der Konfliktparteien an den Verhandlungstisch zu erleichtern. An Israel gewandt sagte er, die Wahl der radikal-islamischen Hamas dürfe nicht als Vorwand dafür dienen, das Leben der Palästinenser weiter zu erschweren. Das palästinensische Volk dürfe nicht für seine demokratische Wahl bestraft werden.

Die israelische Regierung zeigte sich von seinen Worten unbeeindruckt. Schon am nächsten Tag wurden die angekündigten Strafmaßnahmen gegen die Palästinenser beschlossen. Die Folgen waren sofort zu spüren. Im nun völlig von der Außenwelt abgeriegelten Gazastreifen wuchs die wirtschaftliche Not, in den Geschäften wurden Milch und Babynahrung knapp. Die Landwirte litten unter dem Boykott, weil sie ihre Waren nicht mehr ausführen konnten.

James Wolfensohn, der Beauftragte des Nahost-Quartetts, bestehend aus den USA, der EU, den Vereinten Nationen und Russland, appellierte an Israel und die internationale Staatengemeinschaft, die Palästinenser nicht im Stich zu lassen. Die Autonomiebehörde werde in Kürze zusammenbrechen, wenn sie keine Gelder von außen mehr bekomme, schrieb er in einem Brief an die Mitglieder des Quartetts: »Ich weiß, dass ich Ihnen nicht sagen muss, welche Konsequenzen es hat, wenn die Behörde keine Gehälter mehr bezahlen kann, nicht nur für die Wirtschaft, sondern auch für die Sicherheit.«

Der ehemalige Weltbankchef war im April 2005 in den Nahen Osten gekommen, um den israelischen Rückzug aus Gaza zu überwachen und der palästinensischen Wirtschaft nach dem Rückzug wieder auf die Beine zu helfen. Voller Engagement und Tatkraft hatte er sich an die Arbeit gemacht, hatte unermüdlich versucht, Lösungen zu finden und Blockaden zu überwinden. Er hatte sogar einen Teil seines eigenen Vermögens für den Erwerb der von israelischen Siedlern zurückgelassenen Gewächshäuser beigesteuert. Immer wieder hatte er vor den Konsequenzen des wirtschaftlichen Niedergangs, vor drohendem Hunger und wachsendem Hass gegen Israel gewarnt. Er war auch die treibende Kraft hinter einem Abkommen, das US-Außenministerin Condoleezza Rice den Israelis im November 2005 nach langen und mühsamen Verhandlungen abrang. Darin war vorgesehen, den Grenzübergang zwischen dem Gazastreifen und Ägypten zu öffnen und an der Grenze europäische Zöllner zu stationieren, die den Grenzverkehr abwickeln sollten. Außerdem sollte die abgebrochene Verbindung zwischen dem Gazastreifen und dem Westjordanland wiederhergestellt werden.

Das Abkommen solle dem palästinensischen Volk Bewegungsfreiheit geben, damit es ein normales Leben führen könne, sagte Rice bei der Pressekonferenz nach einer langen Nacht zäher Verhandlungen. Sie hatte sogar ihre geplante Abreise nach Südkorea verschoben, um das Abkommen auszuhandeln, nachdem Wolfensohn mit seinem Rücktritt gedroht hatte, wenn es zu keiner Einigung kommen sollte. Am 25. November werde der Grenzübergang Rafah zwischen Gaza und Ägypten wieder geöffnet, erklärte Rice. Europäische Beamte sollten den Grenzverkehr überwachen und in Streitfragen zwischen den israelischen und palästinensischen Sicherheitsbehörden entscheiden.

An der Grenze zwischen Israel und dem Gazastreifen sollte der Umschlag der Waren verbessert werden. Außerdem sollte mit dem Bau eines Seehafens begonnen werden. Darüber hinaus sollten Palästinenser in Zukunft in kontrollierten Bussen zwischen Gazastreifen und Westjordanland verkehren dürfen.

Es erübrigt sich fast, zu sagen, dass kein einziger Bus nach der Unterzeichnung dieses Abkommens den Gazastreifen in Richtung Westjordanland verließ. Israel fand immer neue Gründe, die Umsetzung der Vereinbarung hinauszuschieben, und nach dem Wahlsieg der Hamas war ohnehin keine Rede mehr von einer Öffnung der Grenzen und mehr Bewegungsfreiheit für die Palästinenser. Aber auch in der kurzen Zeitspanne zwischen dem Abzug aus Gaza und der Parlamentswahl blieb die Grenze nach Ägypten nur kurz geöffnet. Dann zogen sich die europäischen Grenzbeamten aus Sicherheitsgründen und unter dem Druck Israels aus Rafah zurück.

James Wolfensohn warf im April 2006 das Handtuch, noch nicht einmal ein Jahr, nachdem er sein Amt mit so hohen Erwartungen angetreten hatte. In einem Interview mit der israelischen Zeitung *Haaretz* erinnerte er ein Jahr später an die großen Hoffnungen, die mit dem israelischen Rückzug aus Gaza verbunden gewesen waren. Der Ausbruch der Gewalt im Gazastreifen, sagte er, sei darauf zurückzuführen, dass sich die Lage dort nach dem israelischen Rückzug so rapide verschlechtert habe. »Anstelle von Hoffnung haben die Palästinenser gesehen, dass sie wieder ins Gefängnis gesteckt werden. Bei einer Arbeitslosigkeit von 50 Prozent bekommt man Konflikte. Das ist nicht nur eine palästinensische Angelegenheit. Wenn man 50 Prozent Arbeitslose hat, dann sind die Chancen groß, dass diese Menschen verärgert und wütend sein werden.«

Die neue palästinensische Regierung aus Hamas und einigen unabhängigen Ministern unter Ministerpräsident Ismail Haniyeh stand unter massivem Druck von innen und von außen, denn ohne finanzielle Unterstützung hatte sie keinen Handlungsspielraum, um die hohen Erwartungen zu erfüllen, die von den Bürgern in den besetzten Gebieten in sie gesetzt wurden. Der Finanzminister hatte von seinem Vorgänger leere Kassen und eine schwere Schuldenlast übernommen. Alle Hilfsgelder, die der frühere Ministerpräsident Ahmed Kurei noch bekommen hatte, waren bereits ausgegeben. Die Schulden der Autonomiebehörde beliefen sich bei Haniyehs Amtsantritt auf 750 Millionen Dollar. Er hatte einige Minister ins Ausland entsandt, die sich um Hilfe bemühen sollten. Doch es fanden sich nur wenige Regierungen, die bereit waren, die Palästinenser zu unterstützen. Syrien und der Iran versprachen Hilfe, Ägypten und Saudi-Arabien hatten schon vorher angekündigt, dass sie sich dem internationalen Boykott nicht anschließen wollten. In Europa jedoch trafen die Hamas-Politiker auf verschlossene Türen. Die EU-Kommission hatte bereits beschlossen, sämtliche finanziellen Hilfen vorläufig auszusetzen, als die Außenminister zusammenkamen und ihre Unterstützung davon abhängig machten, dass die Hamas die Bedingungen Israels und des Westens annahm.

Das Ausbleiben der Hilfsgelder machte sich in den palästinensischen Gebieten unmittelbar bemerkbar. Die Autonomiebehörde, die gleichzeitig der größte Arbeitgeber in den palästinensischen Gebieten ist, konnte die Gehälter von 140000 Angestellten und Angehörigen der Sicherheitskräfte nicht mehr bezahlen. Von diesen Gehältern waren aber 1,5 Millionen Menschen abhängig. Als die Gehälter ausblieben, bekamen das auch die Händler und Kaufleute zu spüren. Selbst die früher einigermaßen gut situierten Bürger fürchteten sich vor dem Absturz in die Armut. Besonders dramatisch waren die Auswirkungen im Gazastreifen, wo durch die israelische Blockade der Grenzübergänge bald wichtige Bedarfsgüter fehlten.

Im Mai 2006 ergriffen palästinensische Häftlinge in israelischen Gefängnissen die Initiative und arbeiteten ein gemeinsames Dokument aus, auf das sich alle Fraktionen einigen sollten. Darin drängten sie den PLO-Präsidenten Abbas, Verhandlungen mit Israel über die Errichtung eines palästinensischen Staates im Westjordanland und im Gazastreifen aufzunehmen. Um die innerpalästinensischen Spannungen abzubauen, forderten sie eine Regierung der nationalen Einheit unter Beteiligung aller im Parlament vertretenen Parteien. Unter den prominenten Gefangenen, die das Papier ausarbeiteten, waren von Seiten der Fatah der zu mehrfachen lebenslänglichen Haftstrafen verurteilte Marwan Barghouthi und von Seiten der Hamas Abdel Khaleq Natshe.

Das Dokument sah zwar nicht explizit die Anerkennung Israels vor, beschränkte sich aber ausdrücklich auf einen Staat in den 1967 besetzten palästinensischen Gebieten. Außerdem erklärte es die PLO zur einzig legitimen Vertreterin der Palästinenser, der auch die islamistischen Organisationen beitreten sollten, die noch nicht in der Dachorganisation vertreten waren.

Die israelische Regierung wies das Dokument als unzureichend zurück. Mahmoud Abbas dagegen machte es sich zu eigen und forderte die Hamas-Regierung ultimativ auf, sich zu dem Papier zu bekennen und seine Friedenspolitik mit Israel zu unterstützen.

Ein palästinensischer Staat in den Gebieten, die Israel im Sechs-Tage-Krieg von 1967 erobert hatte, mehr könne man nicht erwarten, erklärte er. Bei einem Treffen der Führungen aller palästinensischen Fraktionen, das in Ramallah und Gaza gleichzeitig stattfand, appellierte Abbas an die Islamisten, einen realistischen Weg einzuschlagen und sich von den Träumen eines Palästina vom Mittelmeer bis zum Jordan unter arabischer Herrschaft zu verabschieden. Sollte die Hamas dazu nicht bereit sein, werde er das Dokument der Gefangenen dem Volk in einem Referendum zur Entscheidung vorlegen.

Doch das Ultimatum des Präsidenten verstrich ergebnislos. Es gab weder ein Einlenken der Hamas noch eine Annäherung zwischen beiden Seiten. Es gab aber auch kein Referendum. Diese inkonsequente und zögerliche Haltung, die Abbas über Monate hinweg an den Tag legte, während der Machtkampf weiter eskalierte, trug sicher nicht zu einer Entspannung der Lage bei. In der Bevölkerung wurde Abbas als machtlos und den Anforderungen nicht gewachsen empfunden. Die Unnachgiebigkeit, mit der er nach der blutigen Entscheidung in Gaza jedes Gespräch mit der Hamas ablehnte, während er sich gleichzeitig zu völlig fruchtlosen »Verhandlungen« mit Israels Regierungschef Ehud Olmert traf, sicherte ihm nicht die Sympathie der Bevölkerung im Gazastreifen, die sich von ihrem Präsidenten im Stich gelassen fühlte.

Der palästinensische Journalist Ashraf Ajrami, der für alle großen palästinensischen und arabischen Zeitungen schrieb, sah den Hauptgrund für die Lähmung der palästinensischen Führung in ihrem politischen Dualismus, im Nebeneinander von Präsident und Ministerpräsident, die völlig gegensätzlichen politischen Lagern angehörten, sich aber beide auf die demokratische Legitimation durch Wahlen stützen konnten. Dieser Dualismus war von der internationalen Staatengemeinschaft unter massivem Druck aus Washington und Jerusalem zu Lebzeiten von Yassir Arafat geschaffen worden, um die Macht des ungeliebten und von Israel als »irrelevant« eingestuften ersten Präsidenten zu beschneiden und ihn faktisch durch eine handlungsfähige und kooperationsbereite Regierung zu ersetzen.

Die Machtfülle des Ministerpräsidenten, um die Abbas als erster Regierungschef unter Arafat verbissen gekämpft hatte, beschränkte nun seine eigene Handlungsfähigkeit. Hinzu kam der zusätzliche Dualismus von Autonomiebehörde und PLO, zwei Institutionen, deren Kompetenzen nicht klar voneinander abgegrenzt waren. Die Abkommen, die Israel und die Palästinenser unterzeichnet hatten, waren mit der PLO geschlossen worden, die Israel als einzig rechtmäßige Vertreterin des palästinensischen Volkes anerkannt hatte. In der PLO waren Hamas und Islamischer Jihad jedoch nicht vertreten. Wer also sollte nun die Verhandlungen mit Israel führen? Die PLO, deren Vorsitzender Präsident Abbas war, reklamierte dieses Recht weiterhin ausschließlich für sich. Die Hamas-Regierung, deren pragmatischer Flügel verstand, dass man irgendwie aus der Sackgasse herauskommen musste, war bereit, ihren Anspruch als gewählte Vertreterin der Palästinenser zurückzustellen und der PLO auch weiterhin das Recht zu überlassen, mit Israel zu verhandeln.

Oktober 2006 – die Schlinge zieht sich zu

Als ich im Oktober 2006 den Gazastreifen besuche, gibt es fast kein abgefülltes Mineralwasser mehr, und auch Konserven und abgepackte Lebensmittel sind rar geworden. Die Menschen sind deprimiert und hoffnungslos. So schlimm war es noch nie, sagt Khaled Abdel Shafi, der Chef des Entwicklungsprogramms der Vereinten Nationen UNDP in Gaza. Ich habe mich mit ihm getroffen, um mir ein möglichst genaues Bild über die Versorgungslage in Gaza zu machen. Abdel Shafi wirkt ernst und bedrückt. »Wir sehen seit einigen Monaten die schlimmste humanitäre und wirtschaftliche Katastrophe, die die Palästinenser im Gazastreifen je erlebt haben«, sagt er. Die Armut hat weiter zugenommen, mittlerweile leben 80 Prozent der Bevölkerung des Gazastreifens unterhalb der Armutsgrenze, die Arbeitslosigkeit hat ein Rekordhoch erreicht, denn viele Unternehmen sind wegen der geschlossenen Grenzübergänge aus Gaza weggegangen.

In den letzten Wochen haben mehr als 40 Unternehmen ihre Produktion aus dem Gazastreifen verlagert, berichtet Abdel Shafi. Die meisten sind nach Ägypten abgewandert. Alle mit dem Abzug der Israelis aus Gaza verbundenen Hoffnungen des letzten Jahres sind in Enttäuschung umgeschlagen.

Khaled Abdel Shafi nennt zwei Hauptgründe für die dramatische Verschlechterung der Lage: die Blockade, die Israel mit Unterstützung der USA und Europas über Gaza verhängt hat, und das Chaos im Gazastreifen selbst, der immer schärfer ausgetragene Machtkampf zwischen Fatah und Hamas. Das hat zur Folge, dass Ausländer nicht mehr in Gaza investieren und auch palästinensische Geschäftsleute Zurückhaltung üben. Chaos, Gewalt und Anarchie greifen um sich.

Dass das nicht investorenfreundlich ist, hat auch Khaled Abdel Shafis Cousin Sami gemerkt. Der junge Unternehmensberater, der ein Jahr zuvor mit viel Elan eine Firma zur Förderung der wirtschaftlichen Entwicklung des Gazastreifens gegründet hatte, kritisiert die Unfähigkeit der palästinensischen Führung, die nicht die Interessen der Bevölkerung vertrete. Eine kleine Minderheit torpediere das Wohlergehen der Mehrheit, sagt er. Die palästinensischen Politiker seien nicht nur unfähig, ihre Meinungsverschiedenheiten zu überwinden und sich auf eine gemeinsame Linie zu einigen, sie seien auch nicht in der Lage, der Welt ihre Probleme zu erklären und um Unterstützung zu werben.

Sami Abdel Shafi hat in den Vereinigten Staaten IT-Wissenschaften studiert und anschließend bei dem Computer-Unternehmen Cisco-Systems in San Francisco gearbeitet. Im Oktober 2003 ist er nach Gaza zurückgekehrt und hat zusammen mit seinem Cousin Salah die Emerge Consulting Group gegründet, die es sich zum Ziel gesetzt hat, ausländische und palästinensische Investoren aus dem Ausland nach Gaza zu holen.

Inzwischen aber ist es so gekommen, wie Pessimisten es vorausgesehen haben: Israel hat den Gazastreifen zwar verlassen, gleichzeitig aber die Blockade verschärft. Der Wahlsieg der Hamas und die Verschleppung des israelischen Soldaten Shalit in den Gazastreifen haben dazu geführt, dass das Gebiet nun völlig von der Außenwelt abgeschnitten ist. Unter diesen Umständen ist es unmöglich, eine florierende Wirtschaft aufzubauen und den Menschen wieder Hoffnungen zu geben, sagt Sami Abdel Shafi düster. »Die Blockade hat zur Folge, dass wir nicht planen können. Wir wissen nicht, wann wir auf Geschäftsreisen gehen und unsere Kunden treffen können. Wir können keine Termine mehr vereinbaren, denn wir können Gaza nicht verlassen, und unsere Partner können nicht zu uns kommen.«

Was ist mit Telekommunikation, mit Telefon und Computern? Kann man nicht wenigstens damit die schwierige Zeit überbrücken? Sami Abdel Shafi lächelt bitter und schaltet seinen Computer ein. Immerhin gibt es Strom heute, wenigstens für ein paar Stunden und wenigstens in diesem Viertel von Gazastadt. Aber es gelingt ihm nicht, eine Verbindung zum Internet herzustellen. »Siehst du. Es funktioniert nicht. So kann man nicht arbeiten.«

Die Lage im Gazastreifen, sagt er, werde von Tag zu Tag aussichtsloser. Daran könne auch eine Regierungsumbildung nichts ändern. Eine Regierung der nationalen Einheit, bestehend aus Hamas und Fatah, wie sie von vielen Palästinensern in diesen Zeiten der Unruhe gefordert wird, könne höchstens die Spannungen in Gaza ein wenig mildern, aber auch sie könne das fundamentale Problem, die Blockade des Gazastreifens, nicht aufheben. »Es bleibt eine Tatsache: Wenn Israel nicht die Grenzen Gazas öffnet, wird sich nichts bewegen. Wir brauchen unseren Flughafen, wir brauchen offene Checkpoints. Ohne das gibt es keine Hoffnung, und keine Regierung kann daran etwas ändern. Eine Regierung der nationalen Einheit wäre letztendlich nicht mehr als ein Placebo für eine sehr schwere Erkrankung.«

Und die palästinensische Führung, meint Sami Abdel Shafi, sei wie gelähmt und lasse Israel freie Hand, neue Strategien der Unterdrückung zu entwerfen. Die Politiker von Hamas und Fatah, so sagt er, seien zu tief eingegraben in ihre Überzeugungen. Eine Regierung aus Technokraten, unabhängigen Experten, die keinem der Lager verpflichtet sind, scheint ihm die einzige Lösung zu sein, die den Palästinensern jetzt helfen kann, aus ihrer Sackgasse herauszukommen. »Es ist jetzt die Aufgabe der Leute aus dem Privatsektor, das Land zu retten, derjenigen, die noch hier sind, der Professoren und Anwälte, der Leute, die bislang nicht mit der einen oder anderen politischen Strömung identifiziert werden und die daher auch nicht persönlich profitieren, wenn Hamas die Macht hat oder wenn Fatah die Macht hat. Solche Leute müssen jetzt hervortreten und tätig werden, nicht nur intern – denn intern ist die Lage sehr polarisiert. Warum nutzen wir unsere Fähigkeiten nicht und wenden uns an die Welt draußen? Ich glaube, die Welt draußen ist bereit, uns zuzuhören, wenn sie in einer Sprache angesprochen wird, die sie versteht.«

Trauriges Fest

Wenige Tage nach meinen Besuchen bei Khaled und Sami Abdel Shafi geht der Fastenmonat Ramadan zu Ende. Es ist der erste Tag des Id el Fitr, des Festes zum Ende des langen mühseligen Fastens. Im Gazastreifen hoffen die Menschen auf ein paar ruhige Tage, ohne innerpalästinensische Auseinandersetzungen und ohne israelische Angriffe. Auf den Straßen sieht man festlich gekleidete Männer, die von der Moschee oder von Verwandtenbesuchen zurückkommen. Die Mädchen haben bunte Schleifen im Haar. Im Stadtzentrum von Gaza stehen mehrere handbetriebene kleine Karussells. Für ein paar Cent kann man eine Runde auf einem Pferd reiten. Für die 46-jährige Wasfiyeh und ihre Familie sind selbst solche bescheidenen Vergnügungen zu teuer, sie haben buchstäblich nichts.

Wasfiyehs Mann ist schon seit acht Jahren arbeitslos. Die zehnköpfige Familie lebte bisher von dem, was sie von Verwandten und Freunden bekam. Seit die Autonomiebehörde keine Gehälter mehr bezahlen kann und immer mehr Betriebe im Gazastreifen pleite gehen oder ihre Produktion ins Ausland verlagern, bleibt auch diese Unterstützung aus.

Normalerweise, erklärt Wasfiyeh, gibt man den Kindern zum Fest Geld und neue Kleider, aber sie und ihr Mann haben nichts, was sie den Kindern schenken könnten. Wenn die Kinder vom Großvater und den Verwandten später zehn Shekel bekommen, sind sie schon glücklich. Dann können sie sich etwas Süßes kaufen.

Die neuen Kleider, die die Kinder zur Feier des Tages tragen, haben sie als Almosen von wohltätigen Organisationen bekommen. Das Geld der Familie reichte gerade für die erste Mahlzeit am Morgen des Feiertages. Zwei Fische hat Wasfiyeh gekauft, insgesamt ein Kilo schwer. »Davon leben wir zwei Tage«, sagt sie und zeigt mir den in eine Plastiktüte verpackten halben Fisch, der noch übrig ist.

Den Morgen nach dem langen Fastenmonat hat die Familie traditionell begonnen, wie man es in Gaza macht. Halb sechs Uhr morgens sind die Kinder zum Friedhof gegangen, um die Gräber der verstorbenen Angehörigen zu besuchen, Wasfiyeh und ihr Mann waren unterdessen zum Gebet in der Moschee. Danach sind sie nach Hause gegangen und haben die Mahlzeit vorbereitet, mit der der Fastenmonat beendet wird. »Wir essen salzigen Fisch, damit wir Durst bekommen und viel trinken. Das bringt den Organismus nach dem Fastenmonat wieder in seinen natürlichen Rhythmus.« Nach dem Frühstück war Wasfiyehs Mann zusammen mit den Söhnen bei der ältesten, schon verheirateten Tochter zu Besuch. »Am ersten Tag des Festes besuchen die Männer ihre Töchter und Schwestern«, erklärt Wasfiyeh. So ist es Tradition. Auch ihre Eltern sind am Morgen schon aus Khan Yunis zu Besuch gekommen.

In der armseligen Hütte der Familie im Flüchtlingslager Shati herrscht trotz der bitteren Not eine heitere Atmosphäre. Ständig kommen Verwandte herein, begrüßen die Frauen und gehen wieder. Die Familie ist so groß, dass man nur ein paar Minuten bleiben kann. Sonst würde man Tage brauchen, um alle zu besuchen, erklärt Wasfiyeh.

Doch dann treffen Nachrichten ein, die alle bestürzen. In Beit Hanoun im nördlichen Gazastreifen ist es zu Schießereien gekommen. Noch ist nicht klar, wer das Feuer eröffnet hat, aber es soll Tote und Verletzte gegeben haben.

Wenig später, auf dem Weg ins Krankenhaus, erfahre ich Einzelheiten aus dem Autoradio. Im südlichen Teil von Beit Hanoun hat es ein Massaker gegeben, bei dem mehrere Menschen von israelischen Soldaten getötet und verletzt wurden.

Im Shifa-Krankenhaus in Gazastadt werden unterdessen zehn Verletzte eingeliefert. Die meisten von ihnen müssen sofort operiert werden. Erschöpft und schwitzend steht ein junger Arzt namens Nidal den Journalisten, die ins Krankenhaus geeilt sind, um Näheres zu erfahren, Rede und Antwort. »Es wurden neun oder zehn Menschen durch Gewehrkugeln verletzt. Alle Opfer sind 30 bis 40 Jahre alt. Es gibt drei sehr schwer Verletzte, die am Kopf und in die Brust getroffen wurden.«

Langsam wird klar, was sich in Beit Hanoun ereignet hat: Eine israelische Undercover-Einheit war in die Stadt gekommen und hatte das Feuer auf eine Gruppe von Männern eröffnet. Da die israelischen Soldaten sich als Palästinenser verkleidet hatten, war nicht sofort klar, wer hier auf wen schoss. In den ersten Meldungen hieß es daher, die beiden verfeindeten palästinensischen Lager, Hamas und Fatah, hätten die Feiertagsruhe gebrochen und wären aufeinander losgegangen. Erst als die israelische Armee mit Panzern vorfuhr, um die in Bedrängnis geratenen Angreifer herauszuholen, sei klar geworden, dass es sich bei den unbekannten Männern um israelische Undercover-Agenten gehandelt habe.

Die so genannten Mistaaravim – israelische Soldaten, die »sich zu Arabern machen« – werden eingesetzt, um nach Verdächtigen zu suchen und sie zu verhaften. Da es dabei jedoch meistens zu Schießereien kommt, agieren sie eher wie Todesschwadronen, die ihre Gegner ausschalten. Die Agenten, die perfekt Arabisch sprechen und Leben und Umgangsformen in der palästinensischen Gesellschaft genau kennen, verkleiden sich als Palästinenser und benutzen Fahrzeuge mit palästinensischen Kennzeichen. Oft sind sie vermummt, wie viele Angehörige der militanten Gruppen, ein Anblick, der im palästinensischen Alltag nicht ungewöhnlich ist. Natürlich sind sie immer bewaffnet, auch dies ein übliches Bild in den besetzten Gebieten. Wenn sie irgendwo vorfahren und plötzlich das Feuer auf eine Gruppe Männer eröffnen, lösen sie unter der unbeteiligten Zivilbevölkerung oft Panik aus, weil man sie nicht zuordnen kann. Undercover-Agenten werden aber nicht nur als Killer eingesetzt, sondern auch als Agents Provocateurs. Dann mischen sie sich bei friedlichen Protestkundgebungen unter die Demonstranten und fangen an, Steine oder Molotow-Cocktails zu werfen, worauf die israelischen Sicherheitskräfte mit Tränengas und Gummigeschossen reagieren. Friedliche Demonstrationen arten auf diese Weise oft in blutige Auseinandersetzungen mit Verletzten und Verhaftungen aus. Der Einsatz solcher Agents Provocateurs führt zu Misstrauen und Verunsicherung in der Gesellschaft.

Die Toten dieses Tages werden noch am gleichen Nachmittag beerdigt. Der Id, das Fest zum Ende des Ramadan, das der Bevölkerung in Gaza ein wenig Ruhe und bescheidene Freude bescheren sollte, ist damit nicht nur für die Angehörigen der Opfer praktisch schon vorbei.

Machtkampf im Armenhaus

Die Spannungen zwischen den politischen Lagern spitzten sich immer mehr zu. Je drastischer die Auswirkungen der Blockade gegen die Palästinenser waren, desto unversöhnlicher und brutaler wurden die Auseinandersetzungen zwischen den Anhängern beider Bewegungen, die sich gegenseitig beschuldigten, die Verantwortung für die zunehmende Isolation der Palästinenser und die damit einhergehende Verelendung der Bevölkerung zu tragen.

Im Herbst 2006 schien der Gazastreifen in Chaos und Armut zu versinken. Trotz der katastrophalen Zustände, die eine entschlossene und starke Führung forderten, konnten sich Hamas und Fatah nicht auf ein gemeinsames Programm einigen. Auch die Vermittlungsversuche des kleinen Golfstaates Katar, der Kontakte mit den Palästinensern und mit Israel unterhielt und sich darum bemühte, eine aktivere Rolle im Nahostkonflikt zu spielen, scheiterten. Der katarische Außenminister Scheich Hamad bin Jassim al-Thani reiste im Oktober 2006 nach Gaza zu Gesprächen mit Präsident Abbas und Ministerpräsident Haniyeh, die kurz die Hoffnung aufkeimen ließen, dass sich beide Seiten im innerpalästinensischen Konflikt auf ein gemeinsames Vorgehen einigen könnten. Er legte einen Sechs-Punkte-Plan vor, der die Bildung einer Experten-Regierung und die Erfüllung der internationalen Bedingungen vorsah. Doch der Vorschlag scheiterte an der Weigerung der Hamas, der Forderung nach einer Anerkennung Israels nachzukommen.

Der Abbruch der Gespräche führte zu neuerlichen Zusammenstößen zwischen Hamas und Fatah in Gaza und zu einer Wiederaufnahme der ägyptischen Vermittlungsbemühungen, die jedoch auch keine Annäherung brachten. Im Oktober entkam Ministerpräsident Haniyeh nur knapp einem Anschlag. Als Drahtzieher des Attentats wurde Muhammad Dahlan vermutet, der sich an die Spitze des Widerstands gegen die Hamas gestellt hatte. Der ehemalige Chef des Geheimdienstes im Gazastreifen, Liebling der Israelis und der US-Regierung, pflegte Hamas-Angehörige als »Schiiten« zu beschimpfen. Vor dem Hintergrund der Gewalt im Irak war »Schiit« zu einer der populärsten Beleidigungen geworden, mit denen Fundamentalisten vom weltlichen Lager bedacht wurden. Palästinenser sind praktisch ausnahmslos Sunniten, und als »Schiit« wurde geschmäht, wer als religiöser Fanatiker und Handlanger Teherans galt.

Dahlan gab sich jedoch nicht mit Beschimpfungen zufrieden. Er organisierte auch den bewaffneten Kampf gegen die Hamas und wurde dabei offenbar von der Bush-Regierung unterstützt. Condoleezza Rice gab bei einem Besuch im Nahen Osten offen zu, dass man die auf Präsident Abbas eingeschworenen Sicherheitskräfte gegen die Hamas-Kämpfer in Stellung bringen wolle. Es sei klar, sagte sie, dass die Hamas vom Iran aufgerüstet werde. »Wenn also die Hamas von den Iranern bewaffnet wird und niemand hilft, die Lage der Sicherheitskräfte der legitimen Autonomiebehörde zu verbessern, dann ist das keine sehr gute Situation«, sagte die US-Außenministerin.

Und so wurden etwa 5000 junge Fatah-Kämpfer in Ägypten ausgebildet. Sie sollten die existierenden, aber schlecht ausgebildeten und nicht motivierten Sicherheitskräfte im Kampf gegen die Hamas unterstützen. Ende Dezember 2006 wurden – ebenfalls aus Ägypten – moderne Waffen in den Gazastreifen geliefert. Wie durch Zauberhand öffnete sich die sonst hermetisch abgeriegelte Grenze, die für Gebrauchsgüter und dringend benötigte Produkte geschlossen war.

Im Januar ging die Fatah in die Offensive, nachdem sie zuvor empfindliche Niederlagen hatte einstecken müssen. Von den 240 Toten, die der Machtkampf bis dahin gefordert hatte, waren 190 von der Fatah. Doch nun wollten die Fathauwis, die Mitglieder und Anhänger der Fatah zurückschlagen. Mitglieder der Al-Aksa-Märtyrer-Brigaden, des bewaffneten Arms der Fatah, entführten Hamas-Politiker und organisierten Kundgebungen und Demonstrationen gegen die Islamisten. Aus einem israelischen Militärgefängnis heraus rief ein inhaftierter Brigadist dazu auf, Innenminister Said Siam zu töten.

Die Hamas ihrerseits hatte im Gazastreifen inzwischen eine eigene Polizeitruppe aufgebaut, die schwarz gekleidet, diszipliniert und gut bewaffnet das Straßenbild prägte. Obwohl Präsident Mahmoud Abbas die Hamas-Truppe für illegal erklärte, rüsteten die Islamisten weiter auf.

Im März 2007 erlebte der blutige Machtkampf eine kurze Ruhepause, als es der saudischen Regierung gelang, bei den Gesprächen in Mekka eine Regierung der nationalen Einheit zumindest gedanklich auf den Weg zu bringen.

Es war ein zähes und ermüdendes Ringen, bis man sich endlich auf die Verteilung der Ressorts geeinigt hatte. Die Hamas sollte im neuen Kabinett neun Minister stellen, die Fatah sechs, und fünf weitere Minister sollten von den Unabhängigen und den kleinen Parteien bestimmt werden. Bis zuletzt war vor allem umstritten, wer den neuen Innenminister, Herr über die palästinensischen Sicherheitskräfte, stellen sollte. Mit Hani Al Kawasmeh wurde ein Mann gefunden, den beide Seiten akzeptierten. Der parteilose Akademiker aus Gaza, zuletzt Generaldirektor im palästinensischen Innenministerium, galt als erfahren und gemäßigt.

In den palästinensischen Gebieten wurde die neue Regierung mit vorsichtiger Hoffnung begrüßt. Die Erwartungen an die neue Regierung waren gewaltig: Sie sollte dem internationalen Finanzboykott ein Ende setzen und die palästinensische Wirtschaft wieder in Gang bringen, sie sollte die Verhandlungen mit Israel wieder aufnehmen und den Menschen in den besetzten Gebieten endlich eine politische Zukunft bieten.

Doch die Regierung der nationalen Einheit kam nie zustande. Die in Mekka nicht gelösten Probleme führten schon bald zu einem erneuten Aufleben der Kämpfe.

Gaza ist gefallen

Im Juni 2007 fiel der Gazastreifen endgültig in die Hände der Hamas. Mit unbeschreiblicher Brutalität waren die Anhänger beider Lager in den Wochen zuvor aufeinander losgegangen. Bewaffnete durchkämmten die Straßen auf der Suche nach Anhängern des jeweils anderen Lagers, sie drangen in die Häuser ihrer Gegner ein und schleppten die Männer weg, derer sie habhaft werden konnten, sie folterten und mordeten. In einem Fall warfen Hamas-Angehörige einen 24-jährigen Fatah-Mann aus dem Fenster eines Hochhauses.

Besonders umkämpft waren die Stellungen der Sicherheitskräfte, die als Hochburgen der Fatah galten. Hamas-Kämpfer griffen sie mit Panzerfäusten und Gewehren an, überall waren die Explosionen zu hören. Heckenschützen platzierten sich auf Hausdächern und nahmen Passanten ins Visier, die Straßen wurden zu Todeszonen. Zivilisten ließen sich dort kaum noch blicken.

Nach und nach eroberten die Islamisten die Stellungen der Fatah und die Kasernen der Sicherheitskräfte. Überall zogen sie die grünen Fahnen ihrer Bewegung auf und drohten, das ganze schmale Küstengebiet in einen Gottesstaat zu verwandeln. Am 14. Juni nahmen sie kampflos das Hauptquartier der Leibgarde von Präsident Mahmoud Abbas ein, kurz darauf fiel mit dem Hauptquartier der Geheimpolizei die letzte Bastion der Abbas-Treuen. Das Gebäude im Stadtviertel Tel el Hawa hatte als praktisch uneinnehmbar gegolten. Vielen Hamas-Aktivisten war es in bitterer Erinnerung, denn in seinen Kellern waren sie in den neunziger Jahren von den Polizeikräften Yassir Arafats eingesperrt und gefoltert worden. Umso größer war die Euphorie, als sie das Gebäude einnahmen und die Büros verwüsteten.

An der Spitze der mächtigen Geheimpolizei der Autonomiebehörde hatten nacheinander Rashid Abu Shbak und Muhammad Dahlan gestanden, die sich beide als unversöhnliche Gegner der Hamas einen Namen gemacht hatten. Als die Hamas schließlich die Macht in Gaza an sich riss, waren sie längst nicht mehr im Gazastreifen.

Abu Shbak war im Mai 2005 von Abbas zum Chef aller Sicherheitskräfte ernannt worden. Nach einem gescheiterten Attentat und einem Angriff von Hamas-Milizen auf sein Haus, bei dem sechs seiner Leibwächter getötet wurden, gab Abu Shbak sein Amt auf und floh mit seiner Familie nach Ramallah. So wie er verließen die meisten führenden Fatah-Funktionäre und Offiziere der Sicherheitskräfte den Gazastreifen in Richtung Westjordanland und Ägypten. Die einfachen Soldaten und niedrigen Offiziersränge blieben zurück, ohne klare Anweisungen und den wütenden Hamas-Milizen hoffnungslos unterlegen. Die kannten keine Gnade, sie ermordeten am letzten Tag der Kämpfe, am 14. Juni, an die 30 Fatah-Anhänger und verwundeten zahlreiche weitere. Es war ein blutiger Showdown, an dessen Ende die Fatah besiegt und ihre Führungskräfte ermordet oder vertrieben waren. Eines der letzten Opfer war der Fatah-Milizen-Führer Samih Madhoun, der von einem wütenden Mob gelyncht wurde.

Während im Gazastreifen die Kämpfe tobten und die Hamas langsam überall die Oberhand gewann, versuchte die Fatah, ihre Macht im Westjordanland zu stabilisieren. In Ramallah, Nablus, Jenin und anderen Städten wurden Dutzende Hamas-Politiker und Aktivisten festgenommen. In Ramallah tagten außerdem die Gremien der PLO. Sie empfahlen Präsident Mahmoud Abbas, den Notstand auszurufen und Notstandsgesetze zu erlassen.

Und diesmal entschied der sonst so zögerliche und unentschlossene Abbas überraschend schnell. Er setzte eine Notstandsregierung ein, an deren Spitze der ehemalige Finanzminister Salam Fayad stand, ein unabhängiger Politiker und Finanzspezialist, der das Vertrauen der westlichen Geldgeber genoss. Der abgesetzte Ministerpräsident Ismail Haniyeh weigerte sich, sein Amt zu räumen, und rief Abbas zum Dialog auf. Doch der dachte gar nicht daran, sich auf Gespräche mit der Hamas einzulassen und fand sich auch nicht zur Versöhnung bereit.

Die Ruhe nach dem Sturm

Fünf Tage nach der Machtübernahme der Hamas fahre ich zum ersten Mal seit Wochen wieder in den Gazastreifen, wo inzwischen erschöpfte Ruhe eingekehrt ist. Auf den Straßen sind jetzt nur noch die Bewaffneten der Hamas-Sicherheitskräfte in ihren blau-grauen und schwarzen Uniformen zu sehen. In offenen Lieferwagen patrouillieren sie durch die Straßen. »Al hamdulillah«, sagt Raed erleichtert, als wir wie immer in halsbrecherischem Tempo nach Gazastadt fahren. »Gott sei gepriesen, man kann sich wieder auf die Straße trauen, und die Kinder können wieder draußen spielen.« Nicht nur seine Kinder können sich sicherer fühlen, auch er selbst muss keine Angst mehr haben, von einem wütenden Autofahrer erschossen zu werden, dem er die Vorfahrt genommen hat. »So schlimm war es zuletzt, es herrschte die reinste Anarchie«, erzählt er. Unser erster Halt ist das Hauptquartier der UNRWA, der UN-Hilfsorganisation für die palästinensischen Flüchtlinge, wo ich mit Direktor John Ging verabredet bin, einem freundlichen und ernsten Iren, der immer bereitwillig Auskunft gibt über die Lage im Gazastreifen und selten ein Blatt vor den Mund nimmt. Er wurde wenige Monate zuvor auf dem Weg von Eres nach Gaza von Unbekannten angegriffen, die ihn vermutlich entführen wollten. Sie feuerten elf Kugeln auf sein gepanzertes Fahrzeug ab, verletzten aber glücklicherweise weder ihn selbst noch seinen Fahrer. Diese Zeiten der Anarchie und des Chaos sind jetzt vorbei, es gibt wieder Sicherheit im Gazastreifen.

Trotz der Ruhe und der verbesserten Sicherheitslage ist das Leben für die Menschen in Gaza allerdings keineswegs besser geworden. Im Gegenteil, der verschärfte internationale Boykott gegen die Hamas hat sie noch weiter isoliert. Die Grenzübergänge sind hermetisch geschlossen. Nur noch dringend benötigte Lebensmittel und Medikamente kommen herein. »Die humanitäre Situation in Gaza wird durch die Absperrrungen und die wirtschaftlichen Sanktionen immer schlimmer«, sagt Ging. Die UNRWA sei gezwungen, auf die Lebensmittelreserven zurückzugreifen, die sie für Notzeiten in Gaza gelagert habe. Aber die Bestände schrumpfen unaufhaltsam und können aufgrund der Blockade nicht wieder aufgefüllt werden.

Früher kamen täglich 500 Lastwagen mit Waren in den Gazastreifen. Jetzt sind es nur noch maximal 150, bei weitem nicht genug, um alle Bedürfnisse der 1,5 Millionen Menschen in dem schmalen Landstrich zu befriedigen. »Die Auswirkungen der Blockade werden immer deutlicher«, erklärt Ging. »Diese Woche mussten wir all unsere Bauprojekte stoppen, weil seit über einem Monat keine Baumaterialien mehr in den Gazastreifen geliefert werden können.«

Auch die ohnehin nur noch rudimentäre Wirtschaft des Gazastreifens sieht sich täglich neuen lähmenden Problemen gegenüber. Nach Angaben der UNO sind allein in dem Monat nach der Machtübernahme der Hamas mehr als 3000 Unternehmen in Gaza pleite gegangen. Für 65000 Menschen bedeutet dies Arbeitslosigkeit und Abhängigkeit von der Unterstützung durch Hilfsorganisationen für sich und ihre Familien. Ali Abu Shala ist der Chef eines Unternehmens, das beim Bau von Großprojekten und Infrastrukturmaßnahmen berät und die Bauaufsicht führt. Er musste fast alle seine Angestellten entlassen. »Bis letztes Jahr hatten wir Arbeit für unsere Beschäftigten, wir hatten hier 30 Ingenieure. Inzwischen sind es nur noch fünf, und selbst die kann ich kaum noch bezahlen. Wir bekommen einfach keine Aufträge mehr.«

Seit die Hamas an der Macht ist, liegen fast alle Hilfsprojekte auf Eis. Selbst Projekte, die schon genehmigt waren und deren Finanzierung gesichert war, werden eingestellt. Eine Wasseraufbereitungsanlage der USAID beispielsweise, die 155 Millionen Dollar kosten sollte, wird nun doch nicht gebaut. »Kannst du mir das erklären?«, fragt Abu Shalah empört. »Die Anlage würde doch nicht der Hamas dienen, sondern der Bevölkerung.«

Dramatische Konsequenzen sieht der Unternehmer für die Privatwirtschaft, die in Gaza trotz des aufgeblähten und von ausländischen Geldern finanzierten öffentlichen Sektors immer noch das eigentliche Rückgrat der Wirtschaft darstellt. Er ist überzeugt, dass die Weigerung der israelischen Behörden, die Grenzen für Baumaterialien, Ersatzteile und Ausrüstungsgegenstände zu öffnen, auch den 3900 privaten Betrieben, die es im Juni 2007 noch in Gaza gibt, den Garaus machen wird.

Abu Shala behält Recht mit seiner Prophezeiung. Schon einen Monat später, Mitte Juli 2007, haben 80 Prozent der kleinen Betriebe ihre Produktion eingestellt, weil es keine Rohstoffe mehr gibt. Zu diesem Zeitpunkt ist auch der Export aus dem Gazastreifen zusammengebrochen. Möbel und Kleidungsstücke im Wert von Millionen Dollar, zum großen Teil für den israelischen Markt bestimmt, stehen an den geschlossenen Grenzübergängen bereit. Obst, Gemüse und Blumen, die über Israel ins Ausland exportiert werden sollten, verrotten in der Sommerhitze. Im Landwirtschaftssektor schätzt man den Verlust des ersten Monats nach der Machtübernahme der Hamas auf zwölf Millionen Dollar: drei Millionen Dollar für Blumen, acht Millionen Dollar für Erdbeeren und Tomaten.

Früher wurden pro Tag 40 Lastwagen mit Exportgütern am Grenzübergang Karni abgefertigt, aber Karni ist seit dem Umsturz geschlossen. »Israel lässt nur noch Hilfsgüter in den Gazastreifen. Dazu gehören auch Obst und Milchprodukte aus Israel. Wir brauchen diese Produkte nicht, wir können ohne sie leben, aber wir sind gezwungen, sie anzunehmen«, sagt Abu Shalah verbittert. Andere Güter, die dringend benötigt würden, kommen dagegen nicht herein. »Wie die Menschen überall auf der Welt brauchen aber auch wir tausende Güter – Rohstoffe, Ausrüstungsgegenstände, Ersatzteile, Kleider, Schuhe, Spielsachen, Druckerpatronen, Papier, Batterien, Computer, Fernseher, sanitäre Produkte, elektrische Geräte, Küchengeräte, wir brauchen alles. Wir sind Menschen, und wir wollen wie alle anderen auch konsumieren. Aber wegen der Blockade gegen 1,5 Millionen Menschen können wir das nicht.«

Ali Abu Shalah gehört der kleinen Schicht der Industriellen in Gaza an. Doch auch am unteren Ende der wirtschaftlichen Pyramide bröckelt es. Das bestätigt mir an diesem Nachmittag Sami Hammoudeh, den ich als nächsten besuche. Er arbeitet für Asalah, die Organisation palästinensischer Geschäftsfrauen, die mit Kleinkrediten die Projekte von etwa 6000 Frauen unterstützt.

»Die Frauen machen alles Mögliche, sie nähen, sie züchten Hühner, sie betreiben Landwirtschaft oder Handel«, sagt Hammoudeh. Viele Frauen fahren zum Beispiel nach Ägypten, um dort preisgünstig Waren einzukaufen, die sie dann in Gaza weiter verkaufen. Solange die Grenze offen war, war das kein Problem, doch seit die Hamas an der Macht ist, bleibt die Grenze nach Ägypten meistens geschlossen. Die palästinensischen Geschäftsfrauen betreiben aber auch Handel in Gaza selbst, sie kaufen zum Beispiel in den Städten ein und verkaufen die Waren dann in den Flüchtlingslagern. »Traditionelle Stickerei, Handarbeiten und solche Dinge.« Meist sind die Betriebe ganz klein und bestehen nur aus ein oder zwei Frauen, die mit ihrer Arbeit helfen, die Familie zu ernähren. Bis zum März 2006 waren die Projekte erfolgreich, sagt Hammoudeh, die Kredite wurden fast immer fristgerecht zurückgezahlt. Seit März 2006 aber, seit die Hamas die Regierung übernommen hat, funktioniert es nicht mehr. »Es kommt kein Geld mehr rein und die kleinen Projekte brechen jetzt langsam zusammen.«

Von Sami Hammoudeh fahre ich weiter zum Zahnarzt Jamal Naim. Seine Praxis ist wie eine Oase im schmutzigen, hektischen Gaza. Die Räume sind in fröhlichen Farben gestrichen, durch die offenen Fenster weht ein frischer Wind herein. Der Zahnarzt behandelt gerade einen Patienten, als ich hereinkomme, einen christlichen Ingenieur, wie er betont. Er ist froh, dass die Kämpfe zwischen Fatah und Hamas beendet sind und die Sicherheitslage in Gaza verbessert ist.

Während der Kämpfe traute er sich kaum in seine Praxis, denn an der Kreuzung vor dem Haus waren Sicherheitsbeamte stationiert, die aber die Gegend nicht sicherer machten. Immer wieder gab es Kämpfe zwischen den Polizisten und den Milizen. »Einmal wurden zwei Hamas-Sympathisanten erschossen, hier vor der Praxis, nur weil sie Bärte hatten«, erzählt er. Die beiden Männer wollten in der Praxis ein Laborergebnis abholen. »Ich habe es mit eigenen Augen gesehen. Ich konnte zehn Tage lang nicht richtig schlafen, weil ich das gesehen habe.« Jetzt sei es wenigstens ruhig und wieder sicher in Gaza. Wirtschaftlich aber werde die Lage immer schlimmer.

Jamal Naim hat in Deutschland studiert, erst in Erlangen und dann in Berlin. In der deutschen Hauptstadt hat er auch in einer Praxis gearbeitet, aber das Heimweh und der Wunsch, seinen Landsleuten zu helfen, haben ihn zurück nach Hause gebracht. »Ich liebe Gaza sehr, ich weiß gar nicht genau, warum, aber ich habe Gaza immer gemocht«, sagt er zur Begründung. In Deutschland habe seine Frau sechs Kinder zur Welt gebracht, aber mit der Zeit sei es für die Familie immer schwerer geworden, in der fremden Umgebung und der fremden Kultur zu leben. Darum habe er sich entschieden, in den Gazastreifen zurückzukehren, und diesen Schritt habe er bisher noch nie bereut. Trotzdem müsse er zugeben, dass es schwierig sei, dass das Leben in Gaza für jemanden, der so lange im Ausland gelebt habe, schwer sei.

Wie soll es weitergehen? frage ich ihn. Wie stellt er sich die Zukunft im Gazastreifen vor, für sich persönlich, aber auch für die palästinensische Gesellschaft allgemein. »Ich bin ratlos«, sagt Naim, »ratlos, aber nicht hoffnungslos.«

Als ich die Praxis von Dr. Naim verlasse, ist es schon später Nachmittag und ich habe für diesen Tag noch eine Verabredung. Ich will einen jungen Mann treffen, der zu den ärmsten Bewohnern Gazas gehört und ein kleines Fuhrunternehmen, bestehend aus einer Eselskarre, betreibt. Ashraf, wie der junge Mann heißt, wohnt in einem Slum, der mitten in einem der besseren Viertel von Gaza liegt, im Schatten der Hochhäuser und Ministerien. Der Stall für den Esel ist an die ärmliche Behausung seiner Familie angebaut.

Ashraf ist 23 Jahre alt und furchtbar mager. In seinen Augen ist jeder Glanz erloschen, denn auf ihm ruht eine schwere Bürde. Er muss mit seinem kärglichen Einkommen die gesamte Großfamilie ernähren. Seine beiden Brüder, die als Polizisten der Abbas-loyalen Truppen dienten, wurden nach der Machtübernahme der Hamas entlassen, nun ist Ahsraf der einzige Verdiener der Familie. Jeden Tag macht er sich im Morgengrauen mit seinem Eselskarren auf den Weg, auf der Suche nach Arbeit. »Ich fange um vier Uhr morgens an und komme am Abend zurück. Manchmal habe ich Aufträge, und manchmal vergeht ein ganzer Tag, ohne dass ich etwas verdienen kann.«

Ashraf transportiert alles mit seiner Eselskarre, meistens Steine und Metall für Baustellen und für Metallwerkstätten, doch seit der Machtübernahme der Hamas findet er kaum noch Kunden. »Viele Leute haben ihr Einkommen verloren und haben kein Geld mehr«, erzählt er. Darum versuchen sie lieber, ihre Sachen irgendwie selbst zu transportieren. Eine Fuhre kostet zehn Shekel, umgerechnet weniger als zwei Euro. Im Schnitt kommt Ashraf auf 20 bis 30 Shekel am Tag. Futter und Pflege des Esels kosten 15 Shekel. Wenn er keine Aufträge bekommt, sammelt er Metallstangen. Er zieht sie unter Bauschutt hervor, versucht, sie gerade zu biegen und verkauft sie dann. So kann er sein Einkommen aus dem kleinen Fuhrunternehmen aufbessern.

Von dem, was Ashraf einnimmt, leben 23 Personen. Wenn er sich etwas wünschen könnte, frage ich ihn, was wäre das? Ashraf sieht mich mit ausdruckslosem Gesicht an und überlegt. Er zuckt die Achseln, doch dann erhellt sich sein Gesicht: »Ich liebe Kinder und wünschte mir, ich könnte sie alle ernähren.«

In den letzten Augusttagen 2007 wird bei Atfaluna, dem Zentrum für Gehörlose in Gaza, hektisch gearbeitet. Klassenräume werden gestrichen und geputzt, im neuen Kindergarten werden die Spielsachen sortiert. Am 1. September beginnt die Schule, und bis dahin muss alles fertig sein für die 250 taubstummen Schüler und Kindergartenkinder, sagt Leiterin Geraldine Shawa. Stolz zeigt sie mir das neue Gebäude der Schule. »Die EU hat uns geholfen, es zu kaufen und die französische Regierung hilft uns, es zu renovieren. Wir haben auch einen neuen Kindergarten, der wirklich wunderschön ist.«

In der Tat ist der Kindergarten wie ein kleines Wunder in dieser düsteren Welt voller Gewalt. Die Räume sind liebevoll eingerichtet mit farbenfrohen Möbeln, in den Waschräumen gibt es winzige Toiletten und niedrige Waschbecken, damit die Kinder alles erreichen können.

In der Etage darüber haben die Sozialarbeiterinnen ihr Büro. Finanziert wird die Sozialstation durch das BMZ, das Bundesministerium für wirtschaftliche Zusammenarbeit in Berlin.

Atfaluna ist im überbevölkerten und schmutzigen Gazastreifen wie eine Insel im Meer des Elends. Das helle freundliche Gebäude mit seinem gepflegten kleinen Vorgarten beherbergt neben der Schule und dem Kindergarten, neben Klinik und Therapieräumen auch ergonomisch eingerichtete Werkstätten, wo die Taubstummen ein Handwerk lernen können und wo sie dann auch arbeiten und die kunsthandwerklichen Gegenstände herstellen, die via Internet in alle Welt vertrieben werden.

In der mustergültig ausgestatteten Schreinerei wird an diesem heißen Spätsommertag konzentriert gearbeitet. Junge Männer stehen an den Werkbänken, sie schneiden Bretter zurecht und hobeln sie glatt, andere schrauben kleine Kommoden zusammen, die später kunstvoll mit arabesken Mustern bemalt und lackiert werden. An einem Tisch zeichnet ein Junge einen Plan, während sein Lehrer ihm Anweisungen in Zeichensprache gibt.

Im Nebenraum klappert ein einzelner Webstuhl, an dem eine junge Frau sitzt. Sie erstellt einen Stoff in den traditionellen Farben rot, schwarz und grün. Sie ist allein in der Werkstatt. Die anderen Webstühle stehen still. Zur Zeit kann hier nicht mehr viel produziert werden, denn es fehlt an den benötigten Materialien, sagt Geraldine Shawa. »Uns fehlt es an Wolle, Stoffen und Garnen, an Ton, der aus dem Westjordanland kommt, und an vielen Dingen, die aus Israel kommen. Es gibt auch kein gutes Holz mehr für Möbel.«

Nebenan sitzen Frauen über Stickereien gebeugt. Mit winzigen Kreuzstichen verzieren sie Kissenbezüge, Taschen und Kleider. Eine von ihnen ist Sajida, sie ist 47 Jahre alt und taubstumm. Sie kann weder lesen noch schreiben, aber sie ist eine natürliche Führungspersönlichkeit, sagt Geraldine Shawa und erklärt ihr in Zeichensprache, was sie sagt. Sajida lacht vergnügt. Sie hat ein verschmitztes, freundliches Gesicht. Mit den 340 Dollar, die sie hier im Monat verdient, bestreitet sie ihren eigenen Unterhalt und steuert zum Einkommen ihres ebenfalls taubstummen Bruders bei, bei dem sie lebt. Rund 15 Personen leben von dem Geld, das die beiden Geschwister bei Atfaluna verdienen. Sollte die Abriegelung des Gazastreifens jedoch andauern, werden auch Sajida und ihr Bruder bald entlassen werden, denn wenn es so weiter geht, könnte Atfaluna, die einzige Einrichtung für die rund 20000 Gehörlosen des Gazastreifens, bald geschlossen werden, sagt Geraldine Shawa.

»Man muss kein Rechenkünstler sein, um das zu begreifen. Es ist ganz einfache Mathematik. Ich hoffe und bete, dass dieser Tag nicht kommt, aber die Zeichen stehen nicht gut. Wenn man seine Produkte nicht verkaufen kann, dann muss man sie auch nicht mehr herstellen.«

Auch Hörgeräte können bei Atfaluna nicht mehr wie bisher hergestellt werden. »Wir brauchen dazu bestimmte Materialien und die meisten kaufen wir in Israel. Aber seit aus Israel keine Lieferungen mehr nach Gaza kommen, haben wir es schwer«, sagt Shawa. Zwei Gruppen sind davon besonders betroffen: die kleinen Kinder, die ihre Hörgeräte ganz schnell benötigen, damit sie so früh wie möglich mit dem Training anfangen können, und die Schwerhörigen, die mit Hilfe der Hörgeräte ihre Lebensqualität deutlich verbessern können. Die Teile, die zur Fertigung der Hörgeräte benötigt werden, liegen seit Wochen bei der Post. »Sie sind schon bezahlt und wurden abgeschickt, und jetzt liegen sie da fest.«

Geraldine Shawa hat die Hilfsorganisation Atfaluna, zu deutsch »Unsere Kinder«, Anfang der 1990er Jahre gegründet, eine palästinensische Hilfsorganisation, wie sie stolz betont. Sie selbst stammt aus Chicago, lebt aber schon seit 36 Jahren im Gazastreifen. In all den Jahren, sagt sie, war das Leben in Gaza nie wirklich leicht, aber so schlimm wie jetzt war es nie. »Seit der Machtübernahme durch die Hamas hat man hier ein wirklich gruseliges Gefühl der Isolation. Jeder meidet den Gazastreifen, jeder meidet die Hilfsorganisationen in Gaza, und ich habe wirklich Angst um unsere Zukunft, wenn das so weitergeht. Die üblichen Geldgeber haben Angst, dass man ihnen zu viele Fragen stellt. Warum Gaza? Gaza ist doch jetzt islamistisch. Wir bekommen keine Emails mehr, keine Anfragen, keine Interaktion. Bleib weg von Gaza, lautet die Devise. Es ist beängstigend.«

Die Isolation wirkt sich auch auf die Angestellten von Atfaluna aus. Neben den Lehrern und Erziehern sind in den Werkstätten der Organisation 70 Gehörlose beschäftigt. 300 Frauen erstellen außerdem in Heimarbeit Auftragsarbeiten für das Zentrum, in dessen kleinem Laden die Produkte verkauft werden. Doch der Großteil des Verkaufs wird über das Internet abgewickelt und geht mit der Post in alle Welt. Derzeit aber geht nichts mehr, der Post- und Warenverkehr ist unterbrochen, Geraldine und ihre Schützlinge sind verzweifelt.

Inzwischen ist es Abend geworden. Im Viertel Sheich Radwan, einer Hochburg der Islamisten, werden die Generatoren angeworfen, denn es gibt heute keinen Strom. Kein Strom, das heißt auch: kein fließendes Wasser, denn die Pumpen werden elektrisch betrieben. In den Straßen spielen die Kinder in fast vollkommener Dunkelheit, späte Passanten suchen sich tastend den Weg nach Hause. Die Nacht senkt sich über Gaza, es ist eine mondlose Nacht, tief und schwarz, eine Nacht ohne Morgen.

In der Nacht vom 22. auf den 23. Januar 2008 sprengten Hamas-Aktivisten zwei Löcher in die Befestigungen, die den Gazastreifen von Ägypten trennen. Es dauerte nicht lang, bis sich herumsprach, dass die Grenze offen sei. Zehntausende strömten herbei, um ein bisschen Freiheit zu schnuppern, um Verwandte und Freunde jenseits der Grenze zu besuchen und um einzukaufen. Zu Fuß, mit Autos und mit Eselskarren machten sie sich von überall her auf den Weg. Jubelnd überwanden sie die Grenze und kauften in Ägypten Dinge ein, die es schon seit Wochen in Gaza nicht mehr oder nur zu vollkommen überhöhten Preisen gab: Zigaretten, Autoreifen, Lebensmittel, Treibstoff, Spielsachen für die Kinder, Decken und Hygieneartikel. Nach kurzer Zeit gingen den Händlern an der Grenze die Waren aus. Viele Palästinenser fuhren bis El Arish, um sich mit dem Notwendigsten einzudecken. Für viele war es das erste Mal seit 15 Jahren, dass sie den Gazastreifen verlassen konnten. Für die meisten Kinder und Jugendlichen, die ihre Eltern begleiten durften, war es das erste Mal überhaupt, dass sie die engen Grenzen ihres Gefängnisses verließen.

Fünf Tage lang nutzten Hunderttausende Palästinenser diese

Gelegenheit, den Gazastreifen zu verlassen. Die meisten von ihnen kamen zurück.

Dann wurde die Grenze nach und nach wieder geschlossen. Die Ägypter gingen dabei sehr geschickt vor. Sie verhinderten, dass Nachschub an Gütern nach El Arish gelangte, sie untersagten es Hoteliers und Gastronomen, Palästinenser aufzunehmen, und verstärkten parallel dazu die Sicherheitsvorkehrungen an der Grenze.

Inzwischen hat sich in Rafah ein neuer Wirtschaftszweig entwickelt: das Schmugglergeschäft. Durch Dutzende von Tunneln werden Waren aus Ägypten in den Gazastreifen gebracht. Von Haushaltsgegenständen über Nahrungsmittel bis zu lebenden Tieren wird alles eingeschleust, was die Menschen benötigen und durch die lang anhaltende Blockade nicht mehr aus Israel bekommen. Auch Dieselkraftstoff wird geliefert, um Autos und vor allem die Generatoren zu betreiben. Denn immer wieder führen mangelnde Treibstofflieferungen aus Israel zu Stromausfällen, unter denen vor allem die Krankenhäuser, aber auch die Normalbürger leiden.

Viele Autofahrer haben ihre Autos inzwischen umgerüstet und betreiben sie mit Speiseöl. Andere sind auf Eselskarren umgestiegen oder gehen zu Fuß.

Elftausend Jahre Angst

Waffenstillstand

27. Januar 2009. Im Gazastreifen herrscht nach drei Wochen Krieg ein fragiler Waffenstillstand. 1300 Tote und an die 5000 Verletzte hat die israelische Offensive in diesen drei Wochen auf palästinensischer Seite gefordert.* Die meisten Opfer waren nach Angaben palästinensischer Krankenhäuser und internationaler Menschenrechtsorganisationen Zivilisten. Rund 100000 Menschen wurden obdachlos, ihre Häuser teilweise oder vollständig zerstört.

Seit wenigen Tagen dürfen ausländische Journalisten wieder den Grenzübergang Eres passieren. Das oberste israelische Gericht hat die Regierung gezwungen, die Presse wieder zuzulassen, die während des Krieges ausgesperrt war und nur vom Rande des Gazastreifens aus die Bombardierungen beobachten durfte. Ein fast makabres Schauspiel bot sich den Berichterstattern, die sich gemeinsam mit israelischen Kriegstouristen von einem Hügel aus die tödlichen Feuerwerke über den dicht besiedelten Gebieten des Gazastreifens ansehen konnten. Mit Flugblättern und sogar mit Telefonanrufen hatte die israelische Armee die Bevölkerung aufgefordert, ihre Häuser und Wohnviertel zu verlassen, um den Angriffen zu entgehen. Doch wohin sollten die Menschen fliehen? Die Grenzen nach Ägypten blieben hermetisch verschlossen.

Drei Wochen lang hatte ich den Krieg im Fernsehen, im Radio und im Internet verfolgt, hatte im arabischen Fernsehsender Al Dschasira die Bilder der Zerstörungen gesehen, der verängstigten Zivilis-

* Die Angaben der Opfer schwanken zwischen 1285 und 1400. Die israelische Journalistin Amira Hass, die nach dem Ende des Kriegs über den Grenzübergang Eres nach Gaza eingereist war, veröffentlichte am 1.2.2009 in der Zeitung *Haaretz* folgende Zahlen: 1285 Tote. Darunter 1062 Nicht-Kombattanten (895 Zivilisten und 167 Polizisten). Unter den Toten waren diesen Angaben zufolge 281 Kinder (21,8 Prozent) und 111 Frauen. 4336 Verletzte wurden noch in Krankenhäusern behandelt, unter ihnen 1133 Kinder.

ten, der weinenden Kinder. Gebannt hatte ich den Berichten des jungen Journalisten Ayman Mohyeldin gelauscht, der als einziger ausländischer Korrespondent den Gazakrieg einem nicht arabisch sprechenden Publikum aus Gaza selbst vermitteln konnte. Tag für Tag stand er vor der Live-Kamera von Al Dschasira English, sein Gesicht kaum zu erkennen zwischen dem hohen Kragen seiner schweren Splitterschutzweste und dem tief in die Stirn gezogenen blauen Stahlhelm. Mit ruhiger Stimme berichtete er, was er sah und hörte, und zuckte kaum zusammen, wenn in der Nähe eine Rakete oder Granate einschlug. Es waren die Journalisten von Al Dschasira, die den Krieg auf den Bildschirm brachten und die mich ahnen ließen, was die Menschen im Gazastreifen in diesen Tagen erdulden mussten.

Die erste Schreckensmeldung erreichte mich wenige Tage nach Ausbruch des Krieges: Das Haus von Fawas Abu Sitta und seiner deutschen Frau Anke war zerstört worden, als 16 Bomben in die Ruine des benachbarten palästinensischen Außenministeriums einschlugen, abgefeuert von einem israelischen Kampfflugzeug. Nur mit knapper Not hatten Anke, Fawas und seine Mutter die Angriffe im Keller ihres Hauses überlebt. Das schöne Haus der Familie, das Freunden und Besuchern immer gastfreundlich offengestanden hatte, war zerstört, die Wände mit riesigen Löchern durchsiebt, verursacht von Trümmerteilen, die wie Geschosse eingeschlagen waren, das Dach eingefallen, die Einrichtung vernichtet, der Garten mit Trümmern übersät. Es war nicht das erste Mal, dass das Haus bei der Bombardierung der Regierungsgebäude in der Nachbarschaft in Mitleidenschaft gezogen worden war. Schon mehrfach waren die Fenster gesprungen und Splitter und Gesteinsbrocken in das Haus eingeschlagen. Schon einmal war auch der Garten vollständig verwüstet worden. Glücklicherweise aber war die Familie bisher immer mit dem Schrecken davongekommen.

Warum die israelische Armee mit dem Außenministerium ein ohnehin schon zerstörtes Gebäude beschoss, in dem längst keine Regierungsbeamten mehr arbeiteten, ist vielleicht nicht unmittelbar einleuchtend. Aber wie schon während der Operation Schutzschild im Westjordanland sieben Jahre zuvor war es auch diesmal das erklärte Ziel der Israelis, die palästinensische Infrastruktur zu zerstören. Auch damals hatte die Armee die Hauptquartiere der

Polizei, die Gefängnisse und die Regierungsgebäude bombardiert, Regierungsbüros zerstört und geplündert, Akten und Daten unbrauchbar gemacht oder mitgenommen. Der 2007 veröffentlichte israelische Dokumentarfilm *The Alpha Diaries* zeigt in schockierender Offenheit israelische Reservisten, die in den Regierungsbüros der Autonomiebehörde Computer und Mobiliar zertrümmern und die Kaffeetassen aus dem Amtssitz von Arafat stehlen (und dabei ausrufen: »Wir sind die moralischste Armee der Welt«). Selbst die Banken wurden ausgeraubt – mit der Begründung, sie dienten der Finanzierung des anti-israelischen Terrors.

Auch im Gazastreifen sollten die Grundlagen der staatlichen Autorität zerstört werden, der Hamas sollte es unmöglich gemacht werden, ihre Herrschaft weiter auszuüben. Wie im Westjordanland im Jahr 2002 zerstörte man in Gaza in den ersten Angriffswellen hauptsächlich offizielle Gebäude und Polizeistationen und machte vor Moscheen nicht halt. Sie wurden bombardiert, weil man in ihnen Waffenlager vermutete, das zumindest war die offizielle Version des israelischen Armeesprechers. Wahrscheinlicher ist, dass man mit den Moscheen, die als Gebetshäuser und Versammlungsstätten für einen großen Teil der Bevölkerung in Gaza dienen, die Machtzentren der Hamas treffen wollte. Auch das zentrale Gefängnis wurde zerstört, die meisten Insassen kamen dabei ums Leben.

Der einzige Unterschied zur Invasion in das Westjordanland war, dass das Vorgehen der Armee im Gazastreifen diesmal von keiner ausländischen Regierung ernsthaft in Frage gestellt wurde. Mehr als die milde Mahnung, man möge doch bitte die Zivilbevölkerung schonen, war von den westlichen Regierungschefs und Außenministern nicht zu hören. Und das ist auch kein Wunder, hatten sich doch Europa und die USA gemeinsam hinter die israelische Regierung gestellt, als sie beschloss, das Ergebnis der demokratischen Wahlen in den palästinensischen Gebieten nicht anzuerkennen und den Gazastreifen mit einer unmenschlichen Wirtschaftsblockade zu belegen.

Drei Wochen lang konnte Israel ungestört seinen Feldzug im Gazastreifen fortsetzen. Selbst der massenhafte Tod von Zivilisten löste in den Hauptstädten der westlichen Welt nicht mehr als eine hochgezogene Augenbraue aus. Proteste gab es nicht. Im Gegenteil. Kaum war der Krieg beendet und von beiden Seiten eine jeweils einseitige Waffenruhe ausgerufen worden, da eilten die ausländischen Staats- und Regierungschefs von Frankreich, Deutschland, Großbritannien, Italien, Spanien und Tschechien nach Jerusalem zum Abendessen mit Ministerpräsident Olmert. Sie waren von einem eilends einberufenen Nahostgipfel im ägyptischen Sharm el Sheikh gekommen, bei dem wie immer die betroffene Seite, nämlich die Palästinenser von Gaza, nicht vertreten war. Hauptthema der Gipfelteilnehmer war denn auch nicht der Wiederaufbau des Gazastreifens oder gar eine politische Lösung für die verfahrene Situation, sondern die Frage, wie man den Waffenschmuggel in den Gazastreifen in Zukunft unterbinden könne.

In den israelischen Medien war man sich einig in der Einschätzung dieses Besuches: Er signalisierte die Unterstützung der Europäer für den israelischen Waffengang gegen die Palästinenser. Er unterstrich mithin die Legitimität der Offensive. Die Welt akzeptierte, dass Israel zum Schutz der eigenen Bevölkerung mit Gewalt gegen den Terror aus dem Gazastreifen vorgehen muss.

In der Tat versprachen die ausländischen Politiker in Jerusalem der israelischen Regierung ihre Unterstützung und ihre Freundschaft. Keiner von ihnen kritisierte das israelische Vorgehen, keiner stellte die Legitimität der Offensive in Frage. Keiner machte auch nur den Versuch, nach Gaza zu reisen, um mit eigenen Augen zu sehen, welche Verwüstungen die israelische Armee hinterlassen hatte. Diese Aufgabe überließ man den Journalisten, die nun endlich wieder nach Gaza konnten, um einer sich schnell desinteressiert abwendenden Weltöffentlichkeit die Geschichten der traumatisierten Menschen zu erzählen.

Gaza ohne Hoffnung

Zehn Tage nach dem Besuch der Europäer, am 27. Januar, genau einen Monat nach Beginn der Offensive, reise auch ich wieder in den Gazastreifen, zum ersten Mal seit einem Jahr. Ich komme in einen Landstrich, der verzweifelter ist, als ich ihn je erlebt habe, dessen Bevölkerung traumatisiert ist durch die wochenlangen Bombardierungen. Die Menschen in Gaza haben die Hoffnung aufgegeben, dass es für sie eine Zukunft geben wird.

Raed holt mich ab. Gebeugt kommt er auf mich zu, mit hängenden Schultern, den Kopf eingezogen, die Schritte schwer und schleppend. Er ist fast nicht wiederzuerkennen. Ein grauer Bart bedeckt die untere Hälfte seines Gesichtes, seine Augen haben ihren Glanz verloren, seine Jacke ist zerrissen und schmutzig, an den Füßen trägt er Plastiksandalen. Er versucht ein kleines Lächeln, das ihm jedoch nicht so richtig gelingen will. Ich bringe kein Wort heraus. Wir umarmen uns stumm und steigen in den klapprigen Mitsubishi, den er sich geliehen hat. Sein stolzes gelbes Taxi gibt es nicht mehr. Es liegt zermalmt neben den Trümmern seines Hauses.

Während der Dauer der israelischen Offensive hatten wir keinen Kontakt. Immer wieder hatte ich versucht, ihn telefonisch zu erreichen. Doch die Telefonverbindungen im nördlichen Gazastreifen waren schon zu Beginn des Krieges zusammengebrochen, und da es keinen Strom gab, konnte er sein Handy nicht aufladen. Über gemeinsame Freunde hatte ich erfahren, dass er lebt, dass er sich mit seiner Familie in Sicherheit bringen konnte.

Erst am Tag nach dem Beginn des Waffenstillstands konnten wir zum ersten Mal wieder miteinander sprechen. Als ich ihn erreichte, stand er gerade auf den Trümmern seines Hauses in Jebalya. Es war, als stünde er unter Schock. Er weinte. »Mein Haus ist weg«, sagte er. »Es ist einfach weg. Es ist nichts mehr da.« Und verzweifelt fügte er hinzu: »Kannst du uns helfen? Bitte, kannst du uns ein Zelt schicken?«

Wie sollte ich ein Zelt in den Gazastreifen schicken, ein Zelt, groß genug für Raed, seine Frau und die sieben Kinder? Die Grenzübergänge waren zu, die Hilfsorganisationen völlig überfordert. Es war unmöglich.

Raeds Haus ist zerstört, das Haus seiner Eltern und seines Bruders auch. Sein Taxi wurde von einem israelischen Panzer überrollt. Das alles weiß ich bereits. Trotzdem hat mich nichts auf den Anblick vorbereitet, der sich mir bietet, als wir in das Viertel Abed Rabbo in Jebalya fahren. Es sieht aus wie nach einem Erdbeben. Links und rechts der Staubpiste, die einmal eine Straße war, gibt es nur noch Ruinen. Menschen laufen ziellos und wie in Trance herum. Manche suchen in den Trümmern ihrer Häuser nach noch verwertbaren Gegenständen, andere schichten die wenigen unbeschädigten Steine auf, die man noch einmal wird verwenden können. In den Ruinen haben die Obdachlosen notdürftige Hütten gebaut, in denen sie Schutz suchen vor der nächtlichen Kälte dieses Gott sei Dank trockenen Winters.

Auch Raed hat zusammen mit seinen Brüdern eine kleine Hütte aus Wellblech und ein paar Brettern zusammengezimmert. Das löchrige Dach ist mit Steinen beschwert, damit es nicht wegfliegt, wenn die Winterstürme beginnen. Hier übernachtet er mit seinen Brüdern, um das Grundstück der Familie zu bewachen. Eine Regentonne dient als Wasserspeicher. Sonst gibt es nichts. Raeds Vater sitzt dumpf vor sich hin brütend auf einem Stein. Ein Dutzend Kinder laufen zwischen den Trümmern umher, die kleinste Tochter, gerade mal anderthalb Jahre alt, das kleine Gesicht mit dem energischen Blick umrahmt von kurzen schwarzen Locken, spielt mit zwei blauen Plastiktellern. Hinter der Hütte haben die Frauen der Familie zwischen ein paar flachen Steinen ein Feuer entzündet. In einer rußigen schwarzen Pfanne braten sie ein paar Kartoffeln.

»Komm«, sagt Raed und geht voran. Vorsichtig sucht er sich einen Weg durch das Geröll, das einmal sein Haus war. Er zeigt auf das Trümmerfeld nebenan. Dort stand einmal das zweistöckige Haus seines Vaters. Im Februar 2007, wenige Monate nach dem israelischen Raketenangriff auf sein Haus in Beit Hanoun, war die Familie hierher gezogen, wo Raeds Vater Majdi ein Grundstück mit einem Haus besaß. Hier hatten Raed und seine Brüder ihre Häuser gebaut, hatten ihre gesamten Ersparnisse investiert, um ein neues Heim für sich und ihre Familien zu schaffen. »Es war schön hier in unserem Viertel«, erzählt Raed. »Wir hatten Bäume und Blumen und eine schöne Straße. Wirklich, es war sehr schön bei uns.«

Trostlos stapft Raed durch die Trümmer seines Hauses. Hier ist nichts mehr zu retten. Zerbröselnder Beton unter unseren Füßen, dazwischen verbogene Eisenstangen, Kleiderfetzen und die Reste von Munition. Eine Mine liegt herum. Sie sieht aus, als wäre sie nicht explodiert. Raed zieht eine zerfetzte Reisetasche zwischen den Betonbrocken hervor. »Schau mal«, sagt er zu mir. »Die hast du mir geschenkt.« Ein Stück weiter liegen ein paar Seiten eines Schulbuches und ein rosa Kleidchen, das er seiner kleinen Tochter gekauft hatte, ein richtiges kleines Prinzessinnenkleid mit Rüschen und einem Volant. »Das hat sie so gern getragen«, sagt er und legt das zerfetzte Kleidungsstück sorgsam zurück auf das Geröll. Ein bisschen weiter ragt ein zerbeultes weißes Blech zwischen den Trümmern hervor. »Das war unsere Waschmaschine«, sagt Raed. »Es war eine gute Maschine, mit Trockner. Wo soll ich nun eine neue Waschmaschine herbekommen?« Schließlich findet er sogar das schwarze Plastikmäppchen, in dem seine Autopapiere waren. Es ist leer und zerrissen, aber er drückt es an sich wie einen Schatz. Dann kramt er aus seiner Jackentasche seinen Autoschlüssel hervor und hält ihn hoch. »Weißt du, dass die palästinensischen Flüchtlinge 1948 die Schlüssel zu ihren Häusern aufbewahrt haben? Genauso werde ich es mit diesem Schlüssel machen.« Raeds Blick wandert hinüber zu den plattgedrückten, verbogenen Resten seines Autos, des langen Mercedes-Taxis, das sein ganzer Stolz war, das er sicher durch alle Unbilden der Intifada gefahren und mit dem er seine Familie ernährt hat. Jetzt ist es nur noch ein unförmiger Haufen von Metall und Gummi, die Spuren der Panzerketten, die es zermalmt haben, sind noch deutlich zu erkennen.

»Elf Tage waren wir hier, erst in meinem Haus, dann im Haus meiner Eltern«, fährt Raed fort. »Wir trauten uns kaum, aufzustehen, denn im Haus gegenüber hatte sich eine israelische Einheit verschanzt. Sie hatte einen Scharfschützen auf dem Dach plaziert, der uns unter Beschuss nahm. Elf Tage lagen wir hier auf dem Boden, es war die längste Zeit meines Lebens, es war wie elftausend Tage. Nein, es waren elftausend Jahre. Elftausend Jahre Angst.«

Das Haus gegenüber steht noch, auf der anderen Seite einer kleinen Brache, die früher als Weide für die Ziegen diente, die ebenfalls dem Bombenterror zum Opfer fielen, ein schönes weißes Steinhaus, drei Stockwerke hoch, etwas erhöht und direkt an einer Straße gelegen, ein perfekter Standort für einen Scharfschützen.

»Elf Tage. Elftausend Jahre«, wiederholt Raed, immer noch wie unter Schock. »Meine Eltern und mein Bruder sind Diabetiker. Sie waren schon ganz schwach, weil sie kein Insulin mehr hatten. Sie waren müde und völlig apathisch. Und dann begannen die Soldaten, unser Haus mit Granaten zu beschießen. Sie schossen Phosphor-Granaten ab, in der Nacht. Es war stockdunkel, weil es ja nirgendwo Strom gab. Dann schlugen die Granaten ein, und plötzlich war alles hell erleuchtet, wie am Tag. Plötzlich konnte ich alles erkennen, und es begann zu brennen und beißender Rauch entwickelte sich. Da beschlossen wir zu fliehen. Wir liefen hinaus mit einer weißen Fahne und mit erhobenen Händen. Wir hatten nicht einmal Zeit, Schuhe anzuziehen oder irgendetwas einzupacken.« Nur die Männer hatten ihre Ausweise dabei, die sie nun in die Höhe hielten. Sie sind es gewöhnt, ihre Papiere bei sich zu tragen, denn sie müssen immer damit rechnen, verhaftet zu werden. Die Papiere von Frauen und Kindern dagegen ließ man in der Eile zurück. »Ich habe keine Geburtsurkunden meiner Kinder mehr«, sagt Raed kopfschüttelnd, und es ist, als würde er die ganzen Dimensionen des Verlustes erst nach und nach begreifen.

Die Familie floh in eine UN-Schule. Dort verbrachte sie die Tage bis zum Ende des Krieges. Es waren weitere traumatische Tage unter Bomben und Raketenbeschuss, ohne Privatsphäre und vor allem ohne Schutz. Denn auch die Schulen der UNRWA wurden von israelischen Bomben getroffen. Am 6. Januar schlugen drei israelische Panzergranaten in unmittelbarer Nähe einer UN-Schule in Jebalya ein. Dabei wurden mehr als 40 Zivilisten getötet, darunter viele Kinder. Bei einem anderen Angriff starben zwei Menschen, die sich in eine Schule geflüchtet hatten. Insgesamt wurden während der Operation 160 UN-Schulen beschädigt, manche so schwer, dass sie nach dem Ende des Krieges nicht mehr brauchbar waren. Auch ein Lagerhaus der UN-Hilfsorganisation für die palästinensischen Flüchtlinge UNRWA wurde von Phosphor-Granaten getroffen und brannte vollständig aus. Noch Tage später stieg beißender Rauch aus den Trümmern des Gebäudes auf. Als UN-Generalsekretär Ban Ki Moon am 20. Januar nach Gaza kam, um sich ein Bild von den Schäden zu machen, gab er seine bewegende Stellungnahme vor der Kulisse der noch immer rauchenden Ruinen ab. Er könne seine Gefühle nicht beschreiben, sagte er. Die Bombardierung der UN-Einrichtungen müsse untersucht und die Verantwortlichen müssten zur Rechenschaft gezogen werden. Er sei entsetzt über das Ausmaß der Schäden und die hohe Zahl an zivilen Opfern, und er mache sich große Sorgen, vor allem um die Kinder, die unter den langfristigen Folgen der Gewalt besonders zu leiden hätten.

Gegossenes Blei

Die israelische Offensive hatte am 27. Dezember 2008 mit einer Welle von Luftangriffen begonnen. Es war ein Samstag, im Gazastreifen ein regulärer Arbeitstag, und die ersten Raketen schlugen genau zu dem Zeitpunkt ein, als die Kinder, die im Schichtbetrieb der Schulen in Gaza die erste Schicht beendet hatten, auf dem Heimweg waren. Der Zeitpunkt war klug gewählt, denn in der westlichen Welt nutzten die Menschen das lange Wochenende zwischen Weihnachten und Neujahr für Familienbesuche und Winterurlaub. Die politischen Geschäfte in Europa und den USA waren praktisch zum Erliegen gekommen, Ministerien und Staatskanzleien waren verwaist, die ausländischen Botschaften in Israel operierten nur mit Feiertagsbesetzung.

In Israel selbst begingen die Menschen ihren wöchentlichen Ruhetag Shabbat mit Freizeitaktivitäten und Verwandtschaftsbesuchen. Im Radio und im Fernsehen liefen die üblichen Wochenendprogramme, und es dauerte eine Weile, bis Reporter zum Schauplatz des Geschehens gerufen waren. Doch auch dann verteilten sie sich lediglich in den Ortschaften entlang der Grenze zum Gazastreifen und berichteten von den möglichen Auswirkungen auf die israelischen Grenzgemeinden, von erwarteten oder tatsächlichen Raketeneinschlägen.

In ihren Internet-Tickermeldungen verkündeten die Tageszeitungen die Opferzahlen, die stündlich anstiegen. Um die Mittagszeit war schon von 50 Toten die Rede. Am Abend dieses ersten Kriegsstages hatte es Hamas-Angaben zufolge bereits mindestens 150 Tote und zahllose Verwundete gegeben. Die Nachrichtenagentur Reuters vermeldete für den ersten Tag der Offensive sogar mehr als 200 Tote.

Bei der ersten Angriffswelle wurde eine ganze Gruppe junger Verkehrspolizisten von Apache-Kampfhubschraubern aus getötet; 50 junge Männer, die an diesem Tag ihre Abschlusszeremonie hatten, starben durch die Druckwelle und die Splitter, die in alle Richtungen flogen. Die ersten Fernsehbilder, die aus Gaza nach draußen drangen, zeigten blutende Leichen und stöhnende Verletzte. Die *New York Times* berichtete am nächsten Tag:

> Es waren schockierende Angriffe an diesem Samstag, die am helllichten Tag begannen, als Polizeischüler gerade ihre Abschlusszeremonie absolvierten, Frauen auf dem Markt einkaufen gingen und die Kinder aus den Schulen kamen. Das Zentrum von Gaza war ein Schauplatz des Schreckens, überall Geröll, heulende Sirenen und

> schreiende Frauen. Auf dem Asphalt und in der Lobby des Shifa-Krankenhauses waren Dutzende verstümmelter Körper ausgelegt, damit die Familienmitglieder die Toten identifizieren konnten. Unter den Toten waren Zivilisten, darunter mehrere Bauarbeiter und mindestens zwei Kinder in Schuluniformen. Bis zum Nachmittag waren alle Geschäfte geschlossen. Auf fast jeder größeren Straße dieser dicht besiedelten Stadt wurden Trauerzelte errichtet.*

Trotz der massiven Angriffe – 80 Kampfflugzeuge waren im Einsatz, mehr als 100 Bomben wurden abgeworfen – gelang es der Armee nicht, den Raketenbeschuss aus dem Gazastreifen ganz zu unterbinden. In den ersten drei Tagen kamen in Israel drei Zivilisten durch palästinensische Raketen ums Leben. Erst eine knappe Woche später, nach dem Beginn der Bodenoffensive, ging der Raketenbeschuss deutlich zurück. In den letzten Tagen wurden nur noch rund 20 Geschosse pro Tag aus dem Gazastreifen auf Israel abgefeuert, die fast alle in unbewohntem Gebiet einschlugen und nur geringen Schaden anrichteten.

Die Bodenoffensive begann am 3. Januar in den Abendstunden. Gepanzerte Truppenverbände und Infanteristen rückten in die Randbezirke des Gazastreifens ein, während das Gebiet von Artilleriestellungen an den Grenzen und vom Meer her beschossen wurde. Für die eingeschlossenen Palästinenser wurde das Leben nun vollends zur Hölle. Denn die Soldaten hatten große Bulldozer mitgebracht, mit denen sie begannen, Häuser einzureißen und Felder umzupflügen. Fliehende Menschen wurden genauso unter Beschuss genommen wie Sanitäter und Ärzte, die versuchten, den Verletzten zu helfen. Amnesty, B'tselem und palästinensische Menschenrechtsorganisationen haben Fälle dokumentiert, in denen Menschen erschossen wurden, obwohl sie weiße Fahnen schwenkten. In Atatra, einem Dorf im nördlichen Gazastreifen, das fast vollständig dem Erdboden gleichgemacht wurde, berichteten Augenzeugen von Kriegsverbrechen an Zivilisten. So sollen Soldaten junge Männer als menschliche Schutzschilde benutzt und Frauen und Kinder erschossen haben.

Für die Israelis jedoch bekam die palästinensische Seite des Konflikts erst ganz zum Schluss ein Gesicht, zwei Tage vor dem

* *New York Times*, 28.12.2008

einseitigen Waffenstillstand, der am Morgen des 18. Januar in Kraft trat. Es war Freitagnachmittag, im Fernsehen liefen die in Zeiten der Krise in Israel üblichen langatmigen Nachrichtenprogramme, in denen Journalisten und Experten stundenlang diskutieren, Reporter aus den Ortschaften an der Grenze berichten, Militärs für Einschätzungen und Stellungnahmen zugeschaltet werden. Auch bei Channel Ten saß eine solche Expertenrunde zusammen, unter ihnen Shlomi Eldar, ein erfahrener Journalist, den so leicht nichts aus der Bahn wirft, der aber in diesen Kriegstagen emotional aufgewühlt war. Seit mehr als zwei Jahren war der Gazastreifen für ihn unzugänglich, seine Berichte stützten sich auf die Bilder, die ihm sein palästinensischer Kameramann lieferte, Informationen bekam er von seinen zahlreichen Kontakten im Gazastreifen. Zudem wurde er von Kollegen bei anderen Sendern beschuldigt, der Hamas nahezustehen und es an Patriotismus mangeln zu lassen. Manchmal bekamen er und die Zuschauer selbst in Live-Sendungen den Unwillen des Moderators zu spüren, der den Gaza-Experten eigentlich gar nicht zu Wort kommen lassen wollte. Nur wenige Tage vor diesem Freitag war Eldar wütend aus einer Live-Sendung gestürmt, nachdem die Moderatorin ihn mehr als vierzig Minuten lang ignoriert hatte und ihm, als sie sich endlich mit einer Frage an ihn wandte, nach wenigen Sekunden das Wort abschnitt. Er war der erste, der öffentlich die Legitimität des israelischen Angriffs auf die Verkehrspolizisten am Anfang der Offensive in Frage stellte. Damit stieß er nicht nur bei Militärreportern und politischen Korrespondenten auf Ablehnung. Die israelische Gesellschaft und ihre Medien waren sich völlig einig in der Bejahung des Krieges und in der moralischen Rechtfertigung der Angriffe.

An diesem Freitagnachmittag, kurz vor dem Ende des Krieges, verlor Shlomi Eldar trotz all seiner journalistischen Erfahrung vor laufender Kamera fast die Fassung und wurde selbst zu einem internationalen Medienstar. Er saß wieder einmal in einer dieser Expertenrunden im Fernsehstudio, mit denen die langen Nachmittagsstunden bis zu den abendlichen Wochenendsendungen überbrückt werden, als plötzlich sein Handy klingelte. Er warf einen halb verstohlenen Blick auf das Display und entschied, dass er abheben musste, sogar mitten in der Sendung. Am anderen Ende war die verzweifelte Stimme eines Mannes zu hören, der haltlos schluchzte. Eldar stellte den Lautsprecher an und hielt das Telefon hoch, während er nur mit Mühe seine Gesichtszüge unter Kontrolle halten konnte. »Shlomi«, rief der Mann am Telefon, »sie sind getroffen.« »Wer, Abu Eish?«, fragte Eldar, kalkweiß unter seinem Fernseh-Makeup. »Meine Kinder, o Gott, o mein Gott«, tönte es blechern aus dem Telefonhörer.

Es war der Arzt Izzedin Abu Eish, der weinend um Hilfe rief. Zwei israelische Geschosse hatten sein Haus in Beit Lahya im nördlichen Gazastreifen getroffen, drei seiner acht Kinder und eine Nichte waren dabei getötet und zwei weitere Töchter schwer verletzt worden.

Eldar bemühte sich, für die Zuschauer und die Kollegen im Studio die Situation zu erklären, während die verzweifelten Schreie des Arztes aus dem Telefonhörer drangen. »Er hat acht Kinder, die er den ganzen Krieg über beschützt hat«, sagte er. »Vielleicht können wir ihm von hier aus helfen. Abu Eish, wo bist du?« «Ich bin zu Hause. Hilf mir, Shlomi, bitte hilf mir. Sie sterben. Ich brauche Hilfe.«

»Abu Eish, wir versuchen, dir einen Krankenwagen zu schicken«, sagte Eldar, stand auf und stürmte aus dem Studio, verfolgt von einer Kamera, die ihn filmte, während er Befehle ausrief und versuchte, die Bergung der Verletzten zu organisieren. »Ich brauche schnell die Telefonnummer vom Grenzübergang Eres. Schnell!«, rief er, während von überall Helfer auftauchten, die Telefone an die Ohren pressten.

Militärs und Politiker, die das Drama am Bildschirm miterlebt hatten, schalteten sich ein, und am späten Nachmittag konnte der Arzt seine verletzten Kinder aus dem Gazastreifen herausbringen. Die israelischen Fernsehzuschauer waren live dabei, als der Krankenwagen am Grenzübergang Eres ankam und die Verletzten in israelische Ambulanzen umgeladen wurden, begleitet von Abu Eish im Trainingsanzug, der die Sanitäter anflehte, seine schwerverletzte Tochter nach Tel Aviv in die Neurochirurgie und nicht nach Beer Sheva in das weniger gut ausgestattete Krankenhaus zu fliegen.

Izzedin Abu Eish war den regelmäßigen Zuschauern von Channel Ten gut bekannt. Vom Beginn der Offensive an hatte er für den Sender als Augenzeuge aus dem umkämpften Gazastreifen berichtet, in den er erst zu Beginn des Krieges zurückgekehrt war. Vorher hatte er im Tel-Hashomer-Krankenhaus in Israel gearbeitet. Zusammen mit einem israelischen Kollegen hatte er eine vergleichende Studie über traumatisierte Kinder im israelischen Sderot und im Gazastreifen erstellt. Er fungierte auch als Koordinator für die palästinensischen Kranken aus dem Gazastreifen, die in israelischen Krankenhäusern behandelt wurden. Wer immer schwer krank war und im Gazastreifen nicht behandelt werden konnte, wandte sich an ihn um Hilfe, und er half, wo er konnte. Doch auch ihn selbst hatte wenige Monate zuvor das Unglück getroffen, seine Frau war im Tel-Hashomer-Krankenhaus an Krebs gestorben, und Abu Eish war mit seinen acht Kindern allein zurückgeblieben.

Das Drama im Fernsehstudio erschütterte die Zuschauer, verlieh es doch den palästinensischen Opfern des Krieges zum ersten Mal ein Gesicht. Schnell wurde die Geschichte auch von internationalen Medien aufgegriffen, der palästinensische Arzt und der israelische Journalist, der ihm geholfen hatte, wurden zur Top-Story dieses Wochenendes, Journalisten aus der ganzen Welt kamen zum Tel-Hashomer-Krankenhaus, um den Arzt zu interviewen. So gab Izzedin Abu Eish im Foyer der Klinik eine improvisierte Pressekonferenz. Zusammengesunken saß er auf einem Stuhl im Foyer, umringt von Fernsehkameras. Sein Gesicht war aschfahl, seine Augen spiegelten Verzweiflung. Trotzdem kam kein Wort der Anklage über seine Lippen. »Meine Kinder kannten keinen Hass«, sagte er. »Ich habe sie zum Frieden erzogen. Warum hat man uns angegriffen? In unserem Haus gab es keine Waffen und keine Milizionäre.«

Die israelische Armee hatte in einer ersten Stellungnahme erklärt, aus dem Haus des Arztes in Jebalya sei das Feuer auf israelische Truppen eröffnet worden. Später versuchte man den Verdacht zu streuen, das Haus sei nicht von der israelischen Armee, sondern von Hamas-Kämpfern angegriffen worden, denen der Arzt wegen seiner guten Kontakte zu Israel immer ein Dorn im Auge gewesen sei. Diese These wurde jedoch von internationalen Experten nach einer Untersuchung der Geschosse, die das Haus des Arztes getroffen hatten, zurückgewiesen.

Noch während Abu Eish sprach, wurden hinter den Kameras plötzlich Stimmen laut, und eine israelische Frau drängte sich laut schreiend nach vorn. Sie habe drei Söhne, die Soldaten seien, rief sie wütend, und sie sei sicher, dass aus dem Haus des Arztes auf die israelischen Truppen geschossen worden sei. Sie könne nicht verstehen, warum man dem palästinensischen Arzt im Tel-Hashomer-Krankenhaus ein Forum biete, während auf der Intensivstation der Klinik israelische Soldaten behandelt würden, die in Gaza verletzt worden seien. Später stellte sich heraus, dass die Söhne der Frau gar nicht im Gazastreifen im Einsatz waren und dass sie auch dem Armeealter schon längst entwachsen waren.

Doch die Frau, die später als Zehava Stern identifiziert wurde, steigerte sich immer mehr in ihren Zorn hinein, angestachelt und unterstützt von einigen Männern, die nun auch in das Geschrei mit einstimmten. Es versuchte auch niemand wirklich, sie zu beruhigen oder daran zu hindern, die Pressekonferenz zu sprengen. Stattdessen richteten die Kameras ihre Objektive nun auf die Randalierer, während Izzedin Abu Eish in Tränen ausbrach und von seinen Kollegen weggebracht wurde.

Am nächsten Tag wurde Zehava Stern durch alle Radio- und Fernsehsendungen gereicht und zu ihrem öffentlichkeitswirksamen Ausbruch befragt. Überall gab sie die gleiche widersprüchliche Erklärung zum Besten: »Es tut mir leid um den palästinensischen Arzt und seine Kinder. Wirklich, ich weine mit ihm. Aber unsere Soldaten werden von ihnen angegriffen. Wie kann man ihn in demselben Krankenhaus sprechen lassen, wo unsere Soldaten behandelt werden?« Aus der Bevölkerung erhielt sie viel Zuspruch für ihren Protest, der im israelischen Fernsehen in den Folgetagen immer wieder gezeigt wurde.

Für die Opfer auf der anderen Seite der Grenze hatte man in Israel in den Kriegstagen wenig Sympathie. In der Öffentlichkeit herrschte weitgehende Einigkeit, dass der Krieg gegen Gaza ein gerechter Krieg war, aufgezwungen von der Hamas und zum Schutz der Ortschaften in Südisrael gegen den palästinensischen Raketenterror geführt. In Umfragen erklärten sich mehr als 80 Prozent der Israelis einverstanden mit der Politik ihrer Regierung. Für sie gab es keine Alternative zu einer militärischen Lösung, um dem seit acht Jahren andauernden Raketenbeschuss ein Ende zu setzen. Selbst die Meretzpartei, die sich bis dahin immer zum Friedenslager gezählt und versucht hatte, links von der Arbeitspartei eine Opposition zur vorherrschenden Meinung zu sein, unterstützte die Offensive – zumindest am Anfang. Auch die so genannten großen

Drei, die drei Schriftsteller, die fast immer in einem Atemzug genannt werden und sich selbst der Linken zurechnen, Amos Oz, A. B. Yehoshua und David Grossmann, sprachen sich zunächst für ein massives militärisches Vorgehen in Gaza aus. Oz und Grossmann forderten dann jedoch einen Waffenstillstand. Yehoshua dagegen griff in einem offenen Brief den Journalisten Gideon Levy scharf an, der auch in diesem Krieg in der *Haaretz* seine einsame Stimme gegen die Gewalt erhob. Er ignoriere das Leid seines eigenen Volkes, schrieb Yehoshua wütend und identifiziere sich mit den Palästinensern. Levy wies diesen Vorwurf in einem offenen Brief entschieden zurück.*

Verständnis für die Palästinenser war während des Krieges und in den Tagen danach in Israel nicht gefragt, und auch der Frieden ist längst kein angestrebtes Ideal mehr. Ruhe, das ist alles, was zählt. Ruhe an der Südgrenze, Ruhe an der Nordgrenze.

Dass Koexistenz und Frieden keine Konjunktur mehr haben, erlebte auch Rami Elhanan vom »Familienkreis«, einer Organisation israelischer und palästinensischer Opfer von Gewalt und Terror, die sich über die Gräber der Opfer auf beiden Seiten hinweg für Versöhnung und Dialog einsetzt. Elhanan selbst hat 1997 seine 14-jährige Tochter Smadar verloren. Sie wurde Opfer eines palästinensischen Selbstmordanschlags in der Fußgängerzone von Jerusalem. Als Mitglieder des Familienkreises während des Gazakrieges in Beer Sheva ihre Solidarität mit den Menschen auf beiden Seiten der Grenze demonstrieren wollten, wurden sie festgenommen und zu Hausarrest verurteilt. Rami Elhanan, der zu später Stunde im israelischen Fernsehen dazu befragt wurde, sagte: »Das ist ein schreckliches Gefühl der Einsamkeit. Ein ganzes Volk ist verrückt geworden. Man kann schreien, aber keiner hört zu.«**

Insgesamt wurden während der dreiwöchigen Offensive mehr als 800 Demonstranten verhaftet, fünf Tage nach Beginn des Waf-

* Gideon Levy, »An open response to A. B. Yehoshua«, *Haaretz*, 18. 1. 2009. Der Wortlaut des offenen Briefes findet sich in deutscher Übersetzung unter www.lebenshaus-alb.de/magazin/005484.html#footnotes

** Rami Elhanan wurde in der Sendung »Mehayom lemachar« von David Witzthum interviewt, einer Sendung, die nur von wenigen Zuschauern gesehen wird. Im Mainstream des israelischen Fernsehens kamen solche abweichenden Stimmen praktisch nicht zu Wort.

fenstillstands saßen immer noch mehr als 250 von ihnen in israelischen Gefängnissen. Bei den Demonstranten handelte es sich fast ausschließlich um Palästinenser mit israelischer Staatsbürgerschaft. Ihre Proteste wurden sogar von liberalen Israelis als Aufstand gegen den israelischen Staat empfunden. Der Politikwissenschaftler Shlomo Avinery, der der Arbeitspartei nahesteht, nannte die Haltung der israelischen Araber in einer Radiosendung besorgniserregend, zeige sie doch einen erschreckenden Mangel an Loyalität dem israelischen Staat gegenüber. Er führte den Erfolg des ultrarechten Politikers Avigdor Liebermann, der vor den Knessetwahlen im Februar 2009 mit dem Slogan »Keine Staatsbürgerschaft ohne Loyalität« geworben hatte, auf die Protestbekundungen der israelischen Palästinenser in der Zeit des Krieges zurück.

Die große Zustimmung zur Offensive Gegossenes Blei* hielt auch nach dem Ende der Kämpfe an. Im Unterschied zum Libanonkrieg zwei Jahre zuvor, der eine gespaltene und uneinige Nation zurückließ, erschütterte diesmal nichts die israelische Überzeugung, das Richtige getan zu haben und keine andere Wahl gehabt zu haben. Gefördert wurde diese Einstellung durch die israelischen Medien. 22 Tage lang berichteten sie praktisch rund um die Uhr über das Geschehen in Südisrael. Das Leid der Menschen im Gazastreifen dagegen fand kaum Beachtung. Der Tod von 40 Zivilisten, die sich vor den israelischen Angriffen in eine UN-Schule geflüchtet hatten, war der größten Zeitung des Landes *Yedioth Acharonoth* noch nicht einmal eine Erwähnung wert.

Chronik einer angekündigten Katastrophe

Israel begründete den Beginn der Militäroffensive mit dem anhaltenden Raketenbeschuss südisraelischer Ortschaften aus dem Gazastreifen und dem Bruch des Waffenstillstands durch die Hamas. Diese Begründung wurde auch von europäischen Politikern übernommen. In Wirklichkeit aber hatte nicht die Hamas, sondern

* Der Name der Offensive Gegossenes Blei geht auf ein Hanukka-Lied des Dichter Haim Nahman Bialik zurück. Der Name wurde ausgewählt, weil die Operation am 6. Tag des achttägigen Hanukka-Festes begann.

Israel den Waffenstillstand gebrochen. Und das nicht nur einmal, sondern immer wieder, eigentlich von dem Augenblick an, als die Vereinbarung am 19. Juni 2008 in Kraft getreten war.

Das Waffenstillstandsabkommen, das durch ägyptische Vermittlung zustande gekommen und nicht schriftlich niedergelegt worden war, sollte für sechs Monate gelten. In dieser Zeit sollten die Palästinenser den Raketenbeschuss aus dem Gazastreifen einstellen. Israel sollte im Gegenzug dazu die Grenzübergänge in den Gazastreifen öffnen und den Warenverkehr erleichtern. In einem späteren Schritt sollte der Waffenstillstand auch auf das Westjordanland ausgedehnt werden. Diese Forderung, an der die Palästinenser stets festhielten, wurde von der Führung der israelischen Armee von Anfang an abgelehnt. Ihre Vertreter kündigten an, auch weiterhin im Westjordanland Razzien durchzuführen und Verdächtige zu verhaften oder zu töten. Aus diesem Grund wurde das Abkommen in Gaza nur unter großen Vorbehalten akzeptiert. Die meisten Fraktionen und ihre bewaffneten Gruppierungen bezweifelten, dass Israel die Bedingungen der Palästinenser erfüllen werde. Als am 24. Juni, wenige Tage nach dem Beginn der Waffenruhe, in Nablus zwei Aktivisten des Islamischen Jihad von israelischen Soldaten getötet wurden, schossen die Al-Quds-Brigaden in Gaza drei Raketen auf Sderot ab. Auch in den Folgemonaten gab es immer wieder israelische Razzien im Westjordanland und sogar militärische Vorstöße in den Gazastreifen. Die Hamas zählte in der Zeit vor dem endgültigen Zusammenbruch des Waffenstillstands 53 Vorstöße zu Land und 19 Angriffe vom Meer aus, bei denen insgesamt 28 Palästinenser ums Leben kamen.*

Das Hauptproblem aus palästinensischer Sicht aber war, dass die Grenzübergänge nicht geöffnet wurden. Die Einfuhr an Gütern wurde zwar leicht erhöht, aber selbst damit wurden nach Angaben der Hamas nur 15 Prozent des grundlegenden Bedarfs an Lebensmitteln, Verbrauchsgütern und Treibstoff gedeckt.

Trotz all dieser Einschränkungen hielt die Hamas die Waffenruhe bis Anfang November weitgehend ein. Die Zahl der Raketenangriffe ging fast auf Null zurück, hin und wieder feuerte eine der

* International Crisis Group: »Ending the War in Gaza«, Middle East Briefing Nr. 26, 5.1.2009

mit der Hamas konkurrierenden Gruppierungen Klein-Raketen ab, die jedoch in keinem Fall Schaden anrichteten. Das israelische Außenministerium dokumentierte auf seiner Website den Rückgang des Raketenbeschusses in einer anschaulichen Grafik, die jedoch bei Ausbruch des Krieges von der Internetseite verschwand.

Diesem relativen Erfolg zum Trotz wurde der Waffenstillstand in Israel von Anfang an in Frage gestellt. Führende israelische Regierungspolitiker lehnten ihn ab, die Sicherheitskräfte hielten sich nicht an seine Bestimmungen, und Verteidigungsminister Ehud Barak drohte auch in den Phasen relativer Ruhe immer wieder mit einem Einmarsch in den Gazastreifen. Die Politikwissenschaftlerin Ivesa Lübben schreibt in einer eingehenden Studie zum Thema:

> Sowohl die US-Administration wie auch die EU haben monatelang der Aushungerung des Gazastreifens tatenlos zugesehen. Sie haben unhinterfragt die Hamas für alle Waffenstillstandsverletzungen verantwortlich gemacht, während sie vor den massiven israelischen Verletzungen des Abkommens den Kopf in den Sand gesteckt haben. Damit haben sie indirekt der israelischen Regierung »grünes Licht« für ihren Angriff auf Gaza signalisiert. Die EU und die USA haben darüber hinaus durch die faktische Nicht-Anerkennung der Ergebnisse der palästinensischen Exekutivwahlen und die internationale Isolierung der Hamas zu der politischen Sackgasse in Gaza beigetragen. Dabei haben sie sich über alle Expertisen und die Einschätzung der UN hinweggesetzt. Und sie haben weiterhin die Rolle von Vermittlern für sich beansprucht in einem Friedensprozess, der sich ad absurdum geführt hatte, weil er seine eigenen Grundlagen unterlaufen hat.*

Zur gleichen Auffassung kamen sogar israelische Beobachter. So sagte der frühere Mossad-Chef Ephraim Halevy Anfang Januar 2009, dass Israel die Raketenangriffe aus dem Gazastreifen schon längst hätte unterbinden können, wenn es die Blockade gegen den Gazastreifen aufgehoben hätte. Israel verfolge mit der Offensive aber ein anderes Ziel.

> Wenn es das Ziel Israels wäre, die Bedrohung durch die Raketen auf die Einwohner Südisraels zu entfernen, dann hätte es für Genera-

* Ivesa Lübben, »Warum der Waffenstillstand scheitern musste«, http://awis-islamforschung.eu/meinungen/warum-der-waffenstillstand-scheitern-musste

> tionen der Ruhe sorgen können, wenn es die Grenzübergänge geöffnet hätte. Aber das wirkliche Ziel der Operation war es, den Status von Fatah zu konservieren und die Fatah als die einzige souveräne Macht und als einzigen Verhandlungspartner zu festigen.*

Was immer die wahren Absichten der israelischen Führung waren, am 4. November 2008 versetzte sie dem brüchigen Waffenstillstand endgültig den Todesstoß. An diesem Tag nämlich drangen Truppen bei Khan Yunis auf palästinensisches Gebiet vor und zerstörten einen Tunnel, der angeblich palästinensischen Militanten dazu dienen sollte, nach Israel einzudringen, um jenseits der Grenze Soldaten zu entführen und in den Gazastreifen zu verschleppen. Bei der Militäroperation und einem gleichzeitig stattfindenden Luftangriff gab es auf palästinensischer Seite sechs Tote und mehrere Verletzte. Es war kein Zufall, dass Israel dieses Datum gewählt hatte, denn am 4. November wurde in den USA ein neuer Präsident gewählt, ein Ereignis, das die weltweite Aufmerksamkeit auf sich zog. Für die israelische Militäraktion im Gazastreifen und sechs tote Hamas-Aktivisten interessierte sich an diesem Tag niemand. Die Palästinenser reagierten mit massivem Raketenbeschuss, was wie üblich die Forderung nach einem harten Eingreifen der israelischen Armee nach sich zog.

Die Situation eskalierte weiter. Die israelische Luftwaffe beschoss Ziele im Gazastreifen, während militante Gruppierungen, vor allem die Befreiungsfronten und der Islamische Jihad, Raketen abfeuerten. Als Vergeltung drangen immer wieder israelische Truppen in den Gazastreifen ein, zerstörten Häuser und nahmen Palästinenser gefangen. Gleichzeitig spitzte sich die Versorgungslage dramatisch zu. Es fehlte an Treibstoff und an Grundnahrungsmitteln wie Mehl. Die Bäckereien mussten ihre Produktion einstellen, im nördlichen Gazastreifen gab es tagelang keinen Strom und wochenlang kein Kochgas. Selbst die UNRWA, von deren Unterstützung inzwischen die Mehrheit der Bevölkerung lebte, musste ihre Hilfe mehrfach einstellen, weil ihre Speicher leer waren und kein Nachschub mehr über die Grenzen kam.

Der Hamas entglitt zunehmend die Kontrolle über die bewaffneten Verbände der anderen politischen Fraktionen. Aber auch ihre

* *The Guardian*, 4.1.2009

eigenen Milizen, die Izzedin-al-Kassam-Brigaden, wollten sich nicht länger an einen sinnlos gewordenen Waffenstillstand halten.

Am 2. Dezember drangen wieder Panzer in den Gazastreifen ein. Zwei Jugendliche wurden bei Luftangriffen getötet. Gleichzeitig spitzte sich auch im Westjordanland die Lage zu. Hunderte von Männern wurden verhaftet, in Hebron kam es zu schweren Zusammenstößen zwischen Palästinensern und Siedlern.

Dennoch gab es im Dezember, vor dem offiziellen Ende der im Juni verabredeten sechsmonatigen Waffenruhe, noch einmal den Versuch, weitere Eskalationen zu verhindern. Die Hamas signalisierte ihre Bereitschaft, einen neuen Waffenstillstand zu verhandeln. Sie verlangte jedoch, dass Israel diesmal ihre Bedingungen erfüllen und die Grenzübergänge für den Warenverkehr öffnen müsse. Mitte Dezember erklärten alle palästinensischen Fraktionen, einschließlich der Fatah im Gazastreifen, den Waffenstillstand für beendet. Gleichwohl hoffte die Führung der Hamas in Gaza noch immer auf einen Verhandlungserfolg der Ägypter, die sich erneut eingeschaltet hatten, um den endgültigen Zusammenbruch des Waffenstillstands zu verhindern. Am 23. Dezember rief sie einen einseitigen 24-stündigen Waffenstillstand aus. Der Außenminister der Hamas-Regierung, Mahmoud Az-Zahar, erklärte noch einmal, dass die Hamas zu einem neuen Abkommen bereit sei, wenn Israel seinerseits die Forderungen der Palästinenser erfülle. Israel reagierte mit der Tötung von drei Hamas-Aktivisten, die beschuldigt wurden, eine Bombe an der Grenze plaziert zu haben. Am nächsten Tag, während man sich in der westlichen Welt auf Weihnachten vorbereitete, wurden aus dem Gazastreifen 88 Raketen auf Israel abgefeuert.

Zunächst sah es so aus, als würde Israel sich noch einmal zurückhalten. In der Kabinettssitzung am 24. Dezember wurde die Debatte über Gaza auf den 28. Dezember vertagt. Am 26. Dezember öffnete Israel die Grenzen für Hilfslieferungen. Selbst ein eher absurder Auftritt Ehud Baraks in einer israelischen Satiresendung gehörte zu dem umfassenden Täuschungsmanöver, mit dem Israel die Angriffspläne verschleierte, um die Hamas zu überraschen. Und die Überraschung gelang dann auch. Die Hamas war völlig unvorbereitet. Die israelische Armee dagegen hatte die Offensive lange und intensiv geplant.

Am 28. Dezember 2008, einen Tag nach Beginn der Offensive, veröffentlichte die *Haaretz* einen Artikel des Journalisten Barak Ravid unter der Überschrift »Desinformation, Geheimnistuerei und Lügen«, in dem deutlich wurde, dass Israel den Krieg in Gaza schon lange geplant hatte. Mehr als sechs Monate vor der endgültigen Entscheidung zur Offensive, zu der Zeit nämlich, als Israel und die Hamas gerade über den ersten Waffenstillstand verhandelten, hatte Verteidigungsminister Barak der Armee befohlen, sich auf ein militärisches Eingreifen in Gaza vorzubereiten. Die Vorbreitungen beinhalteten das Sammeln von Informationen und die Auflistung von Angriffszielen für die Luftwaffe. Am 19. November segnete Barak den Angriffsplan des Militärs ab, legte ihn aber noch nicht dem Kabinett zur Entscheidung vor. Erst am 18. Dezember beschäftigte sich die Ministerrunde mit den Plänen des Verteidigungsministers und der Armee. Nach fünfstündiger Diskussion sprachen sich die Minister schließlich einhellig dafür aus, den Plan umzusetzen. Den Zeitpunkt für den Beginn der Offensive sollten Ministerpräsident Olmert, Verteidigungsminister Barak und Außenministerin Livni bestimmen.

Am Freitag, am Tag vor dem Beginn der Operation, beschlossen die drei Politiker, den Befehl zum Beginn der Luftangriffe zu geben. Am Abend informierten sie Staatspräsident Shimon Peres, Parlamentspräsidentin Dalia Itzik und die Führer der Oppositionsparteien.

Phosphor-Bomben und andere Grausamkeiten

Das Wafa-Rehabilitationszentrum ist die einzige Institution im Gazastreifen, in der Schlaganfallpatienten und Amputierte behandelt werden können und auch pflegebedürftige alte Menschen, die keine Angehörigen haben, Aufnahme finden. Die Klinik liegt im Viertel Sajaiyeh im Nord-Osten von Gazastadt. In den frühen Morgenstunden des 16. Januar wurde sie von israelischen Truppen unter Artilleriebeschuss genommen. Mehrere Granaten schlugen im Ostflügel ein und richteten schwere Schäden an. Der gerade fertig gestellte Anbau, ein schönes mehrstöckiges Gebäude, das weitere 50 Patienten aufnehmen sollte, wurde unbrauchbar. Wie Pockennarben überziehen die Einschusslöcher die grüne Fassade, der Generator, der in einem kleinen Nebengebäude untergebracht war, wurde vollständig zerstört.

Ghassan Abu Sitta ist empört. Der junge britische Arzt palästinensischer Herkunft ist aus London angereist, um während seines Urlaubs im verwüsteten Gazastreifen Verletzte zu behandeln. »Das Problem ist, dass dies ein Rehabilitationszentrum für Patienten ist, die unbeweglich sind«, sagt er. »Es gibt hier Komapatienten und Patienten mit Rückenmarksverletzungen. Diese Menschen können nicht wegbewegt werden. Man kann sie innerhalb des Krankenhauses hin und her schieben, aber man kann sie nicht nach draußen bringen, und sie können nicht fliehen.«

Die Leitung des Krankenhauses hatte gerade begonnen, die Patienten zu evakuieren, als der Beschuss begann. Weil der am stärksten betroffene Ostflügel bereits geräumt war, konnte das Schlimmste verhindert werden. Im Alten- und Pflegeheim hatte man es jedoch nicht geschafft, die bettlägrigen Bewohner rechtzeitig in Sicherheit zu bringen. Sie waren den Angriffen schutz- und hilflos ausgesetzt. Wie durch ein Wunder gab es nur Verletzte, aber manche der Verwundungen sind grausam, denn die israelische Armee setzte auch hier Phosphor-Granaten ein. Mit Phosphor kennt sich Abu Sitta gut aus. Er hat schon Phosphor-Opfer im Libanon, im Irak und in Vietnam behandelt.

»Phosphorsäure verbrennt das Gewebe«, erklärt er. »Das ist der Phosphoranteil an der Bombe, dessen toxische Wirkungen wir noch nicht kennen. Wir glauben, dass die Chemikalie, mit der der Phosphor stabilisiert wird, sehr giftig ist und Langzeitwirkungen hat. Sie kann ins Grundwasser geraten, sie kann in die Lebensmittel geraten, die die Menschen essen.«

Eigentlich ist Ghassan Abu Sitta Spezialist für Gesichtsverletzungen und angeborene Missbildungen. Vor einem halben Jahr war er in Vietnam und hat dort Neugeborene behandelt, die mit Missbildungen im Gesicht zur Welt gekommen sind, auch dies Folgeschäden der Phosphor-Munition, die die Amerikaner im Vietnamkrieg eingesetzt haben. »Das sind jetzt wie viele Generationen? Drei, vier seit Ende des Krieges? Und noch immer ist die Rate der mit Gesichtsdeformationen Geborenen in Vietnam höher als irgendwo sonst auf der Welt«, sagt Abu Sitta. »Phosphor ist eine chemische Waffe, die zum ersten Mal im Vietnamkrieg eingesetzt wurde.«

Die Israelis benutzten die Waffe 1982 während der Invasion im Libanon und während der Belagerung von Beirut und auch im Zweiten Libanonkrieg 2006. Und doch ist es diesmal etwas anderes. »Diese neue Generation wird offenbar zum ersten Mal benutzt. Zum ersten Mal wird Phosphor-Munition als Clusterbombe benutzt, die in großer Höhe explodiert und dann ein weites Gebiet bedeckt.«

Wie Feuerwerkskörper sahen sie aus, die Phosophor-Granaten, die in breitem Fächer auf Gaza herabregneten. Wie Quallen, die über den dunklen Himmel schwappten und alles taghell erleuchteten. Zwei Wochen nach dem Waffenstillstand liegen ihre Überreste in winzigen Klumpen auf der Straße und entzünden sich, wenn man sie anfasst. Auch in dem kleinen Park des Rehabilitationszentrums liegen sie auf den gepflegten Rasenflächen und auf den Spazierwegen. Der Park, der auch den Nachbarskindern als Spielplatz diente, ist bis auf Weiteres geschlossen, das schöne Eisentor mit einer schweren Kette versehen.

»Die Straßen sind übersät mit diesen Stücken, sie sind immer noch entzündbar. Wir wissen nicht, was die stabilisierende Chemikalie ist. Wir wissen nur, dass die Patienten, die damit in Berührung gekommen sind, nicht nur Verbrennungen haben, sondern dass auch später noch Schädigungen des Gewebes und der Organe auftreten.«

Bei manchen Patienten sind eine Woche nach der Berührung mit der Munition alle Organe abgestorben, bei anderen, die sich scheinbar schon erholt hatten, traten nach Tagen neue Brandverletzungen auf, berichtet Ghassan Abu Sitta. Was den Spezialisten aus London besondere Sorgen macht, ist die lange Überlebensdauer der Munitionsreste. Kann man die Reste der Munition entsorgen? Kann man sie einsammeln und wenigstens wegbringen, damit sich niemand daran verletzt? Abu Sitta schüttelt den Kopf. Nein, die Palästinenser von Gaza können das nicht, sie haben weder die notwendigen Schutzanzüge noch die Lagermöglichkeiten für potenziell gefährliche Kampfstoffe.

Zwei junge Männer, die uns beobachtet haben, kommen hinzu und berichten von einem Kind in der Nachbarschaft, das ein solches Phosphor-Klümpchen angefasst und sich Verbrennungen an der Hand zugezogen hat. Wir beschließen, hinzufahren und die Familie zu besuchen. Ihr Haus wurde von mehreren Granaten getroffen. Die jungen Männer führen uns in das Erdgeschoss des Hauses, wo ein Raum völlig ausgebrannt ist. Die leeren Türöffnungen sind mit Tüchern und Plastikplanen verhängt, hinter denen die Frauen neugierig hervorschauen, als wir ankommen. Ein kleiner Junge mit einem dicken Verband um die rechte Hand starrt uns mit angsterfüllten Augen an. Er macht einen traumatisierten Eindruck. Der Arzt spricht beruhigend auf das Kind ein und stellt ihm ein paar Fragen, die von dem Jungen einsilbig beantwortet werden.

»Er wird im Laufe seines Wachstums viele Operationen an der Hand benötigen«, erklärt Abu Sitta. »Denn das Gewebe vernarbt und wächst nicht mit. Dadurch droht seine Hand zu verkrüppeln.« Hat er Schmerzen? Ja, nickt der Arzt, »diese Verbrennungen sind sehr schmerzhaft, weil sie sich bis auf den Knochen durch das Gewebe fressen.«

Die israelische Armee bestritt zunächst, Phosphor-Munition einzusetzen. Vor dem Verteidigungsausschuss der Knesset erklärte Generalstabschef Gabi Ashkenazi, die Streitkräfte agierten in Übereinstimmung mit dem internationalen Recht und setzten keinen weißen Phosphor ein. Dem widersprachen allerdings ausländische Experten, die, da Israel sie nicht einreisen ließ, von der Grenze zum Gazastreifen aus die Bombardierungen beobachteten. Marc Garlasco, der Waffenexperte der amerikanischen Menschenrechtsorganisation Human Rights Watch, der fünf Tage lang von der Grenze aus die Bombardierungen beobachtete, war sicher, dass zumindest in Jebalya Phosphor-Munition zum Einsatz kam. »Ich kann es sehen«, sagte er vor Journalisten. »Wir sind sicher, dass weißer Phosphor verwendet wird, egal, was die Israelische Armee behauptet. Im Libanon hat Israel 2006 auch diese Munition verwendet, aber erst, nachdem die Bevölkerung geflüchtet war. In Gaza kann die Bevölkerung nicht flüchten.«*

Die Phosphor-Munition war nicht die einzige umstrittene Waffe, die von der israelischen Armee im Gazastreifen eingesetzt wurde. Eine neuartige Waffe, über deren Einsatz in Gaza bereits seit geraumer Zeit spekuliert wird, ist DIME (Dense Inert Metal Explo-

* *Christian Science Monitor*, 14. Januar 2009

sive), ein hochexplosiver Metallsprengstoff, der sich als feiner Staub über eine begrenzte Fläche von zehn bis 20 Metern ausbreitet. Er soll bei den Opfern schwerste Verletzungen verursachen. So sollen fast alle Opfer Gliedmaßen verloren haben, die wie mit einem extrem scharfen Messer abgetrennt wurden. Verletzungen dieser Art beobachten Ärzte im Gazastreifen seit dem Sommer 2006. Der norwegische Kardiologe Erik Fosse und sein Kollege Mads Gilbert waren von Neujahr an zehn Tage lang in Gaza und unterstützten die Ärzte im Shifa-Krankenhaus. Beide sind erfahrene Krisenärzte, die in vielen Konfliktgebieten unter extremen Bedingungen gearbeitet haben. »Ich war seit 30 Jahren in Kriegszonen, aber ich habe nie vorher solche Wunden gesehen«, sagte Fosse über einige palästinensische Patienten, die er behandelt hatte. »Es war, als wären sie auf eine Mine getreten, aber es gab keine Splitter in den Wunden. Einige hatten ihre Beine verloren. Es sah so aus, als wären sie abgeschnitten.«*

Die meisten der in Gaza eingesetzten Waffen waren jedoch keine neuartigen Entwicklungen, sondern im Gegenteil völlig veraltete Waffen und Munition, die für den Einsatz gegen russische Panzer gedacht waren und nicht für den Kampf in dicht besiedeltem Gebiet. Experten von Amnesty International untersuchten nach dem Ende der Kampfhandlungen die nicht explodierte Munition und die Reste von Bomben, Granaten und Minen, die überall im Gazastreifen herumlagen. Am 23. Februar 2009 präsentierten sie in London ihren Bericht, in dem sie den USA und zahlreichen europäischen Staaten – darunter auch Deutschland – vorwarfen, mit Waffenlieferungen an Israel den Konflikt im Nahen Osten anzuheizen. »Direkte Angriffe auf Zivilisten und zivile Ziele, unproportionale und unterschiedslose Angriffe sind Kriegsverbrechen«, schreiben die Autoren des Berichts und fassen ihre Vorwürfe an Israel, durch die asymmetrische und unproportionale Kriegsführung palästinensische Zivilisten getötet zu haben, mit folgenden Worten zusammen: »Ein dreizehnjähriges Mädchen, das in seinem Bett schlief, drei Grundschulkinder, die Zuckerrohr trugen, zwei junge Frauen auf der Suche nach Schutz, ein Dreizehnjähriger auf

* Conn Hallinan, »Gaza: Todeslabor«, *Foreign Policy in Focus*, 11. 2. 2009, www.arendt-art.de/deutsch/palestina/Stimmen_international/hallinan_conn_gaza_todeslabor.htm

seinem Fahrrad, acht Schüler, die auf den Schulbus warteten, eine ganze Familie, die im Hof ihres Hauses saß, und viele andere wurden bei diesen Angriffen getötet.«

Auch der Sonderberichterstatter der Vereinten Nationen für die besetzten palästinensischen Gebiete, Richard Falk, erneuerte seine Kritik, die er schon im Dezember 2008 in scharfer Form geäußert hatte, und die ihm kurz darauf ein Einreiseverbot nach Israel beschert hatte:

> Die Menschen von Gaza sind die Opfer der Geopolitik in ihrer unmenschlichsten Gestalt: in einem Krieg, den Israel selbst einen »totalen Krieg« nennt, gegen eine schutzlose Gesellschaft, die über keinerlei militärische Fähigkeiten verfügt und die den israelischen Angriffen mit F-16-Bombern und Apache-Hubschraubern ausgesetzt ist. Das bedeutet auch, dass die flagrante Verletzung des internationalen humanitären Rechts, wie es in den Genfer Konventionen niedergelegt ist, einfach still beiseitegeschoben wird, während das Gemetzel weitergeht und sich die Leichen auftürmen. Es bedeutet auch, dass sich die Vereinten Nationen einmal mehr als eine impotente Organisation entlarvt haben, deren Hauptmitglieder sie des politischen Willens berauben, ein Volk zu schützen, das der widerrechtlichen Anwendung von Gewalt auf breiter Ebene ausgesetzt ist. Und schließlich bedeutet dies, dass die Öffentlichkeit schreien und demonstrieren kann, aber dass das Töten weitergeht, als wenn nichts geschehen würde.*

Wanted for war crimes

»Wanted« – Gesucht – steht auf der Internetseite wanted.org.il. in dicken schwarzen Buchstaben. Darunter das Foto des israelischen Verteidigungsministers Ehud Barak und daneben die Begründung für den Fahndungsaufruf: Im Dezember 2008 habe der Verdächtige einen umfassenden Angriff auf die Bevölkerung des Gazastreifens befohlen. Eine Welle von Hunderten von Luftangriffen sei die Folge gewesen, bei denen Hunderte Tonnen Sprengstoff auf Wohngebiete in Gaza abgeworfen worden seien. Die Website wird anonym

* Richard Falk, »Die Katastrophe in Gaza verstehen«, 2.1.2009, www.uni-kassel.de/fb5/frieden/regionen/Gaza/falk.html

betrieben, niemand weiß bisher, wer dahinter steckt. Neben Barak sind auch Israels Außenministerin Zipi Livni, Ministerpräsident Ehud Olmert, Generalstabschef Ashkenasi und Geheimdienstchef Avi Dichter zur Fahndung ausgeschrieben.

Die Internetseite ist eine Fälschung, dennoch löste sie in Israel wenige Tage nach dem Ende der Offensive Unruhe und Verärgerung aus, zumal die politische und militärische Führung Israels zu dieser Zeit fürchtete, hochrangige israelische Offiziere könnten im Ausland verhaftet werden. Menschenrechtsaktivisten hatten angekündigt, die Verantwortlichen des Gazakrieges notfalls außerhalb Israels vor Gericht zu bringen, um zu klären, ob während der dreiwöchigen Offensive Kriegsverbrechen begangen worden waren.

Die israelische Regierung reagierte umgehend. Sie sagte den Offizieren und Soldaten für diesen Fall umfassende juristische Unterstützung zu. Gleichzeitig verschärfte der Militärzensor in Israel seine Bestimmungen. Die Gesichter von Offizieren durften nicht mehr im Fernsehen und auf Fotos gezeigt, ihre vollen Namen nicht mehr genannt werden. Damit soll verhindert werden, dass sie identifiziert und vor ausländischen Gerichten angezeigt werden.

Ende Januar kündigte ein spanisches Gericht an, Ermittlungen gegen führende israelische Politiker aufnehmen zu wollen, die verantwortlich seien für den Anschlag auf den Hamas-Aktivisten Salah Shehade im Jahr 2002. Bei dem Abwurf einer Bombe auf das Haus des Gründers der Izzedin-Al-Kassam-Brigaden, des bewaffneten Arms der Hamas, waren außer Shehade 16 Zivilisten ums Leben gekommen, darunter neun Kinder.

Benjamin Ben Eliezer, der 2002 als Verteidigungsminister die politische Verantwortung für den Anschlag auf Shehade und den Tod der Zivilisten getragen hatte, reagierte empört. Die Terrororganisationen machten sich die Gerichte der freien Welt zunutze, um einen Staat anzugreifen, der gegen Terror kämpfe, sagte er und fügte hinzu: »Ich bereue meine Entscheidung nicht. Salah Shehade war ein Hamas-Aktivist, ein Erzmörder, dessen Hände mit dem Blut von 100 israelischen Bürgern befleckt waren.«*

Die spanische Regierung hat Israel inzwischen zugesagt, das Gesetz zu ändern, um solchen Anklagen gegen israelische Offiziere

* *Haaretz*, 1.2.2009

und Politiker die rechtlichen Grundlagen zu entziehen. Dennoch nimmt Israel die Drohungen palästinensischer und internationaler, ja sogar israelischer Menschenrechtsaktivisten ernst, israelische Soldaten und Politiker vor ausländische oder internationale Gerichte zu bringen. Aus diesem Grund begleiteten Juristen der Armee die israelische Offensive mit Gutachten und Ratschlägen. Die Journalisten Yotam Feldmann und Uri Blau deckten auf, dass die Armee sich schon Monate vor dem Angriff auf die Polizeianwärter in Gaza, der die Offensive eingeleitet hatte, mit der juristischen Frage befasst hatte, ob ein solcher Schlag gegen zivile Polizei vom internationalen Kriegsrecht gedeckt sei.* Das hatten die Armeejuristen zunächst verneint, ihre Meinung aber später revidiert. Ähnliche Bedenken betrafen die Regierungsgebäude in Gaza, die von den Hausjuristen ebenfalls zunächst als zivile Ziele eingestuft wurden, die nicht bombardiert werden dürften.

Doch ein Ausweg aus dem Dilemma war schnell gefunden, denn wenn die Hamas eine Terrororganisation ist, dann sind die Regierungsgebäude, die ihrer Herrschaft dienen, Teil der Infrastruktur des Terrors, die damit keinen Schutz mehr genießen. Das gleiche gilt dann für Moscheen oder Krankenhäuser, die angeblich als Munitionslager oder Unterschlupf für Bewaffnete dienen. Ja sogar die Wohnhäuser von Zivilisten werden so zu legitimen Angriffszielen, wenn sich Bewaffnete in oder bei ihnen aufhalten. Mit dieser Begründung rechtfertigte Israel den Angriff auf UN-Schulen, in die sich palästinensische Zivilisten geflüchtet hatten. Aus den Schulen sei auf israelische Truppen geschossen worden, hieß es. Da die Hamas-Terroristen sich unter der Zivilbevölkerung versteckten, könne man Opfer unter den Zivilisten nicht ausschließen. Nicht die angreifenden Soldaten tragen die Verantwortung, sondern die »Terroristen«, eine Argumentation, die den Leiter der UNRWA John Ging zu der entrüsteten Bemerkung veranlasste: »Wenn Verbrecher Geiseln nehmen, darf die Polizei schließlich auch nicht die Geiseln erschießen.«

Stolz wies die israelische Armee, unterstützt durch ihre Juristen, darauf hin, dass sie die Bevölkerung vor den Angriffen mit Flugblättern und Telefonanrufen gewarnt habe. Man habe 250000 Tele-

* *Haaretz*, 5.2.2009

fonanrufe getätigt, mit denen man die Einwohner des Gazastreifens vor der Zerstörung ihrer Häuser gewarnt habe. Außerdem habe man sämtliche Nutzer von Mobiltelefonen per SMS gewarnt, sich nicht in der Nähe von Bewaffneten aufzuhalten oder selbst Waffen mitzuführen. Wer sich den Anweisungen der Armee widersetze oder ihre Warnungen missachte, könne den Schutz des internationalen humanitären Rechts nicht mehr in Anspruch nehmen.

Am 10. Januar 2009 schrieb der israelische Friedensaktivist Uri Avnery:

> Was sich ins Bewusstsein der Welt einprägen wird, wird das Bild von Israel als blutrünstigem Monster sein, das bereit ist, jeden Augenblick Kriegsverbrechen zu begehen, und nicht bereit ist, sich an moralische Einschränkungen zu halten. Dies wird langfristig gesehen, schwerwiegende Konsequenzen für unsere Zukunft, für unsere Position in der Welt haben und für unsere Chancen, Frieden und Ruhe zu erlangen. Am Ende ist dieser Krieg auch ein Verbrechen gegen uns selbst, ein Verbrechen gegen den Staat Israel.*

* Uri Avnery, »Wie viele Divisionen?«, 10.1.2009, www.lebenshaus-alb.de/magazin/005466.html

Als Berichterstatter in Gaza

Im Angesicht des Todes

Nach Angaben der amerikanischen Journalistenorganisation Committee to Protect Journalists wurden in den palästinensischen Gebieten zwischen 2001 und 2008 acht Journalisten durch israelische Truppen getötet. »Die israelischen Behörden sind fähig zum Schlimmsten und zum Besten, wenn es um die Pressefreiheit geht«, heißt es im Bericht der Journalistenorganisation Reporter ohne Grenzen aus dem Jahr 2008. Trotz der Militärzensur könnten sich die Medien in Israel frei bewegen und entfalten. Dieser positive Befund werde jedoch durch das gewaltsame Vorgehen der israelischen Armee in den besetzten palästinensischen Gebieten beeinträchtigt, wo Journalisten immer wieder direkt angegriffen würden. Im Jahr 2007 allein seien 16 Journalisten durch Gewehrkugeln israelischer Soldaten verletzt worden. Auf der englischsprachigen Internet-Seite von Reporter ohne Grenzen wird die israelische Armee »Raubtier« genannt. Diesen Ausdruck benutzt die Organisation für die Länder oder Institutionen, die gezielt und planmäßig die Pressefreiheit aushöhlen und Journalisten verfolgen. In der gleichen Kategorie werden auch die palästinensischen Sicherheitskräfte im Westjordanland und die Hamas-Polizei in Gaza geführt.

Die palästinensischen Gebiete und besonders Gaza sind also ein gefährliches Pflaster für Journalisten, für die einheimischen Reporter ebenso wie für ihre Kollegen aus dem Ausland.

Der Kameramann Fadel Shana hat seinen eigenen Tod gefilmt. Er hatte seine Kamera auf ein Stativ gestellt und auf einen israelischen Panzer gerichtet, der vielleicht einen Kilometer entfernt stand. Er wollte die israelische Militäroperation im östlichen Gazastreifen dokumentieren, die bereits zahlreiche Opfer auf palästinensischer Seite und drei Tote auf israelischer Seite gefordert hatte. Auf den letzten Bildern ist zu sehen, wie sich eine Granate in einem Feuerball aus dem Rohr des Panzers löst, dann wird das Bild schwarz. Shana wurde tödlich getroffen und mit ihm drei Jugendliche, die zugesehen hatten, wie er filmte. Sein Tonmann Wafa Abu Mizyed wurde verletzt. Es war der 16. April 2008. Fadel Shana wurde 23 Jahre alt. Wenige Wochen vor seinem Tod hatte der arabische Fernsehsender Al Dschasira Shana für einen Beitrag über die Arbeit von Journalisten im umkämpften Gazastreifen interviewt. »Ich lasse mich nicht aufhalten«, hatte er gesagt. Niemand könne ihn davon abhalten, seine Aufgaben als Journalist zu erfüllen. Nur wenn er seine Beine verliere, werde er aufhören, oder wenn er getötet werde.

Die Ärzte, die später Röntgenaufnahmen der Leiche machten und die tödlichen Verletzungen des Kameramanns untersuchten, fanden in seinem Körper kurze Metallpfeile, die seine Splitterschutzweste durchschlagen hatten. Diese rasiermesserscharfen Pfeile sind so genannte Flechettes, die aus der in der Luft explodierenden Granate geschleudert und in einem Umkreis von mehreren hundert Metern verteilt werden. Menschenrechtsgruppen haben Israel immer wieder aufgefordert, auf den Einsatz dieser Waffen zu verzichten, die in einem so dicht besiedelten Gebiet wie dem Gazastreifen allzu oft völlig unschuldige Zivilisten treffen.

Insgesamt wurden an diesem Tag blutiger Auseinandersetzungen 18 Zivilisten getötet, darunter mindestens acht Minderjährige. Elf Stunden zuvor waren drei israelische Soldaten im Gazastreifen getötet worden. Die israelische Armee untersuchte den Vorfall, kam aber vier Monate später zu dem Ergebnis, dass die Besatzung des Panzers nicht habe erkennen können, dass es sich bei dem Objekt auf dem Stativ um eine Kamera und nicht um eine Rakete gehandelt habe. »In Anbetracht der Schlussfolgerung, zu der die Panzerbesatzung und ihre Vorgesetzten kamen, dass es sich um feindliche Personen handelte, die ein Objekt trugen, das wahrscheinlich eine Waffe war, war die Entscheidung, auf das Ziel zu feuern, vernünftig«, schrieb Brigadegeneral Avihai Mandelblit, der den Vorfall untersucht hatte, in seinem sechs Seiten langen Brief an die Nachrichtenagentur Reuters, Shanas Arbeitgeber. Der Kameramann habe außerdem eine Splitterschutzweste getragen, wie sie gemeinhin von Militanten benutzt werde. Und schließlich: Wenn sich

Journalisten in Gefahr begeben, indem sie sich in einem Kampfgebiet aufhalten, müssen sie damit rechnen, dass sie verletzt oder gar getötet werden.

Augenzeugen und Bilder vom Tatort belegen allerdings, dass das Fahrzeug, in dem Shana unterwegs war, ein silbergrauer nicht gepanzerter Jeep, in ganz Gaza als Teamwagen der Nachrichtenagentur Reuters bekannt, deutlich die Aufschrift »Presse und TV« trug. Und die blaue Splitterschutzweste des Kameramannes war, wie es üblich ist, mit der fluoreszierenden Aufschrift »Press« gekennzeichnet.

Amnesty International nannte das Untersuchungsergebnis der israelischen Armee einen Skandal und Human Rights Watch forderte eine unabhängige Untersuchung des Vorfalls. Diese Forderung jedoch verhallte ungehört, was nicht überraschend ist, da die Armee jede Verantwortung für Journalisten in den Konfliktgebieten ablehnt. »Wer sich in Gefahr begibt, trägt selbst die Verantwortung«, lautet die Standardformel, die in einer Erklärung eines Armeesprechers am 7. Mai 2007 auch öffentlich unterstrichen wurde. Jahrelang mussten daher Journalisten, die in den Gazastreifen einreisten, ein Dokument unterschreiben, in dem sie die Armee von der Verantwortung für ihre Unversehrtheit entbanden. Gleichzeitig weigerte sich die Armee, sich über die Bewegungen von Journalisten zu informieren und sie mit den eigenen militärischen Aktivitäten zu koordinieren. Das wurde kurz nach dem Tod Fadel Shanas deutlich, als ein Team des Nachrichtensenders ABC-News im Gazastreifen unterwegs war und sich durch einen israelischen Kampfhubschrauber, der über den Köpfen der Männer kreiste, bedroht fühlte. Die Journalisten kontaktierten die Armee und baten darum, die Streitkräfte vor Ort über ihre Anwesenheit zu informieren. Ihre Bitte wurde abgeschlagen.

Reporter wurden generell als mögliche »Kollateralschäden« eingestuft, deren Tod oder Verwundung in Kauf genommen wurde. Ein Interview mit einem hochrangigen Hamas-Führer, der auf Israels Todesliste steht, wird somit zu einem lebensgefährlichen Unterfangen, denn für Israel ist jeder Hamas-Führer, egal, ob er dem militärischen Flügel oder der politischen Führung angehört, »bar-mavet«, ein Sohn des Todes, der jederzeit durch einen gezielten Angriff aus der Luft getötet werden kann. Und dabei wird keine

Rücksicht darauf genommen, ob sich der Todeskandidat in Gesellschaft von Unbeteiligten befindet.

Journalisten werden aber nicht nur durch die israelischen Besatzungstruppen bedroht und an der Ausübung ihres Berufes gehindert. Auch die palästinensische Autonomiebehörde und die Hamas versuchen, die freie Berichterstattung zu unterdrücken. Im Januar 2007 wurde der arabische Fernsehsender Al Arabiya von anonymen Anrufern bedroht, nachdem er einen kritischen Bericht über Ministerpräsident Ismail Haniyeh ausgestrahlt hatte. Kurz darauf explodierte vor dem Büro des Senders in Gazastadt ein Sprengsatz, bei dem Türen und Fenster zu Bruch gingen und die Einrichtung demoliert wurde. Daraufhin blieben die meisten Mitarbeiter des Senders aus Sicherheitsgründen zu Hause, und es war nur eine Rumpfbesatzung da, als ich Al Arabiya einen Besuch abstattete. Der Kameramann und der Tontechniker tranken im Flur Kaffee, der Producer Islam Abdelkarim erledigte die dringende Korrespondenz. »Wir haben die Berichterstattung wegen der vielen Drohanrufe praktisch eingestellt«, erzählte er mir. »Wir berichten nur noch, wenn es nichts mit Hamas und Fatah zu tun hat, und wir interviewen nur noch Leute von den kleinen Fraktionen, der PFLP, des Islamischen Jihad und so weiter.« Solange die Hamas-Regierung den Sender boykottiere, sei keine vernünftige Berichterstattung möglich.

Seit der Konflikt zwischen Hamas und Fatah eskaliert war, hatten sich die Arbeitsbedingungen für Journalisten vor Ort dramatisch verschlechtert. Beide Seiten verlangten ständig Loyalitätsbekundungen von ihnen, berichtete Abdelkarim: »Wenn ein Journalist einen Live-Bericht macht, muss er alle Seiten zu Wort kommen lassen. Es reicht nicht, dass er selbst berichtet und analysiert, was passiert. Wenn er sagt, die Hamas macht Fehler oder die Fatah macht Fehler, wirft man ihm vor, er sei Parteigänger der anderen Partei.«

Auch bestimmte Begriffe dürfe man nicht mehr verwenden, ohne dass es Proteste hagle, zum Beispiel das Wort »Milizen«. Die Hamas dulde es nicht, wenn man ihre Sicherheitskräfte als »Milizen« bezeichne, und die Fatah habe an anderer Stelle Empfindlichkeiten. »So kann man nicht arbeiten«, klagte Abdelkarim. Ununterbrochen klingele das Telefon und Sprecher der einen oder anderen Partei riefen an, um sich zu beschweren. So gebe es ganz vieles, über das nicht mehr offen berichtet werde, über die Grausamkeiten des innerpalästinensischen Konflikts zum Beispiel oder darüber, dass die Bewaffneten beider Lager ihre Opfer nicht nur töteten, sondern auch folterten.

Was meine Kollegen mir damals berichteten, war erschreckend, denn es zeigte, wie sehr sich die Stimmung in Gaza gewandelt hatte, wie die Gewalt immer mehr in jeden Bereich des Lebens eindrang. Die Journalisten, die für die großen arabischen Networks arbeiteten, fanden sich auf einmal als Beteiligte im innerpalästinensischen Machtkampf. Der von Saudi-Arabien finanzierte Sender Al Arabiya galt als Fatah-, der von Katar ausstrahlende Sender Al Dschasira als Hamas-freundlich. Auch die ausländischen Medien wurden in diesen Machtkampf hineingezogen.

Wenige Wochen später, am 12. März 2007, wurde der BBC-Korrespondent Alan Johnston von Unbekannten mit Waffengewalt verschleppt. Der hagere Mann mit der markanten Glatze und den leuchtend blauen Augen galt zu diesem Zeitpunkt als der einzige in Gaza lebende ausländische Journalist.* Fast täglich war er auf dem Bildschirm zu sehen, am Rand eines Bombenkraters stehend, auf dem Markt von Gaza mit Verkäufern sprechend, im Interview mit maskierten Militanten oder neben einem Demonstrationszug. Er schien stets unerschrocken, ruhig und bedacht, aber immer voller Leidenschaft für sein Metier. Seine Freunde beschreiben ihn als einen liebenswerten, intelligenten Mann, der seine Umgebung mit wachem Blick beobachtete und in der Lage war, komplizierte Zusammenhänge zu verstehen und zu analysieren. Er wusste, dass Gaza in den letzten Monaten gefährlich geworden war. Kleine extremistische Gruppen waren aufgetaucht, die nicht mehr, wie die Hamas, nur gegen Israel und für einen eigenen Staat kämpften, sondern sich als Teil des globalen islamischen Kampfes gegen den Westen sahen, als Jihadisten, für die alle westlichen Ausländer

* Alan Johnston war sicher der einzige, der regelmäßig und sichtbar für ausländische Medien berichtete. Zum Zeitpunkt seiner Entführung lebten aber mindestens noch zwei weitere ausländische Journalisten in Gaza, Mariam Shahin und George Azar, die unter anderem für Al Dschasira English arbeiteten.

Feinde waren. Johnston hatte sich dennoch entschieden, im Gazastreifen zu bleiben. »Ich hielt die Geschichte Gazas für wichtig. Gaza steht im Brennpunkt des palästinensischen Dramas, das zum Zentrum der Spannungen zwischen Ost und West geworden ist«, schreibt Johnston in seinem Ende 2007 erschienenen Buch.*

Immer häufiger waren in den Monaten vor seiner Verschleppung in Gaza Ausländer entführt worden, Journalisten und Mitarbeiter von Hilfsorganisationen. Im August 2006 waren zwei Journalisten des als rechtsgerichtet geltenden amerikanischen Fernsehsenders Fox News gekidnappt worden. Eine bis dahin unbekannte Gruppe namens »Heilige Jihad-Kämpfer« bekannte sich zu der Tat und forderte die Freilassung von in den USA inhaftierten muslimischen Gefangenen. Erst zwei Wochen später wurden die beiden Männer unter dem massiven Druck auch der Hamas-Regierung freigelassen, allerdings erst, nachdem sie vor laufender Videokamera den Westen denunziert und sich zum Islam bekannt hatten. Es war das erste Zeichen, dass sich die Dinge in Gaza zu ändern begannen, dass sich die Hamas bald radikaleren Gruppen gegenübersehen würde, die sich dem weltweiten Heiligen Krieg anschließen wollten.

Johnston traf daraufhin alle möglichen Sicherheitsmaßnahmen, um sich vor einer Entführung zu schützen. Doch es nützte nichts, er konnte seinen Häschern nicht entgehen. Die Kidnapper nannten sich »Armee des Islam«. Hinter dieser bis dahin nicht aufgetretenen Gruppe verbarg sich der große Familienclan Doghmush, eine weit verzweigte, mächtige Familie mit Beziehungen in beide politischen Lager und in die organisierte Kriminalität.**

Johnstons Martyrium dauerte 114 Tage, bis er im Morgengrauen des 4. Juli 2007 unter großer Anteilnahme der Bevölkerung des Gazastreifens freigelassen wurde. Inzwischen hatte die Hamas den Machtkampf mit den Fatah-Truppen für sich entschieden und die Ordnung im chaotischen Gazastreifen wiederhergestellt. Die Befreiung des ausländischen Journalisten, der in den Händen einer fanatischen, von einem mächtigen Clan unterstützten kleinen

* Alan Johnston, *Kidnapped And Other Dispatches*, London 2007

** Auch nach der gewaltsamen Machtübernahme der Hamas weigerte sich der Familienclan, auf die eigene Bewaffnung zu verzichten. Das führte im September 2008 zu einer Razzia der Hamas gegen die Familie, bei der neun Menschen ums Leben kamen, darunter sieben Mitglieder des Clans.

Gruppe war, stand von Anfang an auf der Prioritätenliste der Hamas ganz oben, weil der ungelöste Fall Alan Johnston ihr und ihrem Ansehen ungemein schadete. Denn auf der ganzen Welt hatten sich Journalisten mit ihrem gefangenen Kollegen solidarisiert, und die BBC hatte einen unermüdlichen öffentlichen Kampf für ihren Mitarbeiter aufgenommen. Doch auch die Bevölkerung in Gaza selbst sympathisierte nicht mit den Geiselnehmern. Als ich während Alans langer Gefangenschaft Gaza besuchte, war ich überrascht, überall Transparente und Plakate zu sehen, auf denen seine Freilassung gefordert wurde. Den meisten Palästinensern war klar, welch verheerende Folgen die Entführung eines prominenten Journalisten für sie und ihr Bild in der internationalen Öffentlichkeit hatte. Nach seiner Verschleppung traute sich kaum noch ein ausländischer Journalist in den Gazastreifen, das Schicksal seiner Bewohner rückte an den Rand des öffentlichen Interesses. Als Johnston freigelassen wurde, waren daher nicht nur seine Kollegen erleichtert, auch in Gaza selbst wurde seine Freilassung begeistert begrüßt.

Die Hamas feierte die unblutige Befreiung des Reporters als großen Erfolg. In den Wochen seiner Geiselhaft hatten sich vor allem palästinensische Journalisten mit viel Engagement für seine Freilassung eingesetzt. Die Medien, die der Fatah nahestehen, berichteten dagegen kaum über das Ereignis. In Ramallah sagte Yasser Abed Rabbo, der Berater von Präsident Mahmoud Abbas, die Hamas selbst stecke hinter der Entführung und habe die Freilassung Johnstons inszeniert, ein Vorwurf, den nicht zuletzt Johnston selbst zurückwies.

Nach Johnstons Entführung gab es keine westlichen Journalisten mehr, die sich dauerhaft in Gaza niederließen. Doch auch die palästinensischen Journalisten wurden in ihrer Berichterstattung drastisch eingeschränkt. Die rund 750 Angestellten des nationalen Rundfunks Palestine Broadcasting Corporation (PBC) in Gaza mussten nur wenige Tage nach der Vertreibung der Fatah-Funktionäre ihre Arbeit einstellen, nachdem bewaffnete Hamas-Aktivisten ihre Studios zerstört hatten. Seither sendet in Gaza nur noch das Hamas-Fernsehen sein düsteres Programm. Viele Journalisten, die für den Staatssender oder für andere der Fatah nahestehende Medien gearbeitet hatten, mussten den Gazastreifen verlassen, und als die Gaza-Zweigstelle des palästinensischen Journalistenverbandes die Knebelung der Medien durch die Hamas kritisierte, wurde sie geschlossen.

Doch die Verfolgung missliebiger Journalisten war mitnichten auf die extremistischen Splittergruppen und die Hamas beschränkt. Im Westjordanland sah es nicht viel besser aus. Dort wurden Journalisten verhaftet, die für den Hamas-Sender arbeiteten oder zu kritisch über die neu installierte Regierung in Ramallah berichteten. Die Fatah griff damit auf ihre eigene Tradition zurück, die freie Meinungsbildung zu unterdrücken und Journalisten für ihre Zwecke zu instrumentalisieren. Schon zu Lebzeiten von Yassir Arafat protestierten palästinensische Journalisten regelmäßig gegen ihre Gängelung und gegen die Beschränkung der Meinungsfreiheit. Manch einer, der kritisch berichtete, wurde von PLO-Leuten bedroht, eingeschüchtert oder gar misshandelt. In Ramallah traf ich im Februar 2007 den bekannten palästinensischen Fotografen Jamal Arouri. Der Machtkampf zwischen Fatah und Hamas im Gazastreifen war damals auch ins Westjordanland geschwappt. Sogar im sonst so ruhigen und fast mondänen Ramallah gab es an diesem Tag auf offener Straße Schießereien zwischen den Vertretern beider Lager.

Kurz vor unserem Treffen war Arouri beim Fotografieren der Mauer, die Israel im Westjordanland gebaut hat, von einem israelischen Soldaten angeschossen worden. »An solche Angriffe bin ich gewöhnt«, sagte er mit einem wegwerfenden Schulterzucken. Schlimmer sei es für ihn gewesen, als er im April 2004 von maskierten Palästinensern angegriffen und zusammengeschlagen worden sei. Er hatte ein Foto veröffentlicht, das einigen Personen in der Fatah nicht gefallen hatte. Damals, so erzählte er mir, habe ihn dieses Ereignis nicht lange beeinträchtigt, denn er habe sich von der palästinensischen Zivilgesellschaft getragen gefühlt, die sich für ihn eingesetzt habe. »Es gab meinetwegen Demonstrationen, und die Journalisten in Ramallah haben damit gedroht, den Präsidenten von der Berichterstattung auszuschließen.«

Der Präsident damals war Yassir Arafat. Unter ihm seien Angriffe auf Journalisten noch selten gewesen, sagte Arouri, heute jedoch, im Frühjahr 2007, seien sie alltäglich. Das Schlimmste aber sei, fügte Arouri hinzu, dass die Parteien inzwischen ganz offen gegen die Medien hetzten und damit die Angriffe auf Journalisten förderten.

Auch ausländische Journalisten geraten im Konfliktgebiet immer wieder unter Druck von beiden Seiten. Vor allem zu Beginn der Intifada fanden sie sich oft zwischen den Fronten, sowohl im wörtlichen als auch im übertragenen Sinn. Im Oktober 2000 zum Beispiel, als in Ramallah zwei israelische Soldaten gelyncht wurden. Es war zwölf Tage nach dem Tod des palästinensischen Kindes Muhammad Dura, der im Gazastreifen bei einem Schusswechsel zwischen Israelis und Palästinensern ums Leben gekommen war, und zu einer Zeit, in der täglich mindestens zehn Tote auf palästinensischer Seite zu beklagen waren, darunter viele Kinder, die bei Demonstrationen erschossen wurden. Nach israelischer Darstellung waren die beiden Reservisten, die als Fahrer eingesetzt waren, irrtümlich auf palästinensisches Gebiet geraten und von der palästinensischen Polizei angehalten worden. Palästinensische Augenzeugen dagegen behaupteten, es habe sich um insgesamt vier Undercover-Agenten gehandelt, die in ziviler Kleidung in Ramallah aufgetaucht und als Agenten entlarvt worden seien. Auf den Bildern, die ein italienisches Kamerateam gedreht hatte, ist einer der Männer in ziviler Kleidung und mit einem schwarz-weißen Palästinensertuch um den Hals zu sehen.

Was immer sich wirklich zugetragen hat, unbestritten ist, dass mindestens zwei Israelis in die Polizeistation von Ramallah gebracht wurden, wo sie von einem wütenden Mob gelyncht wurden. Die Filmaufnahmen, die an jenem Donnerstag, dem 12. Oktober 2000, um die Welt gingen, zeigen eine aufgebrachte Menge vor der Polizeistation und einen jungen Mann, der im Fenster steht und seine mit dem Blut der Opfer verschmierten Hände zeigt. Die Szene wurde von einem italienischen Kamerateam des privaten Fernsehsenders Mediaset aufgenommen.

Alle Bemühungen der Palästinenser, die Veröffentlichungen des Bildmaterials zu verhindern, scheiterten. Der Nahostkorrespondent der staatlichen RAI, Riccardo Cristiano, distanzierte sich in einem offenen Brief an seine »lieben palästinensischen Freunde« von dem Konkurrenzsender und beteuerte, dass die RAI sich bei ihrer Arbeit an die Bestimmungen der Autonomiebehörde halte. Er war unter Druck geraten, nachdem die *Jerusalem Post* geschrieben hatte, das italienische Fernsehen habe die Bilder vom Lynchmord dem israelischen Botschafter in Rom übergeben. Der Brief wurde in der palästinensischen Zeitung *Al Hayat Al Jedida* abgedruckt und löste in Jerusalem Empörung und Verärgerung aus. Das Regierungspresseamt entzog Cristiano daraufhin die Akkreditierung.

Sowohl Cristiano als auch seine Kollegin von Mediaset, die nach dem Wirbel um die Filmaufnahmen nicht mehr ungehindert berichten konnte, verließen das Land. Der Vorfall macht deutlich, dass Journalisten in den gewalttätigen Anfangstagen der Zweiten Intifada oft von beiden Seiten unter Druck gesetzt wurden.

Der französische Journalist Charles Enderlin schrieb in einem im Jahr 2003 veröffentlichten Aufsatz: »Während der Ersten Intifada hatten die ausländischen Medien kein Problem, aus Israel oder den palästinensischen Gebieten zu berichten. Manchmal wurden Gebiete zu geschlossenen militärischen Zonen erklärt, aber israelische Kameraleute und Teams blieben in der Lage und waren willens, sich auf der palästinensischen Seite zu bewegen und zu filmen. ... Mit dem Ausbruch der Zweiten Intifada änderte sich jedoch alles. Die Palästinenser begingen den großen Fehler, israelische Teams unter Druck zu setzen und die Sicherheit israelischer Journalisten in Frage zu stellen. Von diesem Moment an hörten israelische Teams wegen des Sicherheitsproblems auf, in den Gebieten zu filmen.«

Die Folge war, dass ausländische Fernsehsender palästinensische Teams einstellen mussten. Prompt wurden sie von Israel beschuldigt, einseitig zu berichten und blind auf die Bewertungen der palästinensischen Mitarbeiter zu vertrauen und damit auch deren Sicht des Konflikts zu übernehmen. Dieser Vorwurf wurde besonders laut von Danny Seaman erhoben, dem Direktor des Regierungspresseamts in Jerusalem, der mit Beginn der Zweiten Intifada ins Amt kam. Mit ihm verschlechterte sich das schon vorher nicht immer spannungsfreie Verhältnis zwischen der israelischen Regierung und den ausländischen Medien erheblich.

Die ganze Welt ist gegen uns

»Ha'olam kulo negdenu – Die ganze Welt ist gegen uns« heißt es in einem Lied, das in Israel nach dem Sechs-Tage-Krieg populär wurde. Es gibt wieder, was viele Israelis damals, nach dem Sieg ihrer Streitkräfte gegen die arabischen Armeen und im Angesicht der wachsenden Kritik an der anhaltenden Besetzung palästinensischen Landes empfanden: das Gefühl, ungerecht behandelt zu werden und trotz der militärischen Erfolge isoliert zu bleiben. Das Lied steht für die Mischung aus Verletztheit, Trotz und Stolz, die für Israel so typisch ist und die in politischen Diskussionen immer wieder an die Oberfläche kommt. Wenn schon die ganze Welt gegen uns ist, so die Argumentation, die man dann zu hören bekommt, können wir auch gleich tun, was wir wollen.

Die ganze Welt ist gegen uns – dieser Satz wird sowohl in privaten Gesprächen als auch in öffentlichen politischen Debatten immer wieder benutzt, immer dann, wenn Israel sich schwertut mit der Rechtfertigung seiner Politik, immer dann, wenn es leidet unter seinem schlechten Image in der Weltöffentlichkeit. Auch nach dem Libanonkrieg sah Israel sich einer kritischen Weltöffentlichkeit gegenüber, die vor allem die Entscheidung der israelischen Regierung, die Angriffe auch nach der grundsätzlichen Einigung über einen Waffenstillstand noch fortzusetzen, nicht verstand. In Israel reagierte man auf die ja nur sehr milde vorgetragene Kritik des Auslands ausgesprochen gereizt. Fast reflexartig wurde der David Ben Gurion zugeschriebene Spruch zitiert: »Es ist egal, was die Goyim (die Nichtjuden) sagen, es kommt nur darauf an, was die Juden tun.«

Die ganze Welt ist gegen uns – dieser Satz scheint auch das Lebensmotto von Danny Seaman zu sein, dem langjährigen Chef des Regierungspresseamts in Jerusalem. Der 1961 als Sohn eines US-amerikanischen Armeeangehörigen in Deutschland geborene Seaman verstand sich selbst als Wächter der israelischen Interessen und die Journalisten, die er betreuen sollte, als Feinde, die er bekämpfen oder doch zumindest kontrollieren musste. Dementsprechend versuchte er, die ausländische Berichterstattung zu beeinflussen und Journalisten, deren Berichte ihm zu kritisch erschienen, an der Ausübung ihres Berufs zu hindern. Das bekamen besonders arabische und palästinensische Journalisten zu spüren, die von Seaman auf alle mögliche Art und Weise drangsaliert wurden. Im September 2002 verweigerte sein Amt der jordanischen Journalistin Wafa Amar die Akkreditierung, nachdem diese sich über die Privatsphäre verletzende Sicherheitsmaßnahmen bei einer Pressekonferenz beschwert hatte. Seaman warf der Journalistin, die für die Nachrichtenagentur Reuters arbeitete, vor, Lügen zu verbreiten und Ausschreitungen zu organisieren.

Palästinensischen Journalisten und palästinensischen Mitarbeitern ausländischer Medien entzog Seaman Anfang 2002 pauschal die Akkreditierung und damit die Berechtigung, die Checkpoints zu passieren und nach Israel zu kommen. In einem Kompromiss mit der Foreign Press Association (FPA) erklärte er sich zwar bereit, 80 Palästinensern Akkreditierungen zu erteilen, bekannte jedoch in einem Interview mit der *Haaretz* offen, dass er keineswegs vorhabe, diese 80 Pressekarten auch auszustellen. Tatsächlich bekommt seither kein palästinensischer Journalist mehr eine Akkreditierung in Israel. Das kommt einem Berufsverbot gleich, denn ohne die Pressekarte können sich palästinensische Journalisten nicht einmal im Westjordanland frei bewegen.

Die Akkreditierung beim Regierungspresseamt, die sowohl israelische als auch ausländische Journalisten benötigen, wenn sie über politische Themen und vor allem über den Konflikt mit den Palästinensern berichten wollen, ist ein effektives Mittel, um unliebsame Journalisten auszuschließen. Denn ohne diese kleine Karte kann man sich nicht frei bewegen und zum Beispiel nicht in den Gazastreifen einreisen, der für Personen ohne ausdrückliche Berechtigung wie Diplomaten, Mitarbeiter von Hilfsorganisationen und eben ausländische Journalisten, schon seit Jahren nicht mehr zugänglich ist. Nationale Presseausweise, die in anderen demokratischen Ländern von Journalistenorganisationen und nicht von der Regierung ausgestellt werden oder der Internationale Presseausweis, der Journalisten ihre Arbeit im Ausland erleichtern soll, sind in Israel ohne jede Bedeutung und berechtigen zu gar nichts. Israel sei das einzige Land, in dem Journalisten eine durch die Regierung ausgestellte Pressekarte benötigten, um ungehindert arbeiten zu können, kritisierte daher die Organisation Reporter ohne Grenzen. Auch israelische Journalisten waren nicht glücklich über diese Regelung, denn längst nicht alle israelischen Antragsteller bekamen eine Pressekarte. Der israelische Presserat schlug daher vor, die Akkreditierungen durch Presseausweise zu ersetzen, die von den Standesorganisationen selbst ausgegeben werden, stieß mit seiner Forderung beim Regierungspresseamt jedoch auf taube Ohren.

Für die ausländischen Journalisten waren die ersten Jahre der Intifada besonders schwer, denn in Israel begegnete man ihnen vielerorts mit offener Feindseligkeit. Oft wurden sie schon bei der Einreise am Flughafen langwierigen Befragungen unterzogen, oder es wurden ihnen bei der Ausreise ihre Laptops, elektronischen Planer und Kameras weggenommen. Bei der Foreign Press Association gingen immer wieder Beschwerden von Journalisten ein, deren Ausrüstung beschädigt worden oder gar verloren gegangen war. Arbeitsvisum und Presseausweis erleichterten ihnen nicht die Grenzformalitäten, sondern machten im Gegenteil Ein- und Ausreise oft zu einem zeitaufwändigen und erniedrigenden Erlebnis.

Danny Seaman beschuldigte ausländische Journalisten pauschal, einseitig zu berichten, warf ihnen gelegentlich gar Antisemitismus vor und schreckte auch nicht davor zurück, sie als Nazis zu titulieren. Diese feindselige Haltung schlug sich in der öffentlichen Meinung nieder. In den Augen vieler Israelis waren ausländische Journalisten generell Lügner und Propagandisten der Palästinenser. Vor allem die großen internationalen Nachrichtensender wie CNN und BBC World wurden beschuldigt, einseitig im Sinne der Palästinenser zu berichten. Zu dieser Zeit erfreute sich bei israelischen Autofahrern ein Aufkleber mit der Aufschrift »CNN lügt« großer Beliebtheit.

In einem Interview in der Jerusalemer Lokalzeitung *Kol Ha'Ir* brüstete sich Seaman im Oktober 2002 damit, dass es ihm gelungen sei, mehrere namhafte ausländische Journalisten aus dem Land zu drängen, darunter Suzanne Goldenberg, die für den *Guardian* aus Israel und den palästinensischen Gebieten berichtete, außerdem die Korrespondenten des *Toronto Star* und der *Washington Post*. Er habe den Chefredakteuren der betroffenen Zeitungen klar gemacht, dass ihre Korrespondenten, sollten sie nicht zurückgerufen werden, nicht mehr ungehindert würden arbeiten können. Er werde dafür sorgen, dass sie keine Informationen mehr bekommen würden. Aufgrund dieses Drucks seien die umstrittenen Korrespondenten abgezogen worden.*

* Die Chefredakteure der betroffenen Zeitungen bestritten öffentlich, dass sie ihre Korrespondenten unter Druck des israelischen Presseamtes zurückgezogen hätten. Der *Guardian* schrieb, Suzanne Goldenberg sei wegen ihrer ausgezeichneten Berichterstattung befördert und als Korrespondentin nach Washington entsandt worden.

Im gleichen Interview behauptete Seaman, drei hochrangige Producer ausländischer Medien stimmten sich regelmäßig mit Marwan Barghouthi ab, dem einflussreichen Chef der Jugendorganisation der Fatah, dem Israel vorwarf, Terroranschläge zu planen und in Auftrag zu geben. »Er (Barghouthi) rief sie an und informierte sie über das, was geschehen würde«, erklärte Seaman. »Sie bekamen Vorankündigungen über den Beschuss (der israelischen Siedlung) Gilo, und dann filmten sie für das Fernsehen nur die israelische Antwort, das Feuer auf Beit Jala. Diese Producer berieten Barghouthi, wie man die palästinensische Botschaft besser übermittelt.«

Auf die Frage des Interviewers, wen er mit seinen Anschuldigungen meine, antwortete Seaman, er wolle keine Namen nennen, aber wer sich mit der ausländischen Presse befasse, wisse auch, von wem er spreche.

Bei einer so paranoiden Einstellung verwundert es nicht, dass Seaman im Herbst 2002 durchzusetzen versuchte, dass sich alle Journalisten, die eine Pressekarte beantragten, einer Untersuchung durch den israelischen Inlandsgeheimdienst Shin Bet unterziehen müssten. Der Widerstand gegen dieses Vorhaben war jedoch – auch von Seiten der israelischen Medien – so gewaltig, dass er es wieder fallen ließ. Dafür nutzte er ein anderes Instrument, um nicht genehme ausländische Reporter loszuwerden. Er bestand darauf, dass Journalisten, so wie ausländische Gastarbeiter, nur noch fünf Jahre in Israel leben durften. Dann mussten sie das Land verlassen. Ausländische Kameramänner und andere Mitarbeiter der Korrespondenten wurden noch rigoroser behandelt. Für sie musste der Nachweis erbracht werden, dass kein Israeli ihre Arbeit übernehmen konnte. Im September 2002 wurde der NBC-Kameramann Jeff Riggins bei der Rückkehr von einem Kurzurlaub in Ägypten an der Grenze zurückgewiesen. Sein Visum sei abgelaufen, und er könne Israel nicht mehr betreten. Zu diesem Zeitpunkt lebte Riggins seit sechseinhalb Jahren mit Freundin und Kind in Herzliya. Nach drei Tagen, in denen er an der Grenze wartete, erhielt Riggins ein einmonatiges Visum, um nach Israel einzureisen und seine Sachen zu packen.

Im Oktober 2006 traf es den langjährigen Israelkorrespondenten der FAZ, Jörg Bremer. Bremer, der zu diesem Zeitpunkt seit 15 Jahren in Jerusalem lebte und von dort berichtete, sollte das Visum nicht mehr verlängert werden.

Von *Haaretz* dazu befragt, reagierte Danny Seaman ausgesprochen wütend und bezeichnete Bremer als »ein Stück Scheiße«. In einem Gespräch mit dem ARD-Hörfunk wies Seaman darauf hin, dass er diesen Ausdruck »off the record« benutzt habe und dass es sich bei dem Gespräch mit *Haaretz* nicht um ein offizielles, autorisiertes Interview gehandelt habe. Er unterstrich außerdem, dass Bremer und anderen betroffenen Korrespondenten das Visum noch einmal verlängert werde, dass die neue Fünf-Jahres-Regelung aber vom nächsten Jahr an ausnahmslos für alle gelte. Letztendlich bekamen die Betroffenen zwar noch einmal ein Visum, aber der unerfreuliche Vorfall machte deutlich, mit welcher Feindseligkeit ausländische Pressevertreter vom Leiter des Regierungspresseamtes behandelt wurden. Die Stimmung zwischen der internationalen Presse in Israel und Seaman war so vergiftet, dass die Regierung wiederholt ankündigte, seinen Vertrag nicht mehr zu verlängern. Doch diese Ankündigungen wurden nie in die Tat umgesetzt.

Seaman gegen CNN und BBC

Mit besonderem Hass verfolgte Seaman die beiden Nachrichtenkanäle CNN und BBC World. Im Juni 2002 warf der Gründer des US-amerikanischen Senders CNN, Ted Turner, der israelischen Regierung vor, die Palästinenser zu terrorisieren. In einem Interview mit der britischen Zeitung *The Guardian* sagte er: »Terrorisieren Israelis und Palästinenser sich nicht gegenseitig? Die Palästinenser kämpfen mit menschlichen Selbstmordbombern, das ist alles, was sie haben. Die Israelis haben eine der mächtigsten Militärmaschinen der Welt. Die Palästinenser haben nichts. Also, wer sind die Terroristen? Ich würde sagen, beide Seiten bedienen sich terroristischer Methoden.«

Seine Worte lösten in Israel helle Empörung aus. Die israelische Regierung verurteilte Turners Aussagen, Kommunikationsminister Ruby Rivlin vom Likud sagte, wenn Turner seine Äußerungen in Israel gemacht hätte, hätte man ihn zur unerwünschten Person erklärt. Der Kabelnetzanbieter Yes drohte, CNN aus seinem Angebot zu nehmen.

CNN distanzierte sich eilends von Turner, der seinerseits ebenfalls Abbitte leistete und erklärte, es sei nicht seine Absicht gewesen, die Schritte, die Israel zum Schutz seiner Bürger ergreife, mit Terrorismus gleichzusetzen. In den folgenden Wochen bemühte sich der Sender unter dem Druck von Email-Kampagnen und Einbußen beim Anzeigenmarkt, dem Eindruck entgegenzutreten, er sei voreingenommen und relativiere die palästinensische Gewalt. Walter Isaacson, Geschäftsführer des Nachrichtensenders, antichambrierte bei jüdischen Organisationen in den USA und versprach eine »ausgewogenere« Berichterstattung, die auch die israelischen Opfer des palästinensischen Terrors würdige. Als Wiedergutmachung veröffentlichte der Sender auf seiner Homepage die Fotos und Lebensläufe israelischer Terroropfer und strahlte die fünfteilige Serie »Opfer des Terrors« aus, in der Chefreporter Wolf Blitzer die Angehörigen von Israelis interviewte, die bei palästinensischen Anschlägen ums Leben gekommen waren.

CNN war damit wieder auf Linie gebracht.

Schon vorher hatte die israelische Regierung den Sender mit Hilfe US-amerikanischer Lobby-Organisationen unter Druck gesetzt, die palästinensische Reporterin Rula Amin vom Bildschirm zu nehmen. Doch diesmal beugte sich CNN dem Druck nicht. Rula Amin berichtete weiter aus den besetzten Gebieten und wurde erst im Jahr 2003, nach der US-Invasion im Irak, nach Bagdad versetzt.

Seamans Lieblingsfeind in den ersten Jahren der Intifada aber war die BBC. Im Sommer 2003 beschuldigte er den britischen Nachrichtenkanal, sich der »schlimmsten Nazipropaganda« zu bedienen und beendete offiziell die Zusammenarbeit mit dem Sender. Die Journalisten durften zwar weiterhin aus Israel berichten, erhielten aber von offizieller Seite keinerlei Unterstützung mehr. Stein des Anstoßes war eine Dokumentation über Israels nukleare Bewaffnung, die der Sender schon zum zweiten Mal ausgestrahlt hatte. In dem Beitrag wurde auch der Vorwurf erhoben, Israel setze im Gazastreifen nicht nur Tränengas, sondern auch eine nicht näher beschriebene chemische Waffe gegen die Palästinenser ein. Seaman reagierte erbost: »Im Gewand journalistischer Integrität unterstützt die BBC die bösartige Darstellung Israels und des jüdischen Volkes, wie es sie früher unter den schlimmsten Umständen gab«, sagte er in seiner offiziellen Stellungnahme unter Anspielung auf die Blutbeschuldigungen, mit denen Juden in Europa im Mittelalter und in der Neuzeit diffamiert und verfolgt wurden. »Diese Sendung versuchte zu zeigen, dass wir das internationale Recht nicht achten. Darum hat der Staat Israel beschlossen, alle Kontakte mit der BBC abzubrechen.« In *Haaretz* wurde er überdies mit den Worten zitiert, die BBC schade der Sicherheit Israels. »Die allgemeine Haltung der BBC grenzt an Antisemitismus. In dem Sender gibt es keine Anerkennung für die Sensibilitäten eines Volkes, das sich dem Versuch seiner Vernichtung gegenübersah. Die Haltung der BBC ist keine rein journalistische Angelegenheit. Sie gefährdet die Existenz des Staates Israel, denn sie dämonisiert die Israelis und gibt unseren Feinden Gründe, uns anzugreifen.«*

Mit dieser Argumentation machte Seaman die Journalisten zu den direkten Komplizen von Terroristen, indem er ihnen vorwarf, diesen die Begründungen für ihre Angriffe zu liefern. Nicht die israelische Besatzungspolitik war somit der Auslöser palästinensischer Gewalt, sondern die Berichterstattung darüber. Wenn aber alles, was Israel in einem negativen Licht erscheinen lässt, die Existenz des Staates Israel gefährdet und daher nicht erlaubt werden kann, ist Berichterstattung schlichtweg nicht mehr möglich.

Mit seiner Kritik traf Seaman den Nerv der Israelis, die sich von den ausländischen Medien ungerecht behandelt fühlten und nur allzu gern die Augen vor den eigenen Fehlern verschließen wollten. Weil die meisten aber trotzdem nicht auf die BBC verzichten wollten, mussten sich diejenigen Kabelanbieter, die aus Protest die BBC aus ihrem Angebot genommen hatten, dem Druck der Öffentlichkeit beugen und den Sender nach kurzer Zeit wieder einstellen.

Dennoch trugen die Angriffe gegen die BBC Früchte. Malcolm Balen, ein hochrangiger Redakteur von London News Network, der zuvor lange bei der BBC selbst gearbeitet hatte, wurde mit der Beaufsichtigung der Nahost-Berichterstattung von BBC World beauftragt. Er sollte als eine Art Ombudsmann für Beschwerden fungieren und die Berichterstattung analysieren. Der Bericht, den er 2004 vorlegte, gelangte jedoch nie an die Öffentlichkeit.

* *Haaretz*, 1. Juli 2003

Im April 2006 wurde dafür ein anderer Bericht veröffentlicht, der die inländischen BBC-Programme untersuchte. Die Ergebnisse, die die unabhängige Kommission präsentierte, waren sicher nicht das, was die Auftraggeber erwartet hatten, denn sie zeigten, dass der Sender tatsächlich einseitig berichtete, aber einseitig zugunsten Israels und zulasten der Palästinenser. Einer der Autoren des Berichts, der US-amerikanische Forscher Stephen Lendman, kommt in seiner Analyse zu folgendem Ergebnis:

> Die BBC hat keine Anstrengung unternommen, uns ehrlich zu zeigen, wie die Okkupation Menschen entwürdigt und degradiert: nicht nur das Töten und die Zerstörung, sondern auch die Demütigung, der Versuch, den menschlichen Geist zu zerstören und die Identität zu rauben, nicht nur die Kugel im Gehirn und der Panzer in der Tür, sondern auch die Fäkalien, die israelische Soldaten auf die Mauern der geplünderten Ministerien geschmiert haben, die zerstörten Kindergärten, die Hindernisse der Menschen auf dem Weg zur Arbeit, zum Gebet und zu Hoffnungen.

Die BBC stelle eine Symmetrie her, wo es keine gebe, so Lendman weiter, sie stelle die hochgerüstete israelische Armee als die eine Seite des Konflikts dar, die Palästinenser mit ihren Gewehren und selbst gemachten Bomben als die andere Seite. Darüber hinaus liefere die BBC ihren Zuschauern nicht die notwendigen Hintergrundinformationen und Zusammenhänge, um die Geschehnisse im Nahen Osten zu verstehen. Weiter heißt es in dem Bericht:

> Wenn Selbstmordattentäter innerhalb Israels angreifen, dann ist der Schock spürbar. Die BBC berichtet aber nur selten über den Kontext. Viele dieser Taten sind Vergeltung für Hinrichtungen durch israelische Todesschwadronen, Soldaten und Agenten, die nichts riskieren, wenn sie vom Helikopter aus schießen oder den Tod über eine Telefonleitung senden. Ich sehe und höre nur selten eine Analyse, wie oft die Israelis absichtlich eine Periode der Ruhe mit einem Mordanschlag zunichte gemacht haben. »Ruhige Zeiten« – das heißt, keine Israelis sind gestorben. Es wird nur selten gezeigt, dass in diesen »ruhigen Zeiten« Palästinenser weiterhin in großer Zahl getötet werden.*

* *The Guardian*, 3.5.2006

Kein Wunder also, dass britische Normalbürger in der Regel gar nicht verstehen, worum es im israelisch-palästinensischen Konflikt geht. Viele sind der Meinung, dass es sich um Grenzstreitigkeiten zwischen zwei Nachbarländern handelt, andere sind überzeugt, dass es die Palästinenser sind, die den Israelis das Land weggenommen haben und darauf siedeln. In einer Studie haben Wissenschaftler der Universität Glasgow nachgewiesen, dass nur zehn Prozent der britischen Studenten, die sie zwischen 2001 und 2002 interviewten, wussten, wie der Konflikt entstanden war und wer der Besatzer ist. Nur 35 Prozent der befragten Studenten wussten, dass die Palästinenser während der Zweiten Intifada höhere Verluste zu beklagen hatten als die Israelis.*

In den USA war und ist es nicht viel anders. Dort macht sich die Organisation »If Americans knew« regelmäßig die Mühe, US-amerikanische Zeitungen daraufhin zu prüfen, wie umfassend sie über die Opfer auf beiden Seiten des Konflikts berichten. Dabei kam heraus, dass die *New York Times* im ersten Jahr des Palästinenseraufstands zu 119 Prozent über den Tod von Israelis und nur zu 42 Prozent über den Tod von Palästinensern berichtete. In einer Vergleichsstudie im Jahr 2004 zeigte sich, dass sich dieses Verhältnis noch weiter zuungunsten der Palästinenser verschoben hatte und israelische Opfer nun 3,6 mal häufiger Erwähnung fanden als palästinensische. Noch deutlicher war der Unterschied, wenn es um den gewaltsamen Tod von Kindern ging. Über den Tod israelischer Kinder wurde im ersten Jahr der Intifada in der *New York Times* sieben Mal häufiger berichtet als über den Tod palästinensischer Kinder.

Die Nahostberichterstattung in den deutschen Medien

In Deutschland würde man sicher zu ähnlichen Ergebnissen kommen wie in den USA und Großbritannien, wenn man ähnliche Studien erstellen würde. Auch in den deutschen Medien gibt es eine deutliche Schlagseite zugunsten Israels. Die Sicherheit Israels ist – zumindest in den Kommentaren – das bestimmende Leitmotiv, die Sicherheit der Palästinenser steht dagegen überhaupt nicht zur

* Greg Philo and Mike Berry, *Bad News from Israel*

Debatte. Die israelische Politik und das Leben im jüdischen Staat werden wesentlich ausführlicher und umfassender behandelt als die Verästelungen der palästinensischen Politik und das Leben unter der Besatzung, der Alltag zwischen Straßensperren und Mauer.

Dabei findet die israelische Gesellschaft in all ihrer Farbenprächtigkeit und Vielseitigkeit ausführlichen Niederschlag in den deutschen Medien, während die palästinensische Gesellschaft meist eindimensional, monolithisch und undifferenziert dargestellt wird. In den Kommentaren und Analysen wird der israelischen Innenpolitik in der Regel Rechnung getragen, während es innenpolitische Zwänge auf der palästinensischen Seite nicht zu geben scheint.

In den Jahren seit Ausbruch der Zweiten Intifada wurden lediglich zwei Studien zur Nahostberichterstattung deutscher Medien bekannt. Die erste war eine vom American Jewish Committee in Auftrag gegebene und vom Duisburger Institut für Sprach- und Sozialforschung (DISS) durchgeführte Studie, die sich mit der Berichterstattung über den Nahostkonflikt zwischen dem 28.10.2000, dem Ausbruch der Zweiten Intifada also, und dem 8.8.2001 befasste. Untersucht wurden die großen deutschen Tageszeitungen und *Der Spiegel*. Dabei beschränkten sich die Forscher auf vier herausragende Ereignisse: den Besuch Sharons auf dem Tempelberg, den Tod des jungen Palästinensers Al Durra, den Lynchmord an zwei israelischen Soldaten und ein Selbstmordattentat in einer Diskothek in Tel Aviv. Sie kommen zu dem Ergebnis, dass die deutschen Printmedien nicht durchgängig antisemitisch sind, sich aber antisemitischer Vorurteile bedienen und die israelische Politik negativ darstellen. Dies beziehe sich weniger auf Israel allgemein, das durchaus in seiner Vielschichtigkeit gezeigt werde, sondern vor allem auf das Militär, heißt es in der Kurzfassung der Studie.

> Das Militär wird als »Besatzungstruppe« (*Der Spiegel*) oder auch als »Kolonialisten« (*SZ*) bezeichnet. Den Soldaten wird unterstellt: »Sie schießen, um zu töten« (*Der Spiegel*). Sie werden auch dadurch als brutal und mordlustig charakterisiert, dass sie mit Schlagstöcken Palästinensern die Beine brächen und gezielte Todesschüsse abgäben (*taz*). Israel wird als »Besatzungsmacht« (*taz*) angesehen, und dem Land wird eine »Liquidierungspolitik« unterstellt sowie eine »exzessive Gewaltanwendung« … gegen palästinensische Demonstranten zugeschrieben (*FR*).

Was die Autoren der Studie hier kritisieren, ist eine ziemlich nüchterne Beschreibung der Verhältnisse im Nahen Osten. Die israelischen Soldaten sind natürlich Besatzungssoldaten, was denn sonst? Schließlich hält Israel die palästinensischen Gebiete seit 1967 mit militärischer Gewalt besetzt. Israel betreibt auch eine Liquidierungspolitik. Das ist keine bösartige Unterstellung, sondern von führenden israelischen Politikern und Militärs selbst so definiert. Wie sonst soll man einen Regierungsbeschluss nennen, den Präsidenten der palästinensischen Autonomiebehörde Yassir Arafat zu töten? Und selbstverständlich haben israelische Soldaten und Polizisten exzessive Gewalt gegen palästinensische Demonstranten angewandt. Das zeigen die Opferstatistiken, davon berichten Augenzeugen und internationale Menschenrechtsorganisationen und Ärzte, die die Verwundeten behandelten. Richtig empört sind die Duisburger Forscher aber über die ihrer Meinung nach unzutreffende Beschreibung der Siedler.

> Als eine besonders negativ dargestellte Personengruppe müssen die israelischen Siedler gelten. Sie werden in der Regel als »jüdische Siedler« tituliert und damit über ihre Religion definiert. Darüber hinaus werden sie nicht selten als extrem, als »Siedlerextremisten« bezeichnet, die besonders fanatisch seien (*Der Tagesspiegel*) und die auch rechtsextreme Tendenzen zeigten (*SZ*).

Das sind nun wirklich merkwürdige Vorwürfe. Seit wann ist es antisemitisch, wenn man Juden Juden nennt? Die Siedler in den palästinensischen Gebieten sind natürlich »jüdische Siedler«. Die Extremisten unter ihnen gehen ja sogar soweit, dass sie den Staat Israel hinter ihre jüdische Tradition und den biblisch begründeten Anspruch der Juden auf das »ganze Heilige Land« zurückstellen. Im Zweifel, so haben es sogar hochrangige Offiziere, die in den besetzten Gebieten leben, öffentlich erklärt, würden sie dem Staat Israel den Befehl verweigern und nur ihrem Rabbiner folgen.

Im Resümee der Studie heißt es:

> So konnte insbesondere die Analyse der Zuschreibungen zu Israel und den Israelis zeigen, dass sie mit starken Negativcharakterisierungen bedacht werden, insbesondere wenn es um das ungleiche Kräfteverhältnis zwischen der als martialisch charakterisierten israelischen Armee auf der einen und den als hoffnungslos unterlegen dargestellten Palästinensern auf der anderen Seite geht (Panzer ge-

> gen Steinewerfer). Letzte werden zwar ebenfalls durchweg kritisch gesehen, erscheinen aber doch eindeutig in der Rolle der Opfer.*

Nein, die Palästinenser erscheinen nicht »in der Rolle der Opfer«, sie sind die Opfer. Sie sind die Opfer einer mehr als vierzigjährigen Besatzung und Unterdrückung.

Die zweite Studie wurde von der Bundeszentrale für politische Bildung in Auftrag gegeben und vom Kölner Institut für empirische Medienforschung erarbeitet. Sie widmet sich der Berichterstattung des Fernsehens in der Zeit zwischen 1999 und 2002. Der Direktor der Bundeszentrale Thomas Kröger kommt in einem Interview zu dieser Studie zu dem Schluss »Durch die Fokussierung der Bildberichterstattung auf Gewalt und Aggression, auf spektakuläre Bilder der Gewalt und ihrer Folgen, entsteht eine ›Asymmetrie der Konfliktstruktur und der Konfliktparteien‹. Es entstehen also Bilder, die sozusagen Tendenzen und Wertungen enthalten. Man sieht zum Beispiel nie einen terroristischen Akt im Fernsehen, man sieht nur die Folgen. Hingegen sieht man die rollenden Panzer, die in ein Flüchtlingslager hineinfahren. So entsteht beim Zuschauer der Eindruck, Israel sei Täter, Palästina sei Opfer.«

Nun kann man dem Fernsehen kaum ernsthaft vorwerfen, dass es nicht die Kameras schon vor einem Terroranschlag postiert und den »terroristischen Akt« filmt, um ihn dann dem Publikum zu zeigen. Hingegen ist es völlig klar, dass nach einem solchen Terroranschlag die israelischen Panzer in Richtung palästinensische Gebiete rollen werden. Das war in den ersten Jahren der Intifada das feste Muster, nach dem die israelische Vergeltung ablief.

Sollte Thomas Kröger mit seiner Bewertung aber Recht haben, dann wäre es dem Fernsehen doch gelungen, ein einigermaßen wirklichkeitstreues Bild zu präsentieren. Denn tatsächlich handelt es sich beim Nahostkonflikt um einen asymmetrischen Konflikt, in dem eine große, gut ausgestattete Armee einer Fülle von kleinen, schlecht organisierten Guerillaverbänden und einer verarmten Zivilbevölkerung gegenübersteht. Es geht nicht um einen »Krieg zwischen Israel und Palästina« mit zwei gleich starken Gegnern,

* Siegfried Jäger, Margarete Jäger (Hg.), »Medienbild Israel. Zwischen Solidarität und Antisemitismus«, in *Medien: Forschung und Wissenschaft,* Bd. 3, 2003

ja, es gibt noch nicht einmal ein solches »Palästina«. Es gibt den starken israelischen Staat auf der einen Seite und eine Vielzahl von auseinandergerissenen kleinen palästinensischen Inseln auf der anderen Seite.

Auch die Behauptung, es würden auf der einen Seite nur die Aggressoren und auf der anderen Seite nur die Opfer gezeigt, stimmt nicht. Die Bilder, die die Agenturen jeden Tag zum Beispiel aus dem Gazastreifen überspielen, und auf denen zerfetzte Leichen und weinende Angehörige zu sehen sind, finden nie den Weg auf die deutschen Fernsehbildschirme. Stattdessen sehen wir Palästinenser fast immer vermummt, martialisch Waffen schwenkend und fanatische Parolen rufend. Selten sehen wir die Opfer der Angriffe, noch seltener sehen wir die Menschen in den palästinensischen Gebieten in ihrem Alltag unter der Besatzung.

Die Aufregung in den deutschen Redaktionsstuben ist ungleich größer, wenn Israelis bei palästinensischen Terrorangriffen getötet werden, als wenn Palästinenser bei israelischen Raketenangriffen oder Bombenangriffen sterben. Über die meisten Toten auf palästinensischer Seite wird schlichtweg nicht berichtet. In den Wochen, in denen täglich ein oder zwei oder drei Palästinenser durch israelische Angriffe getötet werden – nicht immer sind es »Bewaffnete«, oft sind es Zivilisten, die sterben – findet dies in den deutschen Medien nicht statt. Der Nahostkonflikt wird dann zu dem, was die Konfliktforscher einen »Low intensity conflict« nennen. Das Sterben geschieht dann leise und abseits der öffentlichen Wahrnehmung. Doch nur im Westen sieht man nicht hin. In der arabischen Welt wird ausführlich über die palästinensischen Opfer des Konflikts berichtet. Die großen arabischen Nachrichten-Networks wie Al Arabiya und Al Dschasira senden viele Stunden Berichterstattung aus den palästinensischen Gebieten, abgerundet mit Diskussionssendungen und Analysen. So entsteht eine immer größere Disparität zwischen dem Informationsstand im Westen und dem, was man in der islamisch-arabischen Welt weiß und diskutiert. Die mangelnden Informationen im Westen führen oft zu krassen Fehleinschätzungen. Ein Beispiel dafür sind die Tage und Wochen vor dem Ausbruch des Libanonkriegs 2006, als im Gazastreifen jeden Tag Menschen starben, darunter viele Kinder. Das tägliche Sterben wurde in der Weltöffentlichkeit praktisch nicht zur Kenntnis genommen, die wachsende Wut in der arabischen Welt einfach ausgeblendet. Vor diesem Hintergrund stieß der Überfall der Hisbollah an der Nordgrenze Israels bei vielen arabischen Beobachtern im Nahen Osten auf Verständnis und Zustimmung, während er in der westlichen Welt als unprovozierter Angriff angesehen wurde.

Dieses Beispiel macht das Dilemma der Berichterstattung nicht nur über den Nahen Osten deutlich: Wenn man nicht mehr kontinuierlich über Geschehnisse berichtet, wird es immer schwieriger, den Zuschauern oder Zuhörern und Lesern die Zusammenhänge deutlich zu machen. Man kann ja nicht bei jedem Beitrag oder Artikel die ganze Genese des Konflikts erzählen. Hinzu kommt, dass zumindest die elektronischen Medien der Information immer weniger Platz einräumen. Im Hörfunk sollen Beiträge für die Nachrichtenmagazine nicht länger als zweieinhalb Minuten sein und auch die Plätze für längere Reportagen und Hintergrundstücke wurden in den letzten Jahren immer weiter reduziert. Immer häufiger werden nur noch die so genannten Nachrichtenminuten gesendet, die in den meisten Fällen nicht einmal eine Minute lang sind. In den Jugendprogrammen verzichtet man weitgehend sogar ganz auf produzierte Beiträge und sendet nur noch Live-Gespräche mit dem Korrespondenten. Das kann zwar lebendig sein und manchmal auch hilfreich, wenn es um Einschätzungen geht. Die reine Information kommt bei diesen Formaten jedoch zu kurz. In einer oder auch zweieinhalb Minuten lässt sich ein so komplexer Konflikt wie der zwischen Israelis und Palästinensern nicht mehr verständlich darstellen. Es muss alles verkürzt und gestrafft und zugespitzt werden, die Vorgeschichte eines Ereignisses, die Hintergründe und die Analyse fallen dabei unter den Tisch. Die starke Verkürzung führt aber zu regelrechten Entstellungen. Wenn es zum Beispiel in den Nachrichten heißt: »Anlässlich der jüdischen Feiertage wurden die Grenzen zu den palästinensischen Gebieten geschlossen«, suggeriert das, dass die Grenzübergänge normalerweise geöffnet sind. Das stimmt aber nicht. Palästinenser können auch außerhalb der jüdischen Feiertage nicht nach Israel einreisen. Und jüdische Siedler können sich selbstverständlich auch während der Feiertage frei bewegen, sofern sie nicht religiös sind und deswegen am Feiertag nicht reisen. Was dieser harmlos klingende Satz wirklich bedeutet, ist, dass Palästinenser sich während der jüdischen

Feiertage innerhalb des Westjordanlands nicht bewegen können, weil sie an den Checkpoints nicht durchgelassen werden. Das lässt sich aber in einer simplen Nachricht nicht erklären.

Besonders deutlich wird dieses Dilemma bei den Kommentaren, bei Meinungsbeiträgen der Journalisten also. Auch sie wurden in den letzten Jahren – zumindest im öffentlich-rechtlichen Hörfunk, wo es sie noch stellenweise gibt – verkürzt. Dadurch müssen sie aber notgedrungen holzschnittartig und undifferenziert werden – was dann oft wieder erboste Hörerpost zur Folge hat.

Seitdem die beiden Studien zur deutschen Nahostberichterstattung erstellt wurden, sind viele weitere blutige Jahre vergangen. Der Konflikt ist inzwischen an den Rand des öffentlichen Interesses gerückt. Der Nahe Osten gilt bei den elektronischen Medien als absoluter Quotenkiller. Das steigende Desinteresse ist durchaus verständlich, muss man als Zuschauer doch den Eindruck gewinnen, dass die Parteien im Nahen Osten selbst kein Interesse daran haben, ihre Differenzen zu überwinden und zu einem echten, zielgerichteten Friedensprozess zu gelangen. Der palästinensische Bürgerkrieg hat noch erheblich dazu beigetragen, dass das Interesse am Nahostkonflikt zurückging. Der israelischen Politik kann das nur recht sein. Wenn sich die Weltöffentlichkeit nicht mehr interessiert für ihren Konflikt, dann wird der Druck auf sie abnehmen, ihn zu lösen. Dann kann sie die so genannten Friedensverhandlungen noch über Jahre ergebnislos verschleppen, ohne dass ihr Zugeständnisse abverlangt werden. Und in der Zwischenzeit kann sie unbehelligt weiter Fakten schaffen, die Siedlungen ausbauen, das Land der Palästinenser annektieren, den Ring um Jerusalem schließen und die palästinensischen Städte vollständig voneinander abschneiden und in Bantustans verwandeln.

Der Gazastreifen ist ein Paradebeispiel für diese Entwicklung. Seit Israel sich an die Grenzen zurückgezogen hat und die Verantwortung für das Schicksal der Menschen in Gaza offiziell abgelegt hat, geht das Interesse an diesem kleinen Landstrich zurück. Seit dem Sieg der Hamas wird Gaza von Israel immer weiter isoliert und in der Berichterstattung immer mehr marginalisiert. Wer weiß schon, wo der Gazastreifen liegt, wie klein er ist und wie das Leben dort aussieht?

Gaza wird geschlossen

Am Sonntag, dem 8. November 2008, ging im kleinen Hafen von Gaza eine Yacht namens »Dignity« – Würde vor Anker. An Bord waren 22 Passagiere, darunter elf europäische Abgeordnete und die israelische Journalistin Amira Hass. Sie stand an der Reling des kleinen Schiffes und winkte den Menschen zu, die zum Strand gekommen waren, um sie zu begrüßen. Selbst auf den kurzen Fernsehbildern, die aus Gaza in die Welt gingen, war ihre Freude nicht zu übersehen, als sie am Kai ihre Freunde erblickte, die sie jahrelang nicht mehr gesehen hatte.

Amira Hass genießt bei den Palästinensern hohes Ansehen. 1993 zog sie nach Gaza, um nach der Unterzeichnung der Oslo-Verträge von dort über den israelischen Truppenrückzug aus dem Gazastreifen zu berichten. Drei Jahre lebte sie dort, dann siedelte sie nach Ramallah ins Westjordanland um, wo sie bis heute wohnt. In ihrem Buch *Gaza – Tage und Nächte in einem besetzten Land* hat sie die erste Zeit nach dem beginnenden Oslo-Prozess eindrucksvoll beschrieben.

Seit 2006 war sie nicht mehr im Gazastreifen, weil israelischen Journalisten seit der Bildung der Hamas-Regierung im Januar 2006 die Einreise nach Gaza von der israelischen Regierung untersagt ist, aus Sicherheitsgründen, wie es heißt. Das Verbot gilt auch für die vielen Journalisten, die sowohl die israelische als auch eine ausländische Staatsbürgerschaft haben.

Vor diesem Verbot berichteten eine Handvoll engagierter israelischer Journalisten mit beeindruckender Offenheit aus dem Gazastreifen: der Channel-10-Reporter Shlomi Eldar, der vielleicht beste israelische Kenner des Gebiets, Sliman Al-Shafi und Yoram Binur vom Zweiten Kanal, Avi Issacharoff, Amira Hass und Gideon Levy von *Haaretz* und einige mehr. Seit der Gazastreifen für sie nicht mehr zugänglich ist, müssen sie sich von ihren lokalen Mitarbeitern, Bekannten und Freunden in Gaza mit Informationen versorgen lassen. Das hat dazu geführt, dass die Geschehnisse im Gazastreifen in den israelischen Medien praktisch nicht mehr stattfinden. Die israelische Öffentlichkeit erfährt nicht mehr, was sich dort abspielt und kann somit die Entscheidungen ihrer Regierung nicht mehr bewerten oder in Frage stellen. Wenn die israelische

Regierung also behauptet, die Menschen in Gaza litten nicht unter der lang anhaltenden Blockade, so haben die Bürger Israels keine Möglichkeit mehr, diese Behauptungen zu überprüfen. Das Unwissen über den Gazastreifen und das Leben von 1,5 Millionen Menschen, die nur 60 Kilometer vom wirtschaftlichen und politischen Zentrum Israels entfernt leben, hat erschreckende Ausmaße angenommen. Bislang konnten zumindest gebildete und interessierte Israelis noch auf die ausländische Berichterstattung zurückgreifen. Doch wie es darum in Zukunft bestellt sein wird, ist völlig unklar.

Als die »Dignity« im November 2008 in Gaza vor Anker ging, kamen jedenfalls kaum ausländische Journalisten zu der Pressekonferenz, die von den europäischen Politikern an Bord der Yacht veranstaltet wurde, weil Israel die Grenze auch für ausländische Journalisten geschlossen hatte.

Der Hintergrund – oder der Vorwand – für diese Entscheidung war das Wiederaufflammen der Feindseligkeiten an der Grenze, zum ersten Mal nach fünf Monaten relativer Ruhe. Israelische Truppen waren Anfang November 2008 in den Gazastreifen eingedrungen, um einen Tunnel zu zerstören, den Militante bis zur Grenze gegraben hatten. Ein Armeesprecher erklärte, man habe Geheimdienstinformationen, denen zufolge die Hamas plane, durch diesen Tunnel auf israelisches Gebiet vorzudringen und einen weiteren Soldaten in den Gazastreifen zu verschleppen. Bei dem Militäreinsatz wurden sechs Palästinenser getötet, nach israelischen Angaben alles Hamas-Angehörige. Mit der Aktion hatte Israel den Waffenstillstand gebrochen, der im Juni ausgerufen worden war und bis zu diesem Zeitpunkt gehalten hatte. Die Reaktion der Hamas ließ nicht lange auf sich warten. In den nächsten Tagen feuerte sie mehrere Dutzend Kassam-Raketen und Granaten auf die Umgebung ab, die jedoch keinen Schaden anrichteten. Israel nahm dies zum Anlass, um die Grenze zu schließen, diesmal auch für ausländische Journalisten. Vier Wochen lang blieben sie ausgesperrt. Alle Proteste halfen nichts.

Offenbar soll niemand mehr hinschauen. Niemand soll mehr sehen, was sich im Gazastreifen abspielt. Die 1,5 Millionen Menschen, die hinter den unüberwindlichen Grenzen leben, sollen von der Weltöffentlichkeit vergessen werden.

Doch auch wenn wir nicht hinschauen, wird der Gazastreifen nicht zur Ruhe kommen und mit ihm auch nicht der Nahe Osten. Dieses winzige Gebiet hat eine enorme Sprengkraft, an seiner Zukunft wird sich die Zukunft des Nahen Ostens entscheiden. Egal, wie sehr man versucht, ihn abzuschneiden und zu isolieren, die Menschen im Gazastreifen werden sich nicht ewig marginalisieren lassen. Für sie wird es immer mehr zur Frage des schieren Überlebens. In einigen Jahren wird die Bevölkerung Gazas auf drei Millionen angewachsen sein, spätestens dann wird es zur unvermeidlichen Katastrophe kommen. Wenn Hunderttausende hungernder, verarmter, kranker und ungebildeter Palästinenser auf die Grenzen zumarschieren und sich auch von einer der stärksten Armeen der Welt nicht mehr aufhalten lassen, weil sie nichts mehr zu verlieren haben, spätestens dann wird sich Israel mit der existenziellen Frage nach seiner Zukunft im Nahen Osten konfrontiert sehen.

Vielleicht lohnt sich an dieser Stelle ein Blick in die Bibel, in das Buch der Richter.

Als der biblische Held Samson, der in Gaza von den Philistern gefangen gehalten wurde, keinen Ausweg mehr sah, beschloss er, zu sterben und seine Feinde mit in den Tod zu nehmen. Er umfasste die beiden Mittelsäulen des Tempels der Philister, die ihn geblendet und gedemütigt hatten, und rief: »Ich will mit den Philistern sterben.«

Dann stieß er mit seiner übermenschlichen Kraft die beiden tragenden Säulen um, der Tempel stürzte zusammen und begrub alles unter sich. Nach biblischer Überlieferung starben dabei mehr Menschen, als Samson zu seinen Lebzeiten getötet hatte.

Bibliografie

Aburish, Said K.: *Arafat. From Defender to Dictator*, London 1998

Ashrawi, Hanan: *Ich bin in Palästina geboren*, Berlin 2005

Avnery, Uri: *Von Gaza nach Beirut. Israelisches Tagebuch*, Klagenfurt und Wien 2006

Baumgarten, Helga: *Hamas. Der politische Islam in Palästina*, München 2006

Binur, Yoram: *Mein Bruder, mein Feind*, Bergisch Gladbach 1991

Chehab, Zaki: *Inside Hamas. The Untold Story of the Militant Islamic Movement*, New York 2007

Efrat, Elisha: *The West Bank and Gaza Strip. A Geography of Occupation*, New York 2006

Eldar, Shlomi: *Aza kemavet. Eyeless in Gaza*, hebr., 2005

Harel, Amos und Issacharof, Avi: *Hamilchama Hashvi'it* (*Der siebte Krieg*), hebr., 2004

Hass, Amira: *Gaza. Tage und Nächte in einem besetzten Land*, München 2003

—, *Morgen wird alles schlimmer. Berichte aus Palästina und Israel*, München 2006

—, *Reporting from Ramallah. An Israeli Journalist in an Occupied Land*, Cambridge, Massachusetts 2003

Johnston, Alan: *Kidnapped and other Dispatches*, London 2007

Kapeliouk, Amnon: *Yassir Arafat. Die Biographie*, Heidelberg 2005

Krämer, Gudrun: *Geschichte Palästinas*, München 2002

Levy, Gideon: *Schrei, geliebtes Land*, Neu Isenburg 2005

Luyendijk, Joris: *Wie im echten Leben. Von Bildern und Lügen in Zeiten des Krieges*, Berlin 2007

Morris, Benny: *The Birth of the Palestinian Refugee Problem, 1947–1949*, Cambridge 1989

Nirgad, Lia: *Winter in Qualandia*, Neu Isenburg 2005

Nusseibeh, Sari: *Es war einmal ein Land. Ein Leben in Palästina*, München 2008

Odeh, Nadja: *Palästinensisches Tagebuch*, Freiburg 2002

Pappe, Ilan: *Die ethnische Säuberung Palästinas*, Frankfurt am Main 2007

—, *A History of Modern Palestine*, Cambrigde 2003

Philo, Gregg und Berry, Mike: *Bad News from Israel*, London 2004

Reinhart, Tanya: *Israel/Palestine. How to End the War of 1948*, New York 2002

—, *The Roadmap to Nowhere. Israel/Palestine Since 2003*, London 2006

Roy, Sara: *The Gaza Strip. The Political Economy of De-Development*, Washington 1995

—, *Failing Peace. Gaza and the Palestinian-Israeli Conflict*, London 2007

Schiff, Zeev und Yaari, Ehud: *Intifada, The Palestinian Uprising. Israel's Third Front*, New York, London, Toronto 1989

Shahin, Mariam und Azar, George (Fotos): *Palestine. A Guide*, Northampton, Massachusetts 2005

Van Creveld, Martin, *The Sword and the Olive. A Critical History of the Israeli Defense Force*, New York 1998

Watzal, Ludwig: *Feinde des Friedens. Der endlose Konflikt zwischen Israel und den Palästinensern*, Berlin 2002

Zertal, Idith und Eldar, Akiva: *Die Herren des Landes. Israel und die Siedlerbewegung seit 1967*, München 2007

—, *Israel's Holocaust and the Politics of Nationhood*, New York 2005

Zimmermann, Felix: *Schauplatz Palästina. Leben auf beiden Seiten der Mauer*, Freiburg 2006

Dank

Ich danke Anke und Fawas Abu Sitta, deren Haus in Gaza mir immer offen stand und mit denen ich so manche schöne und unvergessliche Stunde verbracht habe.

Mein Dank geht auch an Mariam Shahin und George Azar, die mir ihre Liebe zu den Menschen von Gaza vermittelt haben und ohne die dieses Buch nicht entstanden wäre.

Ich danke Raed Athamna, der mich sicher durch Gaza gefahren hat und der mir ein treuer Freund wurde, auf den ich mich immer verlassen konnte.

Dank an meinen Kollegen Clemens Verenkotte für das Lesen des Manuskripts, für die nützlichen Hinweise und die Ermutigung.

Ein besonderer Dank geht an meine Mutter, die mit viel Engagement, Kenntnissen und Geduld Korrektur gelesen hat.

Ich danke meinen Freunden in Israel und in den palästinensischen Gebieten, die fünf Jahre lang meine Wegbegleiter waren, vor allem meinen Kollegen Carsten Kühntopp und Tania Krämer, mit denen ich die Liebe zu Gaza teile.

Dank auch an Gabriel (Gabi), der immer zu mir gehalten hat.

Nicht zuletzt möchte ich dem Verleger Till Tolkemitt danken für sein Vertrauen, Klaus Gabbert für seine Betreuung des Projekts und meiner Lektorin, Waltraud Götting, für die angenehme, professionelle und immer freundliche Zusammenarbeit.